'경영책임자와 본사 및 현장 관리자'를 위한

중대재해 예방 및 대응 가이드북

'경영책임자와 본사 및 현장 관리자'를 위한

중대재해 예방 및 대응 가이드북

ⓒ 백종배 · 함병호 · 신인재 · 서용윤 · 박주원, 2023

초판 1쇄 발행 2023년 9월 15일

지은이	백종배 · 함병호 · 신인재 · 서용윤 · 박주원
펴낸이	이기봉
편집	좋은땅 편집팀
펴낸곳	도서출판 좋은땅
주소	서울특별시 마포구 양화로12길 26 지월드빌딩 (서교동 395-7)
전화	02)374-8616~7
팩스	02)374-8614
이메일	gworldbook@naver.com
홈페이지	www.g-world.co.kr

ISBN   979-11-388-2330-2 (13360)

'경영책임자와 본사 및 현장 관리자'를 위한

중대재해 예방 및 대응 가이드북

안전보건관리시스템 중심의 안전경영체계 구축

백종배 · 함병호 · 신인재 · 서용윤 · 박주원 공저

좋은땅

서 문

중대재해처벌법(이하 "중처법")이 시행된 지 1년여가 지났다. 제도 도입부터 시행단계에 이르기까지 많은 논란이 있었고 지금도 문제 해결을 위한 노력이 진행 중이라고 보는 것이 타당하겠으나 그럼에도 불구하고 안전에 대한 사회적 관심과 최고경영자의 안전의식을 어느 정도 변화시키는 계기가 되었다는 평가가 일반적이지만 정부의 표현대로 "안전 선진국으로 발돋움하기 위한 분수령(Watershed)"이 될 것인지는 여러 가지 변수들이 작용할 수 있어 향후 지켜봐야 할 것으로 판단된다.

중처법의 목적과 규제 수단 그리고 입법 배경 등을 종합적으로 고려해 보면 중처법의 보호법익은 "종사자들이 재해를 당하지 않도록 중대재해를 예방"하는 것이고 이를 위한 수단으로 **"안전보건관리체계의 구축 및 이행"**을 제시하면서 이 모든 책임을 최고경영자에게 부여하고 있다. 결국 안전보건관리체계는 최고경영자가 구축하지만 이를 이행하는 단계에서 실행 주체는 종사자가 될 수밖에 없는 구조이다.

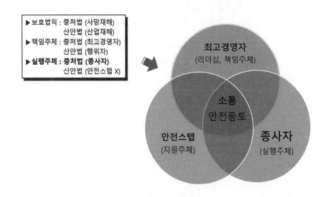

여기에서 중처법을 "법률적 차원에서 볼 것인지?" 아니면 "공학적 차원에서 해석할 것인지?"의 문제가 불거진다. 전자는 "법대로 하자" 즉, 중대재해가 발생할 경우 법적 의무사항의 이행을 입증하는 데 중점을 두고 법의 테두리 안에서 안전보건관리체계를 구축 · 이행하게 될 것이고 결국 법의 본래 취지인 "중대재해의 예방"을 실현하기에는 부족한 시스템으로 운영될 수밖에 없을 것이다.

Contents

* 출처: 고용노동부 안전보건관리체계 가이드북('22년)

반면에 후자의 경우는 먼저 *안전공학적 차원에서 안전보건관리시스템에 대한 이해가 필요하다.* 학술적으로 "시스템"은 *"특정 목적을 달성하기 위해 상호작용하는 요소들의 집합(a set of interacting elements to achieve common goals)"*을 의미하는데,

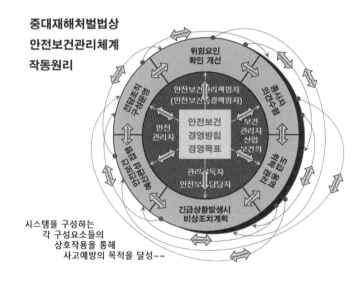

**중대재해처벌법상
안전보건관리체계
작동원리**

시스템을 구성하는
각 구성요소들의
상호작용을 통해
사고예방의 목적을 달성~~

시스템에 투입(Input)이 있을 때 시스템을 구성하는 요소 간의 상호작용(Interaction)에 의해 산출(Output)이 발생하게 된다.

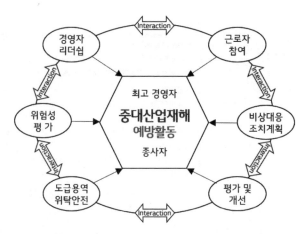

* 고용노동부 가이드북의 7가지 구성요소 중 "위험확인파악"과 "위험요인 제거 대체
통제"를 "위험성 평가"로 통합한 6가지 구성요소로 구성된 예방활동 체계 모형

예컨대 생산관리시스템은 원료를 투입(Input)하면 시스템 내부의 여러 가지 공정(요소)들을 거쳐 제품이 산출(Output)되게 되지만 생산관리시스템에 안전관리 요소들이 결여된 상태에서 위험을 투입(Input)하면 사고(Accident)가 산출(Output)될 것이다.

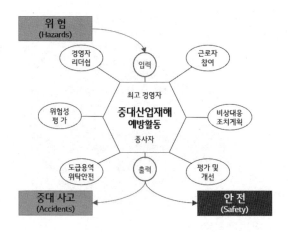

따라서 안전보건관리시스템은 투입되는 위험(Hazards)의 종류와 특성에 따라 시스템의 구성요소가 결정되어야 한다. 중처법 및 중처법 시행령에서 제시한 안전관리시스템(체계)의 구성요소는 최고경영자가 체계를 구축할 때 반드시 포함시켜야

하는 **법률적 시스템 구성요소**에 불과하고, 실제로 사고를 예방하기 위한 안전보건관리체계는 당해 사업장이 보유하고 있는 잠재적 사고 위험(Potential Hazard)이 어떤 것인지를 확인(시스템 투입 요소)하고 그 위험들이 사고를 유발하지 않도록 제어, 통제, 관리하기 위한 안전보건관리요소들을 선정하되 각 요소들이 어떻게 상호작용을 하도록 할지 명확하게 설계하여 안전보건관리시스템을 구축해야 한다.

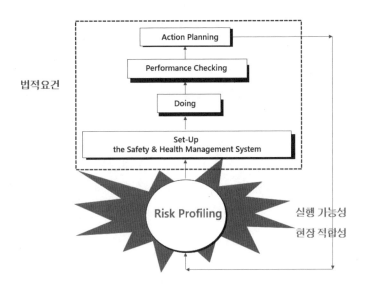

다음 단계는 이렇게 구축된 안전보건관리체계가 우리 사업장에 적합한 시스템인지 검증이 필요한데 구축된 시스템은 실행하는 과정에서 현장 적합성과 실행 가능성 두 가지 측면을 고려해야 한다. 현장에서 직면하는 사고 위험들을 제어, 통제, 관리하는 데 있어서 현장에 적합한 시스템 인지 여부와 시스템을 실행하는 데 있어서 실행할 수 없거나 현실적인 어려움이 없는지를 끊임없이 확인하고 맞지 않는 요소가 있다면 실정에 맞도록 개선해야 한다.

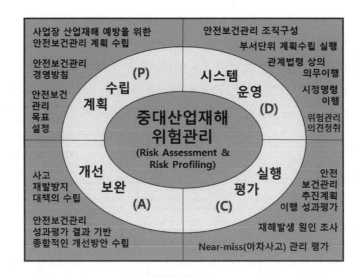

결론적으로 안전보건관리체계는 위험을 제어, 통제, 관리하기 위해 반드시 행해야 하는 필요한 활동들이 시스템을 구성하는 핵심요소들과 하나의 상호작용 관계로 연결되는 형태로 구축되어야 한다. 이런 일련의 과정을 거쳐서 사업장의 안전보건관리체계가 구축되기 때문에 안전보건관리체계가 하루아침에 완성되는 것은 불가능한 것이라 할 것이다.

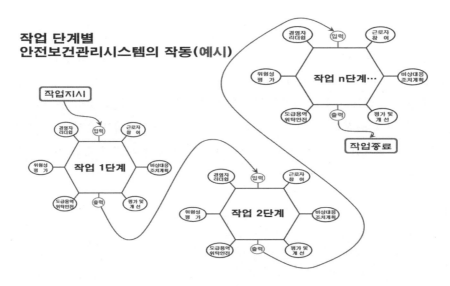

어떤 사업장에서 중대재해가 발생하였다는 사실은 이면에 안전보건관리체계의 구축 및 실행과정에서 시스템 요소들을 잘못 구성하거나 의도한 바대로 요소들이 상호작용하지 않아 사고에 이르게 되었다는 것을 의미한다. 학술적으로 재해가 발생했을 때 사고 발생 원인을 시스템적으로 분석하는 방법은 FRAM(The Functional Resonance Analysis Method), STAMP(System Theoretic Accident Model & Process) 등 다양한 방법이 제시되어 있기 때문에 실제로 중대재해가 발생했을 때 중처법상 안전보건관리체계 구축 및 이행과 관련한 최고경영자의 부작위 행위를 입증하는 것이 불가능하거나 어렵기만 한 것은 아니다.

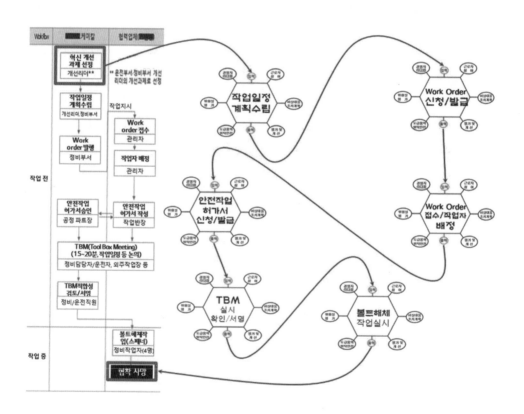

중처법 시행 이후 지난 1년간 기업들이 안전보건관리체계 구축을 위해 노력을 한 것이 사실이지만 상당수 기업이 안전보건경영에 대한 근본적인 철학과 시스템적 접근을 통한 체계의 구축이 아닌 단편적인 법규의 이행수준에서 대응하는 기업이 상당

수인바 이 경우에는 실질적으로 중대재해 발생 위험을 저감시키는 시스템이 구축되었다고 볼 수 없을 것이다.

이러한 안타까움으로 저자들은 오랜 기간 현장의 안전관리시스템 구축의 실패, 성공 사례를 보아오면서 제대로 된 안전보건관리체계 구축에 필요한 가이드의 필요성을 절실히 느끼게 되어 이 책을 집필하게 되었다. 안전보건관리체계의 구축은 경영의 일부분으로 여기고 이를 지속적으로 점검하고 개선해 나가는 노력이 필요하다. 지속적 개선의 가장 대표적인 PDCA 사이클의 안전보건경영체계는 영국 등 선진국에서 약 200년간의 경험에서 나온 관리시스템이다.

따라서, **안전보건경영체계를 법규에 맞추어 구비하였다고 시스템이 구축되었다고 하면 안 된다. 안전보건관리체계는 지속적이고 동적인 시스템이기 때문이다.** 이 책에서는 안전보건관리체계의 각 시스템이 지속적으로 확인하고 점검하여 개선하는 일련의 과정 속에서 확인해야할 사항들을 그동안 현장지도를 통해 경험한 내용을 중심으로 설명하고, 독자에게 이해시키고자 각고의 노력을 기울였다.

이 책의 **제1장**에서는 먼저 시스템이란 무엇인지 학술적으로 정의하고, 시스템의 유형과 생산 시스템의 정의, 그리고 시스템 안전에 대해 소개한다. 이 시스템의 논의 후, 실질적인 안전보건관리체계를 구축하는 기본적 이론을 제시하고 영국의 안전보건경영체계의 실행방법을 PDCA에 따라 설명한다. 서두에서 말했듯이 안전보건관리체계는 동적인 시스템이다. 한 번 완성되어 끝나는 것이 안전보건관리체계가 아님을 분명하게 인식하고 이를 경영책임자, 직원, 종사자까지 모두 인식시키는 것이 현장 관리자의 역할일 것이다.

제2장에서는 안전문화와 산업재해와의 연관성 등에 관한 이해를 돕기 위해 '안전문화와 안전분위기'의 본질적 특성에 관한 설명과 함께 다양한 학자들이 제시하는 '조직 내 안전문화를 향상시키기 위한 방안'에 대한 안내와 안전분위기 측정 및 파악 등에 관한 이론적 사항을 상세히 설명하고 있다.

제3장에서 중대재해처벌법에 따른 안전보건관리체계를 차근차근 구축할 수 있도록

다양한 점검표, 프로세스를 보여 주고 있다. 각 단계의 구축은 해당 단계의 중요요소에 대한 확인이 반드시 필요하다. 이러한 확인은 처음으로 안전보건관리체계가 구축된 이후에도 주기적으로 시행하여야 온전한 안전보건관리체계의 구축이 이어지고 있다고 할 수 있다.

제4장은 안전보건관리체계 우수사례는 기업에서 참고하도록 다양한 사례를 제시하고 있다. 이러한 사례를 벤치마킹하는 것은 효과적이고 실용적인 방법이다. 여러분의 회사에서도 이러한 사례가 훌륭히 적용되기를 기대한다. 하지만, 우수사례가 우리 회사에 가장 적합한 사례가 되도록 하는 것은 안전보건관계자, 관리감독자 및 경영책임자의 통찰력과 노력이 필요할 것이다.

제5장은 중대재해처벌법의 개관에 대한 해설로 마무리한다. 법에 대한 이해는 기본적인 요소일 것이다. 특히 종사자의 개념, 실질적 지배관리의 개념에 대한 충분한 이해를 통하여 대비하는 것이 중요한 요소이다. 이 책은 법령에서 요구하는 사항에 대한 법적인 의미를 충분히 설명하고 있다.

부록에서는 안전보건관리체계와 관련된 다양한 서식과 점검양식 등이 제공하고 있다. 저자들이 현장에서 사용되는 여러 자료 중 가장 필요한 자료를 엄선하여 제시하였다.

아무쪼록 이 책을 통하여 경영책임자와 본사 및 현장 관리자들이 우리 회사에 맞는 안전보건관리체계를 구축하는 데 도움이 되었으면 하는 바람이다.

2023년 9월 1일

백종배, 함병호, 신인재, 서용윤, 박주원

목   차

I. 안전보건경영시스템

II. 안전문화와 안전분위기

III. 안전보건관리체계 구축 가이드

IV. 안전보건관리체계 구축 사례

V. 중대재해처벌법 해설

〈부록〉

하인리히의 재해예방 4원칙

1. 원인 계기의 원칙
- 사고는 다수의 원인이 있으며 연속적으로 연계된다.

2. 손실 우연의 법칙
- 사고로 인한 손실의 종류와 정도는 우연적이다.

3. 예방 가능의 원칙
- 모든 사고는 예방이 가능하다.

4. 대책 선정의 원칙
- 사고 예방을 위한 안전대책이 선정되고 적용되어야 한다.

Ⅰ. 안전보건경영시스템

제1장 시스템과 시스템 안전

본 책은 시스템 중심의 안전보건경영과 중대재해예방을 강조하고 있다는 점에서, 무엇보다 먼저 시스템에 대한 정의와 시스템 안전의 이해에서부터 시작하고자 한다. 근본적인 시스템의 정의와 산업과 사회 시스템을 이해해야만, 우리가 왜 안전보건경영을 시스템적으로 접근하고, 안전보건경영의 "체계(시스템)"를 구축해야 하는지 필요성을 공감할 수 있을 것이다. 그러나 많은 안전보건경영 관계자 또는 전문가들이 시스템이라는 용어를 쉽게 사용하고 있지만, 막상 시스템을 일반화하는 것은 쉽지 않은 작업이다. 관여하고 있는 학문분야나 산업분야에 따라 그 정의는 크게 차이가 있거나, 단편적인 분야 지식이나 활동에 매몰되어 있기 때문이기도 하다. 이 간극를 좁히고 서로의 이해를 높이기 위해서, 우리는 시스템이란 무엇인지 그 정의를 함께 확인하고 시스템적인 안전보건활동을 추진해야 한다.

1. 시스템 개념

1) 시스템 정의

시스템(system)이라는 용어는 경제 시스템, 거래 시스템, 교통 시스템, 생산 시스템, 교육 시스템 등 현대 사회에서 널리 사용하는 용어 중의 하나이다. 그렇다면 시스템이란 용어가 어떤 의미를 가지기에 이렇게 널리 사용되는 것일까? 시스템 안전에 대한 설명을 이어나가기 위해서라도, 시스템이란 용어의 의미에 대해 먼저 정의할 필요가 있다. 시스템의 정의는 사용하는 전문분야마다 다르지만, 사회과학에서 사용하는 개념과 공학에서 사용하는 개념으로 구분된다.

사회과학(Social Science)에서 시스템이란 "현실에서 발견되는 사실이나 관측의 집합 (A set of facts and observations that are found in real world)"으로 정의한다. 즉,

사람과 그 사람을 둘러싼 환경에서 발견되는 모든 관측 및 관찰 사실을 의미하며, 그 안에 관계되는 모든 구성요소들과 그 요소들이 서로 작용하는 내용, 단계, 절차 등이 포함된다. 반면, 공학(Engineering)에서는 사회과학과 유사하지만 보다 목표지 향적인 정의로, 시스템은 "최종 목적을 달성하기 위해 상호작용하는 부품과 개체의 집합(A set of interacting components and entities to achieve a common goal and objective)"으로 정의된다. 이때 목적은 산출물(output)을 의미하며, 이를 달성하기 위한 상호작용 부품이나 개체는 투입물(input)로 볼 수 있다. 결국 시스템이란 현실 에서의 관측을 통한 사실 집합에 있어서, 최종 목적 달성을 위해 상호작용하는 구성 요소들을 포함해야 한다는 의미이다. 예를 들어, 경제 시스템은 성장과 혁신을 위해 재화의 개발, 생산, 교환, 거래 과정에서 이루어지는 인력·자본·기술 등 투입물간 의 유기적 상호작용 관계에 대한 관측의 집합이라 볼 수 있다. 또한, 시스템은 구조 적 관계를 설명하기 위해, 하위 시스템(sub-system)을 "전체 시스템에서 특정 목적 을 달성하기 위한 구체적인 업무를 수행하는 시스템(A part of a system that performs a specific tasks to achieve a specific objective for the entire system)"으 로도 정의하고 있다. 경제 시스템이 구축 과정에서 수반되어야만 하는 생산·거래· 규제 시스템 등이 바로 하위 시스템이라고 볼 수 있다.

또 하나 시스템에서 주목해야할 점은 객체와 요인의 지속적인 상호작용을 통해 수정 과 조정, 혁신의 과정을 거쳐 가며 선순환을 목표로 한다는 점이다. 상호작용하는 요인이 유기적으로 변화하고 발전하는 이유이기도 하다.

2) 시스템 분석

시스템의 명확한 정의는 대상 시스템의 해석 과정을 거쳐 가능하며, 해석된 시스템 구성요소와 상호관계를 통해 시스템을 설계할 수 있다. 시스템을 정의하는 분석과정 은 아래 [그림-1]에서와 같이, 시스템을 해석하고, 설계한 후, 검증하는 과정을 거친 다. 먼저, 해석 단계에서는 시스템 단계와 하위 시스템의 목적(요구사항)들을 먼저 확인하고, 상호관계를 통해 프로세스를 설계한 뒤, 적절하게 운영되는지를 검증하는 단계로 이어진다. 분야마다 다양한 시스템이 존재하지만, 결국 수행할 사항은 목적과 요구사항, 구성요소를 도출하고, 그 관계를 파악하여, 올바르게 작동하는지를 검증하는 과정이 수반되어야 한다.

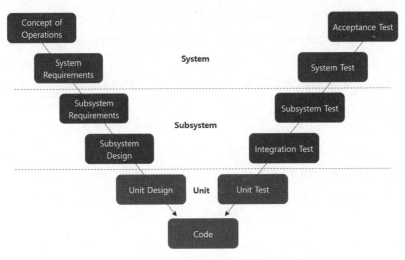

[**그림-1**] 시스템 분석 기법: V 모형

시스템을 분석할 때, 같이 활용되는 용어로는 모형(model)과 공정(프로세스; process)이 있다. 이는 [그림-2]와 같이 시스템에 대한 해석, 설계, 검증의 분석 과정에서 현실과의 유사성(realism)과 취급의 용이성(tractability) 간의 상충관계(trade-off)로 인해 발생한다. 실제 시스템이란 현실의 모든 관측의 집합이고 이를 분석해야지만 현실과 유사한 결과를 제공할 수 있지만, 이를 실제 분석하기에는 그 규모가 너무 크고, 구성요소 간 관계가 너무 복잡하여 시간과 비용상 무리가 따를 수 있다. 따라서 현실 시스템을 개괄적이고 압축적으로 단순화하여 표현(An abstract and simplified representation of a system)하는 것이 요구되며, 이를 우리가 모형이라고 정의한다. 이때, 시스템이든, 모형이든 발생하는 사건 혹은 개체 간의 규칙적 순서(A sequence of events and entities which follow a set of rules)를 프로세스라고 정의한다. 정리하면, 우리가 실제 현실에서 겪는 것은 시스템과 그 프로세스이지만, 시스템을 분석하기 위해서는 모형화 과정이 이루어지게 된다.

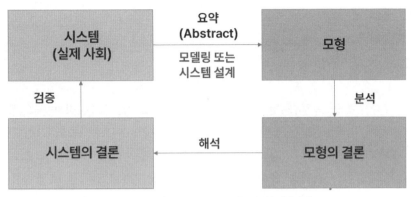

[그림-2] 시스템과 모형의 분석 관계

이와 같이 시스템을 이해하는 과정은 시스템 설계를 위해 필수적이며, 투입물, 프로세스, 산출물에 대한 관계를 설계하고, 분석 및 피드백 과정을 거치며 시스템을 개선하는 과정을 거치게 된다. 이때 투입요소 외에도 이를 운영하는 관리 및 지원, 규제 방법 등 정책요소들이 [그림-3]처럼 모형화되어 대상 시스템을 설계한 뒤, 목표에 맞춰 관리적·수리적·과학적 방법 등 다양한 기법을 통해 대상이 분석된다.

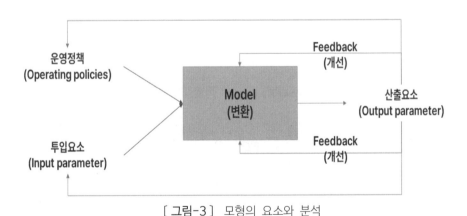

[그림-3] 모형의 요소와 분석

2. 생산 시스템

1) 생산 시스템 정의

시스템은 결국 특정 목적을 달성하는 구성요소와 그 상호작용 절차들의 집합이며, 대상의 수준에 따라 국가 시스템·지역 시스템·산업 시스템 등으로 정의할 수도 있으며, 활동 분야에 따라 정치 시스템·경제 시스템·사회 시스템 등으로 정의할 수도 있다. 다양한 시스템의 유형이 있겠지만, 본 교재는 산업안전 측면에서 시스템 안전을 다루기 때문에, 생산 시스템(production/manufacturing system)에 초점을 맞춘다.

생산 시스템은 사람이 영위하기 위해 필요한 제품 또는 서비스를 제공하기 위한 목적을 지닌다. 이 목적을 달성하기 위해, 국가, 공공, 기업은 자원(source)을 가지고 부가가치를 발생시켜 가며 최종적으로 사람이 원하는 재화(goods)를 생산하게 된다. 다음 [그림-4]는 자원을 조달하고 공급하는 과정, 자원으로 제조하는 생산과정, 생산된 제품 또는 부품을 전달하는 물류과정, 제품을 제공하는 서비스 과정을 하나의 주기(cycle)로 나타내고 있으며, 이 주기가 연속적으로 이어져 최종 완제품이 나올 때까지의 공급망(supply chain)으로 이루어진다.

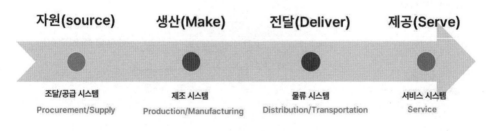

[그림-4] 공급망 시스템과 생산 시스템

생산 시스템은 제품 및 서비스 대상과 범위에 따라 광의의 범위에서 이 모든 공급망 시스템을 포함하여 정의할 수도 있으며, 협의의 범위에서는 제조를 중심으로 하는 생산 시스템만을 포함하여 정의할 수도 있다. 예를 들어, 단순히 철강제품만이라면, 자원-생산-전달-제공하는 과정에서 철강의 "생산"에 초점을 맞출 수도 있겠지만, 만약 자동차제품이라면, 철강에 대한 자원-생산-전달-제공, 엔진에 대한 자원-생산-전달-제공 등의 과정이 모두 이어져야만 자동차 완제품을 생산할 수 있다. 제품 생산에 있어 기업들 간의 공급망이 중요해지는 이유이기도 하며, 기업 수준에 따라 관리해야 하는 대상 범위가 달라지는 이유이기도 하다. 이 책에서는 단위 기업의 생산 시스템을 먼저 다루기 때문에, 공급망 차원의 전체 과정보다는 "생산" 시스템을 주로 한정한다.

2) 생산 시스템 유형

생산 시스템은 현대 경제 시스템의 근간으로 사회에 필요한 제품이나 서비스를 개발하고 제공하기 위한 목적을 가지고 있다. 생산 대상에 따라 생산목적과 구성요소, 관계가 달라지며, 시스템의 규모와 방식 역시 차이가 존재한다. 생산 대상의 차이는 산업 특징을 반영하며, 산업별 생산 특징 차이는 생산규모(production volume)와 표준화 정도(degree of standardization)로 다음 [그림-5]와 같이 프로젝트/유닛(project/unit), 배치(batch), 대량(mass), 연속(continuous) 생산 시스템 등 네 가지로 유형(typology)을 제시하는 것이 일반적이다. 여기서, 생산규모는 같은 단위시간 당 생산의 개수를 의미하며, 표준화 정도는 작업 표준화 가능성을 의미한다.

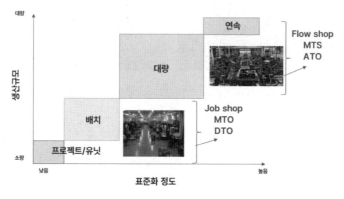

[그림-5] 생산 시스템의 유형

구체적으로 유형을 살펴보면, [그림-6]과 같이 먼저, 생산규모가 작고, 표준화 정도가 낮은 생산 시스템 유형은 프로젝트/유닛 유형으로 분류한다. 프로젝트/유닛 생산유형은 작업의 표준화 정도가 낮은 맞춤형 제품의 경우이며, 생산규모는 소량에 한정한 건축물, 조선과 같은 제품이 해당된다. 다음으로 배치 유형은 표준화 정도가 비교적 낮으나, 생산 규모는 일정량 이상을 동시에 생산하는 유형을 의미한다. 수작업 위주의 제품 등이 배치 생산에 많이 포함되며, 기타, 베이커리와 같이 작업장에서 일정량을 생산하는 제품이 대표적인 사례이다.

많은 경우, 프로젝트/유닛과 배치 생산은 단위별 부품을 해당도구를 이용하여 작업자가 생산하는 공정 방식을 보이는데, 이를 일반적으로 기능공정(job shop)이라고 정의한다. 또한, 생산시기 역시 프로젝트/유닛과 배치 생산은 주문이 들어오는 경우 설계(DTO: Design To Order)부터 또는 제조(MTO: Make To Order)부터 제품을 생산하는 특징을 보인다. 이에 따라, 건축물, 조선, 수제품 등의 생산유형은 수요에 민감하며 작업공정이 표준화되어 있지 않아 노동집약도가 높고 생산 효율성이 상대적으로 낮을 수밖에 없다.

[그림-6] 생산 시스템의 공정 유형: Job Shop (유닛생산(좌), 배치생산(우))

반면, 표준화 정도가 높아질수록, 대량생산이 가능해지게 되며, 기능 위주의 생산공정이 점차 연결되면서 하나의 흐름공정(flow shop)을 가지게 된다. 흔히, 컨베이어나 배관 등을 이용한 공정 간의 연결성이 강화되는 생산 작업이 생겨나는데, 이와 같은 생산 유형을 [그림-7]과 같은 대량생산 또는 연속생산이라 한다. 대량생산은 주문이 발생하면 조립(ATO: Assembly To Order)부터 이루어지는 자동차 조립공장이 대표적이다. 반면, 연속생산은 투입물이 한 번 들어가면 최종 산출물이 나올 때까지 전 과정이 연속되고 자동화되어 중도에 작업을 중지하기 어려운 생산 시스템으로, 화학공장이나 제지공장 등이 대표적이다. 흐름공정 생산 시스템은 일반적으로 재고 형태로 상품을 만들어 두고 미리 보관해 두어 출하하는 방식이 일반적이다. 즉. 수요가 안정적이면서도 작업의 표준화 정도가 높아지면서 시스템의 생산 효율성이 높아지는 산업 특징을 가진다.

[**그림-7**] 생산 시스템의 공정 유형: Flow Shop(대량생산(좌), 연속생산(우))

네 가지 생산 시스템 유형의 특징을 고객 · 제품 · 수요 · 차별화 정도와 장단점을 살펴보면 아래 [표-1]과 같이 정리할 수 있다. 이는 곧 산업유형을 결정짓는 생산 특징까지도 연결되며, 각 특징에 따라 산업별 생산방식을 고도화하고 개선해야만 한다. 특히, 안전성과 관련해서는, 국내외적으로 산업재해가 많이 발생하는 산업은 건설업, 화학제조업이 대표적인데 두 산업은 프로젝트/유닛 생산 시스템 유형과 연속생산 시스템 유형에 해당한다. 즉, 건설업은 노동집약도가 높고 표준화 정도가 낮음으로써 비정형 맞춤 작업이 많은 단위작업의 문제가 발생하며, 화학제조업은 대량생산을 위한 공정의 연속성 상에서 설비고장과 유지보수의 문제가 발생하는 각각 고유의 위험성이 나타나게 된다.

[표-1] 생산 시스템 유형의 특징

	Project	Batch	Mass	Continuous
제품유형	DTO (Design)	MTO (customized)	ATO (Standardized)	MTS/ Commodity
고객유형	일회성	개인성향	대량시장	대량시장
제품수요	거의 없음	변동 심함	안정적임	매우 안정적임
수요규모	매우 적음	적거나 보통	많음	매우 많음
제품 차별화	다양함	다양함	차이 없음	차이 없음
생산방식	복합 작업	독립적인 작업	반복적인 조립라인	연속적이고 프로세스적
장비수준	다양함(Varied)	다용도 (general-purpose)	특정용도 (special-purpose)	자동화
주요업무	특정계약	공작	조립	처리
작업자 능력	전문가, 장인	다용도 전문가	특정 전문가	관리
장점	최신기술, 커스텀	유연성, 품질	효율성, 속도, 저비용	자동화 가능, 대규모 생산
단점	비반복적, 적은 고객, 노동집약적	고비용, 느림, 설비 관리 어려움	자본비용, 신속 대응 어려움	변화 어려움, 차별화 부족, 오버홀 필요
안전수준	작업표준화 어려움, 작업도구 위험	작업도구 위험	대규모 설비 위험	대규모 설비 위험, 자동화 제어 위험
재해 위험도	빈도 높음, 강도 높음	빈도 높음, 강도 낮음	빈도 낮음, 강도 낮음	빈도 낮음, 강도 높음
예시	건설, 조선, 철도, 우주선	장비, 프린트, 빵, 악기	자동차, TV, 컴퓨터, 스마트폰	철강, 약품, 페인트, 제지

또한, 경제성에 있어서도, 소비자 제품의 경우는 생산과 재고, 보관, 시장판매 등의 과정을 거치며 수요-공급에 따른 가격정책 및 전략이 가능하지만, 프로젝트 산업 중 대표적인 건설 산업은 일반적으로 아래 [그림-8]에서와 같이 구매와 관련된 투자계약이 성사된 뒤 생산을 하는 구조이다 보니 경제성에 있어서 예산이나 일정에 있어 변경이 어렵고 불확실성을 관리하기 어려운 산업이다. 대부분의 위험은 급한 일정에 따라 발생한다는 점에서, 건설 산업의 리스크를 가져오는 또 하나의 이유이기도 하다.

따라서 생산 시스템의 유형에 따라 생산 효율성, 경제성, 안전성과 관련한 요소는 달라지며, 이를 관리하는 수단과 방식 역시 차별화될 수밖에 없다. 따라서 시스템 안전을 위해서는 먼저 생산 시스템의 다양성을 이해하고, 각 생산 시스템의 운영방식과 차별요인을 확인하여 산업 시스템에 적합한 안전 시스템을 적용하는 접근이 요구된다.

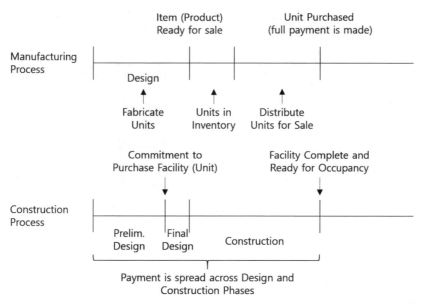

[그림-8] 제조 프로세스와 건설 프로세스의 구매 및 설계 시기 차이

3) 생산 공정과 설비 배치

앞서, 생산공정에서 기능공정(job shop)과 흐름공정(flow shop)을 설명하였지만, 이를 설비 배치(facility layout) 관점에서는 생산공정을 아래 [그림-9]와 같이 공정 배치(process layout)와 제품 배치(product layout)로 구분한다.

공정 배치는 필요한 도구나 작업 절차를 독립적으로 분해한 뒤 한 단위씩 작업을 한 뒤 결합하는 배치 방식인 반면, 제품 배치는 제품 한 단위를 제조하기 위해 필요한 도구나 작업의 절차(sequence)를 하나의 집합으로 구성한 배치 방식이다. 특히, 제품 배치는 포드의 자동차 생산 혁신(포디즘: Fordism) 측면의 컨베이어 벨트의 적용과 발전에 큰 영향을 받은 방식이다. 공정 배치는 기능공정과, 제품 배치는 흐름공정과 유사하다 볼 수 있다.

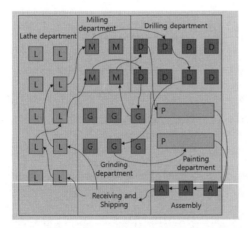
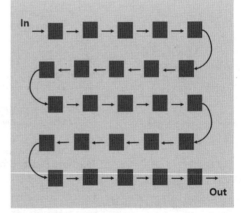

[그림-9] 설비 배치의 유형: 공정 배치(좌), 제품 배치(우)

각 설비 배치 유형에 따른 생산 시스템의 구체적인 특징은 아래 [표-2]에서 살펴볼 수 있다. 즉, 생산 공정과 설비배치는 대상 제품에 따라 달라지며, 제품이 만들어지는 과정의 차이점을 가져오게 된다.[1] 일반적으로 작업이 표준화가 가능하고 소품종

---

1) 국내 또는 국제 공정안전이라 하면, 대부분 유해화학물질을 사용하면서 소품종 대량생산 위주인 화학산업에 많이 치우쳐져 있다. 또한, 안전 관련 법령에서 "공정"을 원료처리, 반응, 증류추출, 분리, 회수 등 화학산업 중심의 연속공정으로만 해석하는 경우가 많은데 이는 시스템 차원에서 좁은 범위의 해석이라 볼 수 있다.

인 경우, 또는 생산규모가 큰 경우인 소품종 대량생산은 제품 배치 방식의 생산 시스템이 유리하며, 작업의 표준화가 어렵고 다품종인 경우, 또는 생산규모가 적은 경우인 다품종 소량생산은 공정 배치가 유리하다. 물론, 모든 기업이 이 두 가지 배치만으로 이루어지는 것은 아니며, 두 설비 배치가 적절히 혼합된 셀룰러 배치(cellular layout)도 있으며, 상황에 따라 공정 배치와 제품 배치가 연결되어 전체 생산 시스템을 구성하는 경우도 존재한다. 단, 기본적으로 각각의 배치 방식은 노동집약도, 설비 가동률, 설비규모 등을 달라지게 하며, 이는 생산 효율성과 안전성에 있어서 관리의 차이점을 발생시킨다.

앞서 생산 시스템의 유형에서도 살펴보았지만, 공정 배치 산업은 작업자 능력이 중요하고 도구 중심이나, 제품 배치는 자동화 가능성이 높고 설비 중심이다. 즉, 시스템의 위험의 기인물과 근본원인(root cause)이 달라진다. 예를 들어, 공정 배치에서는 저장한 재공품(WIP: Work-In-Process)을 다음 공정으로 대차 또는 지게차를 이용하여 운반하게 되는 과정에서 부딪힘이나 사업장 내 교통사고 위험이 높다. 반면, 제품 배치는 컨베이어의 끼임이나 자동화 설비의 로봇팔과의 부딪힘 등 위험이 높다. 따라서, 위험을 이해하고 시스템 안전을 달성하기 위해서는 먼저 생산 시스템, 공정, 설비 배치에 대한 이론적 정의와 차이점을 확인해야만 한다.

[표-2] 공정 배치와 제품 배치의 생산 시스템 특징

	공정 배치	제품 배치
개요	작업활동의 절차적 배치	작업활동의 기능적 집합
공정 유형	기능 중심(Job shop), 공작(fabrication)중심, 단위/배치 생산	흐름 중심(flow shop), 조립(assembly) 중심 연속/대량생산
유지보수	정기보수(Maintenance)	오버홀(Overhaul)
제 품	다품종 소량생산, 맞춤화, 주문 시 생산(MTO)	소품종 대량생산, 표준화, 재고 생산(MTS)
수 요	유동적	안정적
규 모	소량	대량
재고 수준	재공품 수준 높음, 완제품 수준 낮음	재공품 수준 낮음, 완제품 수준 높음
작업 경로	변동 경로(일반적 지게차)	고정 경로(일반적 컨베이어, 배관)
통 로	넓음	좁은
생산 일정	변동적	균형적
배치 결정	기계 위치(Machine location)	라인 균형(line balancing)

4) 안전과 품질

현대 생산 시스템의 대표적인 목적 중 하나는 품질(quality) 향상을 통한 기업의 매출향상이다. 품질에 대한 정의는 분야마다 다르지만, 일반적으로 "목표 규격에 충족하는 정도(conformance to target specification)"가 높을 때 "품질이 좋다(good quality)"고 결정한다. 기업이 생산하는 높은 품질은 소비자에게 만족도(satisfaction)를 올리고, 그 제품과 기업 브랜드에 대한 고객 충성심(loyalty)을 확보하면서 지속가능한 수익 기반을 마련하게 된다.

품질향상은 수익개선은 물론 비용절감에도 효과를 가져온다는 사례에 따라 대기업은 물론 중소기업까지도 품질향상 달성을 위해 노력하고 있으며, 공급망과 관련한 생산 시스템 구조에 있어서도 협력업체들의 부품 품질이 곧 최종 제품 품질과 직결되기 때문에 품질은 단순히 한 기업만의 문제가 아닌 공급망 전체의 관심사로 자리 잡게 되었다. 대중소기업의 상생협력은 현대 생산체계에 있어 선택사항이 아닌 필수불가결한 요소가 되며, 대기업의 중소기업 기술협력이나 지원은 대기업에게도 품질관리 차원에서 중요한 작업이라 볼 수 있다.

근본적으로 품질을 관리하는 이유는 제품생산 과정에 있어 설비나 공정의 고장 또는 실패(failure)에 따른 불량(defect)이 생성되기 때문이다. 그 실패의 이유는 [표-3]과 같이 불확실한 설비수명이나 자연공차에 따른 무작위성 실패(random failure)와 설계결함, 휴먼에러 등 작업자 실수와 같이 설비와 인간의 특정 문제에 따른 시스템 실패(system failure)로 ISO26262에서 구분하고 있다.[2]

무작위성 실패가 시스템 실패를 가져올 수도 있기 때문에 완전히 독립적인 개념은 아니나, 시스템 실패에 따른 품질개선은 근본적인 원인(root cause)을 발견하는 과정이 필수적이라는 철학에서 기인한다. 시스템 결함은 불가피한 랜덤실패확률과 함께 그 외의 실수로 인한 확률, 예방하기 위한 확률 등을 같이 고려한 신뢰성 분석 개념(유지보수시스템, 시스템 수명분석, 결함수 분석 등)으로 확장되고 있다.

---

2) ISO26262는 차량 기능안전 설계에 있어서 실패나 고장을 정의하는 표준이나, 그 실패나 신뢰성의 정의는 제품설계에서 널리 사용되고 있다.

[표-3] 실패(failure)의 유형과 정의 및 원인

유형	무작위성 실패(random failure)	시스템 실패(system failure)
정의	Failures that can occur unpredictably during the lifetime of a hardware element, and that follow a probability distribution. (ISO26262)	Failure related in a deterministic way to a certain cause, that can only be eliminated by a change of the design or of the manufacturing process, operational procedures, documentation or other relevant factors. (ISO26262)
원인	• Almost caused by physical conditions • Abnormal process conditions • Corrosion, thermal stressing • Wear-out/tire-out • Atmospheric event • No pattern, but random, Can be Quantified • Important to calculate error rate or to develop probabilistic models	• Almost caused by human errors from system complexity • Design • Specification • Development/Manufacturing • Installation/Operation/Maintenance • Pattern, Can not be Quantified • Important to find patterns of errors and to develop system models

또한, 품질과 안전은 설계단계와 사용단계로도 구분할 수 있는데, 설비의 설계, 개발, 설치 단계에서의 관리와 설치 이후 사용단계에서의 관리를 의미한다. 생산 시스템의 품질이 지속적이고, 안전을 유지하기 위해서는 적합한 제품설비의 설계와 개발, 설치는 물론이고, 이를 올바르게 사용하고 주기적으로 유지보수하는 사용 중 관리가 단계적으로 이루어져야 한다.

앞서의 경우에서처럼, 안전과 품질이 연관성이 큰 이유는 바로 둘 모두 고장 또는 실패에서부터 시스템의 문제를 가져온다는 점이다. 이에 따라 안전과 품질향상을 위한 기법은 유사하며, 특히 시스템 측면에서 [그림-10]과 같은 PDCA(Plan-Do-Check-Act) 주기는 안전과 품질을 지속적으로 개선하기 위한 기본적 활동으로 자리잡고 있다. PDCA를 통해 사내의 안전과 품질 표준을 개선하고 향상시킴으로서 안전성과 생산성을 모두 확보할 수 있기 때문이다.

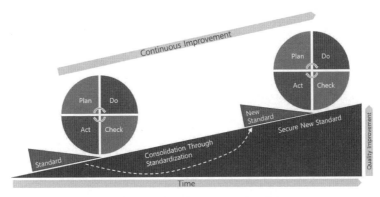

[그림-10] PDCA 시스템

또한, 고장이나 실패 없는 정상 상태와 작업자의 올바른 정상 작업 행동에 따른 품질관리는 안전관리의 충분 요건이라고 볼 수 있다. 다만, 안전은 아래 [그림-11]에서와 같이 이 두 가지가 비정상적인 경우에, 이를 제어(loss of control)하고 위험을 방지(lack of defence)하는 필요조건이 만족되어야만 한다. 즉, 안전하지 않으면 품질은 보증되지 않는 관계를 지닌다. 그러나 많은 기업에서 안전을 소홀히 하면서도 품질이 우수한 경우가 보고되고 있다. 이는 인적 재해가 일어남에도 개선에 대한 노력이 없거나 재해에 대한 비용 추정이 사회에서 적게 취급되고 있는 부적합한 시스템이 구성되어 있기 때문이라 볼 수 있다.

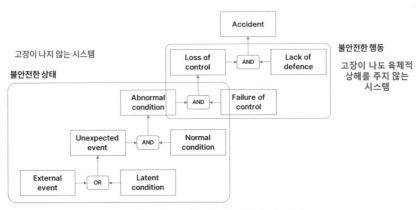

[그림-11] 안전과 품질의 관계

3. 시스템 안전

1) 시스템 안전 개념

(1) 안전의 범위 변화

시스템 안전에 대한 학술적 · 사회적 협의는 아직까지 이루어진 바는 없으나, 현대의 안전에 있어 시스템 안전의 필요성에 대해서는 이견이 없다. 협의의 어려움은 시스템이라는 용어의 사용 범위가 넓고, 사용 분야에 따라 정의가 다양하기 때문이다. 앞서 시스템의 정의에서부터 이야기를 시작한 이유이기도 하다. 그렇다면, 시스템 안전의 개념이 어떻게 발전했는지, 우선 산업안전의 시대적 흐름을 살펴보자.

다음의 [그림-12]는 산업혁명부터 관리되어 온 안전의 범위와 세대를 세 단계로 보여 준다. 산업혁명의 초석이라 할 수 있는 동력, 에너지의 발명과 함께 기계 · 전기 · 화학 분야에서의 동력 혁신은 기술 분야의 급격한 발전을 가져오게 된다. 또한, 전기의 발명과 공급이 이루어짐에 따라 대량생산 체제가 1800년대 후반부터 산업에 자리 잡으면서 공장 설계와 관련한 운영관리 및 건설관리도 중요해졌으며, 고층화에 따른 건설물 발전에 있어서도 초창기에는 대부분 기술(technology)과 운영(operation)에 대한 불안전한 상태(unsafe condition)의 안전관리가 주요 분야로 인식되었다.

이와 같은 안전의 첫 세대는 기술과 운영에 대한 성장이 이루어짐에도 지속적인 사고재해가 발생한다는 점에 관심을 기울이며, 이를 사용하는 작업자의 불안전 행동(unsafe behavior)의 안전관리 필요성을 확인하게 된다. 앞서 대량생산 체제에서는 근로자의 작업도구 활용, 자세(근골격계), 지원기술 등에 대한 관심은 있었지만, 인간공학, 산업심리 등 휴먼에러(human error)와 관련한 연구는 부족한 실정이었다. 그러나 이를 해결하기 위한 다양한 인적, 조직이론과 산업 실무가 복합적으로 적용되면서 기술요인뿐만 아니라 인간행동, 심리 등의 작업요인도 효과적으로 관리할 수 있게 되었다. 이 과정을 거치며 많은 부분 위험성이 감소하였지만, 생산 시스템의 복잡화, 거대화, 대량화 과정이 심화되고, 정보 시스템 발전에 따른 융합 산업이 생겨나면서, 기술 · 인간은 물론 이를 둘러싼 모든 환경에 대한 시스템 사고의 필요성을 가져오게 되었다.

결국 시스템 안전은 재해가 발생하는 모든 구성요소를 확인하고 상호관계를 체계적으로 분석(systematic analysis)하여 안전한 시스템(safety system)을 설계하고 개발, 유지보수하는 지속적인 선순환 과정을 의미한다. 특히, 4차 산업혁명과 관련한 정보기술, 데이터과학, 인공지능/기계학습 등 기업경영과 현장의 시스템 통합이 가능해지면서, 기술 기반의 안전 시스템 구축도 이루어지고 있다.

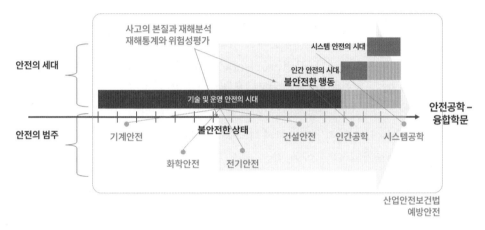

[그림-12] 안전의 범위 확대와 변화

(2) 안전 시스템과 시스템 안전

시스템 안전의 정의 중 많이 혼동되는 부분은 안전 시스템과 시스템 안전에 대한 구분이다. 안전 시스템(safety system)과 시스템 안전(system safety)은 다를까? 다르다면 어떻게 구별해야 할까? 페로우(C. Perrow)의 정상 사고(Normal Accident)나 에릭 홀나겔(E. Hollnagel)의 Safety Ⅱ에서도 시스템의 중요성은 언급하고 있지만, 안전 시스템과 시스템 안전의 주요 차이는 명확히 부각되고 있지 않다. 다만, 기존 연구들을 살펴보게 되면, 용어의 정의상 안전 시스템은 "안전을 위한 시스템의 총체"와 같이 결과물에 초점이 있다면, 시스템 안전은 "안전을 위한 체계적이고 논리적인 접근, 방법, 도구, 절차 등의 총체"와 같이 과정에 초점이 있다는 점이 다르다. 즉, 회사의 안전보건관리조직을 구성하거나 전사자원 관리시스템(ERP: Enterprise Resource Planning)에 안전과 관련한 모듈의 추가, LOTO(Lock-Out, Tag-Out), 인터락(interlock)과 같은 안전기능을 적용하는 경우 안전 시스템으로, 결함수분석, 기능분석, 활동프로세스 등 과정을 체계적으로 설계·분석하고 적합한 결과를 도출하는 방법은 시스템 안전으로 구별할 수 있다.[3]

현재 ISO에서 규정하고 있는 안전 관련 관리시스템은 [그림-13]과 같이 안전보건경영시스템(ISO45001), 환경관리(ISO14001), 품질관리(ISO9001) 표준이 대표적이다.[4] 안전-환경-품질관리의 일정한 수준 달성을 위해 필요한 활동들을 PDCA 주기로 정리하여, 기업들에게 인증 획득을 유도하고 있다. 이 표준들은 사내표준으로 자리 잡으며, 기업의 정책(policy)이나 규정(regulation), 매뉴얼(manual), 절차서(procedure)로 계통화되어 같이 연계되어야만 효과를 보증할 수 있다. 단순히 표준의 목차나 내용을 개별적으로 수행하는 것만으로는 시스템적 접근도 아니며, 안전 시스템을 구축하기 어렵다. 따라서, 이를 기업에 체계적으로 적용시키는 접근, 방법, 절차 등의 시스템 안전이 필수불가결하다. 이와 같은 시스템 안전은 조직적(organizational), 설계적(design), 절차적(sequential) 관점에 따라 차이를 지니며, 적용 수준에 따라 안전시스템의 결과도 달라지게 된다. 즉, 시스템 안전은 조직관리자와 기술전문가들이 협력하여 우수한 안전 시스템을 구축하는 과정을 거쳐야만 한다.

---

3) 본 '중대재해 예방 및 대응 가이드북'에서는 후자의 시스템 안전에 더 초점을 맞추고 있으나, 결국 안전 시스템으로의 결과물을 개발해야 한다는 점에서 두 관점의 개념이 궁극적으로 통합되어야 한다.
4) ISO에서 기계설비, 제품, 기능 차원의 표준이나 비즈니스 연속성과 같은 표준도 다양하게 존재하나, 일반적으로 세 가지의 표준을 대표적으로 들 수 있다.

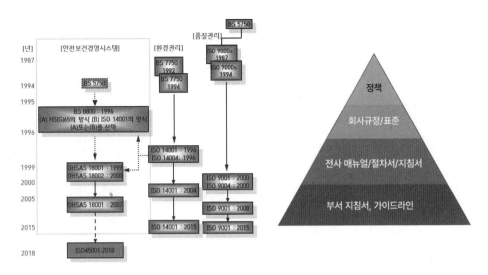

[그림-13] 안전 관련 시스템 표준(좌) 및 표준화 구조(우)

2) 시스템 안전 관점

(1) 조직적 시스템 안전

조직적 관점에서의 시스템 안전은 안전관리에 대한 목표달성을 위한 모든 종사자의
참여와 상호협력을 유도하는 안전관리 조직의 체계적이고 합리적인 구축을 추구해야
한다. 브래들리 곡선(bradley curve)에서도 [그림-14]와 같이 안전문화에 따른 조직의
최상위 수준을 조직의 구성원 모두가 개인의 업무에 최선을 다하면서도 다른 구성원
의 안전을 위해 지원해야 한다는 상호의존적(interdepedent)인 관계로 정의하였다.

초기에 감시와 감독에 따른 의존적인 관계 이후에도 자율적이고 상호의존적인 조직
원들의 관계가 안전한 시스템을 유지한다는 이론을 제시하였다. 시스템의 핵심요인
도 상호작용에 대한 구현 및 관리라는 점에서 조직구성원들의 역할과 책임이 시스템
화될 수 있도록 조직 기능을 확인하고 분석하는 관점이 반영되어야 한다.

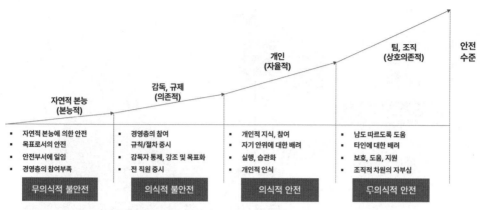

[그림-14] 안전문화와 조직적 시스템 안전 수준

국내에서도 안전보건관리의 체제(organization) 구축을 「산업안전보건법」에서 규정하고 있을 정도로, 안전보건관리의 체계(system) 구축의 기본 조건으로 두고 있다. 이론적으로도 조직관리의 기본은 조직의 구조화와 개인의 업무할당을 통해 직제를 완비하고, 조직과 개인에게 역할 및 책임(R&R: Role and Responsibility)을 부여하는 과정이다.

조직적 시스템의 첫 번째 단계는 업무 구조도(WBS: Work Breakdown Structure) 작성이다. 업무 구조도는 조직에서 수행해야 하는 모든 작업의 내용, 표준, 절차 등이며 이를 계층적인 기능구조(functional organization)로 수준화한 도식이다. 두 번째 단계는, 이 업무구조의 분석과 수준의 통합으로 조직구조도(OBS: Organization Breakdown Structure)를 개발하고, 조직의 수준(본부, 부, 실, 과 등)을 정해야 한다. 일반적으로 기업은 기획, 재무, 구매, 생산, 회계, 운영 등 특징에 맞춰 조직구조도를 구성하게 된다. 마지막 단계로는 각 조직 수준에 포함될 개인을 배정하고, 역할을 할당하는 역할할당매트릭스(RAM: Responsibility Assignment Matrix)를 개발한다. 이를 통해 조직과 개인의 역할 및 책임을 체계적으로 규정할 수 있으며, 각 업무와 역할의 상호관계 역시 조직과 개인을 통해 정의된다. 이 체계적인 과정을 거쳐야만 적합한 직무역할과 직제규정을 개발할 수 있다.

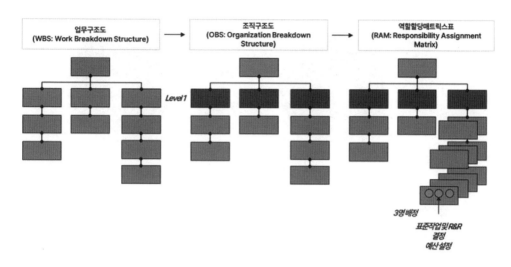

[그림-15] 조직의 체계적 구조화

(2) 설계적 시스템 안전

설계적 시스템 안전은 관리할 대상의 기능과 상호관계성을 확인하고 분석하여, 안전 시스템으로 개발하는 과정을 의미한다. 생산 시스템은 제품과 그 제품을 생산할 수 있는 설비와 공정, 인간(작업자)이 투입되는 시스템으로, 생산할 제품에 따라 그 관계가 다르게 설계된다. 즉, 기능공정(job shop), 흐름공정(flow shop)이 될 수도 있고, 그 설비 배치 역시 제품배치(product layout)나 공정배치(process layout) 등 적합한 공정을 설계해야만 한다. 설비나 공장 등의 설계 구조가 결국 효율성과 안전성을 보장할 수 있는 주요 단계가 되며, 각 설비와 작업자들의 관계가 위험 없이 안전하게 상호작용하는 설계가 되도록 시스템 안전을 살펴봐야 한다. 흔히, fail-safe 설계는 물론 LOTO(Lock Out Tag Out)나 인터락(interlock), fool-proof와 같은 안전설계 역시 구조적인 시스템 분석이 가능해야만 실현될 수 있다.

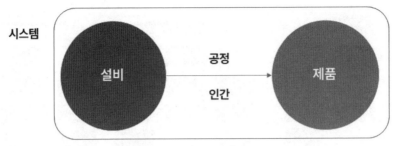

[그림-16] 설계적 시스템 안전

설계적 시스템 안전은 생산 시스템의 공정도나 제품의 설계도 등 공학적인 접근이 요구된다. 시스템은 구성요소들의 관계로 구현되며, 구성요소들은 다음에서와 같이 기본적으로 선후관계가 종속적인 직렬(serial) 시스템과 독립적이거나 관계없는 병렬(parallel) 시스템으로 구분된다. 직렬 시스템은 앞뒤의 구성요소가 연결되어, 하나의 구성요소라도 고장 날 경우 시스템이 실패하는 시스템이다. 반면, 병렬 시스템은 하나의 구성요소라도 작동할 경우, 그 시스템은 작동하는 시스템이다.

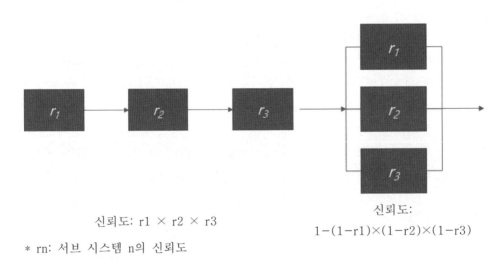

신뢰도: r1 × r2 × r3

신뢰도:
$1-(1-r1)\times(1-r2)\times(1-r3)$

* rn: 서브 시스템 n의 신뢰도

[그림-17] 직렬(serial) 시스템(좌)과 병렬(parallel) 시스템(우)

그렇다면 어떤 시스템이 더 안전할까? [표-4]에서 보듯이 서브 시스템(sub-system)이 많아질수록, 병렬 시스템의 신뢰도는 올라가기 때문에, 안전한 시스템을 위해서라면 핵심 구성요소는 병렬로 중복하여 설계하는 것이 적합하다. 실제로 하나의 서브 시스템의 신뢰도가 80%라 하더라도, 동일한 서브 시스템을 병렬로 보완할 경우, 한 개 추가에 대해서는 96%로 신뢰도가 상승하며, 두 개 추가할 경우에는 99.2%까지 신뢰도가 상승하게 된다. 따라서 앞서 언급했듯이, 비행기가 비상엔진을 추가로 가지거나 화물자동차가 타이어를 기본 개수보다 더 많이 가지는 fail-safe 시스템 설계의 경우는 병렬 시스템으로 안전한 시스템을 구축하게 된 사례이다.

[표-4] 서브 시스템 신뢰도(R)와 수(n)에 따른 전체 시스템 신뢰도의 변화

System ⟍ R ⟋ n	Serial		Parallel		
	99.99%	99.999%	80%	90%	99%
2	99.90%	99.90%	96.0%	99.0%	99.99%
3			99.2%	99.9%	99.9999%
10			99.9999%		
100	99.01%	99.90%			
500	33.13%	99.51%			
1,000	30.49%	99.02%			
5,000	20.67%	95.17%			

그러나 병렬 시스템 설계안전의 문제는 비용이 많이 든다는 점이다.[5] 추가로 서브 시스템을 준비해야 하다 보니, 개발 비용이 원래 설계보다 더 많이 소요되며, 예산과의 경제성 문제를 해결해야만 한다. 대표적으로 아래에서와 같이 중복설계에 대해 시스템 중복(system redundancy)과 부품 중복(component redundancy)으로 안전한 시스템을 설계하게 된다. 시스템 중복은 동일한 시스템을 만들어 시스템끼리만 병렬 연결하는 중복 설계 방식이며, 부품 중복은 동일한 세부구성요소를 만들어 구성요소 단위에서 병렬 연결하는 중복 설계 방식이다.

구체적인 수식 전개는 이 책의 목표와 범위를 넘어가 생략하겠으나, 일반적으로 부품 중복이 연결선이 더 많아 신뢰도가 높고 비용도 높은 특징을 지닌다. 따라서 목표로 하는 안전도에 따라, 중대한 위험에 직결되는 시스템은 비용이 높지만 부품중

---

5) 추가 시스템을 구성할 장소적 공간 부족에 따른 문제도 발생한다.

복을, 경미한 위험에 시스템 중복으로 비용을 절약하는 방식을 취할 수 있다.[6] 예를 들어, 자동차 브레이크 페달은 운전 중 빈번하게 사용되면서도 운전자의 생명과 직결되는 기능이기 때문에 부품 중복이 설계적 시스템 안전 관점에서 주요하다.

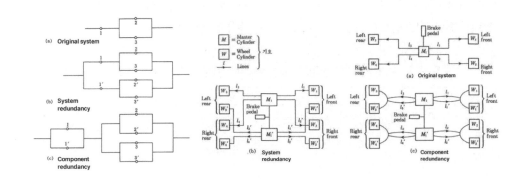

[**그림-18**] 중복설계 유형(좌)과 자동차 브레이크 시스템 예시(우)

(3) 절차적 시스템 안전

절차적 시스템 안전은 안전관리를 수행할 조직, 안전대상인 생산 시스템이나 제품 설계보다는, 재해 발생구조를 분석하여 그 절차를 확인하고 필요한 안전조치를 수행하는 관점이다. 재해 발생프로세스에 대한 이론은 하인리히(F.Heinrich)부터 버드(F.Bird), 리즌(J.Reason)에 이르기까지 다양하다. 체계적으로 재해 발생프로세스를 분석해보니, 관리적 문제부터 개인의 문제, 불안전한 상태 및 행동의 문제라는 버드의 도미노 이론과 방호장치의 부족으로 인한 틈새로 재해가 발생한다는 리즌의 스위스 치즈 이론 등이 대표적이다.

---

6) 물론, 시스템 중복과 부품 중복을 절충하는 설계 방식도 존재한다.

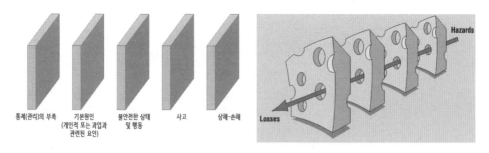

통제(관리)의 부족   기본원인   불안전한 상태   사고   상해-손해
                 (개인적 또는 과업과   및 행동
                    관련된 요인)

[**그림-19**] 재해 발생 절차: 버드 도미노 이론(좌) 및 리즌 스위스치즈 이론(우)

앞서의 연구들에 더해 동적인 절차적 관점을 추가한 대표적 연구사례로, 페로우(C. Perrow)의 정상사고(Normal Accident) 개념으로 사고가 발생되는 과정을 결합방식과 상호작용, 두 가지 측면을 제시한 연구가 있다. 이때 결합방식은 사고가 발생하기까지의 순차적 관계 과정으로 순차적 관계가 시간상 빠르게 다가오는지에 따라 긴박한지, 또는 천천히 진행되는지에 따라 느슨한지를 분석기준으로 삼았다. 반면, 상호작용은 각 순차적 과정에 있어 요인들이 많고, 또 서로 관계도도 높은지에 따라 복합적, 그렇지 않으면 단선적으로 분석기준을 제시하였다. 예를 들어, 아래의 모형 A는 느슨하면서 단선적인 순차 모형을, 모형 B는 긴박하면서 복잡한 복합 모형을 나타낸다. 이와 같은 시간적 · 요인적 복합성은 수학적이고 과학적인 분석기법을 사용하기 위한 근거가 된다.

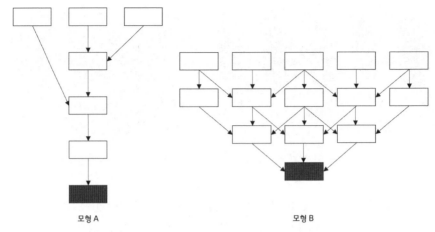

［ **그림-20** ］ 절차적 시스템 안전: 순차 모형과 복합 모형

페로우는 특히, 결합방식과 상호작용을 기준으로 사고를 네 가지로 유형화하였으며, 각각의 기준에 따라 예방조치와 대응조치를 달리 해야 한다고 주장하였다. 첫 번째로 결합방식이 긴박하고 상호작용이 단선적인 단순돌발형 위험은 국소적(localized)이나 예측(unpredictable)하기 어려운 특징을 지닌다. 두 번째로, 결합방식이 긴박하고 상호작용이 복합적인 사고는 복합돌발형으로 재해결과가 중대하며 알려지지 않은 (unknown) 위험 유형이다. 시간적, 관계적으로 예방하기 어려워, 지속적인 안전관리와 신속한 비상대응이 필요한 유형이라 볼 수 있다. 세 번째는 결합방식이 느슨하고 상호작용이 단선적인 유형으로 단순증폭형의 경우이다. 이는 재해결과가 중대하나 이미 알려진 위험일 가능성이 높아, 정기적인 안전점검을 통해서 예방조치를 해야만 한다. 마지막으로 결합방식이 느슨하고 상호작용이 복합적인 복합증폭형은 국소적이면서도 예측 가능한 사고이다.

이와 같이 재해 발생의 과정을 절차적으로 나누어 보는 작업은 관리결함, 개인결함, 불안전한 상태 및 행동, 방호장치의 부재 등과 같은 원인을 단계마다 고려할 수 있도록 유도하고, 필요한 개선대책을 절차에 맞춰 수립할 수 있는 도구로 활용된다. 따라서 재해의 발생과정을 절차적으로 분석하고, 각 단계의 대응방안과 해결방법을 제시하여 예방해야 하는 방향을 차별화해야 한다.

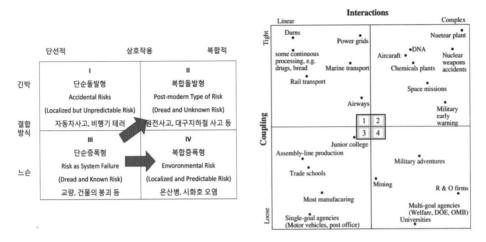

[**그림-21**] 절차 구조에 따른 시스템 위험의 유형(좌)과 예시(우)

제2장 안전보건경영시스템

1. 경영시스템과 안전보건관리체계 구축

앞서의 시스템 이론에 따르면, 경영시스템(Management System)이란 "어떤 조직이 달성하고자하는 목표를 성취하기 위해 필요한 그 조직에서 사용되는 일련의 정책과 과정, 절차를 말하며 이들의 구성요소가 조직적으로 상호 작용하는 체계"라고 정의할 수 있다. 대부분의 기업의 기능은 최종적으로 경영시스템으로 포함되며, 생산, 재무, 인사 등의 기능을 통합적으로 설계·관리하는 시스템 범위를 가진다.

안전보건경영시스템이란 경영시스템의 목표가 "기업이 산업재해 예방과 쾌적한 작업환경을 조성"하는 데 두고, 이를 위하여 "모든 조직원 및 이해관계자가 참여하여 근로자, 협력업체 및 방문자의 안전과 보건의 유지·증진을 위한 목표를 수립하고, 이를 달성하기 위한 조직, 책임과 권한, 절차를 규정(문서화)하여 조직 내 물적, 인적 자원을 효과적으로 배분하여 조직적으로 관리하는 경영시스템"을 말한다.

즉, 안전보건경영시스템이란 "사업주(최고 경영책임자)가 능동적으로 사업 또는 사업장의 안전보건을 확보할 수 있는 시스템을 구축하고 정기적으로 자체 평가하여 유해위험의 수준(위험성평가)에 따라 예방순위를 결정하는 등 사업주가 산재예방 계획을 체계적으로 수행할 수 있도록 방침, 절차 등을 구비하고 조직원의 역량을 확보하여 이를 정책, 전략, 관리, 운영의 각 차원에서 실행하는 것"이다.

시스템은 조직의 목표달성에 가장 효과적인 방법으로 이를 통한 기대효과는 다음과 같다.

첫째, 안전보건이 기업의 가치임을 천명함으로써 사업장 내 모든 조직원의 자율적인 안전보건 활동을 이끌어 낼 수 있다.
둘째, 안전보건으로 인한 기업의 손실을 체계적으로 관리하고 안전보건의 성과를 측정할 수 있게 됨으로써 효과적인 재해예방이 가능하게 된다.

궁극적으로 기업의 안전보건이 확보되어 재해가 감소하고 기업의 손실이 줄어들어 기업의 사회적 가치를 높이는 데 기여하게 된다.

1) 안전보건경영시스템

안전보건경영시스템에 대한 기준을 만들기 위한 노력으로 영국의 BS8800, ILO의 OSHAS 18001이 있으며 우리나라는 안전보건공단의 KOSHA 18001이 있다. 이후 2018년 ISO 45001이 국제인증 규격으로 제정되기에 이르렀다. 안전보건공단의 기준도 2019년에 KOSHA-MS로 개편하였다.

이러한 안전보건경영시스템의 기본적 구조(High Level Structure, HLS)는 리더십 및 근로자의 참여를 안전보건경영의 기본가치로 여기고 조직이 PDCA 과정을 통해 안전보건경영시스템을 운영하는 것이다.

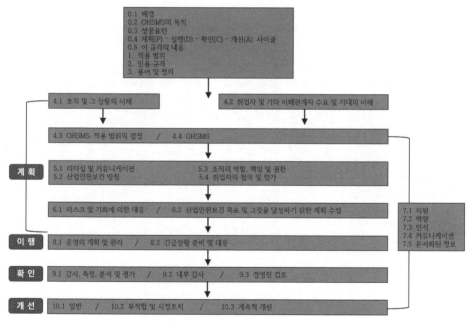

[그림-22] 안전보건경영시스템의 PDCA 사이클

안전보건경영시스템 접근법은 PDCA(Plan-Do-Check-Act) 개념에 기반을 두고 있다. PDCA 개념은 지속적 개선을 달성하기 위해 조직에 의해 사용되는 반복적인 프로세스이다. 이것은 다음 사항과 같이 경영시스템과 개별 요소 각각에 적용할 수 있다.

- 계획(Plan): 안전보건 리스크, 안전보건 기회 그리고 기타 리스크와 기회를 결정 및 평가하고, 조직의 안전보건 방침에 따라서 결과를 만들어내는 데 필요한 안전보건 목표 및 프로세스 수립
- 실행(Do): 계획대로 프로세스 실행
- 검토(Check): 안전보건 방침과 목표에 관한 활동 및 프로세스를 모니터링 및 측정하고, 그 결과를 보고
- 조치(Act): 의도된 결과를 달성하기 위하여 안전보건 성과를 지속적으로 개선하기 위한 조치 시행

안전경영시스템은 아래 그림과 같이 순환구조에 의하여 반복적 추진 및 개선이다.

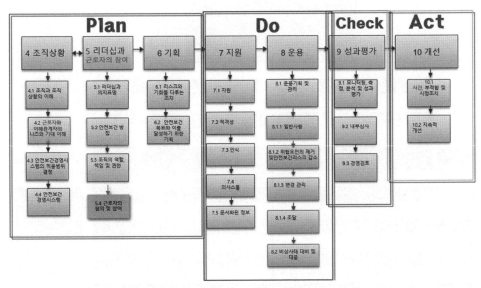

[그림-23] 안전보건경영시스템 순환구조(우종권, 2019)

2) 안전보건관리체계

안전보건관리체계 구축은 조직을 통한 전략적 및 운용적인 의사 결정에 달려 있다. 성공여부는 조직의 리더십, 의지표명 및 모든 계층과 기능의 참여가 중요하다. 안전보건관리체계 구축의 실행력 확보와 유지, 그 효과성 그리고 결과를 달성하는 능력은 다음과 같은 핵심요소에 의존한다.

- 최고경영자의 리더십, 의지표명, 책임 및 책무
- 최고경영자의 체계구축에 대한 결과를 지원하는 조직문화 개발, 선도 및 증진
- 의사소통
- 근로자와 근로자 대표(있는 경우)의 협의 및 참여
- 시스템을 유지하기 위해 필요한 자원의 할당
- 조직의 전반적인 전략적 목표 및 방향에 적절한 안전보건 방침
- 위험요인 파악, 안전보건 리스크 관리 및 효과적인 운용
- 안전보건 성과의 개선을 위한 지속적인 성과 평가와 모니터링
- 안전보건 방침과 일치되고 조직의 위험요인, 안전보건리스크와 기회를 반영한 안전보건 목표
- 법적 요구사항 및 기타 요구사항 준수 등

3) 안전보건경영시스템과 안전관리체계 구축

안전보건관리체계의 구축은 안전보건경영시스템을 기반으로 한다. 즉 관리체계 구축을 안전보건경영시스템과 같이 순환구조로 추진하고자 하는 것이다. 지속적 개선을 통하여 1회성에 그치지 않고 안전보건관리 활동을 전개하는 것이다.

안전보건관리체계 구축 및 추진을 "계획 수립→ 지원→ 실행→ 점검"을 통하여 지속적으로 개선한다. 안전보건관리는 반복적으로 수행되는 것이며, 위험성평가의 관리, 의사결정, 목표 설정, 목표 달성 및 성과 개선을 통해 조직에서 가치를 창출하고 안전을 확보하는 것이다. [표-5]는 안전보건경영시스템 기반으로 안전보건관리체계 구축내용을 나타낸다.

[표-5] 안전보건경영시스템과 안전보건관리체계 구축의 상관성

안전보건경영시스템	안전보건관리체계 구축
안전보건 방침	안전보건목표와 경영방침의 설정
계획수립(Plan)	
위험성평가 등	- 유해·위험요인 확인 개선 절차 마련, 점검 및 필요한 조치(위험성평가 등)
법규 등 검토	- 법규 등 검토
목표	- 안전·보건 목표와 경영방침의 설정
안전보건경영활동 추진계획	- 재해예방에 필요한 안전·보건에 관한 인력·시설·장비 구비와 유해·위험요인 개선에 필요한 예산 편성 및 집행
지원 및 실행(Do)	
자원	
역량/적격성	- 안전·보건 업무를 총괄·관리하는 전담 조직 설치 - 산업안전보건법에 따른 안전관리자, 보건관리자 등 전문인력 배치 - 안전보건관리책임자 등의 충실한 업무수행 지원(권한과 예산 부여, 평가기준 마련 및 평가·관리) - 종사자 의견 청취 절차 마련, 청취 및 개선방안 마련·이행 여부 점검 - 중대산업재해 발생 시 등 조치 매뉴얼 마련 및 조치 여부 점검 - 도급, 용역, 위탁 시 산재예방 조치 능력 및 기술에 관한 평가기준·절차 및 안전보건관리비용 기준, 업무수행기간 관련 기준 마련·이행 여부 점검
인식	
의사소통 및 정보제공	
문서화/문서관리	
기록	
운영계획 및 관리(안전보건활동)	
비상시 대비 및 대응	- 비상시나리오 작성
성과평가(Check)	
모니터링, 측정, 분석 및 성과평가	- 안전보건관리체계 운영
내부심사	- 문제점 발굴
경영자검토	- 조치계획 마련 및 경영자 보고
지속적 개선(Action)	- 지속적 개선

2. 영국의 안전보건경영시스템 구축 가이드

우리나라의 중대재해처벌법에 요구하는 안전보건관리체계의 구축은 영국의 자료를 참고하고 있다.

영국 HSE(Health and Safety Executive, 산업안전보건청)는 사업주의 책임 이행을 위한 안전보건관리체계구축에 대하여 설명하고 관련자료를 제시하고 있다. 영국 산업안전보건청에서 2013년(1991년 제정)에 발간한 안전보건경영 매뉴얼(Managing for Health and Safety)이 있으며, 이 매뉴얼에서는 사업에서의 안전보건경영의 운영 방식, 즉 안전보건관리체계의 구축에 있어서 기본적 접근방식을 제공하고 있다.

1) 계획, 실행, 확인, 행동 접근 방식

영국 산업안전보건청(HSE)은 건강과 안전을 관리하는 모델로 기존의 POPMAR(정책, 조직, 계획, 성과 측정, 감사 및 검토) 모델에서 '계획, 실행, 확인, 실행' 접근 방식(PDCA)으로 이동하였다. Plan, Do, Check, Act로의 이동은 관리의 시스템과 실행측면 사이의 균형을 달성한다. 또한 건강 및 안전관리를 독립 실행형 시스템이 아니라 기업의 공통된 경영의 필수적인 부분으로 취급한다.

매뉴얼에서 제시하는 PDCA 사이클의 기본적 요소는 다음과 같다.

▷ **계획하기**
- 당신이 지금 어디에 있어야 하는지 생각해 보십시오.
- 달성하고자 하는 것, 누가 무엇을 책임질 것인지, 목표를 어떻게 달성할 것 인지, 성공을 어떻게 측정할 것인지 말하십시오. 이 정책과 이를 제공할 계획을 기록해야 할 수도 있습니다.
- 성능을 측정하는 방법을 결정하십시오. 사고 수치를 보는 것 이상으로 이를 수행하는 방법에 대해 생각해 보십시오. 선행 지표와 후행 지표를 찾습니다. 활성 및 사후 지표라고도 합니다.
- 화재 및 기타 비상 상황을 고려하십시오. 직장을 공유하는 사람과 협력하고

계획을 조정하십시오.
- 변경 계획을 세우고 귀하에게 적용되는 특정 법적 요구사항을 확인하는 것을 잊지 마십시오.

▷ **실행하기**
- 위험 프로필 식별
  ① 위험을 평가하고, 작업장에서 무엇이 해를 입힐 수 있는지, 누가, 어떻게 해를 끼칠 수 있으며, 위험을 관리하기 위해 무엇을 할 것인지 식별합니다.
  ② 우선순위가 무엇인지 결정하고 가장 큰 위험을 식별하십시오.
- 계획을 전달하기 위해 활동을 조직합니다. 특히 다음을 목표로 합니다.
  ① 근로자를 참여시키고 의사소통을 하여 모든 사람이 무엇이 필요한지 명확히 하고 문제를 논의할 수 있도록 하십시오. 긍정적인 태도와 행동을 개발하십시오.
  ② 필요한 경우 유능한 조언을 포함하여 적절한 자원을 제공합니다.
- 계획 구현
  ① 필요한 예방 및 보호 조치를 결정하고 제자리에 두십시오.
  ② 작업을 수행하고 유지 관리하는 데 적합한 도구와 장비를 제공합니다.
  ③ 모든 사람이 업무를 수행할 수 있도록 훈련하고 지시합니다.
  ④ 준비 사항을 준수하는지 감독합니다.

▷ **확인하기**
- 성과 측정
  ① 계획이 실행되었는지 확인하십시오. '서류 작업' 자체는 좋은 성과측정이 아닙니다.
  ② 위험이 얼마나 잘 통제되고 있으며 목표를 달성하고 있는지 평가하십시오. 어떤 경우에는 공식 감사가 유용할 수 있습니다.
- 사고, 사건 또는 아차사고의 원인 조사

▷ **점검하고 보완하기**
- 실적 검토
  ① 다른 조직을 포함하여 사고 및 사건, 건강이 좋지 않은 데이터, 오류 및 관련 경험에서 배우십시오.

② 계획, 정책 문서 및 위험 평가를 다시 검토하여 업데이트가 필요한지 확인하십시오.
- 감사 및 검사 보고서를 포함하여 배운 교훈에 대한 조치를 취하십시오.

[표-6] 영국 HSE 안전경영체계 구성

구성	내용
원칙	• PDCA 접근방식
안전보건경영의 핵심요소	• 법적의무 • 리스크 프로파일링(유해위험 확인) • 안전보건관리체계 • 문서화 • 안전태도와 행동
필요한 일을 하는 법	• 리스크 프로파일링 • 안전보건의 견인 및 관리 • 역량 • 근로자와 자문 및 참여

효과적으로 배분/실행하기	• 계획하기
	  – 안전보건 정책 정하기
	  – 개선계획 만들기
	  – 효과적인 정책개발과 계획 활동
	• 실행하기
	  – 조직의 안전보건 리스크 프로파일링
	  – 안전보건 조직하기
	  – 개선계획 수립하기
	• 점검하기
	  – 성과를 측정하기
	  – 사고, 재해조사
	• 보완하기
	  – 성과를 평가하기
	  – 교훈 얻기

2) 안전보건경영의 핵심요소

조직은 건강과 안전을 관리하기 위해 적절한 조치를 취해야 할 법적 의무가 있다. 이것은 광범위한 일반 요구사항으로 볼 수 있으므로 영국 산업안전보건청(HSE)은 상식적이고 실용적인 접근 방식을 권장한다. 그것은 조직을 운영하는 일상적인 과정의 일부이자 직장 행동과 태도의 필수적인 부분이어야 한다.

산업, 조직의 규모 또는 성격이 무엇이든지 건강 및 안전을 효과적으로 관리하기 위한 핵심은 다음과 같다.

- 리더십 및 관리(적절한 비즈니스 프로세스 포함)
- 훈련된/숙련된 인력
- 사람들이 신뢰하고 참여하는 환경

영국 산업안전보건청(HSE)은 조직이 생성하거나 직면한 위험 프로필에 대한 이해를 바탕으로 이러한 모든 요소가 필요하다고 주장한다. 이는 더 광범위한 위험 관리로 다시 연결되며 [그림-24]와 같이 표시될 수 있다.

[그림-24] 안전보건경영의 목표 및 핵심요소(HSE)

성공적인 전달은 일회성 개입으로 거의 달성될 수 없다. 지속적이고 체계적인 접근이 필요하다. 여기에는 공식적인 건강 및 안전관리시스템이 필요하지 않을 수 있지만 어떤 접근 방식을 사용하든 계획, 실행, 확인, 실행 단계가 포함될 수 있다. 그러나 어떤 프로세스나 시스템이 있든 성공 여부는 조직 내 사람들의 태도와 행동에 달려 있다.

3) 법적 의무

모든 조직은 급여, 인사 문제, 재정 및 품질 관리 프로세스가 있다. 건강 및 안전관리도 다르지 않다.

영국 안전보건관리 규정에 따르면 고용주는 안전보건 위험을 통제 조치를 하여야 한다. 충족해야 할 법적 요구사항은 아래와 같다.

- 서면 안전보건 정책(5명 이상을 고용하는 경우)
- 직원, 계약자, 고객, 파트너 및 귀하의 활동으로 인해 영향을 받을 수 있는 기타 모든 사람들에 대한 위험성 평가 – 중요한 결과를 서면으로 기록한다.
  (5명 이상 고용하는 경우). 모든 위험 평가는 '적절하고 충분해야' 한다.
- 위험성 평가를 통한 예방 및 보호 조치의 효과적인 계획, 조직, 통제, 모니터링 및 검토를 위한 조치
  [예: www.hse.gov.uk/oshcr 산업안전보건 컨설턴트 등록부(OSHCR) 참조]
- 직원들에게 직장의 위험과 그 위험이 어떻게 보호되는지에 대한 정보를 제공한다.
- 위험에 대처하는 방법에 대한 직원 교육 및 훈련
- 적정하고 올바른 감독이 이루어지도록 보장
- 위험과 현 예방 및 보호 조치에 대해 직원과 상의한다.

4) 위험 프로파일링

효과적인 리더와 라인 관리자는 조직이 직면한 위험을 알고 위험도에 따라 순위를 매기고 이를 통제하기 위한 조치를 취한다. 위험의 범위는 건강 및 안전 위험을 넘어 품질, 환경 및 자산 손상을 포함하며, 한 영역의 문제가 다른 영역에 영향을 미칠 수 있다.

- 조직이 직면한 위험의 성격과 수준
- 부작용 발생 가능성 및 중단 수준
- 각 유형의 위험과 관련된 비용
- 이러한 위험을 관리하기 위한 통제의 효율성

영국의 안전보건경영가이드(매뉴얼)을 살펴볼 때 현행 중대재해처벌법상 안전 보건 관리체계구축과 유사한 점을 발견할 수 있으며 영국 가이드에서는 PDCA 사이클에 따른 유해위험관리를 체계화하도록 요구하고 있음을 알 수 있다.

3. 영국 안전보건경영시스템의 실행 프로세스

안전보건경영의 순환과정인 PDCA 사이클은 사업장의 다양한 관계자가 제기하는 안전보건 관련 여러 문제점을 해결하는 데 도움을 준다.

"계획 – 실행 – 점검 – 개선"으로 이어지는 순환 시스템에 의하여 리더십, 근로자 참여, 그리고 역량과 관련하여 순환과정 각 부분에서 필요로 하는 핵심조치를 확인할 수 있다. 영국 산업안전보건청에서 제시하는 안전보건경영의 순환과정(PDCA 사이클)의 실행 프로세스에 대하여 살펴본다.

[표-7] 안전보건경영 실행프로세스

실행 프로세스	세부 프로세스
계획 (Plan)	방침 결정, 위험성 평가 목표와 추진계획
실행 (Do)	리스크 프로파일링, 안전보건조직 안전보건 활동
점검 (Check)	성과점검, 사고 및 사건 조사
개선 (Action)	성과검토, 교훈과 지속개선

[그림-25] 안전보건경영 시스템 운영 체계(PDCA)

1) 계획(Plan)

안전보건 계획단계에서는 최고경영자가 안전보건방침을 수립하고 안전보건경영을 효과적으로 실행하기 위한 계획을 수립하는 것이 중요하다. 안전보건방침은 최고경영자의 안전보건에 대한 철학과 의지를 포함하여 전 조직구성원이 이를 알 수 있도록 공표하여야 한다.

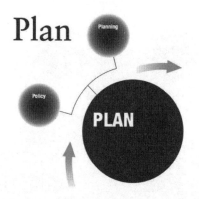

[그림-26] 계획단계(Plan)

또한 최고경영자는 안전보건방침을 이행하기 위해 조직 내 평가를 통해 안전보건 목표를 설정하고 이를 달성하기 위한 세부실행계획을 수립한다.

① 방침결정

안전보건방침은 효과적으로 안전보건경영을 달성할 수 있도록 방향을 설정하여 하며, 조직 전체에 안전보건 의무 및 효과에 대하여 충분한 의사소통이 이루어지도록 명확히 수립하여야 한다. 안전보건방침을 정하기 위해서는 위험성 평가를 통해 조직의 리스크를 확인한 후 이를 검토하여야 한다. 안전보건방침은 법적 요구사항을 충족하고, 안전보건 문제를 예방하며 새로운 리스크 발생 시 신속 대응할 수 있도록 다음과 같이 추진한다.

 (1) 조직의 내 · 외부 상황과 방향성 검토

(2) 목표수립, 조직구성원별 책임과 역할, 안전보건 실행계획 및 문서화

(3) 성과측정 방법 결정(선행지표, 후행지표 등)

(4) 중대재해 등 비상사태 고려, 작업장 내/외 관계자와의 협력과 협의

(5) 변화에 대한 계획 수립, 법적 요구사항 확인

방침에 반드시 포함되어야 하는 것은 효과적으로 안전보건성과를 달성하기 위한 안전보건 전략을 세우고 명확한 계획을 수립하는 것이다.

안전보건방침은 안전보건경영을 효과적으로 실행하기 위한 최고경영자의 안전보건철학과 조직의 상황을 검토하여 조직이 가야 할 방향성을 명확히 하여 수립한다. 방침을 문서로 작성하고 근로자 등 조직구성원 모두에게 공표함으로써 모든 사람이 이해할 수 있게 해야 한다. 안전보건방침은 조직의 안전보건 가치와 신념, 안전하고 건강한 환경을 제공하겠다는 의지 등 조직이 추구하는 목표를 반영하여야 하므로 근로자 대표 등과 협의한 후 최고경영자의 결정과 서명을 통해 문서화하고 공표되어야 한다.

② 위험성 평가

위험성 평가란 유해·위험요인을 파악하고 해당 유해/위험요인에 의한 부상 또는 질병의 발생 가능성(빈도)과 중대성(강도)을 추정/결정하고 감소대책을 수립하여 실행하는 일련의 과정이다. 조직은 위험성평가 절차서를 수립하여 운영하도록 문서화하여야 하며, 재해분석 및 조직의 위험정보 등을 파악하여 평가하고 조직구성원과 이를 공유하여야 한다. 위험성 평가를 실시하는 경우 다음 사항을 고려해야 한다.

(1) 위험성 평가 절차서의 적합 여부

(2) 조직 내부 또는 외부에서 작업장에 제공되는 위험시설

(3) 작업장에 보유하고 있는 모든 유해물질

(4) 일상적인 작업 및 비일상적인 작업

(5) 발생할 수 있는 비상사태

(6) 실시 시기 및 주기 등

③ 목표와 추진계획

안전보건경영시스템에서 목표와 추진계획은 안전보건방침의 이행을 위해 필수적인 사항이다. 먼저 위험성평가를 통해 조직의 리스크를 확인하고 이를 관리하기 위한 목표의 수립과 목표달성을 위한 추진계획을 수립해야 한다.

안전보건 목표는 조직 내 모든 구성원이 협력하여 조치를 함으로써 달성될 수 있다. 안전보건에 대한 추진계획을 수립하는 목적은 안전보건활동을 효과적으로 하기 위한 것으로 조직의 잠재 리스크를 파악하고 이를 확인하여 관리함으로써 재해를 사전에 예방하고자 하는 것이다. 특히 건강장애와 관련된 재해는 오랜 시간이 지난 후에 나타날 수 있으므로 건강상의 리스크를 다룰 경우 이를 예방하기 위한 추진계획은 면밀히 검토되어야 한다. 안전보건 추진계획은 비상사태 시 대응방안에 대한 법적 요구사항과 절차 등 다음과 같은 사항을 포함하여 작성한다.

(1) 적합한 관리제도, 리스크 관리시스템 그리고 작업장 안전보건예방조치에 대한 설계, 개발 및 실행
(2) 시스템 운영과 유지 및 필요한 경우 개선 추구
(3) 조직의 다양한 차원을 관리하는 방법과 기획의 연계

성공적으로 안전보건계획을 수립하기 위해서는 다음과 같은 사항을 결정해서 반영하여야 한다.

(1) 정보를 정확히 판단하여 조직이 당면한 현 상황과 위치가 어디인지 결정
(2) 법적 요구사항이나 벤치마킹을 통하여 조직의 방향성 결정
(3) 조직 내 방향과 목표에 도달하기 위해 필요한 조치가 무엇인지 결정

2) 실행(Do)

안전보건경영의 실행단계에서 실행과 관련된 요소들은 일반적으로 조직구조, 역할과 책임, 교육훈련과 자격, 의사소통과 정보제공, 문서화, 문서관리, 안전보건활동, 비상시 대비 및 대응 등 다양한 요소들이 있다. 안전보건실행은 계획단계에서 수립한 안전보건방침, 위험성평가, 안전보건목표, 세부추진계획에 대해 이를 달성하기 위한 실천을 의미한다.

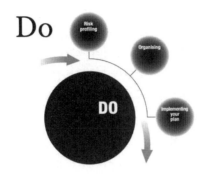

[**그림-27**] 실행단계(Do)

① 리스크 프로파일링

리스크 프로파일링은 위험을 관리하기 위해 조직특성에 적합한 리스크를 파악하고 정리한 자료를 말한다. 계획단계에서는 위험성평가를 통해 조직특성에 적합한 리스크를 파악하고 실행단계에서는 위험을 효과적으로 관리하기 위해 이를 정리하고 활용해야 한다. 리스크 프로파일링을 할 경우에는 다음 사항을 고려한다.

(1) 리스크를 확인하고 가장 큰 리스크와 관리할 리스크를 결정
(2) 리스크를 평가하고 그것이 작업장과 근로자에게 어떠한 유해·위험을 미치는지를 확인
(3) 리스크를 관리하기 위해 무엇을 해야 할 것인지를 확인

조직을 효과적으로 관리하는 리더와 작업관리자는 조직이 직면하고 있는 리스크를 알고 중요도를 기준으로 등급을 설정하여 리스크를 관리할 수 있는 조치를 취해야 한다. 리스크는 한 영역의 이슈가 다른 영역에도 영향을 미치게 되는데, 예를 들어 안전보건 리스크는 품질, 환경, 자산의 손실로 이어지며 이는 불안전한 지게차 운행이 서비스와 품질에 영향을 주어 상품에 손해를 초래하는 것과 같은 이치이다. 리스크 프로파일링 시에는 조직이 직면한 위험의 특성과 수준을 조사하고 악영향의 발생 가능성과 혼란의 수준, 리스크의 각 유형과 관련된 비용, 리스크 관리조치의 효과성을 검토하여야 한다.

② 안전보건조직

'안전보건조직'이란 적극적으로 안전보건성과를 달성하기 위해 안전보건활동을 실시하는 조직구성을 의미한다. 안전보건 방침과 목표 및 실행계획을 실천하기 위해서이를 담당하고 책임지는 조직을 구성한다. 안전보건조직은 안전보건활동에 근로자를 참여시키고 구성원 간 의사소통을 통해 모든 조직원이 필요로 하는 것이 무엇인지, 조직 내 이슈가 무엇인지에 대해 토론하는 등으로 적극적 참여와 행동을 이끌어 내도록 하여야 한다. 또한 필요한 경우 역량 있는 전보건 실행을 위해 적절한 자원을 제공하여야 하고 필요한 경우 전문가의 조언을 받을 수 있게 한다.

③ 안전보건활동

안전보건활동이란 계획단계에서 수립된 안전보건실행계획을 실천하는 것을 의미한다. 예를 들어, 필요하고 수행해야 할 예방적이고 보호적인 조치를 결정하고, 업무수행에 필요한 올바른 도구와 장비를 제공 및 유지하며, 업무수행에 필요한 역량을 갖추기 위한 교육훈련과 지도를 실시하고 제도가 준수되는지 확인하기 위해 감독하는 것을 말한다. 모든 사람이 안전하게 작업을 수행할 수 있도록 역량을 갖추고 계획이 제대로 수행되도록 적절한 감독을 하는 것은 매우 중요하다.

안전보건활동은 다음과 같은 핵심단계를 통해 이행되어야 한다.

  (1) 필요한 예방과 보호조치를 결정하고 적절하게 집행
  (2) 작업을 수행하고 유지하는 데 올바른 도구와 장비를 제공
  (3) 모든 사람이 안전하게 자신의 작업을 수행할 수 있는 역량을 갖추도록
      교육 훈련과 지도 실시
  (4) 안전보건계획을 수행하도록 감독 실시

안전보건경영을 실천하기 위해서는 안전보건경영시스템에 대한 매뉴얼 등 문서를 만들어야 한다. 안전보건경영시스템에 대한 문서화는 문서의 규모보다는 효과성을 강조하면서 기능적이고 간결하게 작성되어야 한다. 안전보건에 대한 공식적 문서화에 너무 많은 중점을 두는 것은 실행력 측면에서 불리할 수 있다. 안전보건경영 문서의 핵심은 실제적인 리스크 관리보다는 시스템의 구성과 운영에 대한 프로세스에 주안점을 두어야 한다.

[표-8] 핵심분야별 활동

핵심분야	핵심활동
조직 내 관리감독자	리더십, 동기부여, 관리감독, 성과지표, 규정, 책무, 성과보상체계
협력업체 관리	협력업체의 담당하는 업무와 관련된 안전보건활동
참여 및 협력	모든 종사원의 적극적인 참여와 협력이 필수적
의사소통	다양한 방법을 통한 의사소통 채널의 확보와 활용
역량	개개인의 안전보건에 대한 역량 보유
교육훈련	안전하게 작업하는 기술을 습득하기위한 프로그램의 보유
전문가	복합적 프로세스의 문제에 대한 전문가의 지원

3) 점검(Check)

점검단계는 조직이 달성한 것에 대하여 성과를 측정하고 적합한지를 평가한다. 점검단계의 주요 요소로는 성과측정 및 모니터링, 내부심사, 사고 및 사건의 조사 등이 있다.

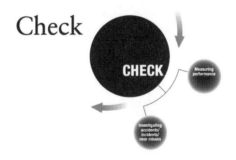

[그림-28] 점검단계

① 성과점검
안전보건 성과점검은 계획단계에서 수립한 안전보건경영 관련 요소들의 달성 정도와 효과성 등을 평가하는 것으로 성과측정과 내부심사 등이 있다. 성과측정은 목표달성 여부와 리스크의 관리수준을 평가한다. 내부심사는 안전보건경영시스템 운영상 효과성과 효율성을 검토하는 것을 말한다.

안전보건성과 점검을 통해 조직의 효과적 리더십과 관리, 역량, 근로자 협의와 참여가 조직에 내재화되었는지 여부 등 필수적 안전보건사항을 확인한다. 이를 통해 안전보건 시스템이 리스크를 관리하고 사람을 보호하는 데 효과적인지 알 수 있다. 또한 안전보건경영 요소의 최신화 여부를 확인하기 위해 계획, 방침 문서, 리스크 평가 등을 재검토한다. 또한 안전보건성과를 검토함으로써 조직의 안전보건제도(규정 등)가 적합한지 여부를 확인한다. 예를 들면, 안전보건방침의 타당성 점검 및 안전보건을 관리하기 위해 운영하고 있는 시스템이 효과적인지 확인함으로써 기업 내 안전보건환경이 어떻게 변화했는지 알 수 있다.

안전보건경영시스템의 성공을 위해서는 조직의 리스크 관리에 대한 점검이 매우 중요하다. 성과를 점검함으로써 새로운 리스크에 대응할 수 있도록 하며, 안전보건에 효과가 없는 일은 제거하고 성과가 있는 경우 활성화할 수 있다. 안전보건경영시스템이 잘 운영되는지 점검하는 것은 안전보건을 계속해서 유지시키고 미래에는 어떻게 하면 더 잘할 수 있을 것인가에 대한 바로미터가 된다. 이와 같은 점검은 효과적 모니터링 시스템을 통해 정교하게 성과를 점검하고 그 결과로서 운영에 대한 적합성을 평가하게 된다.

② 사고 및 사건의 조사
사고와 사건의 조사는 사업장에서 발생된 재해 또는 아차사고의 원인을 조사하고 이를 검토하여 재발방지를 하기 위한 것이다. 모든 기업이나 조직이 항상 계획대로 운영되는 것은 아니므로 예기치 않은 사건에 대응할 준비를 해야 하고 그 결과의 영향이 최소화되도록 노력할 필요가 있다. 사건에 대한 조사와 분석은 기업의 안전보건경영 상태를 이해하는 데 큰 역할을 한다.

사건에 대한 조사결과는 사건·사고가 다시 발생하지 않도록 하고 전체 위험관리를 개선하는 데 기반이 될 수 있다. 조직이 안전보건계획 및 이행수준을 정기적으로 검증하는 프로세스를 운영하고 있다면 조직원은 사고 및 비상사태 시 영향을 최소화할 수 있는 역량을 갖추게 될 것이다. 이를 위해 리스크를 관리하고 발생되는 사고와 사건을 예방하기 위해 조직이 마련한 조치를 모니터링하고 검토해야 한다. 효과적 사건·사고 조사를 위해 리스크 평가의 영역을 지정하고 정보의 수집, 대조, 분석 등을 통해 과학적이고 분석적 방법으로 사건의 원인규명을 위한 조사와 검토를 해야 한다.

4) 개선(Action)

마지막 단계인 개선단계에서는 성과검토를 통해 문제점을 발견하고, 개선계획을 수립하여 조치한다. 이때 얻어진 교훈을 통해 이를 학습하여 안전보건경영의 지속적 개선방안을 찾는다.

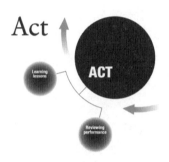

[그림-29] 개선단계

① 성과검토

성과검토는 계획, 실행, 점검 단계를 통해 얻은 평가결과를 검토하고 운영상 문제점과 개선점을 찾아 안전보건경영시스템이 지속적으로 발전되도록 하는 기반이 된다. 조직은 성과검토에서 나타난 문제점에 대한 개선계획을 수립하고 이를 다음 번 안전보건경영 순환과정에 반영하여 지속적 개선이 이루어지도록 해야 한다. 조직은 안전보건개선계획을 수립할 때에는 근로자 대표, 안전보건전문가 등과 개선계획에 대해 협의한다. 정기적인 검토주기에 따라 실시하며 성과검토에는 다음사항이 포함되어야 한다.

 (1) 내부심사 결과, 위험성평가 결과 및 재해분석 결과 등
 (2) 안전보건경영시스템 전반적인 성과 및 부족요건에 대한 개선방안
 (3) 다음 순환과정에 대한 안전보건방침 및 추진계획
 (4) 사업장의 구조변화, 개정된 법령, 신기술도입 등 조직 내외 변화요인
 (5) 미래 불확실성에 대한 대처방안 등

② 교훈과 지속개선

교훈과 지속개선은 안전보건경영시스템에 대한 성과검토를 통해 확인된 운영상 문제점을 바람직하게 개선하는 방안을 찾아 개선계획을 수립하는 것이다. 사고조사와 아차사고의 결과보고 및 개선점, 모니터링, 내부심사, 검토과정에서 확인된 조직의 취약점과 개선점 등이 포함된다.

조직에서 사고가 발생한 근본원인은 갖추어진 사고예방 시스템, 규칙, 절차 또는 지침이 제대로 작동하지 아니하였고 이는 관련 시스템이 인적요인을 적절하게 고려하지 않고 만들어졌거나 부적절한 활동이 묵시적으로 용인되었기 때문이다. 사고를 통해 얻을 수 있는 교훈은 이러한 사고가 다시는 발생되지 않도록 조직문화를 만드는 것이다. 조직 내 사고를 은폐하는 분위기가 있다면 사고의 근본원인을 찾지 못하게 되며 같은 사고를 재발시킬 가능성이 있다.

따라서 경영책임자와 관리자는 안전보건에 대한 긍정적이거나 부정적 교훈을 전 조직 구성원이 알 수 있도록 하고, 지속적으로 개선하는 문화가 조직 내 뿌리내리도록 한다.

II. 안전문화와 안전분위기

제1장 안전문화와 산업재해

우리나라 고용노동부의 산업재해 통계를 살펴보면, 산업재해율 관리를 시작한 이후부터 현재에 이르기까지 재해율은 지속적으로 감소하고 있다. 반면에 경제적 손실 추정액은 급속하게 증가하고 있는 것을 알 수 있다. 지난 2021년 산업재해보상보험법 적용근로자 20,173,615명 중에서 4일 이상 요양을 요하는 재해자가 130,348명이 발생했다. 이 중 사망자는 2,223명이고, 재해율은 0.65%였다. 산업재해의 직접손실액(산재보상금 지급액)은 6,452,939 백만 원이고, 직·간접손실을 포함한 경제적 손실 추정액은 32,264,699 백만 원으로 추산되고 있다(고용노동부, 2022).

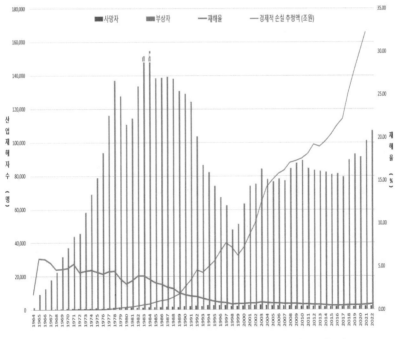

[그림-30] 산업재해 및 경제적 손실액 추이('14~'22)

한편, 이렇게 많은 인적, 경제적 손실을 초래하고 있는 산업재해를 예방하기 위해서는 먼저 사고가 어떤 과정을 통해 발생하는지를 이해해야 할 것이다. 75,000건의 산업사고 분석 결과 88%가 불안전 행동에 기인하고 있으며, 사고의 발생과정을 설명하고 있는 여러 모델에서는 사고원인으로 근로자의 불안전한 행동을 중요하게 강조하고 있다(Heinrich, 1931; Bird, 1974; Reason, 1990).

이러한 불안전한 행동의 대표적인 유형으로 안전규정 위반행동을 들 수 있다. Hopkins(2011)는 산업현장의 사고조사 및 분석에서 안전규정과 절차서(rules and procedures) 위반을 사고 발생에 기여하는 핵심 원인으로 제시하였다. 또한 Macrae(2009)는 해양산업에서 발생한 충돌과 좌초사고의 원인으로 절차서 위반을 공통으로 제시한 바 있다.

이와 같이 규정위반은 사고에 직간접적으로 영향을 미친다는 것을 알 수 있다. 따라서 규정위반의 발생 원인을 파악하여 개선하는 것이 중요하다. Reason(1998)은 규정위반의 발생 원인을 분석할 때 행동의 결과뿐만 아니라 규정을 위반하겠다고 결정했을 때 개인이 직면한 상황을 고려해야 한다고 강조하였다.

이처럼 사고를 예방하기 위해서는 개인이 직면한 안전에 대한 내·외부환경인 안전분위기를 조사하고 분석하여 개선할 필요가 있다.

최근에는 안전에 대한 외부의 환경이 많이 변하고 있다. 산업안전보건법 전부 개정, 중대재해처벌법 제정 등 사업장에서 고민해야 할 변화도 있으나, 이를 넘어서 국민 또한 사업장 종사자들만큼이나 관심이 높아지고 있다.

국민 개인의 생활안전을 고취시키기 위해 2013년부터 안전문화 실천운동이 범국민 운동으로 추진되었다. '안전문화'는 사업장 내 근로자만이 아닌 국민들의 안전의식에까지도 확대되고 있다. 실제 가정에서 일어나는 가스누출사고, 전기감전사고를 비롯하여 교통사고가 발생하면 정부 유관기관에서는 안전문화 정착을 위한 점검, 캠페인과 같은 운동을 추진하는 것을 볼 수 있다.

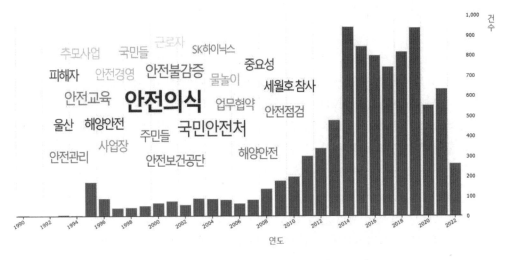

[그림-31] 안전문화와 사고의 크롤링 결과

이처럼 사고에는 '안전문화'가 뒤따라오는 것을 알 수 있다. 최근 30년간 뉴스 중 안전문화와 사고를 키워드로 한 기사를 크롤링한 결과, [그림-31]에서 볼 수 있듯이, 대형사고 시에는 사회적 관심이 높은 것을 알 수 있다. 이러한 안전문화는 산업현장에서의 안전보건과 직계되어 있으며, 이로써 사고를 예방하기 위한 수단으로 사용되어진다. 다음 장에서는 안전문화의 전반적인 이해 도모를 위해 본질적 특성을 설명하고자 한다.

제2장 안전문화와 안전분위기의 본질적 특성

산업의 안전관리 수준은 안전 점검이나 진단, 통계조사, 안전 인식조사와 같은 특정적인 검토 방법론을 통해 확인할 수 있으며 해당 사업주의 의사결정과 조치로 향상될 수 있다(James E., & Mercurio, 2002). 그러므로 안전관리가 효과적으로 수행되기 위해서 안전문화는 사업장의 믿음과 가치의 핵심 부분이 되어야 하며 일상적인 모든 활동에 흡수되어야 한다. 또한 안전문화의 근본은 해당 사업장의 안전관리 방침과 관련된 모든 문서에서 찾아볼 수 있어야 한다.

기업의 믿음과 가치에 의한 태도와 행동은 사고 및 아차사고(Near Miss)의 보고, 근로자가 안전하게 작업하거나 작업상의 위험을 감수하는 행동, 생산압력, 안전하고 건강하게 행동하도록 하기 위한 개입 조치의 실행 등과 같은 안전 측면에 큰 영향을 준다고 볼 수 있다.

1. 안전문화(Safety Culture)

일반적으로 안전문화라는 용어가 제조업뿐만 아니라 자연재해 분야와 같은 대중적인 부분과 교통, 건설, 서비스업 등과 같은 많은 산업 분야에 걸쳐 광범위하게 사용되고 있다. '문화'에 대한 정의는 출처에 따라 다양하다. 특정 집단에서 "문화"라는 용어는 조직을 특화하는 '공유된 가치와 믿음'을 의미한다. 기업에서는 조직의 특성을 비전선언문과 방침들에 표현하기도 한다. 이러한 행동 패턴은 인지 처리의 특정 패턴이나 시간이 지남에 따라 자동적이고 습관화된 행동으로 주어진 상황에서 개인의 행동에 영향을 줄 수 있는 신념, 가치, 태도, 목표 및 과거 경험이 포함될 수 있다. 안전문화는 특정 조직에 유일하며 다른 조직과 구별되어 조직의 전반적인 문화 일부로 볼 수 있다. 또한 조직에서 안전의 특성을 갖게 하는 공유된 가치와 믿음으로 설명될 수 있으며, 학자별 안전문화의 정의는 [표-9]와 같다.

안전문화라는 용어가 공식적으로 사용된 첫 시작은 1986년에 발생한 체르노빌 원전 폭발 사고조사보고서이다. 원자력발전소 안전자문위원회(Advisory Committee on Safety in Nuclear Installations; ACSNI)는 이 보고서에서 안전문화를 "조직의 안전 보건관리에 대한 의지, 스타일 및 능숙함을 결정짓는 개인과 그룹의 가치관, 태도, 믿음, 역량 및 행동 패턴의 결과물이다"라고 정의하고 있다.

[그림-32] 체르노빌 사고조사 보고서

국제원자력에너지기구(IAEA)가 체르노빌사고의 사고원인을 규명하기 위해 처음으로 안전문화라는 용어를 사용한 이후 Kings Cross, Piper Alpha 등의 사고에서도 사용 하였다. 이 사고들의 조사 보고서는 공통적으로 조직의 안전문화 요소가 제대로 반 영되지 않은 점을 주된 사고의 원인으로 지적하였다. 또한 위험성평가회(SRA, Society of Risk Analysis)의 Zebroski는 "Lessons learned from Man-made Catastrophes"에서 Three Mile Island, Chernobyl, Challenger 우주선, Bhopal 화학 공장 및 Piper Alpha 등의 사고조사를 통해 다음과 같은 공정안전관리 관련의 공통 된 안전문화적 특성을 확인하였다.

- 현장과 의사결정자의 관계가 멀고 의사소통체계가 편협하여 책임이 모호함
- 현존하는 심각한 유해위험요인을 무시해도 목표와 성과를 달성할 수 있다는 마음가짐
- 규정을 준수하고 있으며 안전하다고 확신하는 믿음
- 작업팀원은 위험이 없다고 주장함
- 다른 공정 및 설비가 체계적이지 않은 경험을 적용함
- 사전주의사항을 무시하고 학습함
- 안전평가와 조치에 대한 우선순위가 다른 성과목표보다 낮음
- 중대산업사고(MIA)에 대한 비상절차, 계획, 교육훈련이 부족함
- 설계 및 운전 시, 유해위험요인을 인지하고도 방치하는 특성이 있음
- 위험관리활동에 다양한 기법 및 조사를 활용하지 않음
- 안전문제를 확인하고 조사하는 부서나 책임자가 정해지지 않음

따라서 이러한 사고는 사업주를 비롯한 관리자 및 근로자들의 안전 의식과 안전 태도는 물론 안전에 대한 책임감에 문제가 있는 것으로 안전문화 수준이 낮아서 발생하게 된다. 그러므로 안전문화는 사고 발생의 원인이 직간접적인 문제의 배후 원인이 되는 핵심요소라 할 수 있다.

[표-9] 안전문화의 정의

연구자	정의
Cox & Cox (1991)	안전환경이나 안전과 관련된 노동자의 태도, 믿음, 인식, 가치를 재인식하게 만드는 것
ISAG (1991)	조직 내 최우선 순위의 하나로 문제의 중대성 때문에 발생하는 것이 안전문제라는 것을 확고히 하기 위한 조직과 개인의 특성과 태도의 조합
Pidgeon (1991)	노동자, 관리자, 고객, 시민이 위해나 상해로 간주되는 환경에 노출되는 것을 최소화하는 데 관계된 믿음, 규범, 태도, 역할, 사회적이고 기술적인 관습의 조합
Ostrom et al. (1993)	안전성과를 가져오기 위해 행위, 정책, 절차에서 명료화된 조직의 믿음, 태도에 대한 인식

Geller (1994)	완전한 안전문화(a total safety culture; TSC)에서는 모든 구성원이 안전에 대해 책임을 지고 평상시에 안전을 추구하는 상황
Berends (1996)	조직의 구성원의 안전에 대한 집합적 정신적 체계화(collective mental programming)
Lee (1996)	조직의 보건과 안전관리 또는 보건안전에 대한 유형과 능률성 및 헌신을 결정짓는 개인과 집단의 가치, 태도, 인식, 능력, 행태의 산물
Bower (1966)	문화는 우리가 주변에서 일하는 방식
Schine (1992)	안전이라는 안전영역에 대해 조직의 구성원들이 공유하고 있는 기본가정
CCPS	공정안전관리를 정확히 실시하기 위해 모든 구성원이 공통으로 안전의식을 가지고 참여하는 것

안전문화를 전문가나 조직에 따라 정의하고 있으며, 안전문화의 개념을 아주 정확하게 설명하고 있다. 그런데 이 정의로 안전문화의 본질을 한 번에 이해할 수 있을까? 꽤 어려운 단어들이다. 연구자나 관계기관으로서는 정의가 정확하다 하더라도 본 책 독자인 경영책임자 등의 입장에서는 이해하기 쉽지 않다.

안전문화는 안전과 관련된 주변의 문화로 구성원이 일하는 방식이다. 즉, "우리 팀에서는 이렇게 일한다. 우리 팀장은 이렇게 일한다"라는 의미이다. 예를 들면 어떤 팀에서 김 프로가 실수해서 문제가 됐고, 그 문제에 대해 구성원이 문제의식을 같이 했다면 어떤 팀은 문제를 곧바로 직속 상사에게 보고하는가 하면 다른 팀은 문제를 덮고 조용히 넘어간다면 일하는 방식이 팀마다 다르다고 볼 수 있다. 그렇다면 팀마다 일하는 방식이 왜 다를까? 그 이유는 팀원들이 가진 기본가정이 다르기 때문이라고 볼 수 있다. 팀이 갖는 "기본가정"은 팀원들이 당연하다고 여기는 믿음 또는 생각이다. 즉, 안전문화에 대한 구성원들이 소속된 조직에서 안전과 관련되어 당연하다고 여기면서 공유하고 있는 믿음이나 생각이다. 여기서 공유되었다는 것은 한두 사람이 생각을 같이 하는 게 아니라 그 조직에 있는 대부분이 같게 생각한다는 뜻이다.

[표-10]의 5가지 중대한 사고 사례를 통해 안전문화와 관련한 부족한 부분이 모든 사고원인으로 보고된 점을 알 수 있다. 또한 의사소통의 부족과 관리 실패, 책임 부

족이 대부분 사고에 영향을 미친 것을 확인하였다. 이를 통해 사고원인들이 조직의 안전 문화가 부족하여 발생한 것임을 파악할 수 있다. 더 나아가 기술과 관리상의 문제로 인해 발생한 사고에 대해서도 근본 원인을 조사해 보면 다양한 형태의 안전 문화와 관련된 원인이 있는 것을 알 수 있다.

[표-10] 안전문화 관련 사고원인 비교

사고명 사고원인	Chernobyl (1986)	Challenger space shuttle (1986)	Bhopal (1984)	Piper Alpha (1988)	Arrow Air Flight 1285R (1985)
의사 소통 부족	O	O		O	O
관리 실패	O	O	O		O
조직 문화의 부족*	O	O	O	O	O
부적절한 안전교육 및 훈련	O				O
책임 부족	O		O	O	O
비상계획 부족			O		
설계 결함	O			O	
감독 부족					O
부실한 유지보수			O		
불충분한 안전 시스템			O	O	

* 집단 사고, 안일함을 포함함.

이와 같이 안전문화가 대부분 사고의 근본 원인으로 파악되면서 사고예방을 위한 중요한 영역으로 인정되고 있으며 안전성과를 예측하는 선행지표(leading indicator)로 활용되고 있다. 또한 안전문화는 다양한 분야에서 적용되고 있으며, 측정 방법마다 장단점이 있으므로 측정하려고 하는 대상 조직을 고려하고 측정 방법의 편리성과 유효성을 검토하여 적절한 방법을 선택하는 것이 매우 중요하다.

그리고 안전문화를 구축하려면 조직 내 모든 구성원의 안전에 대한 인식을 개선해야한다. 또한, 안전 활동에 적극적으로 참여하여 안전에 대한 노력을 지속적으로 발전시켜 나가야 한다. 효과적인 의사소통과 적극적인 문제해결, 그리고 명확한 책임 범위와 역할 분담이 정립되어야 할 것이다.

Reason(1997)은 바람직한 안전문화를 가지고 있는 조직은 상호 신뢰를 바탕으로 의사소통이 잘 이루어지고, 안전을 중요하게 생각하는 공감대가 형성되어 있고, 예방적방법의 효과에 대해 자신감을 느끼고 있다는 특징이 있다고 언급하였다. 그가 제시한 안전문화 요소는 보고문화(reporting culture), 공정문화(just culture), 유연문화(flexible culture), 학습문화(learning culture) 등으로 건전한 안전문화를 만들기 위한핵심 사항을 다음과 같이 소개했다.

① 보고문화(reporting culture)는 구성원들이 자신의 실수나 아차사고를 기꺼이보고하고 그 정보를 공유하려는 것으로 구성원 간에 대화를 통해 각자의 고충을이야기하면서 신뢰를 쌓아가는 것이다.

② 공정문화(just culture)는 서로 믿는 분위기가 존재하고, 허용되는 것과 허용되지않는 것에 대한 명확한 구분이 있으나 잘못이 있더라도 필수적인 안전관련정보를 제공하는 행동을 독려하고 심지어 보상까지 하는 문화를 말한다.

③ 유연문화(flexible culture)는 조직은 근로자들이 창의적으로 기여할 수 있도록유연성을 갖도록 허용 정도를 고려해야 한다. 기존의 상하 위계적 구조에서수평적인 전문적 구조로 전환할 수 있는 조직 융통성을 가진 문화를 말한다.

④ 학습문화(learning culture)는 구성원이 조직의 안전정보시스템으로부터 올바른결론을 끌어낼 수 있는 자발성과 능력을 갖추고 있고, 요구가 있을 때 주요개혁을 이행할 의지가 있는 문화를 말한다.

⑤ 정보문화(informed culture)는 시스템 관리자나 운영자가 사람, 기술, 조직, 환경요인 등 전체적으로 시스템 안전에 영향을 미칠 수 있는 모든 요인에 관한 현황지식을 보유하고 있는 문화를 말한다.

2. 안전분위기(Safety Climate)

안전문화는 매우 추상적인 부분이 많아 안전활동을 하는 사람들이나 기술자들에게는 안전과는 다소 먼 얘기로 들릴 수 있다. 안전분위기에 대해서 알아보면 안전분위기는 안전과 관련된 조직의 정책, 절차, 실천에 대한 조직구성원들의 공유된 지각이라고 정의가 되어 있다. 안전문화도 공유된 것을 중요시했는데 안전분위기에서도 공유의 의미가 중요하다.

안전분위기는 Zohar(1980)가 처음 제안한 것으로, 구체적으로 안전보건이 조직의 다른 가치들과 비교해서 얼마나 중요하게 여겨지고 있고 안전보건을 위한 행동이 얼마나 당연시되며 바람직한 행동으로 받아들여지는지를 말한다. 경영진과 관리자들은 안전보건에 대한 중요성을 말로만 하는 것이 아니라 실제 행동으로 드러내고 있는지에 대한 조직 구성원들의 집합적인 인식을 의미한다(Zohar, 2010). 이러한 개념에 따라 안전분위기는 기본적으로 조직구성원 개인 수준에서 측정이 되며 이후 의미 있는 조직 내 상호작용의 단위인 그룹, 팀, 부서, 작업장 등의 집단수준으로 집단변수화하여 측정될 수 있다.

선행연구들에서 안전문화와 안전분위기의 정의를 놓고 많은 논의가 있었으나, 대부분 학자는 '안전문화'와 '안전분위기'를 개념적으로 구분하고 있다. 즉, 안전분위기를 스냅숏이라 볼 때 안전문화는 오랫동안 여러 개의 스냅사진이 모여 조직의 안전과 관련하여 구성원들의 기본가정들에 바탕을 두고 있는 가치, 관행, 행동양식에 대한 포괄하는 개념으로 볼 수 있다. 안전분위기를 비교적 명확히 인식할 수 있고 관찰할 수 있는 구성원들의 가치, 관행, 행동양식 등이라고 본다. 따라서 상황별 스냅사진을 통해 구성원 가치, 관행, 행동양식 등 의식적인 수준인 안전분위기를 측정할 수밖에 없다. 특히, 안전분위기는 해당 조직의 안전에 대한 기본가정이 실제로 조직에서 구현되는 실질적인 노력을 다루기 때문에 측정, 관찰이 쉽다고 볼 수 있다. 안전분위기는 안전과 관련된 조직 내의 정책, 절차, 실천에 대한 조직구성원의 공유된 지각으로 정의할 수 있다. 반면에 추상적인 면이 많아 표현이 매우 어렵고, 연속성을 강조하는 안전문화와는 다르게, 사람을 중심으로 한 안전 분위기는 측정할 수 있으며 조직의 안전문화를 스냅숏(Snapshot)으로 엿볼 수 있다고 본다.

[표-11] 안전분위기의 정의

연구자	정의
Zohar (1980)	직장의 안전에 대해 종업원이 공유하는 심리적인 기본인지 (molar perception)의 요체
Glennon (1982)	위험을 제거, 감소시키는 행태에 직접적 영향을 미치는 조직특성에 대한 종업원의 인식
Brown & Holmes (1986)	안전분위기나 특별한 기관에 대한 집단이나 개인에 의한 일련의 가치나 인식
Dedobbeleer & Bealand (1994)	안전환경이나 작업환경에 대한 심리적인 기본인지(Molar perception)
Cooper &Philips (1994)	근무지에서 안전에 대해 근로자가 가지고 있는 공유된 인식과 가치와 관련된 것
Niskanen (1994)	특별한 근무기관에 대해 인지된 일련의 속성으로 기관이 근로자나 관리자에게 부가하는 정책과 관습에 의해 감소될 수 있는 것
Coyle et al (1995)	직업보건이나 안전문제에 대해 태도와 인식의 객관적인 측정
Hofmann & Stezer (1996)	경영층의 안전에 대한 몰입과 관련 활동에의 근로자 참여에 관한 인지수준
Flin et al (1998)	특정 시기 특정 장소의 안전문제에 대한 인지상황. 운영환경에 따라 변화 가능하며 불안정
Mearn et al (2000)	안전에 관해 영향을 주는 현재의 환경이나 조건에 대해 근로자가 인지하는 단면(snapshot)
Clarke (2006)	근로자의 안전한 행동과 사고유발여부에 대한 견실한 예측변인

[그림-33] 안전문화와 안전분위기

3. 안전문화와 위험성평가(Risk assessment)

안전문화를 위험성평가에 기반한 시스템적 접근방식과의 연계를 중시하고 있다. 즉, 생산공정은 항상 통제하기 어려운 유해위험요인, 즉 언제든지 재해를 당하거나 죽음에 이를 수 있는 리스크를 갖고 있다. 또한 기술 발달은 생산공정에서 새로운 유해위험요인을 만들어 내는 속도나 기술 발달의 정도에 비추어 볼 때 이를 규제 입법의 예방 조항으로 일일이 관리하는 데는 한계가 있다. 이에 사업주가 시스템적으로 노동자와 함께 유해위험요인을 발굴하고 그 예방조치를 마련하여 시행하는 위험성평가 관리가 중요하다.

하지만 자기규율의 관점에서 위험성평가에 기반한 시스템적 접근방식을 보완하는 원리가 필요하다. 안전문화를 위험성평가 관리시스템과의 연계 없이 활용하는 경우, 단순히 근로자의 무분별한 행동을 사고원인으로 간주하고, 근본적인 유해위험요인을 제거하고 통제하는 시스템 관리의 문제를 간과하게 할 수 있다.

제3장 안전분위기 잠재적 영향과 항목별 측정지표

1. 안전분위기 효과

산업 안전보건을 지속적으로 개선하기 위해서는 개인과 조직 관점의 상호작용이 이뤄져야 한다. 이에 영국 HSE는 기업의 성공적인 안전보건관리를 위해서는 개인과 조직의 상호영향력을 통해 "긍정적인 안전문화"를 만들어 가는 것이 중요하다고 보고 긍정적인 문화 조성을 적극 권장하게 되었다. 이러한 긍정적 안전문화를 개발할 수 있는 안전분위기의 지표는 '경영층의 안전에 대한 몰입도', '안전문제 해결을 위한 주인의식과 자발적 참여', '종업원의 경영층에 대한 신뢰 및 원활한 의사소통', '유능한 인재의 존재 여부' 등을 들고 있다(HSE, 2002).

안전분위기가 사고 및 재해 예방에 긍정적 효과를 가진다는 것은 폭넓은 산업현장의 다양한 연구나 비교문화 연구를 통해 알 수 있다. 그런데 이러한 안전분위기의 효과에 대한 경험적 증거를 살펴보기 전에 우선 안전분위기가 안전사고를 예방하는 효과를 이해할 필요가 있다. 연구자들은 안전분위기가 안전사고를 예방하는 효과를 설명하기 위해 다양한 이론들을 활용하였다. 관련 연구 결과로는 안전분위기는 조직 내에서 어떠한 행동이 바람직하거나 바람직하지 않은지를 결정하는 데 영향을 미칠 수 있다는 것이다(Weick, 1999). 즉, 조직분위기는 구성원에게 특정한 자극 및 상황을 어떻게 해석하고, 이에 대처하는 가장 적절한 행동 방안을 알려주는 가이드라인의 역할을 한다(Schein, 1992). 따라서 안전분위기는 조직구성원에게 안전에 관련된 사건이나 상황을 판단하고 대처할지에 대한 단서를 제공한다고 할 수 있다.

예를 들면 앞에서 설명했듯이 안전분위기는 서로 다른 구성원이 안전 문제를 발견했을 때 이를 상사에게 보고하는 행동을 할 것인지, 아니면 무시하는 행동을 할 것인지에 영향을 줄 것이다. 궁극적으로는 해당 작업장에서 안전사고가 발생하거나 발생하지 않는 결과를 낳게 되는 것이다. 즉, 안전분위기는 조직이 구성원의 안전과 보건을 얼마나 중요시하는지에 대한 경영진과 관리자들의 태도이다. 또한 작업장 안전을 실현하고 안전사고 및 위험 행동을 근절하기 위한 구체적인 정책, 규범, 투자 노력과 같은 정보에 기반한 구성원들의 작업장 안전에 대한 인식을 나타낸다. 이에 따라 안전분위기 인식 수준이 높을수록 구성원들은 안전행동을 하게 된다. 따라서 관리자들의 감독이 직접적으로 이루어지지 않는 상황에서도 안전분위기는 어떤 행동이 본인과 다른 근로자들의 안전과 보건을 위해 바람직한지 생각하게 하고 이러한 가치를 실현하기 위한 행동을 하게 한다. 이로써 유해위험요인을 미리 방지하고 위험 상황 발생 시 이에 대한 적절한 대응을 할 수 있게끔 하여 사고나 재해의 가능성을 줄이거나 그 효과를 경감시키는 작용을 할 수 있다. [그림-34]는 안전분위기가 좋은 조직의 근로자가 안전행동을 더 많이 한다는 것으로 조직의 안전분위기 수준에 따라 성실성의 효과도 차이가 있다는 것을 알 수 있다. 또한, 안전분위기가 높은 조직에서 성실성이 낮은 근로자와 안전분위기가 낮은 조직에서 성실성이 높은 근로자의 경우 안전행동의 수준이 유사하다는 것을 알 수 있다(LEE, 2016).

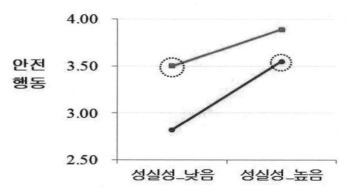

[그림-34] 안전분위기에 관한 성실성과 안전행동의 관계

안전분위기로 안전한 행동정도를 알 수 있으며, 안전행동은 일반적으로 안전 준수와 참여 행동으로 구분할 수 있다. 안전 준수행동은 작업에 필요한 개인보호장비를 착용하는 등 작업장의 안전을 유지하기 위해 작업자가 따라야 하는 명시적인 규정을 준수하는 행동을 말한다. 안전 참여행동은 작업장 전체의 안전을 위해 다른 작업자들을 돕는 다양한 행동을 하거나 안전 관련 문제점을 지적하고 이를 해결할 방법을 제안하는 등의 행동을 말한다(Neal & Griffin, 2006).

이러한 "안전분위기 → 사람관련 요인 → 안전성과 → 사고"로 이어지는 인과적 관계는 [그림-35]과 같이 많은 연구의 경험적 증거들이 보고되었다. 따라서 안전분위기는 근로자의 행동에 긍정적인 영향을 미치고, 안전성과를 통해 사고와 재해를 예방한다는 모형에 대한 근거를 제시한다.

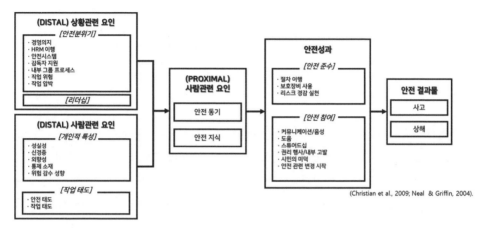

(Christian et al., 2009; Neal & Griffin, 2004).

[**그림-35**] Christian etal., 2009; Clarke, 2006; Guldenmund, 2000; Neal & Griffin, 2004; Zohar, 2003 연구모형

또 다른 사례는 1990년 초부터 안전분위기 측정을 통해 개선활동을 펼쳐온 결과이다. 개선활동으로 최고경영위원회의 핵심 사안 상정, 최고경영진의 안전의지를 표명하는 안전선언서 공포, 사고율 50% 절감 목표수립 및 추진활동 시행, 경영진 대상 안전 문화교육 시행 등 안전분위기 측정 결과에서 가장 취약한 순으로 개선대책을 수립하여 적용하였다. 그 결과, [그림-36]과 같이 100명당 재해율과 손실일수가 현격히 줄어든 것을 확인할 수 있다.

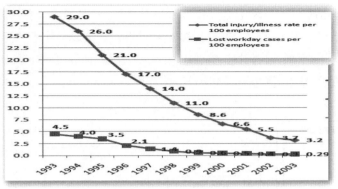

[그림-36] 안전분위기 진단 적용 효과의 예

안전분위기는 근무지에서 안전에 대해 근로자가 갖고 있는 공유된 인식으로 정의된
다. 그러므로 구성원들을 대표할 수 있는 표본으로부터 안전분위기에 대한 인식을
조사한 후 평균한 값으로 측정하는 것이 이상적이다. 하지만 안전분위기 측정을 위
해서는 여러 조직에 걸쳐 많은 수의 표본 자료를 수집해야 하는 어려움이 있다. 안
전분위기를 평가하는 것은 작업자의 안전을 보장하고 사고를 예방하는 데 중요하다.
안전분위기를 평가하는 방법에는 여러 가지가 있다. 일반적으로 사용되는 한 가지
방법은 근로자의 안전 인식을 측정하기 위한 설문조사이다. 설문조사는 안전에 대한
경영진의 의지, 안전 교육 및 절차, 안전 문제에 대한 의사소통, 안전에 대한 태도와
같은 안전과 관련된 광범위한 주제를 다룰 수 있다. 또 다른 접근법은 안전 감사 및
검사로 잠재적인 위험과 개선이 필요한 부분을 확인하는 것이다. 안전감사는 해결해
야 할 안전 정책 및 절차의 차이를 확인하는 데 도움이 될 수 있다. 또한 안전분위
기 평가과정에 근로자를 참여시키는 것도 중요하다. 현장 근로자는 현장의 유해위험
요인과 문제에 대해 가장 직접적인 경험과 지식을 가지고 있는 경우가 많기 때문이
다. 이는 근로자가 안전 정책 및 절차에 대한 피드백을 제공하고 개선이 필요한 영
역을 확인하며 해결책을 제안할 수 있는 위험성평가를 통해 수행할 수 있다.

제4장 합리적인 안전분위기 항목과 측정지표

1. 안전분위기의 측정체계

안전의식과 작업그룹 내의 하부문화는 개개인이 가진 안전의 중요성에 대한 믿음, 책임감, 문제해결을 위해 노력하는 정도와 같은 안전에 대한 태도를 결정하게 된다. 이러한 태도는 자발적으로나 안전관리지원으로 행동에 영향을 미치게 된다. 중간 작업그룹에 권한을 위임하는 조직의 경우, 안전관리지원은 대개 리더십과 안전의식을 충분하게 향상시킬 수 있도록 지원하는 것이다. 마찬가지로 작업그룹 내에서 개인의 안전에 대한 태도와 행동은 동료 근로자, 현장관리자 및 선임 관리자들의 안전에 대한 몰입 정도에 의해서 영향을 받게 된다. 안전문화의 기본체계에서 수준별 분류는 개인수준, 조직수준, 외부수준으로 구분되며 조직수준은 중간 작업그룹과 회사로 재분류된다.

[그림-37]은 안전문화의 기본체계를 나타낸 것으로 시스템에 근거한 문화 모델의 본질을 도식화한 것이다. 이 모델은 어떻게 개인의 안전의식이 소속된 업무그룹 내에서 개선될 수 있는지를 보여준다. 이러한 의식과 업무그룹의 하위문화는 개인의 안전 믿음, 책임과 통제에 대한 태도 및 인식을 형성한다. 이는 반대로 안전관리 과정에 의해 제약받거나 강화되면서 개인의 행동을 유도한다. 예를 들면, 그룹 권한위임을 지원하는 문화에서 안전관리 과정의 주된 역할은 리더십과 업무그룹 수준에서의 안전 인식을 훈련하고 지원하면서 반면에 근로자의 행동을 제재한다. 마찬가지로 업무그룹 내에서 개인의 태도와 안전 관련 행동은 현장 안전관리감독자의 가시적인 의지로 강력하게 영향받을 수 있다.

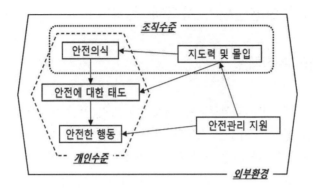

[그림-37] 안전문화 기본체계 모델

많은 연구자는 다양한 형태로 안전문화와 분위기의 모델을 연구하였다. 그중 Graffine과 Neal(2000)은 경영층 가치, 안전소통, 안전업무관행, 안전교육 및 안전장비 등으로 구성되어 있는 안전분위기가 지식과 동기를 통해 매개되어 안전과제성과와 안전맥락성과에 직접적인 영향을 미침을 확인하였다. 이때, 안전과제성과는 안전준수활동으로, 작업장 안전을 위해 필수적으로 수행할 핵심행동(예: 안전기준준수, 보호구착용)을 말하며, 안전맥락성과는 안전활동참여로, 안전한 작업환경 조성을 위해 필요한 행동(동료의 안전지원, 안전보건 관련 회의체 참가) 등을 말한다.

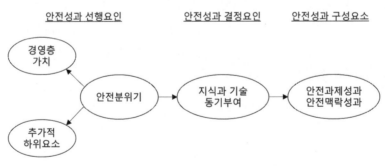

[그림-38] Griffin과 Neal의 연구모형(2000)

Huang과 동료들(2006)은 안전분위기가 부상발생률에 부정적인 관계가 있고, 안전통제가 안전분위기와 부상발생률 사이의 관계를 매개한다고 주장하였다. 즉, 안전분위기가 높으면 부상발생률이 낮고, 안전통제가 높아질수록 부상발생률이 낮음을 확인하였다. 이때 안전분위기는 경영층의 안전몰입도, 부상직원이 업무에 복귀할 수 있는 정책, 부상 발생 후 보상, 보험과 같은 의료서비스 정보제공을 비롯한 직원참여인 부상 후 관리, 안전교육훈련으로 구성되어 있다. 안전통제는 부상과 사고를 피하고자 작업 상황을 관리할 수 있는 능력이나 기회에 대한 개인의 의식을 말한다.

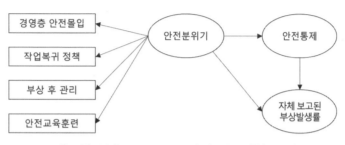

[그림-39] Huang et al.의 연구모형(2006)

2. 안전분위기 측정의 중요성

안전분위기를 평가하는 조직은 이미 다양한 기법들을 통해 안전보건규정 준수를 지속적으로 개선하고자 노력할 것이다. 또한 그들은 지속적으로 안전 기술과 시스템의 개발을 지원하고 모니터링하며 역량 있는 사람을 고용하고자 할 것이다. 그러나 단지 기계적으로 평가한다면 효과적인 안전분위기가 형성할 수 없으며 더 이상 개선할 수 없을 것이다. 안전분위기 측정은 결국 안전관리 과정의 중요한 부분으로 즉각적인 장점은 안전분위기의 프로파일링과 이에 따른 개선계획이다. 긍정적인 안전분위기를 달성하고 유지하는 것은 안전성과를 향상시킬 수 있는 환경을 제공할 것이다.

3. 안전분위기 항목 및 측정지표

[그림-37]에 설명된 '시스템에 기반한 안전문화 모델'은 안전분위기 항목과 측정지표를 통합하기 위해 개발되었다. 예를 들면, 여기에는 어떻게 개인이 안전관리 과정

을 보고 있는지, 또는 어떻게 조직이 정책목표를 준수하는지가 될 수도 있다. 안전 분위기 평가는 다양한 적합한 방법들을 사용해서 이 모델로부터 개발될 수 있다. 결과 측정지표들에는 개인의 안전 태도와 인식, 개인과 조직의 행동(안전관리시스템 준수 포함)이 있다. 측정지표들은 사용된 방법, 그리고 핵심 시스템 상호작용과 관련된 평가매트릭스에 통합될 수도 있다.

[표-12]에 제시된 분위기 항목들은 3가지 방법들로부터 도출된 것이다. 예를 들면, '경영진의 의지'는 태도 조사에서 하나의 하부 항목으로 사용되어 측정된다.

[표-12] 안전분위기 매트릭스 예시

구분	조직/환경	작업그룹/원 시스템	개인/그룹/원 시스템
태도 설문조사	경영책임, 작업환경	지지 환경 포함	위험 인식, 개인 우선권
중점그룹/면접	경영형태	협동	분배 가치
직접/간접 관찰	안전 시스템 순응	안전 행동	안전 행동

4. 안전분위기를 측정하는 주기

일정 기간 후에 측정지표들을 반복해서 사용할 수 있고 그렇게 해야만 한다. 그리고 조직에서 발생한 어떤 변경사항들을 반영하기 위해 새로운 매트릭스를 구성한다. 평가과정을 반복하는 것은 사용자들에게 첫 번째 평가 결과로써 시행했던 개선프로그램을 모니터링 및 평가하고 강점 분야에서의 성과가 유지되는지와 약점 분야에서 성과가 향상되는지를 확인할 수 있도록 한다.

[그림-40, 41]와 같은 연구결과를 근거로 했을 때 처음 시행하고 짧은 기간 내에 전체 안전분위기를 재평가하는 것은 그다지 유용하지 않을 수도 있으며 취해진 조치가 완료되어 변화가 발생하는 시간이 주어져야 한다. 약 6개월 기간 이후에 조직의 안전분위기에 대한 전체 재평가를 하도록 권고하지만, 안전분위기 일부만 평가하거나 더 짧은 기간에 특정 분야만을 대상으로 할 수도 있다(Zohar, Dov., 2003).

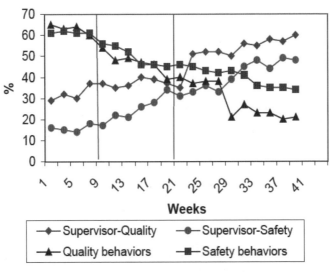

[그림-40] 안전분위기 측정 효과 예 1

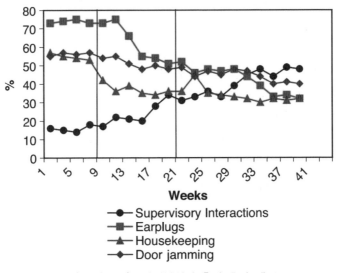

[그림-41] 안전분위기 측정 효과 예 2

제5장 안전분위기 측정 과정 및 도구

1. 평가 절차 설계

안전분위기 평가를 시작하기 전에 평가자는 스스로 준비하기 위한 시간이 필요하다. 평가 전 준비는 평가 절차에서 필수적인 부분이다. 준비는 현재의 분위기에 대해 생각할 수 있도록 해서 적절한 범위에서 분위기 관련 자료를 수집할 수 있도록 한다. 첫 번째 단계로서 조직의 안전분위기에 대한 시각에 초점을 두어야 한다. 이 단계에서는 질문하는 접근 방법이 필요하다.

1단계. 무엇이 우리의 현재 안전분위기인가?
이전 문화에 대하여 이해하고 기대했던 배경과 비교해 만연해 있는 안전분위기를 평가하고 모니터링하는 접근이 필요하다. 예를 들면, 현재 안전분위기는 질책보다는 의지, 보호, 학습이라는 특성을 보이고 있는가? 이 단계에서 개선되어야 할 분위기의 측면과 함께 긍정적으로 느끼고 있는 분위기의 측면을 파악하고자 노력해야 한다.

2단계. 무엇이 우리의 분위기를 움직이게 하는가?
동시에 안전분위기를 위한 주요 원동력(driver)과 회사의 관리사항들(controls)이 무엇인지를 결정해야 한다. 여기에는 조직의 원동력과 개인의 원동력이 모두 포함될 수 있다. 조직의 원동력과 관리사항들에 대한 몇 가지 예를 들면 다음과 같다.

- 안전보건관리 활동 및 관리 과정
- 의사소통 방식
- 표준과 규범
- 안전 기능의 집적화

그 외 개인 수준에서의 원동력에 대한 예로는 다음을 들 수 있다.

· 안전보건 우수사원
· 임원과 관리감독자
· 안전관리자, 안전담당자

3단계. 어떻게 우리의 안전분위기를 확인할 수 있는가?

이 단계가 실제로 효과가 있으려면, 선호하는 평가 도구들을 선택해야 한다.
이는 현재 안전분위기 및 관련 분위기를 설명하기 위해 안전분위기 평가 도구들로부
터 적합한 도구를 선택하는 것이다. 또한 이미 증명된 안전태도 설문지나 행동프로
그램 지표와 같은 현재 자체적으로 사용하는 측정지표를 채택할 수도 있다.

4단계. 이러한 확인은 무엇을 의미하는가?

일단 평가 도구들을 적용했으면, 결과를 해석할 필요가 있다. 이는 안전분위기 프로
파일을 구축하고 이를 초기에 파악된 사항들과 비교하는 것이다.

5단계. 어떻게 우리의 분위기를 향상시킬 수 있는가?

평가 절차의 마지막 단계로 안전분위기 순환고리를 만드는 것에 초점을 두면서 개선
계획과 개선전략을 수립하는 것이다.

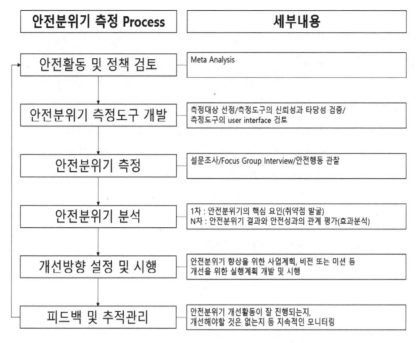

안전분위기 측정 Process	세부내용
안전활동 및 정책 검토	Meta Analysis
안전분위기 측정도구 개발	측정대상 선정/측정도구의 신뢰성과 타당성 검증/ 측정도구의 user interface 검토
안전분위기 측정	설문조사/Focus Group Interview/안전행동 관찰
안전분위기 분석	1차 : 안전분위기의 핵심 요인(취약점 발굴) N차 : 안전분위기 결과와 안전성과의 관계 평가(효과분석)
개선방향 설정 및 시행	안전분위기 향상을 위한 사업계획, 비전 또는 미션 등 개선을 위한 실행계획 개발 및 시행
피드백 및 추적관리	안전분위기 개선활동이 잘 진행되는지, 개선해야할 것은 없는지 등 지속적인 모니터링

[그림-42] 안전분위기 측정 절차

2. 안전분위기 항목 설계

1) 안전분위기 예비 항목 구성 및 조사

문헌 및 사례조사 결과와 안전분위기 측정 도구들을 비교 분석한 결과를 바탕으로 사전 심층면담을 통해 사업장에 적용할 수 있는 안전분위기 및 관련 변인에 대한 예비척도를 구성한다. 안전분위기의 하위차원은 문헌조사에서 추출한 안전분위기 차원을 포함하고, 사업장의 특성을 충분히 고려하여 수정 보완한다.

경영진의 의지 및 행동은 생산보다 안전을 우선하는 의지표명이나 실질적인 투자 등으로 확인할 수 있으며, 이에 대하여 구성원들이 어떻게 인식하는지를 측정한다. 예를 들면, "우리 회사 경영진은 일정이 늦어지더라도 안전을 철저히 지키도록 한다"

와 "안전에 많은 투자를 하고 있다" 등으로 측정될 수 있다. 관리감독자의 의지 및 행동은 안전보건에 대한 리더십과 관심 표명으로 확인할 수 있으며, 이에 대하여 구성원들이 어떻게 인식하는지를 측정한다. 예를 들면, "관리감독자는 안전보건규정을 잘 따르는지 확인한다"와 "안전을 개선하려고 적극적으로 노력한다" 등으로 측정될 수 있다.

안전장치 및 설비는 우리 현장에서 사용하고 있는 설비와 작업환경에 대한 위험과 관리가 확인되고 있는지를 측정한다. 예를 들면, "우리 현장에서 노후화된 설비를 제때 교체한다"와 "현장의 작업환경 때문에 안전하게 작업하지 못할 때가 있다" 등으로 측정될 수 있다.

안전보건 규정은 구성원들이 우리 회사의 절차와 규정의 실효성에 대하여 어떻게 인식하고 있는지를 측정한다. 예를 들면, "우리 회사는 체계적인 안전보건규정을 갖추고 있다"와 "안전보건규정을 개정할 때 직원들의 의견을 충분히 반영한다" 등으로 측정될 수 있다.

사고 및 아차사고는 구성원들이 사고 보고의 중요성을 인식하고 있는지와 사고 보고 시스템이 제대로 활용되는지를 측정한다. 예를 들면, "사고 및 아차사고 보고는 사고 예방에 도움이 된다"와 "우리 회사는 사고 및 아차사고 보고체계가 잘 마련되어 있다" 등으로 측정할 수 있다.

의사소통은 평소 구성원들의 안전에 관한 관심과 정보공유가 원활한지를 확인한다. 예를 들면, "우리 회사에서는 안전보건에 관한 이야기를 자주 나눈다"와 "우리 회사는 안전보건과 관련된 정보를 충분히 제공해준다" 등으로 측정할 수 있다.

안전보건교육은 구성원들의 안전교육의 참여도와 교육시스템의 효과에 대하여 어떻게 인식하고 있는지를 측정한다. 예를 들면, "우리 회사에서는 바쁘면 안전보건교육에 참여하지 않아도 된다고 생각한다"와 "우리 회사의 안전보건 교육시스템은 잘 갖추고 있다" 등으로 측정할 수 있다.

안전보건 역량과 실천, 참여는 개인 수준에서의 척도로 본인이 안전보건 업무와 관련된 역할과 책임의 인지, 안전보건규정 준수, 안전보건활동의 참여도를 측정한다. 예를 들면, "나는 위험한 상황이 발생했을 때 내가 해야 할 일을 잘 알고 있다"와 "나는 안전보건규정을 잘 지킨다", "나는 안전보건활동에 적극적으로 참여한다" 등으로 측정할 수 있다.

팀 수준의 안전분위기는 동료의 안전에 대하여 어떻게 인식하고 있는지를 측정한다. 대개 본인을 측정하는 척도는 상대적으로 높게 평가되는 반면, 타인을 측정하는 척도는 객관적이거나 다소 엄격하게 평가되는 경향이 있으므로 안전분위기를 더 정확하게 파악할 수 있다.

안전보건환경부서에 대한 인식은 안전보건환경부서에서 전문성과 역량에 대하여 구성원들이 어떻게 인식하고 있는지 확인해야 한다. 예를 들면, "우리 회사의 안전보건환경부서는 전문성을 갖추고 있다" 등으로 측정할 수 있다.

[표-13] 변인에 대한 의도 예

변인	문항 수	의도
경영진의 의지 및 행동	6	안전보건에 대한 경영진의 의지는 구성원의 안전보건에 대한 인식, 안전보건 투자, 경영진의 활동이 중요하며, 이러한 경영진의 안전보건활동을 구성원들이 어떻게 인식하고 있는지 확인해야 한다.
관리감독자의 의지 및 행동	7	안전보건에 대한 관리감독자의 의지는 안전보건에 관한 관심과 리더십 활동이 중요하며, 이러한 관리감독자의 역량을 직원들이 어떻게 인식하고 있는지 확인해야 한다.
안전장치 및 설비	6	설비와 작업환경 등과 관련된 안전보건관리를 어떻게 인식하고 있는지와 설비와 작업환경과 관련된 위험을 확인하고 관리하는지 확인해야 한다.
안전보건규정	4	절차와 규정의 실효성을 어떻게 인식하고 있는지와 모든 위험작업을 확인하고 지속 보완하고 있는지 확인해야 한다.
사고 및 아차사고	6	아차사고를 포함한 사고보고 시스템이 있는지와 시스템을 제대로 활용하는지 확인해야 한다.
의사소통	5	평소 안전보건 활동, 모니터링, 개선활동 등의 결과와 경영진의 의사결정 내용을 전달받고 있는지 확인해야 한다.
안전보건교육	6	안전보건교육의 참여와 교육시스템의 효과성에 관하여 확인해야 한다.
안전보건역량	4	안전보건업무와 관련된 역할과 책임을 알고 있는지 확인해야 한다.
안전보건실천	5	안전보건에 관한 규정 및 기준의 중요성을 어떻게 인식하고 잘 준수하는지 평가해야 한다.
안전보건참여	8	위험을 관리하기 위하여 안전활동에 얼마나 참여하고 있는지 확인해야 한다.
팀 수준의 안전분위기	6	동료의 안전에 대하여 어떻게 인식하고 있는지 확인해야 한다.
안전보건환경부서에 대한 인식	5	안전보건환경부서의 관심과 관리능력이 중요하며, 이러한 안전보건환경부서의 안전보건활동을 구성원들이 어떻게 인식하고 있는지 확인해야 한다.

예비 항목이 선정되면 특정 사업장 특성에 맞는 안전분위기 측정 도구인지 확인하기 위해 특정 사업장에 온라인 설문 링크 또는 설문지를 배포해 예비 조사를 시행한다.

2) 분석 방법

안전분위기 차원의 문항별 평균 점수를 살펴보면 최저 점수와 최고 점수의 범위를 제시하거나 자세한 사업장별 문항의 평균과 표준편차를 제시한다. 측정도구의 신뢰성을 검증하기 위하여 모든 하위 척도에 대한 Cronbach'α 계수를 살펴보아야 하며, 모형을 개발할 때 모형의 적합도를 확인해야 한다.

학술적으로 Cronbach'α 계수의 경우 0.6 이상일 경우 사용할 수 있고, 0.7 이상부터는 양호하다고 할 수 있다. 모형의 적합도는 적합지수(Fit Index)로 확인할 수 있으며, 일반적으로 전반적인 모델적합도를 평가하는 χ^2, GFI(Goodness of Fit Index) RMR(Root Mean Square Residual), RMSEA(Root Mean Squar Error of Approximation)를 사용할 수 있다.

3) 측정항목 구성 및 점수화

(1) 측정항목 구성
안전분위기 측정 도구는 사업장에서 자체적으로 활용하도록 개발된다. 하지만 사업장의 안전에 대한 몰입 및 지원 수준, 신뢰문화, 책임의식 등의 안전분위기 요소들을 측정하고자 하는 궁극적인 목적은 같으므로 안전분위기 측정항목에서는 별다른 차이가 없을 것으로 생각된다. 다만 다소 추상적일 수 있는 기존의 안전분위기 측정 항목의 객관성을 높이기 위해서 다음의 적용 범위 및 기준을 위한 주요 확인 항목을 활용하고 제3자에 의한 측정을 한다.

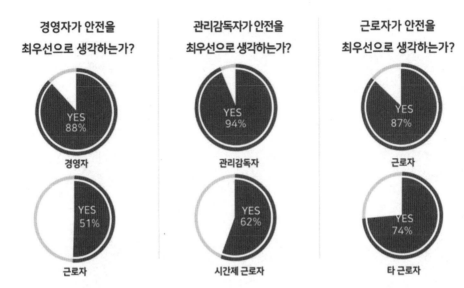

[그림-43] 제3자에 의한 측정 결과

- 안전을 위해 자율적(자발적)으로 행동하는가?
- 조직원 간 신뢰하고 있는가?
- 안전보장 및 개선을 위한 회사와 상사로부터의 지원(협조)이 있는가?
- 규정 등의 위반에 대해 공정하게 대우하고 있는가?
- 안전성을 확보하기 위해 조직원 간 서로 단결(협력)하고 있는가?
- 안전에 악영향을 줄 수 있는 압력이 있는가?
- 안전관련 사항들에 대해 인지하고 있는가?
- 변화시키고자 하는 혁신 의지가 있는가?

비교 분석 결과물과 측정항목 개발기준을 고려하였으며 안전문화 측정요소와 각각의 측정요소별 항목 수는 [그림-44]와 같다.

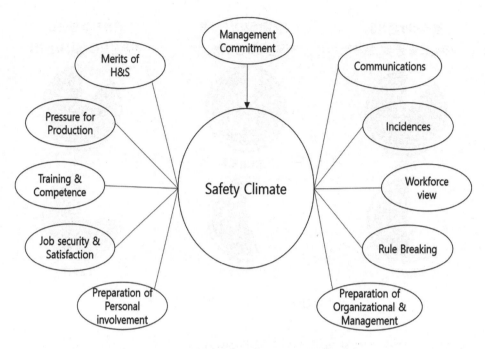

[그림-44] 안전분위기 측정 요소의 예

[표-14] 차원별 점수 계산 예

분류 항목	HSCST	OSQ	OSCQ	CSCQ	LSCAT	OSCQ
교육 및 능력	●	●	◐	○	◐	●
업무안정성 및 만족도	●	◐	◐	◐	◐	●
생산압력	◐	●	●	●	●	●
의사소통	◐	●	●	◐	◐	●
안전보건에 대한 참여	◐	●	●	○	◐	●
사고 및 아차사고	●	●	◐	◐	○	◐
안전보건에 대한 사업주 및 조직의 인식	●	●	●	●	●	◐
안전보건절차서, 지침 및 규정	●	●	◐	●	●	●
규정위반	◐	●	●	●	◐	◐
안전상태 및 문화에 대한 근로자의 인식	●	●	●	●	●	◐
안전수준평가	○	●	●	○	○	○
기타	-	-	-	-	-	-
자유작성(free response)	●	○	●	○	●	○
일반정보	●	●	●	●	◐	◐
사고이력	○	●	○	◐	○	○

●: 비중 높게 고려하고 있음

◐: 약간 고려하고 있음

○: 전혀 고려하지 않음

(2) 측정항목 점수화

측정내용에 대해 인식하고 있는 정도차이에 따라 답변이 용이하고 최종적으로 점수화하기가 용이하다는 장점이 있기 때문에 개별 측정항목들에 대해 리커트 척도를 기준으로 점수화할 수 있다. 예를 들어, 평가척도는 평가항목에 대해 강한 동의에서부터 강한 부정까지의 응답을 5단계로 한다면, 각 항목별 점수는 강한부정은 5점, 부정은 4점, 보통은 3점, 긍정은 2점, 강한긍정은 1점으로 할 수 있다. 또한 몇몇 부정적으로 설계된 질문항목(역문항)은 코드화할 때 전체점수에서 역수를 취하도록 할수 있다. 이러한 역문항은 응답자가 불성실한 응답을 하는 위험을 줄이고, 측정의 신뢰를 높이기 위하여 사용할 수 있다.

[표-15] 차원별 점수계산 예

Factors	Scoring	Drive by	Multiply by	No. of Items
M1	96-(Item 1 + Item 2 + Item 3 + Item 4 + Item 5 + Item 6 + Item 7 + Item 8 + Item 9 + Item 10 + Item 11 + Item 12 + Item 13 + Item 14 + Item 15 + Item 16)	80	10	16
M2	30-(Item 3 + Item 4 + Item 6 + Item 7 + Item 8) + Item 1 + Item 2 + Item 5	40	10	8
M3	54-(Item 1 + Item 2 + Item 3 + Item 4 + Item 5 + Item 6 + Item 7 + Item 9 + Item 10) + Item 8	50	10	10
W1	54-(Item 1 + Item 3 + Item 5 + Item 6 + Item 7 + Item 8 + Item 9 + Item 10) + Item 4	50	10	10
W2	36-(Item 1 + Item 3 + Item 4 + Item 5 + Item 7 + Item 8) + Item 2 + Item 6	40	10	8
W3	12-(Item 2 + Item 3) + Item 1 + Item 4	20	10	4
W4	72-(Item 1 + Item 2 + Item 3 + Item 4 + Item 5 + Item 6 + Item 7 + Item 8 + Item 9 + Item 10 + Item 11 + Item 12)	60	10	12
W5	54-(Item 1 + Item 2 + Item 3 + Item 4 + Item 5 + Item 6 + Item 7 + Item 9 + Item 10) + Item 8	50	10	10
W6	42-(Item 1 + Item 3 + Item 4 + Item 5 + Item 6 + Item 7 + Item 8 + Item 9 + Item 10) + Item 2	40	10	8
W7	(6 - Item 4) + Item 1 + Item 2 + Item 3 + Item 5 + Item 6 + Item 7 + Item 8	40	10	8
W8	54-(Item 1 + Item 3 + Item 4 + Item 7 + Item 8 + Item 10 + Item 11 + Item 12 + Item 13) + Item 2 + Item 5 Item 6 + Item 9)	65	10	13

M1: Management commitment to safety
M2: Merits of the H&S procedures, instructions, and rules
M3: Accidents & Near-misses
W1: Training & Competence
W2: Job security and Satisfaction
W3: Pressure for production
W4: Communications
W5: Perceptions of personal involvement in H&S
W6: Perceptions of organizational &management to H&S
W7: Rule breaking
W8: Workforce view on state of safety & culture

3. 안전분위기 파악

1) 안전분위기 평가 도구 활용

안전분위기 평가는 만연해 있는 안전에 대한 문화를 파악하는 한 가지 방법이다. 이 평가는 가능한 완벽한 그림을 그리기 위해 여러 방법을 포함하고 있으며 상당한 부분 타당하고 신뢰할 수 있는 수단을 제시한다. 조직 내 모든 수준과 모든 업무 분야 직원들의 관점을 얻을 필요가 있다. 이는 현재 안전분위기에 대한 대략적인 그림을 제공함과 함께 서로 다른 분야에서 다른 문제들을 파악하는 데 도움이 될 수도 있다. 일례로, 생산에서 근무하는 직원들은 안전분위기를 유지보수 직원들과 다르게 인식하고 있을 수도 있다.

평가과정에 도움을 줄 수 있도록 사내 안전관리자나 안전담당자가 포함된 평가팀을 구성하는 것도 도움이 될 것이다.

안전분위기 평가는 언제든지 할 수 있지만, 다음 사항을 고려해야 한다.

① 다른 진단/점검이 수행될 때 함께 하는 것이 가장 수월할 것이다.
② 평가 주기가 결정되어야 하지만, 만약 분위기 측정에서 어떤 개선이 관찰되면 새로운 활동이 영향을 주게 되는 시간을 주어야 한다.
③ 평가한 다음 측정은 어떤 변화를 명확하게 보여주기 위해 동일한 차트에 표현할 수 있다.

2) 평가 도구 사용자 교육훈련

앞에서 언급했듯이 전체 평가(full scale assessment)를 수행할 때 다른 직원들의 도움이 필요할 수도 있다. 이들 평가자에게 필요한 특정한 기능은 그들이 완료해야 할 업무에 따라 정해지는데, 일반적으로 다음과 같은 역량이 필요하다.

· 토론그룹을 중재하는 등의 기본 인터뷰 기술
· 점수체계를 다루고 평균 점수를 산정하는 능력
· 현장에서 다른 사람을 관찰하는 능력

3) 안전분위기 파악의 의미

"안전분위기 결과를 어떻게 다루어야 하는가?"

안전분위기 평가 결과를 해석하는 것은 다른 안전평가 시스템과 독립적으로 수행하지 않아야 한다. 만약 현장 진단과 함께 안전분위기 평가를 수행했다면 각 평가에서 파악된 장단점을 확인하고 두 평가 간 연결 관계를 살펴보길 원할 것이다. 안전분위기 평가단계에서 여러 측정값을 도출한다. 이 결과는 앞서 보여준 '안전분위기 진단 적용 효과의 예'와 같은 유사한 그래프로 표현할 수 있다. [그림-45와 46]은 분위기 측정값으로부터 안전보건 개선활동의 전, 후의 안전분위기를 평가하기 위하여 각 범주와 현재 조직의 전체적인 상태를 그래프로 보여준다. [그림-45]의 경우 안전보건 개선활동의 전에 측정된 점수로, 평균점수는 5.51이며, 전체적으로 안전장치 및 설비와 안전보건환경부서에 대한 인식이 약점인 것을 확인할 수 있고, 일부 안전보건규정도 약점으로 확인할 수 있다. 강점으로는 안전보건역량, 안전보건참여를 나타낸다. [그림-46]의 경우 안전보건 개선활동 후에 측정된 점수로, 평균점수는 5.70이며, 전체적으로 안전보건장치 및 설비, 안전보건환경부서에 대한 인식이 약점인 것을 확인할 수 있으나, 개선활동 전에 비하여 상승된 것을 확인할 수 있다. 일부 안전보건규정과 사고 및 아차사고도 약점으로 확인할 수 있다.

이와 같이 개선활동 전과 후를 비교하면서 장점과 단점을 발견할 수 있고, 똑같은 항목이더라도 그 차이를 확인할 수 있다.

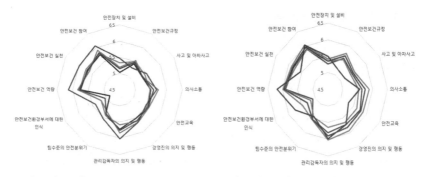

［ 그림-45 ］ 개선 전 레이더 그래프　　［ 그림-46 ］ 개선 후 레이더 그래프

안전분위기 평가 결과를 표현하기 위해 다른 그래프로 표현될 수 있다. 예를 들면, 바 그래프나 조직이 다른 성과지표를 위해 사용하는 형태로 점수 변화를 강조할 수도 있다. 안전분위기 평가매트릭스는 각 분야에서의 장단점과 이것들이 어떻게 조직, 작업 그룹 및 개인과 관련되어 있는지를 표현함으로써 완성될 수 있다. 척도 대부분에서 대표적인 평균값 미만은 관심을 갖고 개선해야할 취약한 요소로 간주할 수 있다.

［ 표-16 ］ 강점과 약점을 보여주는 매트릭스 예

안전장치 및 설비	안전 보건 규정	사고 및 아차사고	의사 소통	안전 교육	경영진의 의지 및 행동	관리 감독자의 의지 및 행동	팀 수준의 안전분위기	SHE에 대한 인식	안전 보건 역량	안전 보건 실천	안전 보건 참여
+	-	-	+	+	+	+	+	+	+	+	+
-	-	-	-	-	-	-	-	-	-	-	-
-	+	+	+	+	+	+	-	+	+	+	+
+	-	-	+	+	+	+	+	+	+	+	+
+	-	-	-	-	-	-	-	-	+	-	-
-	-	-	-	-	-	-	-	-	-	-	-
+	-	-	-	-	-	+	-	+	+	-	+

제6장 안전분위기 향상 방법

1. 개선계획 개발

1차 안전분위기 평가를 마치고 해석되었다면, 필요한 개선 방안이 세부 수행계획과 함께 개발되어야 한다. 이는 회사의 사업계획, 비전이나 임무와 연계될 수도 있다. 이 세부 수행계획은 현실적이어야 하고 이해할 수 있어야 한다. 분위기 평가과정의 가치는 지속적인 조직 의사소통의 부분으로 활용되어야 한다. 분위기 평가 결과를 공유하는 것은 의사결정자뿐 아니라 참여하는 사람들에게도 중요하다. 결과 검토를 통한 정보는 문서로 된 보고서, 팀 회의, 개인별 피드백과 같은 다양한 방식으로 공유될 수 있다. 피드백과 개선을 위한 몇 가지 개선계획 방법 및 전략이 필요하다. 일단 과정이 진행 중이면, 성공적인 안전분위기 향상을 위해서는 지속가능한 개선계획을 개발해야 하는데 안전분위기 측정 데이터를 충분히 활용해야 할 것이다. 여기에는 다음과 같은 2가지 이유가 있다.

① 그들의 관점을 공유하고 노력한 사람들은 그들의 노력과 활동에 따른 개선이나 변화를 기대할 것이다.
② 데이터는 개선이 필요한 부분을 파악할 수 있다.

어떠한 것을 변화시킬 때 어디에 초점을 두고 노력해야 하는지는 어떤 종류의 문화가 향상되기를 원하는지에 따라 결정된다. 이때 핵심은 현재 강점을 유지하고 약점을 향상하는 것일 수도 있다. 즉, 강·단점의 관리유형에 대한 인식을 향상시키고자 할 수도 있다.

과제 7-①	위험성평가 실효성, 신뢰성 확보	관련 범주
		• 문서(요령) 검토 및 인터뷰

관련 진단결과
- 사업장의 인력, 현장업무 여건을 고려한 효과적인 평가가 시행되지 못함
- 작업표준을 마련하려는 근본 취지에 적합하게 작업위험성평가가 수행되지 못함

개선 방향
- 인력, 현장업무 여건을 고려 평가대상을 연도별 분리 시행
- 잠재위험파악에 선택과 집중을 통한 효과적인 평가방식, 평가팀 운영
- 수행 작업을 체계적으로 목록하고 중요작업을 선정하여 효과적인 평가 수행

관련지침 및 사례
- 사내 지침 및 규정, KOSHA Guide(P-157, P-140), 중처법 제4조, 산안법 제36조, 제44조
- Guidelines for Hazard Evaluation Procedures 3rd Ed, CCPS, OSHA 3071, Task Risk Assessment(DNV)
- Revalidating Process Hazard Analyses, CCPS/ Risk Assessment (A Practical Guide to Assessing Operational Risks), Wiley

세부 추진방안   주관부서 : 기술, 안전환경, 생산, 공무
- 평가대상을 1년에 25% 씩 나누어 평가 및 개선
- 공정수명 단계별로 위험성평가 및 평가방식을 차등화하여 선정, 실시
- 효과적 인력 운영을 위해 평가팀 인력풀 구성과 평가의 신뢰도를 높이도록 평가팀 역량 향상
- 글로벌 기준의 작업위험성평가 절차를 준용하여 평가 시행

관련 선행지표

- (예시) 공정수명단계별 평가 비율(%) $= \dfrac{\text{공정수명 단계별 평가시행 건수}}{\text{전체 평가대상 건수}} \times 100$ 평가팀 적정 운영율(%) $= \dfrac{\text{평가팀 구성및운영 적정건수}}{\text{전체 평가대상 건수}} \times 100$

- 중요작업 비율(%) $= \dfrac{JRA\text{를 통한 중요작업}(Critical\ Task)\ \text{건수}}{\text{해당 부서에서 수행하는 전체작업 건수}} \times 100$ *평가팀 역량향상 관리는 교육에 통합실행

[그림-47] 개선계획 예시

개선 방안 수립의 첫 단계는 설문조사와 인터뷰 항목별로 결과를 검토하여 응답자들이 일관성이 있게 부정적으로 응답한 질문을 파악하는 것일 수도 있다. 또한 많은 사람들로부터 이슈에 관한 얘기들을 받게 되면서 개선 분야를 도출할 수도 있다. 예를 들어 만약 28번 문항(나의 관리감독자는 현재의 안전 문제에 대해 항상 나에게 알려주지는 않는다)이 계속 부정적인 응답을 보였다면 이에 대한 개선 방안이 문제를 해결하고자 하는 개선계획에 포함될 수 있다. 교대 시 정기적인 안전 회의를 시작할 수도 있고 정기적인 안전 소식지를 발행할 수도 있다. 일단 특정한 분야가 파악되었다면, 그것을 개선하기 위한 노력을 정할 수 있다. 과정의 초기에 시행된 문화적 원동력을 파악함으로써 누가 분위기 변화를 위해 가장 적합한 선동가인지를 확인해야할 것이다. 또한, 취약한 지표들에 대한 시스템 상호작용은 추진 활동을 위한 초기 방향을 제시해 줄 것이다. 마지막으로 관심을 필요한 분야를 나타내는 데이터를 재검토할 때 조직 내 서로 다른 그룹의 응답과 비교하는 것이 유용할 수도 있다. 구성원의 업무와 작업자 특성에 따라 한 조직 내에 많은 하위문화가 존재할 수 있

다. 만약 그러한 경우라면 개선과 유지관리 과정은 문화적 조정 중 하나로서 설명될 수도 있다.

2. 피드백과 추적관리

개선 방안은 안전보건 대표자나 개인들을 통해 적극적으로 수립될 수 있다. 최근 화학공정, 제조, 해상 석유생산업종에서 수행된 문화적 개선전략 조사에서는 의사소통, 협의, 가능한 많은 인원의 참여가 안전보건 추진 활동의 성공 요인으로 파악되었다. 모든 개선 방안을 실행하는 데 모든 직원을 참여시키는 것은 어렵다. 하지만 그러한 노력이 추진에 있어서 주인의식을 갖도록 할 수는 있다. 개인들은 프로젝트팀, 포커스 그룹, 또는 직접 인터뷰를 통해 참여할 수 있다. 초점 토론그룹에 참가하는 것은 참여자의 수를 최대화하는 용이한 방법이다. 포커스 그룹은 일종의 그룹인터뷰로서 운영자가 5~10명이 관심 주제에 집중하도록 하면서 그룹원들 간 토론을 진행한다. 이 기법은 그룹 상호작용을 통해 통찰을 얻을 수 있는 특성이 있다. 그룹인터뷰로서 포커스 그룹은 2가지 중요한 정성적 자료수집 방법들 사이에 있다. 이는 개인별 인터뷰와 그룹에서의 참여자 관찰이다.

포커스 그룹에서 운영자는 필요한 것으로 판단되는 범위에서 토론을 진행하고 따라서 결과에 대해 일부 통제를 해야 한다. 운영자가 무엇을 토론할지 정확하게 결정할 수 없지만, 면담자의 참여에 따른 결과에서 발생하는 편의의 정도는 구조화된 인터뷰에서보다는 덜 발생할 것이다. 안전분위기 프로파일링에 따라 수행되는 포커스 그룹은 제기된 이슈를 토론하고, 문제에 대한 개선 방안을 수립하고 문제를 해결할 수 있게 된다.

가능한 강점과 약점을 도출하는 추가적인 방법은 유지관리 체크리스트를 사용하는 것이다.

3. 안전분위기 유지 및 향상을 위한 체크리스트

데이터를 분석하고 개선 방안을 수립하기 위해 사용할 수 있는 도구는 여러 가지가 있다. 그러한 도구는 충분한 장점이 있도록 활용되어야 한다. 안전분위기 체크리스트는 앞에서 제시된 방법을 보완하기 위한 것이며 일부 안전 문제의 원인을 파악하기 위한 것이다. 이렇게 평가과정에서 조사된 문제를 심층적으로 파악하게 된다. 그 결과는 초기 개선계획을 수립하는데 유용한 것임을 증명할 수도 있다.

체크리스트는 초기 분위기 평가 연습이 완료된 이후에 다음 분위기 평가를 수행하기 전에 지속적인 모니터링 과정으로 사용되도록 설계되었다. 체크리스트에 의해 도출된 이슈들은 개선이 필요한 것으로 설명될 수 있거나 어떤 분위기 변화프로그램이 얼마나 성공적인지를 보여줄 수도 있다.

4. 안전분위기 변화를 수용하도록 독려

현재 안전분위기를 향상시키기 위한 변화에 대해 일부 저항이 발생하는 것을 피하기는 거의 불가능하다. 긍정적이던, 부정적이던 변화는 우리가 알고 있는 편안한 세상을 바꾸는 것이기 때문에 스트레스를 주게 된다. 일부 불편함을 피할 수 없으므로 불편함이 발생하는 것을 이해하고, 인지하고, 긍정적으로 대처하는 것은 중요하다. 사람들이 반응하는 일반적인 방법에는 다음과 같은 것들이 있다.

① 중요하지 않은 반대나 고민이 나타남
② 말과 다른 행동을 함
③ 의견 차이로 인해 감정적인 상황이 격해짐

평가 과정을 계속해서 추적하기 위해서 변화 수용을 유도하는 몇 가지 방법이 있다.

① 무엇이, 왜 변화되어야 하는지 명확하게 설명하라. 예를 들면, 어느 한 분야에서 성과를 향상시켜야 할 필요가 있다면 왜 변화(개선)가 필요한지 설명할 수 있다.

설명하고 나면, 변화가 필요하다는 사실은 협상의 여지가 없다. 변화의 필요성이 받아들여진 이후에 안전분위기를 어떻게 변화시켜 실제로 개선할 것인지를 설명하기는 더욱 쉽다. 종종 경영진이 안전 개선이 필요하다는 강력한 메시지를 전달할 때 가장 효과적이다. 또한 만약 근로자들이 스스로 결정하도록 하면 변화는 더욱 명확하게 설명될 수 있다.

② 분위기 변화의 이점, 변화과정의 세부 사항과 함께 가능한 많은 정보를 공유하라

③ 이해를 향상시키기 위해 건설적인 토론을 받아들여라. 제안하도록 요구하고 그 제안을 추적하라.

④ 사람들이 그들의 태도를 변화하도록 요구하지 말고 개선에 집중하면서 협력하도록 요구하라.

⑤ 문화변화는 빠른 시간에 이루어지지 않는다는 것을 인정하면서 변화를 위한 현실적인 일정계획을 수립하라.

⑥ 유연하라: 진행 과정의 세부사항에 대해 기꺼이 협의하여 수용하고 참여토록 하라.

비록 1차적인 목적이 안전 관련 행동을 파악하고 측정하는 것이지만, 조직 내 임직원은 안전과정 개선을 지원하기 위한 몇몇 안전활동에 참여할 필요가 있다. 목표가 수립되면 이는 긍정적인 안전 측정지표가 되어 다른 중요한 사업 우선순위와 동등하게 다루어질 수 있다. 이에 친숙해졌다면 스스로 안전분위기 평가를 수행할 준비가 된 것이다.

그런데 본 안전분위기 조성 실행모형을 현장에서 활용하기 위해서는 몇 가지 유의할 점이 있다. 첫째, 본 안전분위기 진단은 평가적 목적보다는 정보적 혹은 학습적 목적으로 접근해야 한다는 점이다. 안전분위기 진단을 평가적으로 접근하는 기업에서는 이러한 진단을 기업의 안전수준에 대한 점수를 매기는 프로세스로 생각하는 경우가 있다. 즉, 우리 조직의 "안전점수"가 몇 점인지, 그리고 그 점수가 무엇(예: '미흡', '보통', '우수', '최우수')을 의미하는지를 컨설턴트가 결정해주기를 원한다. 더 나아가, 일부 기업에서는 단위조직 간의 안전분위기 수준을 비교하여 서열을 매기고 이를 단위조직에 대한 평가지표의 하나로 활용할 것을 계획하기도 한다. 물론 진단의 결과를 통해 조직(혹은 단위조직)의 안전분위기 수준을 이해하는 것은 중요하며,

이를 위해 안전분위기에 대한 정량적인 점수를 내는 것은 이러한 정보에 대한 의사소통에 유용하다. 그러나 이러한 점수를 "평가점수"로 이해하면 그 점수 자체가 목적이 될 수 있다. 그러나 안전분위기 진단의 목적은 절대 안전분위기 점수가 아니다. 그보다는 구성원들이 조직의 안전에 대한 다양한 상황을 어떻게 지각하고 있으며, 이를 통해서 조직의 장단점을 심층적으로 이해하고, 결과적으로 이를 이용해 안전분위기를 향상시킬 수 있는 방안을 개발하는 것이 주목적이 되어야 한다.

제7장 안전분위기 측정의 기대 및 한계

문헌연구와 경험적 내용을 중심으로 안전문화와 안전분위기의 본질적 특성, 안전분위기 평가에 대한 방법론을 안전공학적 관점으로 살펴보았다. 안전은 복잡성과 다양성을 갖고 있으므로 단순한 개념으로 이야기하는 것은 다소 무의미할지도 모른다. 또한 안전에 대한 측정항목들로부터 안전문화의 완벽한 수준까지를 이끌어 내는 것은 매우 어려울 것이다. 그러나 안전과 관련된 태도 및 의식, 행동 및 작업 조건, 관련 업무문서 등으로 객관화된 항목들은 그들의 작업과 작업 환경, 안전한 작업 습관들에 대한 표현을 우리에게 제공할 수 있을 것이다. 그리고 안전분위기의 여러 가지 요소들을 파악함으로써 안전하게 또는 안전하지 않게 일하는 범위를 알 수 있을 것이며 구체적인 기대효과는 다음과 같다.

- 사업장의 현재 안전문화 수준을 개괄적으로 파악할 수 있다.
- 현재 안전보건운영 실태의 긍정적인 측면과 부정적인 측면을 파악할 수 있다.
- 현재 안전보건경영시스템의 개선방향을 파악할 수 있다.
- 안전보건 성과지표를 확장시킬 수 있다.
- 관리자급과 현장 근로자 간의 인식차이를 파악할 수 있다.
- 행동안전프로그램의 구체적인 도입방안을 파악할 수 있다.
- 안전보건조치들의 효과를 파악할 수 있다.
- 현재 안전보건관련 규정 및 절차서의 미흡한 부분을 파악할 수 있다.
- 안전보건관리활동에 근로자를 참여시킬 수 있는 방법을 알 수 있다.

안전분위기를 측정하기 위해서는 해당 사업장이 기본적으로 생산설비나 공정 등에 대한 기술적 측면의 안전체제가 구축되어 있어야 한다. 즉 기술적 측면이 부족한 상태에서 안전분위기를 측정하여 안전문화의 향상을 유도한다는 것은 최소한의 준비상태가 갖추어지지 않은 것이므로 그 효과를 기대하기가 어려울 것이다. 따라서 경제협력개발기구(OECD)에서는 안전분위기를 효과적으로 측정하기 위한 선행조건으로 적합한 안전관리시스템(safety management system)이 구축되어 있어야 하며 기존에 발생된 사고의 원인이 기술적인 결함이 없어야 한다고 제시하고 있다. 그리고 안전보건관련 법규를 잘 준수하여야 하며, 안전 활동의 목표를 법적 처벌을 회피하는데 수단으로 여기는 것이 아니라 사고를 예방하는 데 두어야 한다는 것도 선행조건으로 하고 있다. 이러한 안전수준의 전제조건을 만족한다면 행동 및 문화적인 측면을 반영한 안전분위기 측정도구의 적용이 가능할 것이다. 이를 지속적으로 모니터링하고 개선함으로써 조직은 작업자의 안전을 보장하고 사고를 예방할 수 있을 것으로 기대한다.

III. 안전보건관리체계 구축 가이드

시스템 및 안전보건경영시스템에 관한 기본 개념을 바탕으로 사업장 내 안전보건관리체계 구축과 관련한 "Compliance 체계 구축의 필요성"과 "중대재해처벌법 요구사항별 안전보건관리체계 구축"에 대한 세부 내용을 다뤄보고자 한다. 안전보건 확보조치 사항에 대해서는 법 요구사항을 토대로 기업 내 운영해야 할 업무 Process를 세부적으로 작성하여 현업에서 쉽게 활용할 수 있도록 하였다.

제1장 안전보건관리체계 구축

안전보건관리체계는 조직 내 세부적 안전보건 활동을 조사한 후 법적 요구사항을 기반으로 해당 조직에 맞는 최적화된 관리체계로 구축되어야 하며 본 장에서는 안전보건관리체계 구축을 위한 "핵심요소"별 실행전략 및 실행방법에 관해 설명해 보고자 한다.

1. 안전보건관리체계 구축 실행 전략

중대재해처벌법은 사업장 단위가 아닌 기업, 조직 전체 단위에서 경영책임자 등에게 책임을 묻게 됨에 따라 조직 내 이루어지는 안전보건 활동에 대한 관리책무를 이행하기 위해서는 기업 특성을 반영한 안전·보건의 관리체계를 명확히 구축해야 하며 해당 관리체계 내에서도 특히 법규에 관한 준법경영 실천을 위해 법규 이행체계의 구축(컴플라이언스)이 중요하다.

결국 중대재해처벌법상 경영책임자 등에게 요구되는 의무사항은 개별 작업이나 업무에서의 구체적 안전·보건 조치사항 운영에만 국한되지 않고 안전·보건 관련 사항을 체계적으로 관리, 운영할 수 있는 절차의 수립을 통해 이를 충분하게 관리하고 있어야 함을 말함에 따라 '컴플라이언스 체계'를 구축하게 되면 중대재해처벌법상 경영책임자 등이 관리해야 하는 요소들이 체계적이고 지속적으로 확인이 가능하게 될 것이다. 이러한 체계 내 각 요소들이 '상호작용'을 하며 원활히 운영될 때 우리는 안전보건관리시스템이 구축되었다고 할 수 있다. 여기서 말하는 시스템이란 "특정 목적 달성을 위해 상호작용하는 요소들의 집합"으로 정의하기 때문에 중처법 시행령 4조의 체계 구성요소를 10가지로 묶으면, 중처법 4조1항1호는 "10개의 구성요소들이 상호작용하여 중대재해를 예방하는 시스템"이라 할 수 있을 것이다.

[표-17] 중처법상 안전보건관리체계 구성요소 Matrix

시스템 구성 요소별	①경영방침 목표설정	②전담 조직	③위험성 평가	④안전예산 편성집행	⑤안전담당 권한예산	⑥전문인력 배치	⑦종사자 의견 청취	⑧비상 대응 매뉴얼	⑨도급용역 관리기준	⑩재발방지 명령이행
①경영방침 목표설정	×	○	○	○	○	○	○	○	○	○
②전담 조직	○	×	○	○	○	○	○	○	○	○
③위험성 평가	○	○	×	○	○	○	○	○	○	○
④안전예산 편성집행	○	○	○	×	○	○	○	○	○	○
⑤안전담당 권한예산	○	○	○	○	×	○	○	○	○	○
⑥전문인력 배치	○	○	○	○	○	×	○	○	○	○
⑦종사자의 견청취	○	○	○	○	○	○	×	○	○	○
⑧비상대응 매뉴얼	○	○	○	○	○	○	○	×	○	○
⑨도급용역 관리기준	○	○	○	○	○	○	○	○	×	○
⑩재발방지 명령이행	○	○	○	○	○	○	○	○	○	×

안전보건관리는 시스템의 운영임에 따라 복합적 요소들을 기반으로 중대재해처벌법상 안전보건관리시스템을 조직 내 체계적으로 구축하고 이를 원활히 운영해 나가기 위해서는 안전보건관리시스템 운영 및 실행 담당자가 시스템(체계) 작동원리를 명확히 이해하고 있어야 한다.

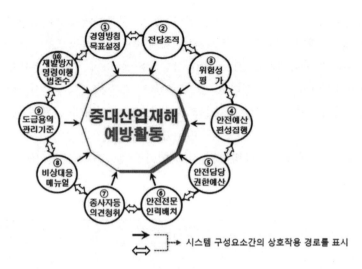

[그림-48] 중대재해처벌법상 안전보건관리체계 구축 및 이행 모형

이를 구체적 사례로 설명하기 위해 중대재해처벌법 안전보건관리체계 구축 및 이행 모델을 '반복정비작업'이라는 실제 사례에 적용하게 되면 시스템 내 입력(Input)은 사고위험(Hazards)이 될 것이며, 시스템 내 10가지 구성요소들이 상호작용(Interaction)하는 형식으로 시스템이 제대로 작동하게 되면 출력(Output)은 안전이 되겠지만 상호작용 없이 작동하게 되면 중대사고로 발현되게 될 것이다.

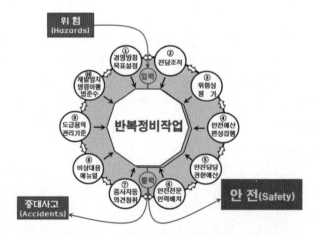

[그림-49] 시스템 입력과 출력과의 연관 관계

이러한 경우를 '우리는 체계는 구축되어 있지만 이행(실행)되지 않았다'라고 말할 수 있으며, 실제 사고를 분석해 보면 시스템 내 각 구성요소들의 작업단위별 상호작용이 원활하지 않아 발생하는 경우가 대부분인 것으로 파악됨에 따라 사고예방 계획수립 및 사고조사 과정에서 이러한 상호작용 내 어떤 요소에서 문제가 발생되었는지를 명확히 파악하는 것이 매우 중요하다.

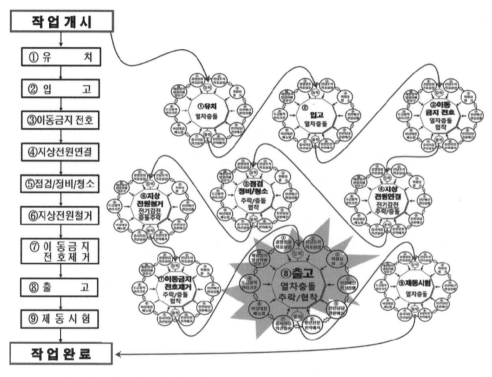

[그림-50] 사고 사례를 기반으로 한 시스템 '입력'과 '출력'과의 연관 관계

이러한 '시스템 구성요소 간 상호작용'에 대한 이해를 바탕으로 안전보건경영체계 구축 관련 사항에 대한 설명을 이어가도록 하겠다.

2. 조직 내 "안전보건경영 Risk" 진단 방법

중대재해처벌법상 요구사항에 대한 의무이행 준수를 위해서는 사업장 내 Risk를 명확히 평가하고 진단하는 것이 그 시작이라 할 수 있다.

고용노동부에서는 해당 사항에 관한 평가 운영에 대해 7가지 구성요소를 제시하고 있으며 해당 가이드를 토대로 자가진단이 가능토록 하고 있다.

① 경영자가 '안전보건경영'에 대한 확고한 리더십 요구
② 모든 구성원이 '안전보건'에 대한 자유로운 의견개진
③ 작업환경에 내재되어 있는 위험요인 발굴
④ 위험요인을 제거, 대체하거나 통제할 수 있는 방안 마련
⑤ 급박히 발생한 위험에 대응할 수 있는 절차 마련
⑥ 사업장 내 모든 일하는 사람의 안전보건 확보 노력
⑦ 안전보건관리체계를 정기적으로 평가하고 개선

자가진단 결과를 토대로 '조직 내 특성'에 맞는 안전보건관리체계를 구축하기 위해서는 아래 3가지 원칙을 참고하는 것이 필수적일 것이다.

① 조직 및 단체별 보유하고 있는 기계·기구 및 공정과 작업방법이 다르므로 기업 여건에 맞게 구축
② 조직 및 단체 내 기술적 역량이 부족하고 재정적 여건이 어려운 기업은 기초적인 안전·보건 조치부터 시작
③ 공정이 복잡하고 위험요인이 많은 기업은 공식적이고 구체적인 안전보건 관리체계 구축

이러한 자가진단 항목 및 몇 가지 원칙을 토대로 대부분의 사업장 내 적용이 가능한 보편적이고 일반적인 안전보건관리 항목을 구성해 보면 다음 10가지로 나눠질 수 있을 것이다.

① 경영방침 내 '안전보건'이 핵심가치임을 모든 구성원에게 알린다.

② 작업장 주변에 대한 3정 5S를 적극 실천한다.

③ 구성원 휴식공간 및 작업공간 내 '사내 안전수칙'을 게시하고, 사고 발생 이력이 있는 장소 또는 위험 기계 · 설비, 장소 내 안전 표지판을 부착한다.

④ 작업 절차 별 작업위험성 평가를 실시하고 작업 수행 전 TBM 등 안전미팅의 적극적 실행과 안전제안 제도 운영, 아차사고 신고 등 모든 구성원이 참여할 수 있는 간단하면서도 효과적인 절차를 도입한다.

⑤ 모든 구성원이 사업장 내 위험요인에 대해 자유롭게 논의하며, 논의결과 및 개선사항을 기록하고 사내 공개한다.

⑥ 정기적으로 안전보건관리체계, 사고 사례, 위험성 평가 등에 대한 안전보건 교육을 실시한다.

⑦ 법규 준수 및 현장 내 안전보건 활동에 적극적인 직원을 포상한다.

⑧ 현장 내 안전교육, 점검 등과 같은 안전보건 활동을 근무시간으로 인정한다.

⑨ 사내 도급계약을 체결한 경우, 수급인에게 안전작업절차, 위험성 평가결과 등 안전보건과 관련된 정보를 제공한다.

⑩ 사업장에서 발생할 수 있는 최악의 산업재해를 가정하고, 모든 구성원이 함께 대응 방안을 논의하고 비상대비 및 대응 훈련을 적극 실시한다.

상기 안전보건관리 항목을 토대로 본사 및 사업장용 자가진단 항목을 구성해 보면 다음과 같다.

자가진단 항목은 각 조직 및 단체별 특성에 맞게 재구성할 수 있으며 무엇보다도 자가진단 항목을 기반으로 명확한 자가진단이 가능하도록 항목별 내부 구성원 대상 교육자료를 만들고 이를 주기적으로 교육하여 자가진단이 내실화 있게 진행될 수 있도록 하는 것이 필요하다.

① 본사

자가진단 항목	네/아니요	진단결과	관련문서
1. 안전보건 확보가 주요 경영방침 중 하나라는 사실을 대부분의 근로자가 알고 있다.			
2. 공장장, 부서장 등 주요 관리자는 안전보건 업무가 본인의 업무라는 사실을 알고 있다.			
3. 산업재해가 발생할 급박한 위험이 있는 경우, 근로자들이 작업을 중지하고 대피할 수 있음을 알고 있다.			
4. 안전보건관리규정 등 작업절차와 구성원의 책임과 권한을 정한 규정을 정기적으로 업데이트한다.			
5. 안전보건 문제에 관해, 근로자들이 자유롭게 의견을 제시하거나 신고할 수 있는 절차를 운영한다.			
6. 사업장 내 위험기계 · 기구, 유해 · 위험 화학물질, 위험장소 등에 대한 리스트를 관리한다.			
7. 사업장에서 발생할 수 있는 재해 시나리오와 이에 대한 대응방안을 1개 이상 작성한다.			
8. 도급 · 용역 · 위탁업체 선정 시, 수급인 등의 안전보건 수준을 고려한 선정 절차가 있다.			
9. 분기별로 근로자 안전보건교육을 실시한다.			
10. 산업안전보건법 등 안전보건 관계 법령의 준수 여부를 주기적으로 확인한다.			

② 제조업(사업장용)

자가진단 항목	네/아니요	진단결과	관련문서
1. 기계 · 기구를 구매하는 경우 안전성(안전인증, 자율안전 확인신고 등)이 확보된 제품인지 항상 확인한다.			
2. 기계 · 기구를 취급하는 근로자들의 안전을 위한 표준 작업절차를 가지고 있다.			
3. 모든 위험기계 · 기구에 덮개 등 방호장치가 설치되어 있고, 관리자의 승인 없이 임의로 해체할 수 없다.			
4. 위험기계 · 기구 정비 시, 운전을 중단하고 가동 잠금장치 또는 표지판을 설치한다.			
5. 화학물질 도입 시 물질안전보건자료(MSDS)를 확인하고 대책을 마련하며, 근로자와 공유한다.			
6. 화재 · 폭발 · 누출 및 질식 위험장소에 대한 관리방안을 수립하고 있다.			
7. 정기적으로 '작업환경측정'을 실시한다.			
8. 유해인자에 노출되는 업무에 종사하는 근로자들은 특수건강진단을 받는다.			
9. 고객 폭언, 직장 내 괴롭힘 등으로 정신적 고통을 받은 근로자를 위한 신고 · 상담 절차를 운영한다.			
10. 근로자는 개인보호구* 사용방법을 숙지하고, 올바르게 착용하고 있다. * 방독 · 송기마스크, 보안경, 안전모 · 안전대 · 안전화 등			

③ 건설업(사업장용)

자가진단 항목	네/아니요	진단결과	관련문서
1. 추락위험이 있는 모든 장소에 안전난간, 덮개, 추락 방호망 등 추락방지설비를 설치한다.			
2. 정확한 비계설치 확인, 시스템비계를 활용한다.			
3. '작업 전 안전미팅 활동(TBM)' 등을 통해 작업 전 모든 근로자에게 안전조치를 주지한다.			
4. 현장에 건설기계 등이 입고될 경우, 적정한 방호조치의 설치·작동 여부를 확인하는 장비 입고 절차를 두고 있다.			
5. 타워크레인설치·조립·해체작업, 차량계 하역운반 기계, 차량계 건설기계 사용작업, 높이 2미터 이상의 굴착작업, 중량물취급작업 시 작업계획서를 작성한다.			
6. 설계도·조립도를 작성하고, 달리 시공해야 하는 상황이 생겼을 때는 반드시 안전성을 검토하는 별도의 절차가 있다.			
7. 안전보건 문제에 관한 논의 시 수급인의 의견도 반영될 수 있는 절차를 운영한다.			
8. 수급인과 함께 정기적으로 안전점검을 실시하고, 문제점을 개선한다.			
9. 산업안전보건관리비를 충분히 확보하고, 목적에 맞게 사용하고 내역서를 관리한다.			
10. 모든 근로자가 개인보호구(안전모, 안전대, 안전화 등) 사용방법을 숙지하고, 올바르게 착용한다.			

고용노동부에서 안내한 안전보건관리체계 구축을 위한 7대 핵심요소별 세부내용을 살펴보면 핵심요소 사항을 모든 구성원이 명확히 알 수 있도록 하는 체계의 수립이 매우 중요하며 이는 조직 특성을 반영하여 구체화되어야 한다.

[표-18] 안전보건관리체계 구축을 위한 7가지 핵심요소

핵심요소	내 용
1) 경영자 리더십	• 안전보건에 대한 의지를 밝히고, 목표를 정한다. • 안전보건에 필요한 자원(인력 · 시설 · 장비)을 배정한다. • 구성원의 권한과 책임을 정하고, 참여를 독려한다.
2) 근로자의 참여	• 안전보건관리 전반에 관한 정보를 공개한다. • 모든 구성원이 참여할 수 있는 절차를 마련한다. • 자유롭게 의견을 제시할 수 있는 문화를 조성한다.
3) 위험요인 파악	• 위험요인에 따른 정보를 수집하고 정리한다. • 산업재해 및 아차사고를 조사한다. • 위험기계 · 기구 · 설비 등을 파악한다. 유해인자를 파악한다. • 위험장소 및 작업형태별 위험요인을 파악한다.
4) 위험요인 제거 · 대체 및 통제	• 위험요인별 위험성을 평가한다. • 위험요인별 제거 · 대체 및 통제방안을 검토한다. • 종합적인 대책을 수립하고 이행한다. • 교육훈련을 실시한다.
5) 비상조치계획 수립	• 위험요인을 바탕으로 '시나리오'를 작성한다. • '재해 발생 시나리오'별 조치계획을 수립한다. • 조치계획에 따라 주기적으로 훈련한다.
6) 도급 · 용역 · 위탁 시 안전보건 확보	• 산업재해 예방 능력을 갖춘 사업주를 선정한다. • 안전보건관리체계 구축 · 운영 시 사업장 내 모든 구성원이 보호받을 수 있도록 한다.
7) 평가 및 개선	• 안전보건 목표를 설정하고 관리한다. • '안전보건관리체계'가 제대로 운영되는지 점검한다. • 발굴된 문제점을 주기적으로 검토하고 개선한다.

이에 각 요소별 실행전략 및 방법을 구체화하여 요소별 이해를 돕고자 한다.

1) 경영자 리더십

경영자 리더십은 "ⓐ 안전보건에 대한 의지를 밝히고 목표를 정한 후 목표와 개선의
지를 담은 경영방침과 목표를 설정·공표 ⓑ 방침과 목표를 달성하기 위한 자원을
배정하고 위험요인을 제거·대체 및 통제에 필요한 자원을 기술적, 재정적 여건을
고려하여 배정 ⓒ 구성원의 권한과 책임을 정하고 안전보건활동에 참여할 수 있는
시간을 보장하고 인센티브를 제공"하는 방법 등으로 확보될 수 있으며 이를 구체적
으로 서술하면 다음과 같다.

ⓐ "목표 및 방침"에 관한 실행전략 및 방법

구 분	내 용
실행전략	• 안전보건에 대한 의지를 밝히고, 목표를 정한다. • 안전보건 목표와 개선의지를 담은 경영방침을 널리 알린다. • 안전보건관리체계 이행 수준을 측정할 수 있는 목표 설정한다.
실행방법	• 안전보건 증진·유지를 핵심적인 경영방침으로 하고, 사업장 내 모든 구성원이 인지할 수 있도록 해야 한다. 　- 경영방침을 담은 동영상·문서를 인트라넷·게시판 등에서 언제나 확인할 수 있도록 조치 • 하청업체, 파견업체, 공급·판매업체(Suppliers and vendors) 및 고객에게도 안전보건 경영방침을 알려야 한다. 　- 주요 업무 관계자에게 밝힘으로써 안전보건 경영방침 실천 의지가 강화되는 효과 • 재해예방 활동을 중심으로 목표를 정하고 정기적으로 평가해야 한다. • 사업장 내 공장 신축, 공정·설비·화학물질 변경 등 작업환경 변화가 있는 경우 사전에 안전보건 확보방안을 마련해야 한다. 　- 해당 작업과 연관된 수급인 등이 있는 경우, 수급인에게도 알리고 협의

ⓑ "자원"에 관한 실행전략 및 방법

구 분	내 용
실행전략	• 안전보건에 필요한 자원(인력 · 시설 · 장비)을 배정한다. • 위험요인의 제거 · 대체 및 통제에 필요한 자원을 확인한다. • 기업의 재정적, 기술적 여건을 고려하여 자원을 배정한다.
실행방법	• 사업장 안전보건 확보를 위한 자원의 배정이 원활하게 이행될 수 있도록 권한 있는 조직체계로 구성 및 재편한다. 　- (대기업) 본사 안전보건 담당 조직을 경영자 직속 기구로 배치 　- (중소기업) 정부 기술지도 사업, 안전 · 보건분야 전문기관 등 　　　외부 자원을 활용할 수 있는 방안의 검토 • 위험요인 제거 · 대체 및 통제를 위한 시설 · 장비 확충, 안전보건관리 담당자 배치, 비상조치계획 수립 · 훈련 등의 구체적인 계획을 수립하고 이를 이행할 수 있는 예산을 배정한다.

ⓒ "권한과 책임"에 관한 실행전략 및 방법

구 분	내 용
실행전략	• 구성원의 권한과 책임을 정하고, 참여를 독려한다. • 안전보건 인력을 충분히 확보하고, 구성원의 권한과 책임을 정한다. • 안전보건활동에 참여할 수 있는 시간 보장하고, 인센티브 제공한다.
실행방법	• 사업장 안전보건 확보를 위한 충분한 인력이 있는지 확인하고, 부족한 경우에는 추가로 확보한다. • 안전보건관리체계 구축 · 이행은 안전관리자 · 보건관리자만의 업무가 아니며, 모든 경영자와 관리자의 기본적 업무임을 명확히 한다. • 안전보건관리규정 등 사내 규정에 위험요인별 제거 · 대체 및 통제방안에 대한 주요내용과 구성원의 권한과 역할을 규정한다. • 현장 작업자들이 관심을 가지고 참여할 수 있도록 충분한 시간을 부여하고, 적극적으로 참여하는 인원에 대한 격려 및 인센티브를 제공하여, 긍정적인 분위기를 조성해야 한다. (단, 위험요인을 신고한 구성원에게 불이익 · 부담이 발생하면, 적극적 참여를 기대하기 어려움)

2) 근로자의 참여

근로자의 참여는 "ⓐ 안전보건관리 전반에 관한 정보를 공개하고 관련 절차를 공지 ⓑ 산업안전보건위원회, TBM, 안전제안 · 신고 등 모든 구성원이 참여할 수 있는 절차를 마련 ⓒ 자유롭게 의견을 제시할 수 있는 문화를 조성"함으로써 확보될 수 있으며 이를 구체적으로 서술하면 다음과 같다.

ⓐ "안전보건정보"에 관한 실행전략 및 방법

구 분	내 용
실행전략	• 안전보건관리와 관련된 모든 정보는 공개를 원칙으로 한다. • 안전보건 관련 참여절차를 적극적으로 알린다.
실행방법	• 안전보건 경영방침과 목표, 산업안전보건법령의 주요 내용, 안전보건관리규정, 산업안전보건위원회 의결사항 등을 홈페이지 등에 게시한다. • 사업장 내 유해위험기계 · 기구 및 물질, 아차사고 발생 현황 등 그 밖에 안전보건과 관련된 정보를 공개한다. • 안전보건 확보와 관련하여 사업장 내 구성원들이 참여할 수 있는 공식적인 절차에 대해 적극적으로 알린다.

ⓑ "안전보건 절차"에 관한 실행전략 및 방법

구 분	내 용
실행전략	• 모든 구성원이 참여할 수 있는 절차를 마련한다. • 산업안전보건위원회, 위험성평가 위원회, TBM, 안전제안 활동 등 안전보건 활동 관련 중요 절차를 공식적으로 마련한다. 　- 제안제도: 각 구성원이 개별적으로 참여할 수 있도록 구성 필요
실행방법	• 산업안전보건법에 따른 산업안전보건위원회를 구성 · 운영한다. • 도급인 · 수급인 안전보건 협의체(산업안전보건법 제64조제1항제1호), 건설공사 안전보건협의체(산업안전보건법 제75조) 등을 활용하여 사업장 내 모든 구성원의 의견을 수렴할 수 있는 절차를 마련한다. • 기업의 여건에 맞게 사업장, 부서, 현장, 공정 단위로 '작업 전 또는 비정상 상황 발생 시 안전미팅(TBM)'을 도입한다.

ⓒ "안전문화, 신고, 제안"에 관한 실행전략 및 방법

구 분	내 용
실행전략	• 자유롭게 의견을 제시할 수 있는 문화를 조성한다. • 자유롭게 신고 · 제안할 수 있는 절차와 분위기를 만든다. • 안전보건관리체계 구축 · 이행의 모든 과정에 참여할 수 있는 절차를 검토한다.
실행방법	• 안전보건 관련 문제점이나 개선방안을 누구나 자유롭게 신고 · 제안할 수 있도록 마련된 절차에 따르도록 안내하고, 신고 · 제안자가 원할 경우에는 익명성을 보장하는 등 자유롭게 의견을 제시할 수 있는 분위기를 조성한다. (온라인 시스템 또는 소리함/건의함 제도 등) • 위험요인 신고, 제도개선 제안 등을 독려하고 인센티브를 마련하며, 신고 · 제안자에게 불이익 등이 발생되지 않도록 해야 한다. • 신고 및 제안에 대해서는 정기적으로 개선조치 결과를 공개한다. • 위험요인 제거 · 대체 및 통제방안 마련 시, 해당 작업과 연계된 작업자를 참여시킨다. • 하청업체, 파견업체, 공급 · 판매업체(Suppliers and vendors)와 '안전보건 문제'에 관해 정기적으로 자유롭게 의견을 나눈다.

3) 위험요인 파악

위험요인 파악은 "ⓐ 위험요인에 대한 정보를 수집하고 유형별로 분류 · 정리 ⓑ 산업재해 및 아차사고를 조사하고 위험요인을 파악 ⓒ 위험기계 · 기구 · 설비, 유해위험인자, 화재 · 폭발 · 누출의 위험, 화학물질, 물리적 인자, 위험장소 및 작업형태별 위험요인 등을 파악 ⓓ 모든 구성원이 참여하여 위험요인을 조사"함으로써 확보될 수 있으며 이를 구체적으로 서술하면 다음과 같다.

ⓐ "위험요인 수집"에 관한 실행전략 및 방법

구 분	내 용
실행전략	• 위험요인과 관련한 정보를 수집한다. • 파악된 위험요인을 유형별로 분류하여 정리한다.
실행방법	• 경영자 · 관리자는 위험요인 발굴 필요시 현장 작업자가 자유롭게 참여토록 유도해야 하고 참여에 대해서도 구체적 기준을 마련해야 한다. • 발굴된 위험요인에 대해 누구나 자유롭게 이야기할 수 있는 공식적 절차를 마련한다. • 하청업체, 파견업체, 공급 · 판매업체 및 고객도 사업장 내 위험요인에 대해 적극적으로 알릴 수 있도록 안내해야 한다.

ⓑ "사고 및 아차사고"에 관한 실행전략 및 방법

구 분	내 용
실행전략	• 산업재해 및 경미사고, 아차사고 등을 조사한다. 　- 기한의 정함 없이 과거사례 및 그에 따른 위험요인 파악 포함
실행방법	• 사업장 내에서 발생한 모든 '산업재해'와 '아차사고' 현황을 분석하여 위험요인을 파악한다. 　- 방법: 아차사고 공유방 개설, 우수발굴자 포상제 도입 등 활용 • 사고조사 시에는 안전보건 담당자 및 전문가를 중심으로 하되, 해당 작업자 또는 동종 · 유사 작업자의 참여도 독려한다.

ⓒ "위험기계 · 기구 · 설비"에 관한 실행전략 및 방법

구 분	내 용
실행전략	• 위험기계 · 기구 · 설비 등을 파악한다.
실행방법	• 사업장 내 모든 기계 · 기구 · 설비를 파악하고 위험 종류 및 유무를 파악한다. 　- 새로운 기계 등을 구매할 때는 법규가 준수되고 안전설계 기준에 적합한 제품을 선택한다. • 산업재해, 아차사고가 발생한 기계의 경우 반드시 위험요인으로 분류하고 해당 사항을 유관자에게 사전 안내 및 교육한다.

ⓓ "유해위험인자 파악"에 관한 실행전략 및 방법

구 분	내 용
실행전략	• 화재 · 폭발 · 누출의 위험이 있는 화학물질과 건강 위해성이 있는 화학물질, 물리적 인자 등을 파악한다. • 화학제품의 경우, 반드시 물질안전보건자료(MSDS)를 확인한다.
실행방법	• 화학제품 제조 · 수입자가 의무적으로 제공하는 물질안전보건자료(MSDS: Material Safety Data Sheet)에 있는 화학물질의 명칭, 유해위험성 정보, CAS번호(Chemical Abstracts Service Number)를 확인한다. 　- 화학물질별 정보는 https://msds.kosha.or.kr/에서 확인 　- 국제 화학물질안전카드 　　https://www.ilo.org/dyn/icsc/showcard.listcards3?p_lang=ko 　　에서 확인 • 화학제품에 함유된 화학물질이 고용노동부 고시 '화학물질 및 물리적 인자의 노출기준'에 해당한다면 유해인자임을 인지해야 한다. 　- 해당고시에 따른 노출기준 미준수 시 건강에 위해를 야기할 수 있으며 이를 근로자 등에 반드시 사전 안내 및 교육해야 함 • 운영 중 소음 · 진동 · 방사선 · 기압 · 기온 등 물리적 인자가 적정수준인지 지속적으로 확인한다. • 보건 유해인자 파악을 위해 감염병 등 생물학적 인자와 근골격계 부담작업, 직무스트레스 등 인간공학적 인자 등을 확인한다. 　- 혈액매개 감염인자, 공기매개 감염인자, 곤충 · 동물매개 감염인자

ⓔ "위험장소 및 작업형태"에 관한 실행전략 및 방법

구 분	내 용
실행전략	• 위험장소 및 작업형태별 위험요인을 파악한다. • 모든 구성원의 참여를 바탕으로 위험장소와 작업별 위험요인을 조사한다.
실행방법	• 작업장소 및 설비 등에 관한 위험요인 조사 시 현장을 잘 아는 인원이 반드시 참여해야 한다. • 위험장소와 위험작업(비정상/비정형 작업 등)은 기계 · 기구 · 설비, 유

	해인자 및 재해유형(동일/유사사례 포함)과 연계하여 파악한다.
	- 유형: 떨어짐, 끼임, 맞음, 부딪힘, 깔림·뒤집힘, 화재·폭발·
	누출, 질식, 폭염 등
	(예: ⓐ 사출성형기(위험기계)수리(비정형작업) 시, 끼임 재해 발생
	가능 ⓑ 비계(위험장소)에서 거푸집 작업 시, 떨어짐 재해 발생
	가능)
	• 작업환경이 수시로 변하는 건설현장의 경우, 위험장소와 위험작업을
	공정의 변화에 맞춰 지속적으로 파악해야 한다.
	- 터파기→ 흙막이 지보공 조립 기초바닥 공사→ 철골 설치→ 철근
	조립→ 거푸집 조립→ 콘크리트 타설→ 마감→ 내부 인테리어
	(예: ⓐ (계획·설계) 건설공사 계획·설계 단계에서의 유해·위험
	요인 검토(발주자·설계자) ⓑ (시공계획 수립) 주요 공정별 위
	험성 평가(연간·월간) ⓒ (작업 전일) 단위작업별 사전 위험요
	인 확인(일일) ⓓ (작업 직전)
	• 작업 전 안전미팅(TBM)을 통해 위험요인을 지속적으로 재확인한다.

4) 위험요인 제거·대체 및 통제

위험요인 제거·대체 및 통제는 "ⓐ 위험요인별 위험성을 평가하고 위험요인별 우선순위를 결정 ⓑ 위험요인별 제거·대체 및 통제방안(제거→ 대체→ 기술/관리적 방안→ 보호구)을 검토 ⓒ 종합적인 대책을 수립·공유하고 이행 ⓓ 위험요인 제거·대체 또는 통제방안에 대해 교육훈련을 실시"함으로써 확보될 수 있으며 이를 구체적으로 서술하면 다음과 같다.

ⓐ "위험성 평가"에 관한 실행전략 및 방법

구 분	내 용
실행전략	• 위험요인별 위험성을 평가한다. • '발생 가능성'과 '중대성'을 예측하여 위험요인별 우선순위 정한다.
실행방법	• 발굴한 위험요인은 유형별로 분류하여 기록하고 관리한다. - ⓐ 위험기계 등 ⓑ 유해인자(화학물질, 물리적 인자, 생물학적 인자)

	ⓒ 위험장소(떨어짐, 맞음, 깔림, 부딪힘, 밀폐 등) ⓓ 작업형태(위험성 추정) 각각의 위험요소에 대해 '산재사고 발생 가능성'과 '중대성'을 예측하여 위험도를 평가
	   – 재해규모(재해자 수)와 사망, 경상 이상 및 질병 등에 대한 재해정도를 판단
	   – 위험성 평가 기법에 관한 보다 구체적인 내용은 '사업장 위험성 평가에 관한 지침(고용노동부 고시)' 및 '위험성평가지침해설서' (안전보건공단 홈페이지) 참고
	• 평가 결과에 따라 위험요소별 우선순위를 정하고 이를 관리한다.

ⓑ "위험요인 제거 · 대체 · 통제"에 관한 실행전략 및 방법

구 분	내 용
실행전략	• 위험요인별 제거 · 대체 및 통제방안을 검토한다. • '제거→ 대체→ 통제(기술/관리적 방안)→ 보호구' 순으로 검토한다.
실행방법	• 제거 · 대체가 불가능할 경우 기술적 · 관리적 방안을 검토하고, 개인 보호구(PPE) 활용 방안을 함께 마련한다. • 위험요인별로 복수의 관리 방안을 검토해야 하며, 현장 작업자, 관리감독자, 안전보건관리 담당자가 함께 논의하여 관리 방안을 결정한다. • 자체적으로 방안을 마련하기 어려울 경우, 전문가 자문을 구한다.

ⓒ "종합대책 수립 · 이행"에 관한 실행전략 및 방법

구 분	내 용
실행전략	• 위험요인별 제거 · 대체 및 통제방안을 확정하여 종합적인 대책을 수립하고 이행한다. • 수립된 종합적 대책을 모든 구성원에게 공유하고 이를 이행토록 한다.
실행방법	• 위험요인별 '위험 정도' 및 '효과적 관리방안(복수 권장)'을 정리한다. • 위험요인별 관리방안을 결정할 때는, 효과가 가장 높은 수단을 선택하는 것을 원칙으로 하되, 예산 · 기술 부족 등 현실적 측면도 고려해야 한다.

	• 현실적 이유로 근본적인 개선(제거 · 대체)이 어려운 경우에는 대안적 방안 (기술적 · 관리적 방안 및 개인보호구)을 수립하고 방안이 현장 내 제대로 실행되는지 주기적으로 확인 및 관리해야 한다.
	• 위험요인별로 선택한 방안이 '작업자가 실수하거나 기계 · 기구 등이 고장'이 나더라도 중대재해로 이어지지 않도록 되어 있는지 확인한다. (Fool proof, Fail safe)
	• 위험요인별 제거 · 대체 및 통제방안이 결정되면 자원(예산 · 인력 등) 배정 방안에 대해서도 명확히 마련해야 한다.
	• 종합적인 대책이 확정되면, 이를 모든 구성원에게 공유 및 교육하고 적극적으로 이행할 수 있도록 주기적 관리한다.

ⓓ "교육훈련"에 관한 실행전략 및 방법

구 분	내 용
실행전략	• 작업별 구체적 위험요인 제거 · 대체 또는 통제방안에 대해 작업자 대상 교육훈련을 실시한다. • 모든 구성원이 안전보건관리체계에 대한 전반적인 내용을 이해할 수 있도록 방안을 수립한다.
실행방법	• 모든 구성원이 자신의 직무와 관련된 위험요인을 인지하게 하고, 위험요인 제거 · 대체 및 통제 기법에 관해 주기적 교육 · 훈련을 실시한다. • 위험요인별 다양한 개인보호구의 착용 시점과 방법을 명확히 인지하도록 해야 한다. • 모든 구성원이 안전보건관리체계 개념과 전반적인 절차를 이해할 수 있도록 주기적 교육을 실시한다. • 산업안전보건위원회, 안전보건협의체 등을 활용하여 현장 내 안전보건 확보를 위해 필요한 정보를 정기적으로 수취한다. • 교육 · 훈련 내용은 동영상 및 문서로 정리하여, 사내 인트라넷 등을 통해 언제든지 다시 볼 수 있도록 관리한다. • 급박한 위험에 따른 다양한 시나리오별 대응훈련을 주기적으로 실시한다. • 경영자 · 관리자는 안전보건관리체계 구축 및 이행을 기업경영의 최우선 고려대상 중 하나로 생각하고 그에 맞는 체계를 갖추고 역할을 수행한다. • 경영자 · 관리자는 사업장 내 위험요인별 통제방안을 구체적으로 숙지해야 하며, 작업장 내 안전보건 관련 지휘 · 감독 역할을 수행한다.

	• 현장 안전보건관리에 관한 핵심인력인 관리감독자는 '작업 전 안전미팅(TBM)' 등을 적극적으로 활용하여 위험작업 시작에 앞서 근무자가 기본 안전수칙을 명확히 이해하고 실천할 수 있도록 점검한다. • 안전보건관리체계 구축 · 이행에 관한 사항을 교육자료에 포함하고, 정기적으로 교육 · 훈련을 실시한다. • 도급 · 용역 · 위탁 등 계약을 할 때는 사업장 위험요인별 제거 · 대체 및 통제방안(기술/관리적)에 관한 종합적인 대책을 상세하게 설명하고, 이를 이행할 수 있도록 해야 한다.

5) 비상조치계획 수립

비상조치계획 수립은 "ⓐ 위험요인을 바탕으로 '사업장 단위 시나리오'를 작성 ⓑ '재해 발생 시나리오'별 조치계획을 수립 및 작업중지 권한을 명확히 규정 ⓒ 정기적으로 교육 · 훈련 및 환류"함으로써 확보될 수 있으며 이를 구체적으로 서술하면 다음과 같다.

ⓐ "비상대응 시나리오"에 관한 실행전략 및 방법

구 분	내 용
실행전략	• 위험요인을 바탕으로 '비상대응 시나리오'를 작성한다. • 중대재해로 이어질 수 있는 '중대한 위험요인'을 파악한다. • 사업장 단위로 재해 발생 시나리오를 작성한다.
실행방법	• 위험요인별로 어떤 재해가 발생할 수 있는지를 검토한다. - 작업자 등과 함께 논의토록 해야 함 • 사망사고로 이어질 수 있는 중대한 위험요인은 '재해 발생 시나리오'를 작성하여 교육 및 훈련계획에 반영한다. • 다수의 사업장을 보유한 기업은 사업장마다 발생 가능한 재해 상황이 다르므로 사업장별로 재해 발생 시나리오를 작성하여 운영한다.

ⓑ "시나리오별 조치계획"에 관한 실행전략 및 방법

구 분	내 용
실행전략	• 재해 발생 시나리오별 조치계획을 구체적으로 작성한다. • 급박한 위험 등에 대비할 수 있도록 근로자 작업중지권에 대한 기준을 명확히 하고 해당 사항을 교육 및 안내한다.

실행방법	• 작성된 재해 시나리오를 바탕으로 비상조치계획을 수립한다.
	  – 비상조치계획을 수립할 때는 모든 구성원의 의견을 적극적으로 수렴
	  – 비상조치계획에는 상황보고 · 전파(사내, 인근사 등), 신고(소방서 등), 위험요인 임시적 관리 방안, 근로자 대피방안, 확산 등에 따른 추가 피해 방지 방안 등을 포함

6) 도급 · 용역 · 위탁 시 안전보건 확보

도급 · 용역 · 위탁 시 안전보건 확보는 "ⓐ 안전보건 수준평가를 통해 산업재해 예방 능력을 갖춘 적격 수급업체를 선정 ⓑ 수급업체 안전보건관리체계 구축 · 운영 ⓒ 수급업체 안전보건 지원 및 의사소통"함으로써 확보될 수 있으며 이를 구체적으로 서술하면 다음과 같다.

ⓐ "적격 수급업체 선정"에 관한 실행전략 및 방법

구 분	내 용
실행전략	• 산업재해 예방 능력을 갖춘 수급업체를 선정한다. (평가기준 사전 수립) • 계약에 앞서, 안전보건 수준을 평가한다. • 공사 관련 계약 시 안전확보를 위한 충분한 예산(법적 안전보건관리비 상회 권장)과 기간을 보장한다.
실행방법	• 도급 · 용역 · 위탁 등 계약을 할 때는 계약서에 사업장 안전보건 확보를 위해 필요한 조건을 명시한다. (예: 안전보건관리규정 제출, 표준 안전작업계획 · 작업허가제 등 사내 작업절차 준수, 정기 순회점검 및 작업 전 안전미팅 실시, 비상훈련 참여, 정기 안전보건교육 실시, 안전관리비 집행 계획 등) • 수급업체 대상 안전보건 수준을 평가하여, 안전보건 확보가 어려울 것

	으로 판단되는 업체인 경우 계약하지 않도록 평가기준 수립 및 협력회사 대상 사전 안내, 교육을 해야 하며 평가 시 2인 이상의 평가원이 공정하게 평가토록 해야 한다.

* 안전보건 확보를 위한 '안전보건상 조치 필요사항'을 이행하지 않는 경우에 대비한 조치 방안을 사전에 마련해 두어야 한다.
* 도급 · 용역 · 위탁 등 계약을 할 때는 업종의 특성 등을 고려하여, 사업장 내 안전보건 확보를 위한 충분한 비용과 작업기간 등을 보장토록 해야 한다. (예: 건설업의 경우 건설공사기간에 관한 기준을 포함)

ⓑ "수급업체 안전보건관리체계"에 관한 실행전략 및 방법

구 분	내 용
실행전략	• 안전보건관리체계 구축 · 운영 시 사업장 내 모든 구성원에 대한 안전보건 관련 사항이 확보될 수 있도록 검토해야 한다.

실행방법	• 안전보건관리체계 구축 및 이행을 통해 소속 직원뿐만 아니라 사업장 내 모든 구성원에 대한 '안전보건 관련 사항'이 확보되도록 노력해야 한다.
	   – 사내 상주(공사/물류 등) 협력업체를 포함하여 원/부자재 공급 업체 소속 직원 등의 실수로 인해 중대재해가 발생될 수 있음을 유의해야 함 (공장 출입자 안전교육의 누락 없이 실시 등 권장)
	   (사례) 구미 불산사고(2012.9.27.)는 불화수소 납품하던 탱크로리에서 누출되어 피해(종사자 5명 사망, 18명 부상)가 발생
	 • 협력업체(하청, 파견, 공급 · 판매업체 등)에게 원청의 안전보건 경영방침을 적극적으로 알린다.
	 • 안전보건 관련 정보제공, 공식 활동(작업 전 안전미팅, 안전제안 활동, 안전점검 등) 등은 사업장 내 모든 구성원이 참여할 수 있도록 운영해야 한다. (불참 인원의 경우 정기안전보건교육 등을 통해 관련 사항 공유 권장)
	 • 사업장 내 모든 위험요인이 사전에 명확히 파악될 수 있도록 해야 하며, 위험요인별 제거 · 대체 및 통제방안(기술/관리적)은 사업장 내 모든 구성원에게 미칠 수 있는 위험이 저감될 수 있도록 확립되어야 한다.
	 • 비상조치계획의 수립 및 비상대응 훈련 시 사업장 내 모든 구성원이

	참여할 수 있도록 해야 한다. (협력회사 대피 훈련 포함) • 사업장 내 위험요인이 제거 · 대체되었거나 통제되어 사업장 내 모든 구성원의 안전보건이 확보되고 있는지, 주기적으로 확인 및 평가하고 지속 개선해 나가야 한다. • 하청업체, 파견업체, 공급 · 판매업체 등에 안전보건관리체계 구축 · 이행에 필요한 정보를 제공하고, 소통 및 협력체계를 구성 및 운영한다.

7) 평가 및 개선

평가 및 개선은 ⓐ 안전보건 목표를 설정하고 정기적으로 평가관리 ⓑ '안전보건관리체계'가 운영성과, 현장 운영, 사고 발생 근본원인을 확인 ⓒ 문제점을 주기적으로 검토하고 개선해 나가는 활동이 필요하며 이를 구체적으로 서술하면 다음과 같다.

ⓐ "목표설정 및 정기평가"에 관한 실행전략 및 방법

구 분	내 용
실행전략	• 안전보건 목표를 설정하고 관리한다. (단기, 중장기) • 안전보건관리체계 구축 · 이행 과정을 평가할 수 있는 목표를 설정하고 정기적으로 평가한다. (시스템 분야 사내/외 전문가 등에 의한 평가)
실행방법	• 본사, 사업부서별, 사업장별, 팀별 안전보건에 관한 목표를 설정하고 평가한다. • 안전보건에 관한 목표는 안전보건관리체계 구축 및 이행을 위한 과정을 평가할 수 있는 지표로 설정한다. (선행/후행지표 등) – (사례) 중대재해 "0건" 달성 등 최종 목표만을 설정할 경우에는 구성원들이 적극 노력 없이 운에 맡기는 현상이 발생할 수 있음에 유의 • 정기적으로 목표 달성 여부를 평가하고 보완 필요사항을 도출하여 모든 구성원에게 알린다. • 설정한 목표에 대한 평가 결과가 양호함에도 산업재해 발생건수가 증가하는 경우에는 목표 또는 목표 달성 세부추진 사항이 올바르게 설정되었는지 점검하여 개선한다.

ⓑ "안전보건관리체계 이행 확인"에 관한 실행전략 및 방법

구 분	내 용
실행전략	• 안전보건관리체계가 제대로 운영되는지 확인한다. • 현장에서 계획대로 이행되고 있는지 확인한다. • 사고가 발생하면 관리체계의 근원적인 문제를 찾는 데 집중한다.
실행방법	• 안전보건관리체계가 계획대로 이행되고 있는지, 위험요소가 적절히 제거 · 대체되었거나 통제되고 있는지, 정해진 절차대로 운영되고 있는지를 정기적으로 점검한다. • 주요 공정에 대한 전문성을 갖춘 자를 중심으로 점검팀을 구성하고, 현장의 안전작업절차가 위험요인 관리에 적정한지 평가한다. • 경영자 리더십, 근로자 참여, 위험요인 파악, 위험요인 제거 · 대체 및 통제방안 마련, 비상조치계획 수립, 도급관리 등 핵심요소 전반을 점검하고, ⓐ 면담 ⓑ 서류 확인 ⓒ 현장점검 등을 통해 확인한다. • 산업재해 및 아차사고 발생 시에는 특별진단을 통해 사고의 근본 원인을 파악하고 개선방안을 마련한다. • 확인 결과, 도출된 문제점과 개선방안은 경영자에게 보고하고, 교육 · 훈련 등을 통해 사내에 전파한다.

ⓒ "검토 및 개선"에 관한 실행전략 및 방법

구 분	내 용
실행전략	• 발굴된 문제점을 주기적으로 검토하고 개선한다.
실행방법	• 평가 및 점검에서 발견된 문제는 분기별(또는 반기)로 조치계획을 마련하여 경영자에게 보고하고 경영자는 필요 자원을 배정 및 이행토록 한다. • 조치계획 수립 및 이행 과정은 명확하게 보고 및 공유되어야 한다.

제2장 중대재해처벌법 요구사항별 안전보건관리체계 구축

중대재해처벌법 제4조에는 사업주 또는 경영책임자 등은 사업주나 법인 또는 기관이 실질적으로 지배 · 운영 · 관리하는 사업 또는 사업장에서 종사자의 안전보건상 유해 또는 위험을 방지하기 위하여 그 사업 또는 사업장의 특성 및 규모 등을 고려하여 안전보건 관련 사항을 확보토록 의무를 규정하고 있다.

법 제4조(사업주와 경영책임자 등의 안전 및 보건 확보의무) ① 사업주 또는 경영책임자 등은 사업주나 법인 또는 기관이 실질적으로 지배 · 운영 · 관리하는 사업 또는 사업장에서 종사자의 안전 · 보건상 유해 또는 위험을 방지하기 위하여 그 사업 또는 사업장의 특성 및 규모 등을 고려하여 다음 각 호에 따른 조치를 하여야 한다.
1. 재해예방에 필요한 인력 및 예산 등 안전보건관리체계의 구축 및 그 이행에 관한 조치
2. 재해 발생 시 재발방지 대책의 수립 및 그 이행에 관한 조치
3. 중앙행정기관 · 지방자치단체가 관계 법령에 따라 개선, 시정 등을 명한 사항의 이행에 관한 조치
4. 안전 · 보건 관계 법령에 따른 의무이행에 필요한 관리상의 조치
② 제1항제1호 · 제4호의 조치에 관한 구체적인 사항은 대통령령으로 정한다.

이에 따라 중대재해처벌법으로 처벌을 받지 않기 위해서는 해당 규정에서 정하는 사항을 이행하고 이를 입증할 필요가 있으며, 경영책임자 등은 반드시 법령에서 요구되는 사항을 이행하였음을 입증하는 서류를 보관 및 관리하고 있어야 한다.

시행령 제13조(조치 등의 이행사항에 관한 서면의 보관) 사업주 또는 경영책임자 등(「소상공인기본법」 제2조에 따른 소상공인은 제외한다)은 제4조, 제5조 및 제8조부터 제11조까지의 규정에 따른 조치 등의 이행에 관한 사항을 서면(「전자문서 및 전자거래 기본법」 제2조제1호에 따른 전자문서를 포함한다)으로 작성하여 그 조치 등을 이행한 날부터 5년간 보관해야 한다.

또한, 법 제5조에는 사업주 또는 경영책임자 등은 사업주나 법인 또는 기관이 제3자에게 도급, 용역, 위탁 등을 행한 경우에는 제3자의 종사자에게 중대산업재해가 발생하지 아니하도록 제4조와 동일한 안전보건조치를 하도록 규정하고 있으며, 같은 법 시행령 제4조와 제5조에서 안전보건 방침 및 목표 수립, 안전보건 전담조직 설치, 유해ㆍ위험요인의 확인 및 개선, 안전예산 편성 및 집행, 안전보건관리책임자 등의 권한ㆍ예산ㆍ성과평가, 안전관리자ㆍ보건관리자ㆍ산업보건의ㆍ안전보건관리담당자 배치, 종사자 의견 청취, 비상대응매뉴얼 작성 및 운영, 도급 시 안전보건조치 실시, 안전보건관계 법령 준수, 안전보건교육 실시 확인 등에 대해 규정하고 있다.

1. "안전보건관리체계" 구축 및 이행

중대재해처벌법 제4조제1항제1호에서 안전보건관리체계를 구축하고 이행토록 하고 있으며, 시행령 제4조에는 해당 사항을 9가지로 규정하고 있다.

이에 사업 및 사업장 내 유해위험요인을 구성원과 함께 철저히 파악하고 이를 제거ㆍ대체 및 통제토록 하는 방안을 마련하고 이행하는 행위가 지속적으로 운영될 수 있는 활동 시스템을 구축하여야 한다.

□ 법적 요구사항 요약

(1) 안전ㆍ보건 목표와 경영방침의 설정
  • 경영책임자는 사업 또는 사업장에 적합한 안전보건 경영방침을 정하여야 하며, 방침에는 경영책임자의 정책과 목표, 성과개선에 대한 의지를 제시하여야 한다.

(2) 안전ㆍ보건 업무를 총괄ㆍ관리하는 전담 조직 설치(일정 규모 이상)
  • 사업 또는 사업장의 안전관리자ㆍ보건관리자ㆍ산업보건의의 합이 3명 이상이고 상근 근로자가 500인 이상(건설 시공능력 순위 200위 이내)이면 안전보건 총괄 관리하는 전담조직을 설치하여야 한다. 전담조직은 전사

안전보건 컨트롤타워 역할을 수행해야 하므로 ① 안전보건방침의 수립 · 공개 · 개정 ② 전사 안전보건계획의 작성 · 공개 · 변경 ③ 전사 내부감사 ④ 경영자 검토 ⑤ 안전보건관련 매뉴얼 · 절차서 · 지침서 · 규정 · 수칙의 제 · 개정 ⑥ 안전 보건 교육 · 홍보 관련 교재 · 교안 · 핸드북 · 리플릿 · 포스터 개발 및 수정 등의 업무를 수행해야 한다.

(3) 유해위험요인 확인 개선 절차 마련, 점검 및 필요한 조치
- 사업 또는 사업장의 특성에 따른 유해 · 위험요인을 확인하여 개선하는 업무 절차를 마련하고, 해당 업무절차에 따라 유해 · 위험요인의 확인 및 개선이 이루어지는지를 반기 1회 이상 점검한 후 필요한 조치를 이행해야 한다.

(4) 재해예방에 필요한 안전 · 보건에 관한 인력 · 시설 · 장비 구입과 유해 · 위험요인 개선에 필요한 예산 편성 및 집행
- 경영책임자는 재해예방을 위해 필요한 안전보건에 관한 인력, 시설 및 장비의 구비, 유해 · 위험요인의 개선, 그 밖에 안전보건관리체계 구축 등을 위해 필요한 사항으로서 고용노동부장관이 정하여 고시하는 사항에 필요한 예산을 편성하고 그 용도에 맞게 집행하여야 한다.

(5) 안전보건관리책임자 등의 충실한 업무수행 지원 (권한과 예산 부여, 평가기준 마련 및 평가 · 관리)
- 안전보건관리책임자, 관리감독자 및 안전보건 총괄책임자가 산업안전 보건법에서 규정한 각각의 업무를 각 사업장에서 충실히 수행할 수 있도록 안전보건관리책임자 등에게 해당 업무수행에 필요한 권한과 예산을 제공하고 안전보건관리책임자 등이 해당 업무를 충실하게 수행하는지를 평가하는 기준을 마련하고, 그 기준에 따라 반기 1회 이상 평가하고 관리해야 한다.

(6) 산업안전보건법에 따른 안전관리자, 보건관리자 등 전문인력 배치
- 산업안전보건법 제17조에서 19조 및 제22조에 따라 안전관리자, 보건관리자, 안전보건관리담당자 및 산업보건의를 배치해야 하나 다른 법령에서 해

당 인력의 배치에 대해 달리 정하고 있는 경우에는 그에 따르고, 배치해야 할 인력이 다른 업무를 겸직하는 경우에는 실질적으로 안전보건에 관한 업무 수행시간을 보장해야 한다.

(7) 종사자 의견 청취 절차 마련, 청취 및 개선방안 마련 · 이행 여부 점검
- 사업 또는 사업장의 안전보건에 관한 사항에 대해 종사자의 의견을 듣는 절차를 마련하고, 그 절차에 따라 의견을 들어 재해 예방에 필요하다고 인정하는 경우에는 그에 대한 개선방안을 마련하여 이행하는지를 반기 1회 이상 점검한 후 필요한 조치를 해야 하나 산업안전보건위원회 및 안전 및 보건에 관한 협의체에서 사업 또는 사업장의 안전보건에 관하여 논의하거나 심의 · 의결한 경우에는 해당 종사자의 의견을 들은 것으로 간주할 수 있다.

(8) 중대산업재해 발생 시 조치 매뉴얼 마련 및 조치 여부 점검
- 사업 또는 사업장에 중대산업재해가 발생하거나 발생할 급박한 위험이 있을 경우를 대비하여 "① 작업중지, 종사자 대피, 위험요인 제거 등 대응조치 ② 중대산업재해를 입은 사람에 대한 구호조치 ③ 추가 피해방지를 위한 조치"에 관한 매뉴얼을 마련하고, 해당 매뉴얼에 따라 조치하는지를 반기 1회 이상 점검하여야 한다.

(9) 도급, 용역, 위탁 시 산재예방 조치 능력 및 기술에 관한 평가기준 · 절차 및 관리비용, 업무수행기관 관련 기준 마련 · 이행 여부 점검
- 도급, 용역, 위탁 등을 하는 경우에는 종사자의 안전보건을 확보하기 위해 ① 도급 · 용역 · 위탁 등을 받는 자의 산업재해 예방을 위한 조치 능력과 기술에 관한 평가기준 · 절차 ② 도급 · 용역 · 위탁 등을 받는 자의 안전 · 보건을 위한 관리비용에 관한 기준 ③ 건설업 및 조선업의 경우 도급 · 용역 · 위탁 등을 받는 자의 안전보건을 위한 공사기간 또는 건조기간에 관한 기준의 기준과 절차를 마련하고, 그 기준과 절차에 따라 도급 · 용역 · 위탁 등이 이루어지는지를 반기 1회 이상 점검해야 한다.

1) 안전보건 경영방침 및 목표

경영책임자 등은 안전보건에 대한 의지를 밝히고 사업 또는 사업장에 적합한 안전보건 경영방침을 설정해야 하며 해당 방침에는 종사자의 안전보건 확보에 가장 필요한 핵심사항을 기반으로 경영책임자 등의 정책과 목표, 성과개선에 대한 의지를 제시하여야 함에 따라 안전·보건에 관한 경영방침과 목표는 사업 또는 사업장 내 안전보건에 관한 지속적 개선과 실행방향을 의미한다고 할 수 있다.

(1) 안전보건 경영방침

경영책임자 등은 안전보건 경영방침을 간결하게 문서화하고 서명과 시행일을 명기하여 사업 또는 사업장의 모든 구성원 및 이해관계자가 쉽게 접할 수 있도록 공개해야 하며, 안전보건 경영방침이 사업 또는 사업장에 적합한지를 정기적으로 검토해야 한다.

① 작업장을 안전하고 쾌적한 작업환경으로 조성하려는 의지가 표현될 것
② 작업장의 유해·위험요인을 제거하고 위험성을 감소시키기 위한 실행 및 안전보건경영시스템의 지속적인 개선 의지를 포함할 것
③ 사업 또는 사업장의 규모와 여건에 적합할 것
④ 법적 요구사항 및 그 밖의 요구사항의 준수의지를 포함할 것
⑤ 경영책임자의 안전보건 경영철학과 근로자의 참여 및 협의에 대한 의지를 포함할 것

[안전보건 경영방침 사례]
(1) 우리 회사는 안전·환경·건강을 중시한다.
(2) 안전과 관련된 국제기준, 관계 법령, 내부규정을 준수한다.
(3) 안전수칙을 준수하고 쾌적한 근무환경을 조성하여 안전사고를 예방한다.
(4) 건강과 안전에 해를 끼치지 않는 제품이나 서비스를 제공한다.

이는 산업안전보건법(제14조)의 대표이사가 이사회에 보고하는 안전보건계획과 상당부분 중복될 수 있으나 다음과 같은 기본적인 차이가 있다.

중대재해처벌상 안전보건 경영방침	산업안전보건법 제14조 안전보건계획
사업을 수행하면서 각 부문에서 항상 고려하여야 하는 안전보건에 관한 기본적 경영철학과 의사결정의 일반적 지침	'매년' 사업장의 상황을 고려한 안전보건 경영계획

(2) 안전보건 목표

사업주 또는 경영책임자 등은 작업부서별(또는 작업단위, 계층별)로 안전보건활동에 대한 안전보건 목표를 수립해야 하며, 안전보건 목표 수립 시 위험성평가 결과, 법규 등 검토사항과 안전보건활동상의 필수적 사항(교육, 훈련, 성과측정, 내부심사) 등이 반영될 수 있도록 해야 한다.

또한, 안전보건목표 수립 시 안전보건 경영방침과 일관성이 있어야 하고 이를 위해 다음 사항을 고려하여 수립되어야 하며 목표 달성을 위한 사업 또는 사업장 및 인적 · 물적 지원 범위를 명확히 반영해야 한다.

① 사업 또는 사업장의 유해 · 위험요인 등 특성과 조직규모에 적합한 것으로 수립
② 달성 가능한 내용으로서 측정 가능하거나 성과평가가 가능해야 하며 이를 모니터링할 수 있도록 수립
③ 안전보건 목표와 안전보건 경영방침 간에는 일관성이 있어야 함
④ 안전보건 개선활동을 통해 달성이 가능할 것
⑤ 안전보건 관련 종사자 및 이해관계자 등이 공감할 수 있어야 하며, 종사자와의 협의를 통해 수립하는 바람직하며 종사자가 인식하고 함께 노력하여야 함
⑥ 목표를 수정할 필요가 생겼을 때는 필요에 따라 목표를 수정하여 추진하는 것이 합리적임

(3) 안전보건 목표 추진계획

사업주 또는 경영책임자 등은 안전보건 목표를 달성하기 위한 추진계획 수립 시 다

음 사항을 포함하여 문서화하고 실행토록 해야 한다.

① 사업 또는 사업장의 전체 목표 및 부서별 세부목표와 이를 추진하고자 하는 책임자 지정
② 목표달성을 위한 안전보건활동 추진계획(수단 · 방법 · 일정 · 예산 · 인원)
③ 안전보건활동별 성과지표

안전보건에 관한 목표 중 단기적으로 달성될 수 없는 것이 있다면 중장기적 관점에서의 시계열적 목표를 설정하고 그 구현을 위한 세부적인 로드맵을 담는 것이 바람직하며, 안전 · 보건에 관한 목표와 경영방침은 구성원이 공감하고 인식할 수 있도록 하고 이를 달성하기 위해 함께 노력토록 하는 전략과 방안의 수립이 필요하다.

이를 위해 사업주 또는 경영책임자 등은 안전보건목표 및 추진계획을 정기적으로 검토하고 의사소통하여야 하며 계획의 변경 또는 추가 사유가 발생할 때에는 수정토록 해야 한다. 또한 종사자 모두가 그 목표와 경영방침을 명확히 인지하고 실천할 수 있도록 사업장 내 게시하는 등의 사내/외 적극적 홍보 방법이 수립되어야 한다.

• 반복적인 재해 등에도 불구하고 이를 감소하기 위한 경영차원에서의 노력이나 구체적인 대책 방안 등을 반영한 목표나 경영 방침을 수립하지 아니하는 경우에는 안전 · 보건을 확보하기 위한 수단으로서의 목표나 경영방침 수립을 명백히 해태한 것으로 볼 수 있음(고용노동부)

• 적극적 홍보 방법 예시: 회사 홈페이지, 사내 인트라넷, 사내 소식지, 동영상 배포, 문서시달 이사회 보고자료, ESG 보고서 등

[표-19] 법상 요구사항과 안전보건경영시스템 연계

중대재해처벌법	산업안전보건법	ISO 45001
• 사업 또는 사업장의 안전보건 목표와 경영방침 설정	• 제14조 안전보건계획 수립 및 이사회 승인	• 4.1 조직과 조직의 상황 이해, 내/외부 현안사항 파악 • 4.2 근로자 및 이해관계자 요구, 준수의무사항 파악 • 5.1 리더십 • 5.2 안전보건 방침 • 6.2 안전보건 목표 • 6.3 안전보건목표 추진계획 〈주요사항〉 ≫ 안전보건경영방침 게시 여부 ≫ 안전보건 목표 및 계획 수립, 이행, 평가 여부 ≫ 담당자, 일정, 예산, 성과 지표 포함 ≫ 내용 공유 여부

앞서 기술한 바와 같이 경영책임자 등은 공표한 안전보건 경영방침, 목표를 달성할 수 있도록 모든 부서에서 안전보건관리 체계가 안전보건 관련 법령의 요구사항에 적합하게 실행 및 운영되고 있는가에 대하여 주기적으로 확인해야 하며, 경영책임자 등은 안전보건관리체계의 의도한 결과를 달성할 수 있도록 모든 계층별, 부서별로 안전보건활동에 대한 책임과 권한을 부여하고 문서화하여 공유되도록 하는 것이 무엇보다도 중요하다.

▷ 중대재해 예방 위한 업무활동 방안 수립 예시 및 본사/현장관리자 중점확인 사항

단계	활동 방안 수립 예시 및 해설	본사/현장관리자 중점확인 사항
1	[활동] 경영책임자 등은 안전보건에 관한 지속적인 개선 의지와 철학을 담은 경영방침을 수립하고 누구나 알도록 공개한다.	• 전 구성원이 이를 이해하고 실천할 수 있도록 하는 교육 및 기타 효과적 방안을 강구해야 함

단계	활동 방안 수립 예시 및 해설	본사/현장관리자 중점확인 사항
	[해설] 각 사무실/회의실, 공식 홈페이지에서 모든 구성원과 이해관계자가 인지할 수 있도록 한다.	◆ 안전보건 목표 수립 관련 업무 절차가 문서화 및 절차화되었는지 확인 ◆ 노동조합 또는 근로자 대표와의 지속적 안전 소통 통해 안전보건 관련 현장 내부 의견 청취
2	[활동] 안전환경부서는 회사 중장기 목표를 수립하여 사업 보고회 등에 보고한다. [해설] 사업보고회는 조직 내 안전보건에 대한 최상위 내부 의사소통 조직으로 경영책임자를 위원장으로 한다.	◆ 경영책임자를 위원장으로 한 사업 보고회 등에서 논의된 안전 확보 방안 등에 대한 현장 공유와 현장 내 실질적 실행이 될 수 있도록 해야 함
3	[활동] 경영책임자는 보고 내용을 검토한 후 전사 중장기 목표를 승인한다. [해설] 조직 내 안전부서는 승인된 안전보건 목표를 전사에 공유한다.	◆ 승인된 중장기 목표에 대한 효과적 공유 방법 도출 및 내부 설명회/교육 등 운영
4	[활동] 안전부서는 전사 중장기 목표를 바탕으로 전사 단기 목표를 수립하여 경영책임자에게 보고한다. [해설] 중장기 목표 달성 관점에서 년 단위로 세분화하여 달성해 나갈 단기 목표를 수립해야 한다.	◆ 전사 단기 목표에 대한 경영책임자 보고, 근로자 대상 충분한 의견 청취 기회가 부여되어야 함
5	[활동] 경영책임자는 보고 내용을 검토한 후 전사 단기 목표를 승인한다.	-
6	[활동] 경영책임자는 조직 내 수립된 단기 목표를 사내 의사결정 회의체를 통해 공식 확정한다.	◆ 단기 수립 목표의 조직 내 명확한 설명과 함께 안전 이슈 해소관련 올바른 방안 도출 위한 내부 소통

단계	활동 방안 수립 예시 및 해설	본사/현장관리자 중점확인 사항
	[해설] 안전부서는 승인된 안전보건 목표를 전사에 공유 한다.	계획 수립 (구성원 대상 '노사 합동 안전간담회 등'의 방안을 통해 구성원 의견을 적극 청취)
7	[활동] 안전부서는 전사 목표를 바탕으로 하위 조직 내 안전보건 목표를 수립하고, 이를 해당 안전보건관리책임자에게 보고한다. [해설] 안전부서는 하위 조직 내 수립된 안전보건 목표가 전사 목표와 일치/연계되고 내용이 적절한지를 내부심의 등을 통해 검토한 후 안전보건관리책임자에게 보고한다.	–
8	[활동] 안전보건총괄책임자는 보고내용에 대한 검토 후, 공장 내 안전보건 목표를 승인한다.	◆ 전년도 이슈사항 및 금년도 신규 정부 정책, 근로자 건의사항 등도 목표 승인 전 검토되어야 할 주요 사항임
9	[활동] 안전부서는 조직 내 승인된 안전보건 목표를 각 부서에 공유하고 각 부서장은 공유 받은 목표를 기반으로 부서 내 안전보건 목표를 수립 후 이를 안전보건관리책임자에게 보고한다.	–
10	[활동] 안전부서는 조직 내 안전보건 목표 달성 모니터링 결과에 대해 정기적으로 안전보건관리책임자에게 보고한다. [해설] 공장 내 각 부서장은 목표 달성 모니터링을 정기적으로 수행하여 안전부서에 송부하고, 안전부서장은 모니터링 결과에 대해 분기 또는 반기별로 안전보건관리책임자에게 보고한다.	–

단계	활동 방안 수립 예시 및 해설	본사/현장관리자 중점확인 사항
11	[활동] 안전부서는 조직 내 안전보건 목표 달성 모니터링 시 성과가 미흡한 사항은 대책을 수립하도록 관리한다. [해설] 성과가 미흡한 경우 미흡한 원인을 분석하여 정기회의체(월간 정기회의 등)시 공유되도록 해야 한다.	◆ 조직 내 안전보건 목표 달성 모니터링 결과를 산업안전보건위원회 및 협의체 등에서 주기적으로 공유되도록 하고 목표 달성 관련 실적이 저조할 경우 저조한 실적에 대한 사내 자체 TFT 구성 또는 노사공동의 대응 방안 수립 등이 권장됨
12	[활동] 안전부서는 조직 내 목표 달성 모니터링 결과에 대해 매월 경영책임자 등에게 보고한다. [해설] 경영책임자가 현장 내 안전관련 실적에 대해 명확히 알 수 있도록 정기 보고되어야 함	-
13	[활동] 안전부서는 매년 달성된 안전보건 실적을 중장기 안전보건 목표와 비교하여 도달 수준을 관리해야 하며 해당 실적 및 도달 수준을 전사에 공유하고, 이를 차기년도 목표 수립 시 고려토록 해야 한다.	◆ 조직 내 안전보건 목표 달성 모니터링 결과를 산업안전보건위원회 및 협의체 등에서 주기적으로 공유하고 달성된 목표에 대해서도 달성된 사항이 적절한지를 검토하고 적절치 않을 경우 노사공동의 개선 방안 도출 권장

2) 안전보건 총괄 전담조직 구성

사업 또는 사업장의 안전관리자, 보건관리자, 산업보건의의 합이 3명 이상이고 상근 근로자가 500인 이상(건설 시공능력순위 200위 이내)이면 안전보건 총괄 관리하는 전담조직을 설치해야 한다.

2. 「산업안전보건법」 제17조부터 제19조까지 및 제22조에 따라 두어야 하는 인력이 총 3명 이상이고 다음 각 목의 어느 하나에 해당하는 사업 또는 사업장인 경우에는 안전·보건에 관한 업무를 총괄·관리하는 전담 조직을 둘 것. 이 경우 나목에 해당하지 않던 건설사업자가 나목에 해당하게 된 경우에는 공시한 연도의 다음 연도 1월 1일까지 해당 조직을 두어야 한다.

가. 상시근로자 수가 500명 이상인 사업 또는 사업장

나. 「건설산업기본법」 제8조 및 같은 법 시행령 별표1에 따른 토목건축공사업에 대해 같은 법 제23조에 따라 평가하여 공시된 시공능력의 순위가 상위 200위 이내인 건설사업자

설치된 전담조직은 전사 안전보건 컨트롤타워 역할을 수행해야 하며 주요 역할은 아래와 같다.

① 안전보건방침의 수립, 공개, 개정
② 전사 안전보건계획의 작성, 공개, 변경
③ 전사 안전보건 예산 편성 및 집행실적 관리
④ 안전보건관련 매뉴얼, 절차서, 지침서, 규정, 수칙 제·개정
⑤ 적격 수급업체 선정, 관리 및 지원 (전사 관리)
⑥ 안전보건 자격, 면허 관리 및 인력양성 계획 수립
⑦ 산업안전보건위원회, 도급 안전보건협의체, 노사협의회 관리 (전사 관리)
⑧ 사고조사위원회 운영 및 산재 통계관리 (전사 관리)
⑨ 전사 내부감사
⑩ 경영자 검토
⑪ 안전보건 교육·홍보 관련 교재, 교안, 핸드북, 리플릿, 포스터 개발 및 수정 등의 업무를 수행

상기 역할에서와 같이 전담조직은 사업장의 모든 안전조치 및 보건조치 등의 업무를 전담조직에서 직접 수행하거나 특정 사업장의 안전보건이 아닌 전체 사업 또는 사업장을 총괄 관리토록 해야 하며, 안전보건관리책임자 등이 안전조치 및 보건조치 등 각 사업장의 안전보건관리를 제대로 하고 있는지 확인함을 물론 이를 지원하는 등

총괄하고 관리하는 컨트롤 타워로서의 역할을 수행해야 하며, 전담조직의 인력은 사업장 현장별로 두어야 하는 안전관리자 등 전문인력 외에 별도의 조직과 인력으로 구성해야 한다.

[표-20] 법상 요구사항과 안전보건경영시스템 연계

중대재해처벌법	산업안전보건법	ISO 45001
• 사업 또는 사업장의 전담 안전보전 조직	–	• 5.3 조직의 역할, 책임 및 권한 • 7.1 자원 • 7.2 역량 및 적격성 • 7.3 인식 〈주요사항〉 ≫ 조직표, 업무분장 여부

(1) 전담조직 구성 대상 판정 예시

상시근로자가 500인 이상인 경우(건설업은 시공능력 200위 이내) 사업 또는 사업장의 안전보건을 총괄하는 전담조직을 두어야 하지만 회사 전체로 보아 법적 선임인력(안전관리자, 보건관리자, 안전보건관리담당자, 산업보건의)이 총 3명 미만인 경우에는 전담조직을 두지 않아도 된다.

단, 기업활동 규제완화에 관한 특별조치법 (이하 '기업규제완화법'이라 한다) 제28조제1항제1호에서 「산업안전보건법」 제22조제1항에 따라 사업주가 두어야 하는 산업보건의는 해당 법률에도 불구하고 채용 · 고용 · 임명 · 지정 또는 선임하지 아니할 수 있다고 규정하고 있다.

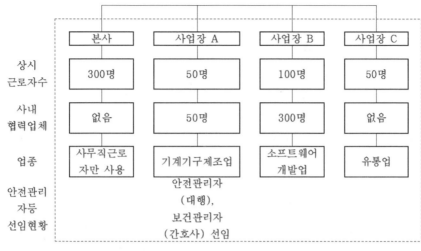

[그림-51] 전담조직 구성 예시

상기 기업 내 사업장 A가 기계기구 제조업으로 두어야 하는 안전보건 전문인력이 3
인(안전관리자, 보건관리자, 산업보건의 각 1명), 전체 근로자 수가 500명으로 안전
보건총괄 전담조직을 두어야 한다.

상시근로자에 포함되는 인원	포함 안 되는 인원
해당 기업 소속 근로자 무기 계약직	사내 수급인 근로자 도급, 위탁, 용역 수행자

도급, 용역, 위탁 등 제3자의 근로자나 근로기준법상 근로자가 아닌 노무를 제공하
는 자는 기업의 상시근로자 수 산정에는 포함되지 않으며, 공공행정 및 교육산업의
경우 산업안전보건법에 따라 현업종사자만을 기준으로 판단하게 되며, 건설업인 경
우에는 건설산업기본법 제8조 및 같은 법 시행령 별표1에 따른 토목 건축공사업에
대해 같은 법 제23조에 따라 평가하여 공시된 시공능력의 순위가 상위 200위 이내
인 건설사업자가 대상이 되며, 전년도 시공능력 순위가 200위 범위 밖에 있다가
200위 이내로 평가된 경우에는 시공능력 순위를 공시한 연도의 다음 연도 1월 1일
까지 전담조직을 두어야 한다. 또한 시공능력 순위가 상위 200위 미만인 경우에도

해당 건설회사의 상시근로자 수가 500명 이상인 경우에는 전담조직을 두어야 한다.

(2) 전담인력 수 산정방법

전담인력의 수는 산업안전보건법에 규정되어 있는 업종별, 규모별 배치기준을 기준으로 해야 한다. 도급인이 수급인을 위하여 대신 선임하였어도 수급인의 전담인력 수는 달라지지 않으며 기업규제완화법이나 타법에 따라 실제 선임이 달라지더라도 산업안전보건법상 배치기준에 근거하여 선정되어야 한다.

<세부 안내사항>
전담인력 수 총 합산은 기업단위로 해야 하며 안전보건 인력을 계산할 때 안전관리 전문기관에 대행을 하였어도 이를 포함해야 하며 산업안전보건법에 따라 배치해야 하는 안전관리자 등 전문인력의 수와 실제 배치한 전문인력의 수가 다른 경우에도 법상 인력을 기준으로 해야 함. 기업규제완화법에 따라 배치한 것으로 간주되는 산업안전보건법에 따른 안전관리자 등 전문인력도 전문인력의 수에 포함되며, 도급인이 관계수급인 근로자의 전담 안전관리자를 선임한 경우 수급인이 해당 사업장에 대해 안전관리자를 별도로 둘 필요는 없으나 수급인의 전담조직 설치의무 유무를 결정하는 전문인력의 산정 수 요건에는 포함됨

(3) 전담조직 구성방법

전담조직은 2인 이상으로 구성하되 산업안전보건법상 안전관리자, 보건관리자와는 겸임해서는 아니 되며 전사 안전보건 기획, 평가, 환류업무를 수행해야 하므로 산업안전기사, 산업위생기사 등 안전보건관련 자격보유, 안전보건경영시스템 인증심사원 자격보유, 안전보건경력 10년 이상 등 전문성을 확보하고 감사실과 같이 업무의 독립성을 보장받아야 한다.

구성방법이 법령에 구체적으로 정해지지는 않았으나, 사업장이 여러 곳에 분산되어 있는 경우 사업장 현장별로 두어야 하는 안전관리자 등 외에 기업단위로 별도의 인력으로 조직을 구성해야 하므로 가급적 본사에 두어 회사 전체적으로 안전보건을 총괄할 수 있도록 함이 바람직하다.

▷ 전담조직의 의미

부서장과 해당 부서원 모두 안전보건에 관한 업무만 총괄, 관리하여야 하며 안전보건과 무관하거나 생산관리, 일반행정 등 안전보건과 목표의 상충이 일어날 수 있는 업무를 함께 수행할 수 없으며 전담조직은 경영책임자 등을 보좌하고 전사 안전보건계획의 수립을 지원하고 중대재해처벌법에서 요구하는 의무 이행상태를 점검, 보고, 개선조치에 대한 실무조직이자 산업안전보건법 제14조에 따라 대표이사가 매년 이사회에 "안전보건 계획"을 수립하여 보고해야 하는 업무에 대한 총괄을 담당하며 회사 전체의 안전보건계획의 수립, 이행관리를 수행해야 한다.

- 이사회 보고 대상 "안전보건 계획"
  ① 안전 및 보건에 관한 경영방침
  ② 안전 · 보건관리 조직의 구성 · 인원 및 역할
  ③ 안전 · 보건 관련 예산 및 시설 현황
  ④ 안전 및 보건에 관한 전년도 활동실적 및 다음 연도 활동 계획

▷ 중대재해 예방 위한 업무활동 방안 수립 예시 및 본사/현장관리자 중점확인 사항

단계	활동 방안 수립 예시 및 해설	본사/현장관리자 중점확인 사항
1	[활동] 안전 및 보건 확보 의무 이행을 위해 법적 기준 내 안전전담 조직을 구성한다. [해설] 안전전담 조직은 사업 또는 사업장의 안전보건관리체계를 관리 감독하는 등 경영책임자를 보좌하고 안전 보건에 관한 컨트롤타워로서의 역할을 하는 조직을 의미함	◆ 안전보건 시스템 및 법규 이해도가 높은 구성원을 전담조직 내 편성토록 해야 함 (전담조직 구성원에 대해 주기적인 역량 향상 계획을 수립하여 안전보건 관련 전사 총괄 업무 운영이 원활토록 해야 함)
2	[활동] 안전 및 보건 확보 의무 이행 위해 구성된 안전전담 조직은 예산 수립 및 전	◆ 전담조직 내 업무 R&R이 법상 요구조건을 충족하는지 확인하고

단계	활동 방안 수립 예시 및 해설	본사/현장관리자 중점확인 사항
	사적 안전, 보건 확보 의무 활동을 수행해야 한다. [해설] 중대재해처벌법령 및 안전 보건 관계 법령에 따른 종사자의 안전 보건상 유해 위험 방지 정책의 수립이나 안전보건 전문인력의 배치, 안전 보건 관련 예산의 편성 및 집행관리 등 법령상 필요한 조치의 이행이 이루어지도록 하는 등 사업 또는 사업장의 안전 및 보건 확보 의무의 이행을 총괄 관리하는 것을 말함 (단, 사업장의 모든 안전조치 및 보건조치 등 안전 및 보건에 관한 업무를 전담 조직에서 직접적으로 수행하라는 뜻은 아님)	현장 실행에 대한 Cross check를 명확히 수행토록 해야 함
3	[활동] 사업 또는 사업장의 특성 및 규모 등을 종합하여 전단 조직 구성원을 임명하고 구성해야 함 [해설] 전담조직 이란 특정한 목적을 달성하기 위한 집단으로 다수인의 결합체를 의미하며, 전담 조직의 구체적 권한과 조직원의 자격 및 인원 등은 사업 또는 사업장의 특성과 규모 등을 종합적으로 고려하여 자율적으로 정할 수 있다.	◆ 전담조직 내 구성 인력 역량이 적정한지 주기적으로 확인하고 적정하지 않을 경우 역량 향상 방안을 수립해야 함 (교육, 업무 Rotation, 법규/시스템 분야 외부 전문기관 협업 등)

3) 유해 · 위험요인의 확인 및 개선

(1) 위험성 평가 및 개선

사업주 또는 경영책임자 등의 특성에 따른 유해 · 위험요인을 확인하여 개선하는 업무절차를 마련하고, 해당 업무절차에 따라 유해 · 위험요인의 확인 및 개선이 이루어지는지를 반기 1회 이상 점검한 후 필요한 조치를 하여야 한다.

> 3. 사업 또는 사업장의 특성에 따른 유해 · 위험요인을 확인하여 개선하는 업무절차를 마련하고, 해당 업무절차에 따라 유해 · 위험요인의 확인 및 개선이 이루어지는지를 반기 1회 이상 점검한 후 필요한 조치를 할 것. 다만, 「산업안전보건법」 제36조에 따른 위험성평가를 하는 절차를 마련하고, 그 절차에 따라 위험성 평가를 직접 실시하거나 실시하도록 하여 실시 결과를 보고받은 경우에는 해당 업무절차에 따라 유해 · 위험요인의 확인 및 개선에 대한 점검을 한 것으로 본다.

이는 경영책임자 등으로 하여금 기업이 '스스로' 건설물, 기계기구, 설비 등의 유해위험요인을 찾아내어 그 위험성을 평가하여 유해 · 위험요인을 제거, 대체 및 통제방안을 마련하고 이행하며 이를 지속적으로 개선하도록 하려는 취지(ILO협약 155호(산업안전보건 협약) 제16조 사용자는 합리적으로 실행 가능한 한도 내에서 자신의 작업장, 설비, 작업공정이 확실히 안전하고 보건상 위험이 없도록 보장하여야 함)이며, 유해 · 위험요인을 사전에 찾아내어 위험성을 추정하고, 위험성의 크기에 따라 예방 대책을 마련하는 것이 안전보건관리의 가장 중요한 첫걸음이라고 할 수 있다. (앞 장에서 설명한 PDCA 기반: 계획→ 실행→ 확인→ 개선이행)

법에 명시된 사항은 경영책임자 등이 유해위험요인에 대한 확인 등을 직접 하여야 한다는 것이 아니라 해당 사항을 명확히 확인할 수 있는 절차를 만들고 이행여부를 확인토록 하는 관리의 의무를 부여하고 있으므로 이를 대한 업무절차 수립 시 검토되어야 할 사항은 다음과 같다.

① 사업주 또는 경영책임자 등은 산업안전보건법 제36조에 따라 과거에 산업재해가

발생한 작업, 위험한 일이 발생한 작업, 작업방법, 보유 · 사용하고 있는 위험기계 · 기구 등 산업기계, 유해위험물질 및 유해위험공정 등 종사자의 노동에 관계되는 유해 · 위험요인에 의한 재해 발생이 합리적으로 예견 가능한 것에 대한 안전보건 위험성평가와 그 밖의 종사자의 요구사항 파악을 통한 사업 또는 사업장의 내 · 외부 현안사항에 대해서 위험성평가를 실시하여 위험성과 기회를 결정하고 평가한 후 조치하여야 한다.

② 사업주 또는 경영책임자 등은 사업장의 특성 · 규모 · 공정특성을 고려하여 적절한 위험성평가 기법을 활용하여 절차에 따라 실시하여야 한다.

③ 위험성평가 대상에는 종사자에게 안전보건상 영향을 주는 다음 사항을 포함하여야 한다.
   - 사업 또는 사업장 내부 또는 외부에서 작업장에 제공되는 유해위험시설
   - 사업 또는 사업장에서 보유 또는 취급하고 있는 모든 유해위험물질
   - 일상적인 작업(협력업체 포함) 및 비일상적인 작업(수리 또는 정비 등)
   - 발생할 수 있는 비상조치 작업

[위험요인 파악 시 준비해야 할 서류]
   - 사고조사보고서 등 과거의 재해보고서 (사내, 유사/동일업종 사고 등)
   - 기계, 장비 등 보유 현황 및 설명서 공정별 작업절차도
   - 화학물질 제조업체가 제공하는 물질안전보건자료(MSDS)
   - 안전모, 마스크 등 안전장비 보유 현황
   - 외부 전문기관(고노부, 공단, 외부 진단기관 등)의 지도 · 점검 결과
   - 작업환경측정 결과 (측정 결과 및 개선조치 및 운영 현황)
   - 근로자 교육자료 (법정, 비법정 역량 강화 교육 등)
   - 근로자 안전 제안 사항 등 (공식적 안전보건 관련 협의체, 사내제안 등)

④ 위험성평가 시 사업 또는 사업장 내 안전보건상 이슈을 최소화하기 위해 다음 사항을 고려할 수 있다.

- 교대작업, 야간노동, 장시간 노동 등 열악한 노동조건에 대한 종사자의 안전보건
- 일시고용, 고령자, 외국인 등 취약계층 종사자의 안전보건
- 교통사고, 체육활동 등 행사 중 재해

⑤ 사업주 또는 경영책임자 등은 위험성평가를 사후적이 아닌 사전적으로 실시해야 하며, 주기적으로 재평가하고 그 결과를 문서화하여 유지하여야 한다. (평가 결과에 대한 내부 공유 포함)

⑥ 사업주 또는 경영책임자 등은 위험성평가 조치계획 수립 시 다음과 같은 단계를 따라야 한다.

- 유해 · 위험요인의 제거
- 유해 · 위험요인의 대체
- 연동장치, 환기장치 설치 등 공학적 대책
- 안전보건표지, 유해위험에 대한 경고, 작업절차서 정비 등 관리적 대책
- 개인보호구의 사용
- 위험성평가는 사업장 위험성평가에 관한 지침(고용노동부 고시)에 따라 수행할 수 있다.

1단계) 위험원을 파악한다.
2단계) 위험원에서 생기는 위험의 크기를 추정한다.
3단계) 위험성을 결정하고 저감대책을 취하는 우선순위를 결정한다.
4단계) 위험성을 저감하는 수단을 정하여 실시한다.
5단계) 허용 가능한 위험성까지 저감하였는지를 판단한다.

상기 사항에서와 같이 누구나 자유롭게 사업장의 위험요인을 발굴하고 제안할 수 있는 창구가 조직 내 마련되도록 하는 것이 중요하며(작업에 종사하는 인원의 의견을 청취하는 절차 포함), 해당 창구는 앞서 설명드린 사항과 같이 소속 근로자뿐 아니라 상시 노무를 제공하는 모든 종사자 및 유지보수 작업, 납품을 위해 일시적으로 출입

하는 모든 사람이 제기한 유해 · 위험요인을 확인하는 절차로서 마련되어야 한다.

[표-21] 단계별 위험분석 대상 및 분석방법

단 계	대 상	방 법
1	기계 · 기구 · 설비	• 사업장 내 모든 기계 · 기구 · 설비 현황을 파악 • 기계 · 기구 · 설비 내 위험요소 세부적으로 확인 • 해당 사업장에 산업재해가 발생하였던 설비는 반드시 위험요인으로 분류
2	화재 · 폭발 · 누출위험 화학물질, 건강 위해 화학물질, 물리적 인자	• MSDS 자료 확인 • '화학물질 및 물리적인자의 노출기준'에 해당하는 경우 유해인자로 분류
3	작업요인	• 기계 · 기구 · 설비, 유해인자 및 재해유형과 연계하여 위험장소와 위험작업 파악 • 현장 작업자 참여 • 아차사고 리스트 파악

유해위험요인 발굴 절차 및 방법을 구체화하면 아래 표와 같다.

[표-22] 유해위험요인 발굴 절차 및 방법

단 계	절 차	방 법
1	• 사용하는 기계 · 기구 · 설비, 유해인자, 위험장소, 작업방법 파악 • 발생 가능한 재해유형 파악	• 분류 및 관리기준 설정 • 유해 · 위험요인별 제거 · 대체 · 통제 방안 설정 • 현장 작업자, 관리감독자, 안전보건담당자 참여
2	• 안전보건 조치 여부 확인	• 산업안전보건법령, 산업안전보건기준에 관한 규칙 참고
3	• 불이행시 작업중지, 개선조치	• 유해 · 위험요인 제거, 대체, 통제 등 방법 적용
4	• 작업개시	• 작업자에게 안전작업절차 주지

유해 · 위험요인의 확인 · 점검 및 개선은 적극적으로 위험을 발굴하고, 작업방식, 안전 · 보건조치의 적용에 대한 감독을 통해 위험을 최소화해 나가는 것으로서 현장 내 유해 · 위험요인에 대한 점검에 그칠 것이 아니라 적극적으로 작업방식을 변경하거나 유해 · 위험물질을 대체하는 등 유해 · 위험요인을 제거하고 통제하되, 제거나 통제가 되지 않을 경우에는 작업중지를 하거나 개인에게 적절한 보호 장구를 지급하는 등의 조치를 하는 모든 활동이 포함된다.

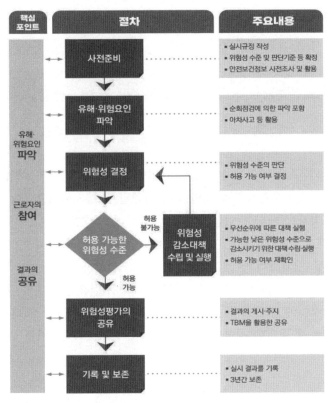

[그림-52] 위험성평가 흐름도

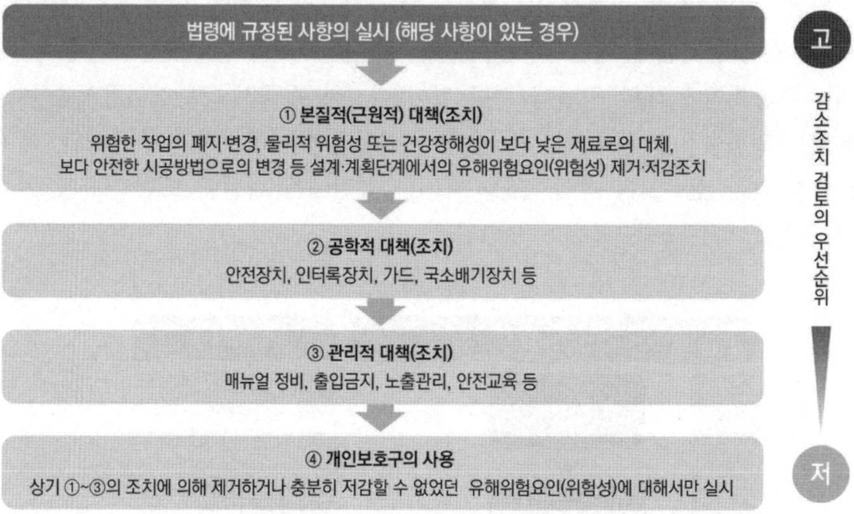

[그림-53] 위험성 감소조치 검토의 우선 순위

앞서 기술한 바와 같이 개인사업주 또는 경영책임자 등은 각각의 사업장에서 위 업무절차에 따라 유해 · 위험요인을 확인하고, 확인된 유해 · 위험요인을 제거 · 대체 · 통제 등 개선조치가 실행되고 있는지 여부를 점검해야 하며 점검은 사업장마다 반기 1회 이상 실시하되, 반드시 모든 사업장에 대한 점검을 동시에 하여야 하는 것은 아니다. 또한, 해당 사업장의 안전관리책임자나 안전관리자 등 전문인력 또는 안전 · 보건 관리업무를 위탁받은 업체는 사업장의 유해 · 위험요인에 대한 확인 · 개선 업무를 담당하는 것이며 사업장 내 유해 · 위험요인에 대한 확인 · 개선 업무 이행 여부에 대한 점검까지 동일한 주체에 의해 수행되는 것은 바람직하지 않다는 것을 유념해야 한다.

중대재해처벌법 내 명기된 사항에 대해 산업안전보건법 제36조에 따른 위험성 평가 제도를 도입하고 해당 절차에 따라 위험성 평가를 실시하고, 개인사업주 또는 경영책임자 등이 그 결과를 보고 받은 경우에는 그 확인 · 개선 절차 마련 및 점검을 한 것으로 볼 수 있으나 사업장이 여러 곳에 분산되어 있는 사업 또는 사업장에서 일부 사업장에 대해서만 위험성 평가를 실시한 경우에는 모든 사업 사업장에 대해 유해 · 위험요인의 확인 및 개선에 대한 점검을 한 것으로 볼 수 없다.

유해·위험요인에 대한 확인 및 개선의 이행에 대한 점검에만 그칠 것이 아니라 점검 후 유해·위험요인에 대한 개선 조치가 제대로 이행되지 않은 경우에는 유해·위험요인의 제거, 대체, 통제 등 개선될 수 있도록 하는 필요한 조치를 취해야 하며 여기서 말하는 '필요한 조치'란 서류상으로 기록을 남겨 두는 것이 중요한 것이 아니라 해당 유해·위험 수준에 맞는 실질적인 조치가 현장 내 '직접' 이루어졌는지에 대한 사항임을 유념해야 한다. (개선 완료 후 '유효성 평가' 등)

[표-23] 이행점검 체크리스트 (예시)

부서	유해위험 요인	점검결과		조치내역		완료 평가 (유효성)		
		내용	점검일	조치내용	조치자	평가결과	평가자	평가일자

(2) 안전보건 활동 방안 수립 및 이행

법상 요구조건에 따라 사업주 또는 경영책임자 등은 다음과 같은 안전보건활동 방안을 수립하고 이를 이행해야 한다.

① 작업장 내 안전보건 조치
② 중량물·운반기계에 대한 안전조치
③ 개인 안전보호구(PPE) 지급 및 관리, 운영 점검
④ 위험기계·기구에 대한 방호조치
⑤ 끼임·떨어짐·부딪힘에 대한 방지조치
⑥ 안전검사 실시
⑦ 폭발·화재 및 위험물 유/누출 관련 예방 및 비상대응 활동
⑧ 전기재해(감전, 화재 등) 예방활동
⑨ 쾌적한 작업환경 유지활동
⑩ 근로자 건강장해 예방활동 (작업환경, 건강증진 프로그램 등)
⑪ 협력업체의 안전보건 활동지원 (협의체 등)
⑫ 안전보건관계자(안전보건관리/총괄책임자, 관리감독자 등) 역할과 활동

⑬ 산업재해조사 및 중점 저감활동

⑭ 무재해 활동 추진 및 운영

[표-24] 법상 요구사항과 안전보건경영시스템 연계

중대재해처벌법	산업안전보건법	ISO 45001
• 유해위험개선 업무 절차 마련 및 반기점검 후 조치 • 위험성평가 절차 마련 및 실시	• 제36조 위험성평가 실시	• 6.1.1 위험성평가 〈주요사항〉 ≫ 위험성평가 절차서 여부 ≫ 위험성평가 결과 및 개선 여부 ≫ 위험성평가 결과 및 개선 공유 여부 ≫ 정기, 수시 위험성평가 ≫ 사전 위험성평가 ≫ 안전작업허가 시 작업 위험성평가 여부 ≫ 대책은 제거, 대체, 공학적 대책, 관리적 대책, 개인보호구 순의 적용 여부

이를 기반으로 한 업무 활동 방안 및 중점확인 필요사항을 정리하면 아래와 같다.

▷ 중대재해 예방 위한 업무활동 방안 수립 예시 및 본사/현장관리자 중점확인 사항

단계	활동 방안 수립 예시 및 해설	본사/현장관리자 중점확인 사항
1	[활동] 각 부서장은 매년 위험성평가실시 계획을 수립하고 안전부서 협조를 받아 안전보건관리책임자에게 해당 계획을 승인받아야 한다. [해설] 1. 평가대상	• 위험성 평가 관련 전 구성원이 이해하고 실행할 수 있도록 하는 교육 및 기타 효과적 방안의 수립 • 위험성 평가 절차서 등 문서화된 업무 프로세스의 구축 및 운영

단계	활동 방안 수립 예시 및 해설	본사/현장관리자 중점확인 사항
	1) 신/증설 프로젝트 2) 공정, 설비, 원부원료, 제품 및 작업 방법의 변경 3) 기타 위험성평가가 요구되는 경우 (안전환경사고 등) 4) 기존 공정 2. 평가 시기 1) 신규/수시평가 과제 및 주요 변경이 개시되기 전까지 2) 정기평가: 매년 말까지 3. 계획 수립: 정기평가 시기까지 완료되도록 계획을 수립 → 불가피한 상황 (사업장정비 등으로 기한 내 정기평가 수행이 불가한 경우 안전보건관리책임자에게 보고 후 평가 계획 및 시기 변경 가능) 4. 계획 등록 1) 수립된 위험성 평가계획은 부서 내 목표로 관리한다. → 기한: 매년 부서 목표 수립 전까지 → 필수 포함항목: 평가 대상 리스트	계획 수립 (관련 기준 미 구축되었을 시 사업장/공정 특성에 맞는 전사/사업장 기준의 수립 필요)
2	[활동] 안전환경부서는 각 부서에서 수립한 위험성 평가 계획의 누락 및 적정성을 검토하고, 필요시 보완 요청한다. [해설] 계획 수립 현황 및 누락, 적정 여부를 검토	◆ 위험성 평가 계획별 실적을 산업안전보건위원회, 노사협의체, 정기회의 등에서 공유하고 미흡 사항에 대한 현장 협조 요청
3	[활동] 소속 부서장은 위험성 평가팀장으로서 평가 범위에 따라 적정 인원을 평가팀으로 구성한다.	

단계	활동 방안 수립 예시 및 해설	본사/현장관리자 중점확인 사항

	[해설]
	1. 신/증설프로젝트
	  → 제조/공정/설비/안전보건 담당자
	    (필요시 외부전문가 참여)
	2. 기존 공정 및 변경 대상
	  → 제조/공정 담당자 (필요시 설비/
	    안전부서 담당자 참여)	

4	[활동] 위험성 평가팀은 평가 대상을 파악하고, 관련 데이터 및 정보를 수집한다. [해설] ◆ 관련 데이터 및 정보 종류 - 설비안전자료, 안전운전/작업절차, 비상조치계획, 과거 사고(조사) 기록, 업무분장 기술자료, 법규 등록부, 모니터링 및 성과 평가 결과 등	◆ 평가에 사용될 자료가 누락 없이 취합될 수 있도록 현장(특히, 생산, 공무)부서의 적극적 협조 요청 (공장장 또는 대표이사 정식 결재보고 통한 요청 등)
5	[활동] 위험성 평가팀은 사고를 유발 할 수 있는 위험요인을 파악하여 위험성 평가 대상을 결정한다. [해설] 1. 위험성 평가 수행 시 정상, 비정상, 비상시'를 고려해야 함 2. 위험성 평가 수행 시 노출 또는 취급 물질의 유해 위험성을 반드시 고려하여 평가해야 함	◆ 파악된 위험요인이 적절한지 현장 근무자 인터뷰 및 아차사고/사고 조사보고서 분석 등을 진행하고 불안전한 행동요인을 포함하여 평가한다.
6	[활동] 위험성 평가팀은 위험요인에 대한 재해 발생 가능성과 중대성의 크기를 추정(또는 중대성의 크기만을 기준으로 위험도를 상, 중, 하로 산출)하고, 위험요인별 위험성 추정 결과를 토대로 위험성 강도가 허용 가능한지 여부를 결정해야 한다.	◆ 평가된 위험성 강도가 적절한지 위험성 강도에 대한 현장 내 의견 청취 적극 활용 ◆ 위험성 강도에 대한 정량적 평가 필요시 사내 정량적 위험성 평가

단계	활동 방안 수립 예시 및 해설	본사/현장관리자 중점확인 사항
	(위험성 수용 여부는 생산/공정/제조/현장 전문가 판단) [해설] 위험성 강도는 정성적으로 평가 후 강도가 높은 위험성은 정량적으로 평가할 것을 권장함	운영 담당자 지정 또는 외부 전문 기관 활용 권장
7	[활동] 현장 관리 부서장(책임자)은 도출된 위험요인에 대해 우선순위에 따라 경제성 및 기술적 한계를 검토하여 실행 가능한 범위에서 합리적으로 위험성을 낮출 수 있는 수준으로 개선계획을 수립하여 실행한다. [해설] 1. 개선 방안 우선순위: 제거→ 대체→ 기술적 대책→ 관리적 대책→ 개인보호구 2. 개선 계획을 수립한 위험요인은 계획을 수립하여 개선 관리하고 이를 정기회의 시 공유해야 함	◆ 수립된 위험요인 저감 대책이 적절한지 위험요인 저감 대책에 대한 현장 내 실제 적용 가능성 여부를 현장 근무자 등과 논의 → 적절치 못할 경우 재개선 방안 수립
8	[활동] 현장 관리 부서장(책임자)은 도출된 위험요인 및 개선사항(위험 저감대책)에 대해 관련 조직과 인원에게 교육한다. [해설] 정기안전보건 교육 시간 등을 활용하여 교육하고 교육 이력을 문서로 남겨야 함	◆ 교육 누락 방지 및 효과적 교육운영 방안 수립에 대해 전년도 교육 운영 실태를 면밀히 분석하고 부족사항에 대해 지속 개선해 나가도록 하는 업무절차 수립
9	[활동] 현장 관리 부서장(책임자)은 위험성 평가 결과를 안전보건관리책임자에게 보고하고, 안전보건관리책임자는 중대한 위험요인의 개선 및 관리에 필요한 사항을 지원해야 한다.	◆ 수시평가가 누락되지 않도록 명확한 모니터링 계획을 수립해야 하며 평가 결과에 대한 안전보건관리책임자 보고 및 관리감독자 통보 등 내부 절차를 명확히 운영해야 함

단계	활동 방안 수립 예시 및 해설	본사/현장관리자 중점확인 사항

	[해설]
	1. 위험성 평가 결과는 정해진 기한 내 이뤄질 수 있도록 매월 주기적으로 관리해야 한다.
	 1) 위험성 평가 등록 기한
	  ① 신규/수시평가: 프로젝트 및 주요 변경이 개시되기 전까지
	  ② 정기평가: 매년말까지
	 2) 필수 포함 항목: 위험성 평가 결과 리스트 및 자료, 부적합사항(필요시)
	 3) 개선 계획이 수립된 위험요인은 개선 계획 일정에 맞춰 개선 진행 여부를 매월 모니터링하여 관리
	  - 개선완료 후 그 결과를 정기회의 시 공유	

10	[활동] 안전부서는 부서별 위험성 평가 결과의 적정성과 누락 여부를 검토하고 필요시 보완토록 요청한다. [해설] 등록 누락 및 개선 적정여부 검토 (내부심사 등 정기평가 시 확인)	◆ 누락 방지 및 관리 효율성 향상 위해 IT시스템 등 활용 권장
11	[활동] 안전보건관리책임자는 위험성 평가 실시 및 개선 결과를 경영책임자 등에게 보고한다. (반기 1회 이상) [해설] 경영책임자 등은 위험성 평가 결과에 따라 개선이 이행되지 않은 사실이 확인된 경우에는 인력을 배치하거나 예산을 추가 배치하는 등 필요한 조치를 하여야 함	◆ 인력, 예산 등이 효과적으로 배치될 수 있도록 해야 함

4) 안전예산 편성 및 집행

경영책임자 등은 재해예방을 위해 필요한 안전보건에 관한 인력, 시설 및 장비의 구비, 유해·위험요인의 개선, 그밖에 안전보건관리체계 구축 등을 위해 필요한 사항으로서 고용노동부 장관이 정하여 고시하는 사항에 필요한 예산을 편성하고 그 용도에 맞게 집행해야 한다. 이는 산업재해 예방을 위해서는 충분한 안전·보건에 관한 인력, 시설 및 장비의 마련과 유해·위험요인의 개선이 필수적이며 이를 위해서는 비용 지출이 수반될 수밖에 없으므로 이에 상응하는 예산을 마련하고 그 용도에 맞게 집행되도록 하는 것을 개인사업주 또는 경영책임자 등의 의무의 하나로 명시한 것이라 할 수 있다.

종래 현장에서는 안전·보건에 관한 인력, 시설, 장비 등의 구비에 소요되는 예산을 비용절감 등의 명목으로 삭감하거나 예산 부족 등을 이유로 유해·위험요인의 개선이 되지 않고 작업이 진행되는 경우가 상당수 존재하였으나 중대재해처벌법 시행령 규정을 통해 안전·보건관리를 위한 비용은 사업 경영에 필수불가결한 것이라는 인식이 정착되도록 한 것이 중요한 사항이라고 할 수 있다. 이에 따라 사업주 또는 경영책임자 등이 안전·보건에 관한 비용을 위한 예산이 편성되고, 그 편성된 용도에 맞게 집행되고 있는지를 직접 챙기도록 하여 비용절감 등을 이유로 안전·보건에 관한 사항이 사업 경영에서의 고려 사항 중 후순위가 되지 않도록 해야 할 것이다.

다만 안전보건 예산을 편성할 시 예산 규모가 얼마인지가 중요한 것이 아니라, 유해·위험요인을 어떻게 분석하고 평가했는지 여부가 중요하며, 유해·위험요인 확인 절차 등에서 확인된 사항을 사업 또는 사업장의 제정 여건 등에 맞추어 제거·대체·통제 등 개선을 합리적으로 실행 가능한 수준만큼 개선하는 데 필요한 충분한 예산을 편성하였는지가 중요한 사항이다.

(1) '재해예방을 위해 필요한 인력, 시설 및 장비'의 의미

산업안전보건법 등을 포함한 종사자의 재해 예방을 위해 안전·보건관계 법령에서 정한 의무 내용을 구성하는 인력, 시설, 장비 등을 말하며 특히, '재해예방을 위해

필요한 인력'이란 안전관리자, 보건관리자, 안전보건관리담당자, 산업보건의 등 전문 인력뿐만 아니라 안전ㆍ보건 관계 법령 등에 따른 필요 인력 또한 의미한다.

▷ **"재해예방을 위해 필요한 인력, 시설 및 장비" 관련 사항 (예시)**

- ◆ 타워크레인 작업 시 신호수 배치(산업안전보건기준규칙 제146조제3항)
- ◆ 스쿠버 잠수작업 시 2명이 1조를 이루어 잠수작업을 하도록 할 것(산업안전보건기준규칙 제545조제1항)
- ◆ 생활폐기물 운반 시 3명이 1조를 이루어 작업할 것(폐기물관리법 시행규칙 16조의3제2항제3호 나목)
- ◆ 2인 1조로 근무하여야 하는 위험작업과 해당 작업에 대한 6개월 미만인 근로자가 단독으로 수행할 수 없는 작업에 대한 기준 마련(공공기관의 안전관리에 관한 지침 제14조제3항) 등

건설업의 경우 「산업안전보건법」 제72조, 「건설업 산업안전보건관리비계상 및 사용기준」 (고용노동부고시 제2020-63호)에 따른 '산업안전보건관리비상 기준'이 '재해 예방을 위해 필요한 인력, 시설 및 장비'의 구입에 필요한 예산'의 기준이 될 수 있으나, 산업안전보건관리비의 계상은 「산업안전보건법」 상 건설공사 발주자의 의무이고, 시행령 제4조제4항에 따라 개인사업주나 경영책임자 등의 재해예방을 위해 필요한 안전ㆍ보건에 관한 인력, 시설 및 장비 구입에 필요한 예산 편성 의무는 건설공사 발주자의 의무와는 별개의 독립된 의무로서 산업안전보건관리비의 기준을 참고하여 그 외에 「산업안전보건법」을 포함한 안전ㆍ보건관계 법령상 의무로서 갖추어야 할 인력, 시설 및 장비의 구비, 유해ㆍ위험요인의 개선을 위한 비용이 모두 포함되어야 한다.

즉, 개인사업주나 경영책임자 등이 도급이나 용역 등을 매개로 하여 노무를 제공하는 종사자들에 대해서도 안전 및 보건 확보의무 등을 이행하여야 하는 바, 특히 인력, 시설 및 장비를 갖추기 위한 예산 편성에는 산업안전보건관리비에 국한될 것은 아니고, 이와는 별개로 중대재해처벌법에 따라 재해 예방을 위한 예산의 편성 및 집행을 하여야 한다는 것이다. 특히 인력뿐만 아니라 사업장 및 작업의 특성을 고려하여 시설과 장비도 안전ㆍ보건관계 법령에 맞게 안전조치 및 방호장치 등이 제대로

갖춰질 수 있도록 하여야 하며, 경영책임자 등은 공사 · 상주 협력업체의 안전보건 관리비 집행실적의 적정성을 반기별 점검하고 시정요구를 할 수 있으며 집행부진으로 인해 시급하고 중대한 위험이 있는 경우, 작업중지를 요청할 수 있다.

(2) "유해 · 위험요인의 개선에 필요한 예산"의 의미

시행령 제4조제3호에 따라 확인된 유해 · 위험요인의 개선을 위해 산업안전보건법 등에서 정한 인력, 시설, 장비를 구비하는 데 필요한 예산뿐만 아니라 안전 · 보건관계 법령에 따른 의무의 내용은 아니어도 사업 또는 사업장 특성에 따라 시행령 제4조제3호에 따라 개선이 필요하다고 판단한 유해 · 위험요인을 제거 · 대체 · 통제하는데 필요한 예산을 포함하며, 시행령 제4조제7호의 종사자 의견 청취에 따른 재해 예방을 위해 필요한 개선방안을 마련하여 이행하는 데 필요한 조치를 위한 예산 또한 포함된다.

안전보건 예산에 관한 올바른 집행을 위해 세부 집행계획을 수립해야 하며 이는 안전보건 경영방침과 일관성이 유지되도록 다음 사항을 반영하여 수립할 수 있다.

① 수요조사를 실시하고 전년도 집행실적과 비교할 것
② 구체적일 것
③ 성과측정 또는 모니터링이 가능할 것
④ 안전보건 개선활동을 통해 달성이 가능할 것
⑤ 안전보건과 관련이 있을 것
⑥ 일시, 담당자, 소요예산이 명확할 것

이렇게 편성된 예산에 대해 개인사업주 또는 경영책임자 등은 재해 예방을 위하여 필요한 안전 · 보건에 관련 예산 편성에 그칠 것이 아니라 편성된 용도에 맞게 예산이 집행되도록 관리하는 것이 중요하다. 이에 따라 재해예방 및 유해 · 위험요인의 개선에 필요한 예산을 편성하였으나, 사업장에서 용도에 맞게 집행되지 않은 경우에는 시행령 제4조4항의 의무를 이행한 것으로 볼 수 없을 것이다.

이에 안전보건 예산 집행에 관한 효용성은 다음과 같은 성과지표를 사용하여 평가할

수 있다.

① 안전보건예산 편성 대비 집행실적
② 안전사고 발생 빈도 및 강도
③ 안전사고 손실비용
④ 안전점검 시 지적사항 및 조치실적
⑤ 현업 부서장 자체점검 및 개선실적
⑥ 건강진단결과 유소견자, 요관찰자에 대한 사후관리 현황
⑦ 안전보건교육의 실시 현황
⑧ 대관업무에 따른 인허가 여부, 시정조치 요구, 과태료·벌금 부과 등

▷ 중대재해 예방 위한 업무활동 방안 수립 예시 및 본사/현장관리자 중점확인 사항

단계	활동 방안 수립 예시 및 해설	본사/현장관리자 중점확인 사항
1	[활동] 안전보건 활동을 이행하는 데 필요한 예산을 편성하고 그 편성된 용도에 맞게 집행되도록 해야 함 (산업재해) - 재해 예방을 위해 필요한 안전보건에 관한 인력, 시설 및 장비의 구비 (시민재해) - 법 제9조제1항제4호의 안전보건 관계 법령에 따른 인력, 시설 및 장비 등의 확보, 유지	◆ 수립된 안전보건 예산이 현장 내 안전 확보를 위해 적절한지 주기적 확인 ◆ 위험성 평가를 통해 확인된 신규 위험저감 대책 관련 예산 수립 현황 ◆ 노사 합의된 위험저감대책 관련 예산수립 현황 (산보위 등) ◆ 기타 현장 위험요소 개선을 위해 적절한 예산이 수립되었는지 여부
2	[활동] 안전보건 관련 예산이 독립적으로 운영되어 유해위험요인의 점검 및 위험징후 발생 시 즉시 조치가 가능토록 해야 함	◆ 안전보건예산의 긴급사용에 대한 기준 및 전결권 사전 수립 필요
3	[활동] 안전보건 관련 예산이 명확히 집행될 수 있도록 예산 계정이 명확히 구분되어야 함	-
4	[활동] 내/외부 점검 등을 통해 확인된 위험요소 저감 위한 예산 추가 편성 및 집행	◆ 추가 예산 편성 여부 및 내규상 추가 예산 편성이 가능하도록 규정되어야 함

5) 안전보건관리책임자 등의 업무수행 조치

(1) 안전보건관리책임자 등의 역할

개인사업주 또는 경영책임자 등은 안전보건관리책임자, 관리감독자 및 안전보건총괄책임자가 산업안전보건법에서 규정한 각각의 업무를 각 사업장에서 충실히 수행할수 있도록 안전보건관리책임자 등에게 해당 업무수행에 필요한 권한과 예산을 제공하고 안전보건관리책임자 등이 해당 업무를 충실하게 수행하는지를 평가하는 기준을마련하고, 그 기준에 따라 반기 1회 이상 평가·관리해야 한다.

이미 산업안전보건법에서 산업재해 예방을 위하여 안전보건관리책임자 등을 두도록하고 있으나, 개인사업주 또는 경영책임자 등은 안전보건관리책임자 등이 사업장의안전·보건에 관한 제반 업무를 충실히 수행하도록 권한과 예산을 부여하고, 실제로 안전보건관리책임자 등이 자신의 업무를 충실히 수행하였는지 여부에 대해 평가및 관리하도록 함으로써 사업장의 안전조치 및 보건조치의 실효성을 높이고자 한 것이다. 제3호(유해·위험요인의 확인 및 개선)에서 확인된 유해·위험요인을 적절하게 개선조치를 할 수 있는 인력과 조직, 예산을 확보할 수 있어야 하며, 편성된 예산을 적절하게 집행할 수 있는 권한을 명확히 부여해야 한다.

> 5. 「산업안전보건법」 제15조, 제16조 및 제62조에 따른 안전보건관리책임자, 관리감독자 및 안전보건총괄책임자(이하 이 조에서 "안전보건관리책임자 등"이라 한다)가
> 같은 조에서 규정한 각각의 업무를 각 사업장에서 충실히 수행할 수 있도록 다음
> 각 목의 조치를 할 것
>   가. 안전보건관리책임자 등에게 해당 업무 수행에 필요한 권한과 예산을 줄 것
>   나. 안전보건관리책임자 등이 해당 업무를 충실하게 수행하는지를 평가하는 기준
>   을 마련하고, 그 기준에 따라 반기 1회 이상 평가·관리할 것

① 안전보건관리책임자

(가) 선임요건

상시근로자 50명(또는 300명) 이상 사업 또는 사업장에는 안전보건관리책임자를 두어야 하며 건설업은 공사금액이 20억 원 이상이거나 기타 사업은 상시근로자 100인 이상인 경우로 한다. 개인사업주 또는 경영책임자 등은 안전보건관리책임자가 사업장에서 위 업무를 수행하고 안전관리자와 보건관리자를 지휘·감독하는 데 필요한 권한과 예산을 주어야 하며, 안전보건관리책임자를 선임했을 때에는 그 선임 사실 및 업무의 수행내용을 증명할 수 있는 서류를 갖추어 두어야 한다.

(나) 역할

사업주는 사업장을 실질적으로 총괄하여 관리하는 사람에게 해당 사업장의 다음의 업무를 총괄하여 관리하도록 하여야 한다.

① 사업장의 산업재해 예방계획의 수립에 관한 사항
② 안전보건관리규정의 작성 및 변경에 관한 사항
③ 안전보건교육에 관한 사항
④ 작업환경측정 등 작업환경의 점검 및 개선에 관한 사항
⑤ 근로자의 건강진단 등 건강관리에 관한 사항
⑥ 산업재해의 원인 조사 및 재발 방지대책 수립에 관한 사항
⑦ 산업재해에 관한 통계의 기록 및 유지에 관한 사항
⑧ 안전장치 및 보호구 구입 시 적격품 여부 확인에 관한 사항
⑨ 위험성평가의 실시에 관한 사항과 안전보건규칙에서 정하는 근로자의 위험 또는 건강장해의 방지에 관한 사항
⑩ 안전관리자와 보건관리자를 지휘·감독

'안전보건관리책임자'는 사업장을 실질적으로 총괄하여 관리하는 사람으로 통상적으로 사업장의 현장소장, 공장장 등을 말하며, 사업장을 실질적으로 총괄·관리하는 사람으로서 사업장의 산업재해 예방 계획의 수립 등 안전 및 보건에 관한 업무를 총괄·관리하며 안전관리자와 보건관리자를 지휘·감독한다. (산업안전보건법 제15조제1항 및 제2항)

안전보건관리책임자의 업무(산업안전보건법 제15조제1항)

1. 사업장의 산재예방계획 수립에 관한 사항
2. 안전보건관리규정(산안법 제25조, 제26조)의 작성 및 변경에 관한 사항
3. 근로자에 대한 안전보건교육(산안법 제29조)에 관한 사항
4. 작업환경의 점검 및 개선에 관한 사항
5. 근로자의 건강진단 등 건강관리에 관한 사항
6. 산업재해의 원인 조사 및 재발 방지대책 수립에 관한 사항
7. 산업재해에 관한 통계의 기록 및 유지관리에 관한 사항
8. 안전장치 및 보호구 구입 시 적격품 여부 확인에 관한 사항
9. 위험성평가의 실시에 관한 사항
10. 안전보건규칙에서 정하는 근로자의 위험 또는 건강장해의 방지에 관한 사항

② 안전보건총괄책임자

(가) 선임요건

안전보건총괄책임자를 지정해야 하는 사업의 종류 및 사업장의 상시근로자 수는 관계수급인에게 고용된 근로자를 포함한 상시근로자가 100명(선박 및 보트 건조업, 1차 금속 제조업 및 토사석 광업의 경우에는 50명) 이상인 사업이나 관계수급인의 공사금액을 포함한 해당 공사의 총 공사금액이 20억 원 이상인 건설업으로 한다. 안전보건총괄책임자를 선임했을 때에는 그 선임 사실 및 직무의 수행내용을 증명할 수 있는 서류를 갖추어 두어야 한다.

(나) 역할

안전보건총괄책임자는 도급인의 사업장에서 관계수급인 근로자가 작업을 하는 경우에 도급인의 근로자와 관계수급인 근로자의 산업재해를 예방하기 위한 업무를 총괄하여 관리하도록 지정된 그 사업장의 안전보건관리책임자를 말함에 따라, 도급인이 안전보건관리책임자를 두지 아니하여도 되는 사업장에서는 그 사업장에서 사업을 총괄하여 관리하는 사람을 안전보건총괄책임자로 지정하여야 한다. 즉, 안전보건관리책임자가 있는 사업장은 별도의 안전보건총괄책임자를 두지 않고 안전보건관리책임자가 안전보건총괄책임자의 역할도 수행할 수 있다. 안전보건총괄책임자

는 안전보건관리책임자로서의 업무 외에 『산업안전보건법』 제64조에 따른 도급 시 산업재해 예방조치, 산업안전보건관리비의 관계수급인 간의 사용에 관한 협의 · 조정 및 그 집행의 감독 등 산업안전보건법 시행령 제53조에 따른 업무를 수행한다.

이에 따라 사업주 또는 경영책임자 등은 안전보건총괄책임자가 사업장에 산업재해 발생에 급박한 위험이 있다고 판단되어 작업을 중지시키려고 하는 경우 안전보건총괄책임자의 판단을 존중하여야 한다.

- 위험성 평가의 실시에 관한 사항 및 작업의 중지
- 도급 시 산업재해 예방조치
- 산업안전보건관리비의 관계수급인 간의 사용에 관한 협의 · 조정 및 그 집행의 감독
- 안전인증 대상기계 등과 자율안전확인 대상기계 등의 사용여부 확인

③ 관리감독자

사업장의 생산과 관련되는 업무와 그 소속 직원을 직접 지휘 · 감독하는 직위에 있는 사람을 의미하며 사업장 내 부서 단위에서의 소속 직원을 직접 지휘 · 감독하는 부서의 장으로서 해당 작업과 관련된 기계기구 또는 설비의 안전 · 보건 점검, 자신에게 소속된 근로자의 작업복, 보호구 착용 등 점검, 작업 전 안전미팅 진행 등 작업과 관련하여 종사자와 가장 밀접하게 안전 · 보건에 관한 업무를 수행해야 한다. (산업안전보건법 제16조제1항, 시행령 제15조)

이에 따라 경영책임자 및 안전보건관리책임자는 사업장 내 관리감독자가 산업 안전 및 보건 등에 관한 자신의 업무를 명확히 인식하고 이를 제대로 수행할 수 있도록 해야 하며, 자신이 지휘 · 감독하는 작업과 관련한 기계 · 기구 또는 설비의 안전 · 보건 점검 및 이상 유무의 확인, 소속된 근로자의 작업복 · 보호구 및 방호장치의 점검과 그 착용 · 사용에 관한 교육 · 지도 등에 필요한 시간, 비용 지원 등 업무 수행을 위한 권한과 예산을 충분히 부여해 주어야 한다.

- 사업장 내 관리감독자가 지휘 · 감독하는 작업과 관련된 기계 · 기구 또는 설비의 안전 · 보건 점검 및 이상 유무의 확인
- 관리감독자에게 소속된 근로자의 작업복 · 보호구 및 방호장치의 점검과 그

착용 · 사용에 관한 교육 · 지도
- 해당 작업에서 발생한 산업재해에 관한 보고 및 이에 대한 응급조치
- 해당 작업의 작업장 정리 · 정돈 및 통로 확보에 대한 확인 · 감독
- 안전관리자, 보건관리자, 안전보건관리담당자, 산업보건의의 지도 · 조언에 대한 협조
- 위험성평가를 위한 유해 · 위험요인의 파악 및 개선조치 시행에 참여
- 그 밖에 해당 작업의 안전 및 보건에 관한 사항으로서 고용노동부령으로 정하는 사항

(2) 역량 및 적격성

사업주 또는 경영책임자 등은 안전보건에 영향을 미치는 안전보건관리책임자 등이 업무수행에 필요한 교육, 훈련 또는 경험 등을 통해 적합한 능력을 보유하도록 해야 하며 업무수행상의 자격이 필요한 경우 해당자격을 유지하도록 지원하여야 한다.

(3) 안전보건관리책임자 등에 대한 평가 기준

법에서 말하는 '해당업무를 충실하게 수행하는지를 평가하는 기준'은 안전보건관리책임자 등이 해당 법령에 의해 정해진 의무를 제대로 수행하고 있는지에 대해 평가 항목을 구성하는 것을 의미한다.
안전보건관리책임자는 해당 사업장을 실질적으로 총괄하여 관리하는 사람, 관리감독자는 사업장의 생산과 관련되는 업무와 그 소속 직원을 직접 지휘 · 감독하는 직위에 있는 사람이므로 각각 해당 업무 수행 능력과 성과 등을 평가하는 경우에 산업안전보건법」에 따른 업무 수행 및 그 충실도를 반영할 수 있는 평가 항목이 포함되어야 하며, 평가 기준은 가능한 한 구체적이고 세부적으로 마련함으로써 형식적인 평가가 아니라 실질적인 평가가 될 수 있어야 한다.

안전보건관리책임자 등에 대한 업무수행 성과평가는 안전보건관리체계의 효과를 정성적 또는 정량적으로 측정하는 것으로 다음의 사항이 정기적으로 실시될 수 있도록 기준을 마련하고 계획을 수립 후 실행하여야 한다.

- 안전보건 경영방침에 따른 목표가 계획대로 달성되고 있는가를 측정
- 안전보건 경영방침과 목표를 이루기 위한 안전보건 활동계획의 적정성과 이행 확인
- 안전보건경영에 필요한 절차서와 안전보건활동 일치성 여부의 확인
- 안전·보건 관계 법령의 준수여부 평가
- 사고, 아차사고, 업무상재해 발생 시 발생 원인과 안전보건활동 성과의 관계
- 위험성 평가에 따른 활동

안전보건관리책임자 등의 업무 수행 평가와 관리는 그 평가기준에 따라 반기 1회 이상 이루어져야 하며, 안전보건관리책임자의 다른 업무 수행능력 평가 시 병행하여 평가하여도 되며, 반드시 산업안전보건법에 따른 업무 수행과 관련한 평가만 별도로 해야 하는 것은 아니며 이러한 평가를 통해 안전보건관리책임자 등의 산업안전보건법에 따른 업무 수행과 관련한 평가 결과가 현저히 낮은 경우 다른 업무 수행 능력이 뛰어난 경우라도 평가 결과에 따른 상응한 조치가 수반되어야 한다는 점이 중요하다.

[표-25] 법상 요구사항과 안전보건경영시스템 연계

중대재해처벌법	산업안전보건법	ISO 45001
• 안전조직의 업무 권한, 예산, 성과평가 기준 및 평가관리	• 제15조 안전보건관리책임자 • 제16조 관리감독자 • 제62조 안전보건총괄책임자	• 5.3 조직의 역할, 책임 및 권한 • 7.1 자원 • 7.2 역량 및 적격성 • 7.3 인식 〈주요사항〉 ≫ 조직표, 업무분장 여부 ≫ 직무교육 여부 • 9.1 모니터링, 측정, 분석 및 성과 평가 • 9.2 내부심사 • 9.3 경영검토 〈주요사항〉 ≫ 반기 1회 이상 ≫ 목표 대비 계획 달성 여부 ≫ 준법 평가 여부 ≫ 계측기 검교정 여부

▷ 중대재해 예방 위한 업무활동 방안 수립 예시 및 본사/현장관리자 중점확인 사항

단계	활동 방안 수립 예시 및 해설	본사/현장관리자 중점확인 사항
1	[활동] 안전부서는 매년 평가 대상자를 선정하고, 평가 계획을 경영책임자에게 보고한다. [해설] 선임된 안전보건관리책임자, 관리감독자 현황을 검토하고 평가 대상자 명단을 작성한다.	◆ 평가대상자가 누락되지 않도록 평가 대상자 목록표를 만든 후 변경시 마다 업데이트 권장
2	[활동] 안전부서는 안전보건관리책임자에게 평가 기준과 대상자를 안내하고, 평가를 요청한다.	◆ 평가 관련 방법, 취지 등에 대한 사전 설명회(대면, 화상 등)를 운영하는 것이 바람직함

단계	활동 방안 수립 예시 및 해설	본사/현장관리자 중점확인 사항
	[해설] 평가실시, 피드백 및 결과 보고는 안전보건관리책임자가 주관한다.	
3	[활동] 안전보건관리책임자는 평가 대상자에게 평가 기준을 안내하여 업무 계획에 반영할 수 있도록 한다. [해설] 안전보건관리책임자 및 관리감독자는 평가 기준을 고려하여 개인 업무 계획에 반영한다.	–
4	[활동] 안전보건관리책임자는 평가 대상자가 해당 업무를 충실하게 수행하고 있는지 중간 평가를 실시한다. [해설] 평가 결과는 A, B, C로 반영하며, 평가는 대상자의 상위자가 실시한다. – 상위자: 안전보건관리책임자는 경영책임자, 부서장급 관리감독자는 안전보건관리책임자, 그 외 관리감독자(파트장, 현장직 등)은 팀장/파트장, 실/반장이 실시한다.	♦ 객관적 평가 기준에 대한 조직 내 합의가 선행되어야 함
5	[활동] 안전보건관리책임자는 업무 수행 평가 결과가 현저히 낮은 경우 필요한 조치를 해야 한다.	♦ 안전보건관리책임자 대상 안전보건 정기 보고체계 확립하고 완료, 미완료, 지연 등을 구분하며 완료된 사항이라도 개선이 적절한지 평가되도록 해야 함
6	[활동] 안전보건관리책임자는 산하 관리감독자의 중간평가 결과를 경영책임자에게 보고하고, 경영책임자는 평가 결과를 참고하여 안전보건관리책임자의 연간 목표 내 평가 결과에 반영한다. [해설] 안전보건관리책임자는 평가 결과를	–

단계	활동 방안 수립 예시 및 해설	본사/현장관리자 중점확인 사항
	종합하여 보고하며, 필요한 조치를 한 경우 해당 내용을 포함한다.	
7	[활동] 안전보건관리책임자는 평가 대상자가 해당 업무를 충실하게 수행하고 있는지 최종 평가를 실시한다. [해설] 평가 결과는 상, 중, 하로 반영하며, 평가는 대상자의 상위자가 실시한다. - 상위자: 안전보건관리책임자는 경영책임자, 부서장급 관리감독자는 안전보건관리책임자, 그 외 관리감독자(파트장, 현장직등)은 팀장/파트장, 현장 반장 등이 실시한다.	◆ 객관적 평가 기준에 대한 조직 내 합의가 선행되어야 함
8	[활동] 안전보건관리책임자는 업무 수행 평가 결과가 현저히 낮은 경우 필요한 조치를 해야 한다.	◆ 주기적 보고를 통해 업무 수행 평가 결과가 낮게 나오지 않도록 내부 관리 기준을 수립
9	[활동] 안전부서는 평가결과를 취합 정리하고 결과를 보관한다. [해설] 안전부서는 평가 결과가 외부에 유출되지 않도록 보안문서로 설정해야 한다.	-
10	[활동] 안전보건관리책임자는 산하 관리감독자의 최종 평가 결과를 경영책임자에게 보고하고, 경영책임자는 평가 결과를 참고하여 안전보건관리책임자의 연간 목표의 최종평가에 반영한다. [해설] 안전보건관리책임자는 산하 평가 결과를 검토하여 차기년도 업무 계획 수립 시 이를 고려한다.	◆ 평가 하위부서에 대한 별도 교육 및 관리계획이 함께 수립되어 개선토록 하는 것이 올바름

6) 안전보건 관련 업무 담당자 적정 배치

개인사업주나 경영책임자 등은 「산업안전보건법」 제17조, 제18조, 제19조, 제22조에 따라 두어야 하는 수 이상의 안전관리자, 보건관리자, 안전보건관리담당자 및 산업보건의를 배치하여야 하나 다른 법령에서 해당 인력의 배치에 대해 달리 정하고 있는 경우에는 그에 따르고, 배치해야 할 인력이 다른 업무를 겸직하는 경우에는 고용노동부장관이 정하여 고시하는 기준에 따라 안전 · 보건에 관한 업무 수행시간을 보장해야 한다.

안전보건관리책임자는 해당 사업장의 사업을 총괄하여 관리하는 사람으로 안전 또는 보건에 관한 전문가가 아니므로 산업재해 예방을 위해서는 안전 및 보건에 관한 기술적인 사항에 관하여 안전보건관리책임자를 보좌하고, 관리감독자에게 지도 · 조언하도록 하는 전문인력을 배치할 필요가 있으며, 안전관리자 등의 배치가 중요한 것이 아니라 해당 전문인력이 안전 및 보건에 관한 업무를 수행할 수 있도록 충분한 시간이 보장되도록 해야 한다.

> 6. 「산업안전보건법」 제17조부터 제19조까지 및 제22조에 따라 정해진 수 이상의 안전관리자, 보건관리자, 안전보건관리담당자 및 산업보건의를 배치할 것. 다만, 다른 법령에서 해당 인력의 배치에 대해 달리 정하고 있는 경우에는 그에 따르고, 배치해야 할 인력이 다른 업무를 겸직하는 경우에는 고용노동부장관이 정하여 고시하는 기준에 따라 안전 · 보건에 관한 업무 수행시간을 보장해야 한다.

(1) 안전관리자

안전에 관한 기술적인 사항에 관하여 사업주 또는 안전보건관리책임자를 보좌하고 관리감독자에게 지도 · 조언하는 업무를 수행하는 사람으로 50명 이상 사업장 또는 공사금액 80억 원 이상인 건설업 사업장부터 안전관리자를 두어야 하며 사업의 종류와 사업장의 상시근로자의 수에 따라 배치하는 안전관리자의 수가 달라질 수 있다. (산업안전보건법 제17조)

상시근로자 300인 미만인 사업장에서 겸직 가능하나 300인 이상 사업장 겸직 불가하며 사업주 등은 안전관리자 선임 시 14일 이내 고용노동부 장관에게 신고하여야 한다.

다음과 같은 안전에 관한 기술적인 사항에 관하여 사업주 또는 안전보건관리책임자를 보좌하고 관리감독자에게 지도·조언하는 업무를 수행토록 한다.

① 산업안전보건위원회 또는 노사협의체에서 심의·의결한 업무와 해당 사업장의 안전보건관리규정 및 취업규칙에서 정한 업무
② 위험성평가에 관한 보좌 및 지도·조언
③ 안전인증 대상기계 등과 자율안전확인 대상기계 등 구입 시 적격품의 선정에 관한 보좌 및 지도·조언
④ 해당 사업장 안전교육계획 수립 및 안전교육 실시에 관한 보좌 및 지도·조언
⑤ 사업장 순회점검, 지도 및 조치 건의
⑥ 산업재해 발생의 원인 조사·분석 및 재발 방지를 위한 기술적 보좌 및 지도·조언
⑦ 산업재해에 관한 통계의 유지·관리·분석을 위한 보좌 및 지도·조언
⑧ 법 또는 법에 따른 명령으로 정한 안전에 관한 사항의 이행에 관한 보좌 및 지도·조언
⑨ 업무수행 내용의 기록·유지
⑩ 그 밖에 안전에 관한 사항으로서 고용노동부 장관이 정하는 사항

(2) 보건관리자

보건에 관한 기술적인 사항에 관하여 사업주 또는 안전보건관리책임자를 보좌하고 관리감독자에게 지도·조언하는 업무를 수행하는 사람으로 50명 이상 사업장 또는 공사금액 800억 원 이상인 건설업 사업장부터 보건관리자를 두어야 하며 사업의 종류와 사업장의 상시근로자의 수에 따라 배치하는 보건관리자의 수가 달라질 수 있다. (산업안전보건법 제18조)
상시근로자 300인 미만인 사업장에서 겸직 가능하나 300인 이상 사업장은 겸직이

불가하며 사업주 등은 보건관리자 선임 시 14일 이내 고용노동부 장관에게 신고하여야 한다.

다음과 같은 보건에 관한 기술적인 사항에 관하여 사업주 또는 안전보건관리책임자를 보좌하고 관리감독자에게 지도·조언하는 업무를 수행한다.

① 산업안전보건위원회 또는 노사협의체에서 심의·의결한 업무와 안전보건관리규정 및 취업규칙에서 정한 업무
② 안전인증 대상기계 등과 자율안전확인 대상기계 등 중 보건과 관련된 보호구 구입 시 적격품 선정에 관한 보좌 및 지도·조언
③ 위험성평가에 관한 보좌 및 지도·조언
④ 물질안전보건자료의 게시 또는 비치에 관한 보좌 및 지도·조언
⑤ 보건관리자가 의사인 경우, 산업보건의 직무
⑥ 사업장 보건교육계획의 수립 및 보건교육 실시에 관한 보좌 및 지도·조언
⑦ 사업장의 근로자를 보호하기 위한 의료행위(보건관리자가 의사, 간호사 경우)
⑧ 작업장 내에서 사용되는 전체 환기장치 및 국소 배기장치 등에 관한 설비의 점검과 작업방법의 공학적 개선에 관한 보좌 및 지도·조언
⑨ 사업장 순회점검, 지도 및 조치 건의
⑩ 산업재해 발생의 원인 조사·분석 및 재발 방지를 위한 기술적 보좌 및 지도·조언
⑪ 산업재해에 관한 통계의 유지·관리·분석을 위한 보좌 및 지도·조언
⑫ 법 또는 법에 따른 명령으로 정한 보건에 관한 사항의 이행에 관한 보좌 및 지도·조언
⑬ 업무수행 내용의 기록·유지
⑭ 그 밖에 보건과 관련된 작업관리 및 작업환경관리에 관한 사항

(3) 안전보건관리담당자

안전보건관리담당자는 안전 및 보건에 관하여 사업주를 보좌하고 관리감독자에게 지도 조언하는 업무를 수행하는 사람으로서 제조업, 임업, 하수·폐수 및 분뇨 처리

업, 폐기물 수집, 운반, 처리 및 원료재생업 등에 해당하고 안전관리자와 보건관리자가 없으며, 상시근로자가 20명 이상 50명 미만인 사업장의 경우 안전보건관리담당자 1명 이상을 선임하고 아래의 업무를 수행토록 해야 한다. (산업안전보건법 제19조)

① 안전보건교육 실시에 관한 보좌 및 지도 · 조언
② 위험성평가에 관한 보좌 및 지도 · 조언
③ 작업환경측정 및 개선에 관한 보좌 및 지도 · 조언
④ 일반 · 특수 · 임시 건강진단에 관한 보좌 및 지도 · 조언
⑤ 산업재해 발생의 원인 조사, 산업재해 통계의 기록 및 유지를 위한 보좌 및 지도 · 조언
⑥ 산업 안전보건과 관련된 안전장치 및 보호구 구입 시 적격품 선정에 관한 보좌 및 지도 · 조언

(4) 산업보건의

근로자의 건강관리나 그 밖에 보건관리자의 업무를 지도하는 사람으로 상시근로자 수 50명 이상의, 보건관리자를 두어야 하는 사업장에 해당하는 경우 산업보건의를 두어야 하지만 의사를 보건관리자로 선임하였거나, 보건관리전문기관에 보건관리자의 업무를 위탁한 경우(건설업을 제외한 상시근로자 수 300명 미만인 사업장만 가능)는 산업보건의를 별도로 두지 않을 수 있다. 또한 산업보건의는 외부에서 위촉할 수 있으며, 이 경우 근로자 2천 명당 1명의 산업보건의를 위촉하여야 하며 산업보건의를 선임한 경우 사업주 등은 14일 이내 고용노동부장관에게 신고하여야 한다.

산업보건의는 사업장 내 아래 업무를 수행하도록 되어 있다.

① 건강진단결과 검토 및 결과에 따른 작업배치 · 전환, 근로시간단축 등 근로자 건강보호조치
② 근로자 건강장해 원인 조사와 재발방지를 위한 의학적 조치
③ 그 밖에 근로자의 건강 유지 및 증진을 위한 의학적 조치

(5) 안전관리자와 보건관리자의 업무

건설업을 제외한 상시근로자 수 300명 미만인 사업장의 경우 각각 안전관리전문기관 및 보건관리전문기관에 위탁이 가능하며 안전보건관리담당자를 두어야 하는 사업장의 경우에는 상시근로자 수에 관계없이 안전관리전문기관 또는 보건관리전문 기관에 업무를 위탁할 수 있다.

법상 정해진 인원 '이상'으로 배치하면 됨에 따라 산업안전보건법령 및 다른 법령에 따라 정해진 수까지 전문인력을 배치하면 중대재해처벌법령상 위반은 발생되지 않습니다. 다만 중대재해가 반복 발생하는 사업장 등의 경우 정부의 증원 명령에 따르거나 자발적으로 정해진 수를 초과하여 안전관리자를 추가 배치하고 있다는 점을 고려할 때, 개인사업주 또는 경영책임자 등은 사업 또는 사업장의 특성을 고려해 사업장별로 안전관리자 등을 추가로 배치할 필요가 있는지를 면밀히 살펴 추가 배치를 결정토록 해야 할 것이다.

추가적으로 기업규제완화법이 안전관리자 또는 보건관리자의 배치 의무를 면제하거나 일정한 요건을 갖춘 경우 채용한 것으로 간주하는 때에는 해당 전문인력을 배치하지 않은 경우에도 시행령 제4조제5호에 따른 전문인력 배치 의무를 이행한 것으로 볼 수 있다.

(6) 겸직 시 업무수행 시간 배려

상시근로자 300명 미만을 사용하는 사업장, 건설업의 공사금액 120억 원 미만인 사업장(토목공사업의 경우에는 150억 원 미만 사업장)의 경우(안전관리자에 한함)에는 안전관리자, 보건관리자 및 안전보건관리담당자는 다른 업무와의 겸직이 가능하나 업무를 겸직하는 경우에도 고용노동부의 별도 고시에 따라 일정 기준 이상의 시간을 안전 또는 보건업무를 수행할 수 있도록 보장하여야 함에 따라 다음과 같이 고용노동부장관이 정하는 기준에 따라 안전보건에 관한 업무수행 시간을 보장해야 한다.

① 최소 연간 585시간(재해위험이 높은 업종의 경우 702시간)
② 상시근로자 수 100~199명의 경우 100시간 추가
③ 상시근로자 수 200~299명의 경우 200시간 추가

▷ 중대재해 예방 위한 업무활동 방안 수립 예시 및 본사/현장관리자 중점확인 사항

단계	활동 방안 수립 예시 및 해설	본사/현장관리자 중점확인 사항
1	[활동] 경영책임자는 안전관리자, 보건관리자, 안전보건관리담당자 및 산업보건의를 관련 법에서 정하는 수 이상으로 배치하고 업무 수행시간을 보장해야 한다. [해설] 안전관리자 등의 배치가 중요한 것이 아니라 해당 전문인력이 안전 및 보건에 관한 업무를 수행할 수 있도록 충분한 시간이 보장되도록 해야 함	◆ 현장 내 안전업무 수행에 따른 근무 시간이 보장되도록 해야 함
2	[활동] 안전부서는 사업장 내 전문인력 확보 및 배치 현황을 주기적으로 관리하고, 안전보건관리책임자는 전문인력(안전관리자, 보건관리자 등) 확보 및 배치 현황을 반기 1회 이상 경영책임자에게 보고한다. [해설] 중대재해가 반복 발생하는 사업장 등의 경우 정부의 증원 명령에 따르거나 자발적으로 정해진 수를 초과하여 안전관리자를 추가 배치하고 있다는 점을 고려할 때 개인사업주 또는 경영책임자 등은 사업 또는 사업장의 특성을 고려해 사업장별로 안전관리자 등을 추가로 배치할 필요가 있는지를 면밀히 살펴 추가 배치를 결정해야 함	◆ 사업장 내 배치된 전문인력의 활동 현황을 확인하고 전문 인력이 현장 내 안전보건 확보위한 활동을 명확히 수행하도록 모니터링 및 관리계획이 수립되어야 함

[표-26] 법상 요구사항과 안전보건경영시스템 연계

중대재해처벌법	산업안전보건법	ISO 45001
• 안전관리자, 보건관리자, 산업보건의, 안전보건관리담당자의 선임 • 겸직 시 업무수행 시간 보장	• 제17조 안전관리자 • 제18조 보건관리자 • 제19조 안전보건관리담당자 • 제22조 산업보건의 〈주요사항〉 ≫ 위탁 시 월간상태보고서 결재 및 시정조치 여부 ≫ 선임자의 직접 업무수행 여부	• 5.3 조직의 역할, 책임 및 권한 • 7.1 자원 • 7.2 역량 및 적격성 • 7.3 인식 〈주요사항〉 ≫ 조직표, 업무분장 여부 ≫ 직무교육 여부

7) 종사자 의견 청취

사업 또는 사업장의 안전보건에 관한 사항에 대해 종사자의 의견을 듣는 절차를 마련하고, 그 절차에 따라 의견을 들어 재해 예방에 필요하다고 인정하는 경우에는 그에 대한 개선방안을 마련하여 이행하는지를 반기 1회 이상 점검한 후 필요한 조치를 하여야 한다. 다만, 산업안전보건위원회 및 안전 및 보건에 관한 협의체에서 사업 또는 사업장의 안전보건에 관하여 논의하거나 심의·의결한 경우에는 해당 종사자의 의견을 들은 것으로 간주될 수 있다.

> 7. 사업 또는 사업장의 안전·보건에 관한 사항에 대해 종사자의 의견을 듣는 절차를 마련하고, 그 절차에 따라 의견을 들어 재해 예방에 필요하다고 인정하는 경우에는 그에 대한 개선방안을 마련하여 이행하는지를 반기 1회 이상 점검한 후 필요한 조치를 할 것. 다만, 「산업안전보건법」 제24조에 따른 산업안전보건위원회 및 같은 법 제64조·제75조에 따른 안전 및 보건에 관한 협의체에서 사업 또는 사업장의 안전·보건에 관하여 논의하거나 심의·의결한 경우에는 해당 종사자의 의견을 들은 것으로 본다.

(1) 종사자의 참여 및 협의

산업재해 예방을 위해서는 해당 작업장소의 위험이나 개선사항을 가장 잘 알고 있는 현장 작업자인 종사자의 참여가 반드시 필요하다는 점을 고려하여 종사자의 의견을 듣고 반영하는 절차를 체계적으로 설정하기 위해 본 기준이 수립되었음에 따라 종사자라면 누구나 자유롭게 유해·위험요인 등을 포함하여 안전·보건에 관한 의견을 개진할 수 있도록 하되, 종사자의 의견을 듣는 절차는 사업 또는 사업장의 규모, 특성에 따라 달리 정할 수 있으며, 다양한 방법을 복합적으로 활용하는 것이 중요하다.

가장 대표적으로 산업안전보건법에 따라 운영 중인 산업안전보건위원회, 안전보건협의체, 노사협의회를 활용할 수 있으며 이를 위해 사업 또는 사업장은 산업안전보건위원회, 안전보건협의체, 노사협의회 등을 활용한 종사자의 참여 및 협의를 보장하여야 한다. "근로자 대표"는 근로자의 과반수로 조직된 노동조합이 있는 경우에는 그

노동조합이, 근로자의 과반수로 조직된 노동조합이 없는 경우에는 근로자의 과반수를 대표하는 자가 지명하도록 산업안전보건법령(법 제24조 및 시행령 제35조)에 규정되어 있으며 위원회나 노사협의회 설치의무가 없는 사업장은 다음과 같은 안전보건에 관한 사항에 대해 구성원의 의견을 들을 기회를 마련할 필요가 있다.

① 전년도 안전보건 경영성과
② 해당년도 안전보건목표 및 추진계획 이행현황
③ 위험성평가 결과 개선조치 사항
④ 정기적 성과평가 결과 및 시정조치 결과

조직의 규모, 근로자 여건 등의 이유로 문서화가 불필요한 정보를 제공하는 경우에는 조직 내 운영 형태에 맞추도록 하고 규모가 큰 조직에서는 위원회 등에서 소규모 조직에서는 간담회 등에서 의견을 나누는 등 다양한 정보제공 수단을 검토하고 마련해야 한다.

이를 위해 사내 온라인 시스템이나 건의함을 마련하여 활용할 수도 있고, 사업장 단위 혹은 팀 단위로 주기적인 회의나 간담회 등을 개최하여 의견을 개진하여 취합하는 등 다양한 방식의 운영 및 도입을 사업장 스스로 결정하고 행하여야 한다.
이렇게 청취된 종사자 의견이 재해 예방에 필요하다고 인정하는 경우에는 그에 대한 개선방안을 마련하여 이행하는지를 반기 1회 이상 점검토록 하는 방식 및 절차, 기준을 마련해 두어야 한다.

다만 재해예방을 위하여 필요하다고 인정되는지 여부에 대한 구체적인 판단 기준을 일률적으로 정할 수는 없으며, 해당 사업 또는 사업장의 특성, 규모 등을 종합적으로 고려하여 합리적이고 자율적으로 결정해야 할 사항입니다. 종사자 의견은 재해 예방을 위해 필요한 안전·보건 확보를 위한 것이므로 제시되는 의견이 안전·보건에 관한 사항이 아닌 경우에는 청취된 의견에 대한 개선방안이 마련되지 않아도 법 위반에 해당되지는 않을 수 있다.

▷ 안전보건에 관한 사항이 아닌 경우(예시)

- 기업의 경영상의 비밀을 해할 우려가 있는 의견
- 특정업체의 기계 · 기구, 장비 등의 구입. 비합리적으로 과도한 예산 요구
- 안전보건 목적이 아닌 근로조건의 변경을 목적으로 하는 경우 등

사업 또는 사업장에서는 종사자의 의견이 재해 예방을 위한 안전 · 보건 조치에 관한 반드시 필요한 내용이라는 점이 고도의 전문적인 지식이 없어도 알 수 있을 정도로 명백함에도 개선방안 마련 및 이행되지 않았고, 만약 필요한 조치를 실행하였더라면 중대산업재해를 막을 수 있었다고 인정되는 경우 그러한 조치를 하지 아니하여 중대산업재해가 발생한 것에 대한 책임은 개인사업주 또는 경영책임자 등에게 부여될 수 있다.

법상 부여되어 있는 종사자 의견청취 활동은 아래와 같다.

- 산업안전보건위원회 (산업안전보건법 제24조)
- 도급인의 안전 및 보건에 관한 협의체 (산업안전보건법 제64조)
- 건설공사의 안전 및 보건에 관한 협의체 (산업안전보건법 제75조)

사업 또는 사업장의 안전 · 보건에 관하여 법상 부여된 회의/협의체에서 안전보건 관련 사항을 논의하거나 심의 · 의결한 경우 해당 종사자의 의견을 들은 것으로 간주됨에 따라 종사자 의견을 청취하기 위해 이를 법적 기준에 맞게 운영토록 해야 한다.

▷ 산업안전보건위원회

산업안전보건위원회는 사업장의 자율적 재해예방활동을 위해 필요한 안전과 보건에 관한 중요사항을 사업주와 근로자들이 협의하고 결정하기 위한 상호 존중과 협력에 기반한 회의체여야 한다.

상시근로자 100명 이상을 사용하는 사업장의 사업주는 산업안전보건위원회를 의무

적으로 구성하나 1차 금속제조업 등 일부 업종은 상시근로자 50명 이상, 정보서비스업 등 일부 업종은 상시근로자 300명 이상인 경우 구성 대상이 되며, 사업주는 사업장에 근로자 위원과 사용자 위원을 같은 수로 하여 산업안전보건위원회를 구성하여 산업안전보건위원회 회의는 정기적(분기마다)으로 개최하여야 하며 산업안전보건위원회는 회의를 개최하고 그 결과를 회의록으로 작성하여 보관하여야 하고 사업주는 산업안전보건위원회에서 심의·의결한 사항을 성실하게 이행해야 한다.

산업안전보건위원회에서 다뤄지는 심의의결사항은 아래와 같으며 사업장 특성에 맞게 안전보건 관련 사항을 추가하여 운영해도 무관하다.

① 사업장의 산업재해예방계획의 수립에 관한 사항
② 안전보건관리규정의 작성 및 변경에 관한 사항
③ 근로자에 대한 안전보건교육에 관한 사항
④ 작업환경측정 등 작업환경의 점검 및 개선에 관한 사항
⑤ 근로자의 건강진단 등 건강관리에 관한 사항
⑥ 중대재해의 원인 조사 및 재발 방지대책 수립에 관한 사항
⑦ 산업재해에 관한 통계의 기록 및 유지에 관한 사항
⑧ 유해하거나 위험한 기계·기구·설비를 도입한 경우 안전 및 보건 관련 조치에 관한 사항
⑨ 그 밖에 해당 사업장 근로자의 안전과 보건을 유지·증진시키기 위하여 필요한 사항

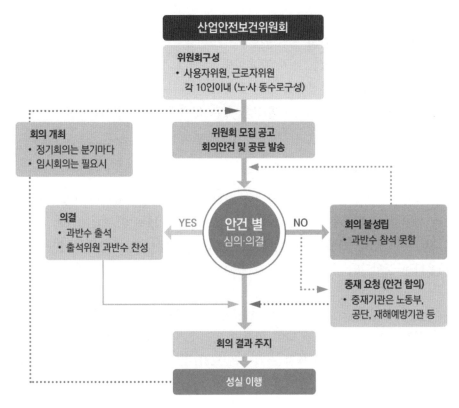

[그림-54] 산업안전보건위원회 구성 및 세부운영 흐름도

▷ 도급 안전보건협의체

도급인이 자신의 사업장에서 관계수급인 근무자가 작업을 하는 경우에 도급인과 수급인을 구성원으로 하는 안전 및 보건에 관한 협의체를 구성하고 운영하여야 하며 업종과 사업장 규모에 관계없이 도급인이 자신의 사업장에서 관계수급인 근로자가 작업을 하는 모든 경우에 적용된다.

도급협의체는 도급인 및 그의 수급인 전원으로 구성하며 매월 1회 이상 정기적으로 회의를 개최하여야 하며 협의사항은 다음과 같다.

① 작업의 시작 시간
② 작업 또는 작업장 간의 연락방법
③ 재해 발생 위험이 있는 경우 대피방법
④ 작업장에서의 위험성평가의 실시에 관한 사항
⑤ 사업주와 수급인 또는 수급인 상호 간의 연락방법 및 작업공정의 조정

▷ 노사협의체

노사협의체는 근로자와 사용자가 참여와 협력을 통하여 근로자의 복지증진과 기업의 건전한 발전을 도모하기 위하여 구성하는 협의기구를 말하며 근로조건에 대한 결정권이 있는 사업이나 사업장으로 단위로 설치하여야 하며 상시 30명 미만의 근로자를 사용하는 사업 또는 사업장은 적용 제외될 수 있다.

정기회의는 2개월마다 노사협의체의 위원장이 소집하며, 임시회의는 위원장이 필요하다고 인정할 때에 소집토록 되어 있으며 안전보건 문제를 포함한 근로자의 복지증진 및 기업의 경영관련 사항까지 포괄하는 노사 간 협의 및 의결기구이며, 의결사항은 다음과 같다.

① 근로자의 교육훈련 및 능력개발 기본계획의 수립
② 복지시설의 설치와 관리
③ 사내근로복지기금의 설치
④ 고충처리위원회에서 의결되지 아니한 사항
⑤ 각종 노사공동위원회의 설치

상기 의결 사항 외 노사협의 필요사항은 다음과 같다.

① 생산성 향상과 성과 배분
② 근로자의 채용·배치 및 교육훈련
③ 근로자의 고충처리
④ 안전, 보건, 그 밖의 작업환경 개선과 근로자의 건강증진

⑤ 인사 · 노무관리의 제도 개선

⑥ 경영상 또는 기술상의 사정으로 인한 인력의 배치전환 · 재훈련 · 해고 등 고용조정의 일반원칙

⑦ 작업과 휴게시간의 운용

⑧ 임금의 지불방법 · 체계 · 구조 등의 제도 개선

⑨ 신기계 · 기술의 도입 또는 작업공정의 개선

⑩ 작업 수칙의 제정 또는 개정

⑪ 종업원지주제(從業員持株制)와 그 밖에 근로자의 재산형성에 관한 지원

⑫ 직무 발명 등과 관련하여 해당 근로자에 대한 보상에 관한 사항

⑬ 근로자의 복지증진

⑭ 사업장 내 근로자 감시 설비의 설치

⑮ 여성근로자의 모성보호 및 일과 가정생활의 양립을 지원하기 위한 사항

⑯ 「남녀고용평등과 일 · 가정 양립 지원에 관한 법률」 제2조제2호에 따른 직장 내 성희롱 및 고객 등에 의한 성희롱 예방에 관한 사항

⑰ 그 밖의 노사협조에 관한 사항

▷ 중대재해 예방 위한 업무활동 방안 수립 예시 및 본사/현장관리자 중점확인 사항

(1) 도급사 협의회

단계	활동 방안 수립 예시 및 해설	본사/현장관리자 중점확인 사항
1	[활동] 협의회 주관부서는 협의회 논의 안건에 대하여 협력회사 의견을 사전에 수립하고, 논의 안건을 포함하여 회의 일정 및 장소를 참석자에게 공유한다.	◆ 적극적 의견 청취 방안 수립 및 실행 계획 수립
2	[활동] 협의회 주관부서와 협력회사는 산정된 안건에 대하여 도급사 협의회를 실시한다. (1회/월)	-
3	[활동] 협의회 주관부서는 협의회 결과를 회의록 형태로 작성하여 보고 후 협의체	◆ 협의회 논의 결과에 대한 적정성을 명확히 판단하고 추가 보완/개

단계	활동 방안 수립 예시 및 해설	본사/현장관리자 중점확인 사항
	참석자에게 공유한다. [해설] 회의 결과 중 f/up이 필요한 항목은 부적합으로 등록 관리한다. 회의록 작성 시 f/up이 필요한 항목뿐 아니라 불필요 항목에 대해서도 판단 근거를 기입하여 작성한다.	선이 필요할 경우 차기 협의회 시 재논의해야 함 (안전보건 항목에 한함)
4	[활동] f/up 항목별 담당자는 f/up을 실시하며, 협의회 주관부서에서는 다음 회의 전 f/up 결과를 확인하여 다음 회의에서 그 결과를 공유한다. [해설] f/up 결과는 사업장 내 안전보건 담당자가 관리한다.	◆ 개선 완료된 사항을 협의회 참석 인원 모두가 수용하고 이해할 수 있도록 해야 함 (관리적 대책 방안의 경우 협의회 구성원이 운영 현황을 지속 모니터링하고 추가 보완 필요시 이를 재개선토록 안내되어야 함)
5	[활동] 안전보건관리책임자는 도급사 협의회 실시 결과를 경영책임자에게 보고한다. (1회/반기) [해설] 경영책임자는 도급사 협의회 실시 결과 개선이 이행되지 않은 사실이 확인된 경우에는 인력을 배치하거나 예산을 추가 배치하는 등 필요한 조치를 하여야 한다.	-

(2) 산업안전보건위원회

단계	활동 방안 수립 예시 및 해설	본사/현장관리자 중점확인 사항
1	[활동] 안전부서는 회사 및 근로자 대표기구와 상정 안건, 회의 일정, 장소를 상호 협의하고 각 위원에게 공유한다.	◆ 현장 내 안전보건 의견에 대한 산보위 실무 논의를 명확히 한 후 본회의가 운영되도록 해야 함
2	[활동] 본회의는 회사 및 근로자 대표기구	◆ 산보위는 노사가 안전보건 관련

단계	활동 방안 수립 예시 및 해설	본사/현장관리자 중점확인 사항
	측 위원이 참석하며, 수집된 사업장 내 의견 및 회의 상정 안건을 심의 의결한다. (1회/분기) [해설] 사전 협의 가능한 안건을 처리하기 위해 본회의 전 실무위원회를 실시할 수 있다.	사항을 논의하는 주요 회의체임에 따라 노사 조직 간 이익의 우선보다는 사업장 내 안전보건을 향상할 수 있는 방안을 함께 고민해야 하며, 노측/사측 일방이 아닌 양방의 소통이 중요함
3	[활동] 안전부서는 본 회의 결과를 회의록 형태로 작성하여 보고 후 참석인원 및 사업장 내 공유/게시한다. [해설] 회의 결과는 내부 보고 후 f/up 이 필요한 항목은 관리 항목으로 등록한다. 회의록 작성 시 f/up이 필요한 항목뿐 아니라, f/up이 불필요 항목에 대해서도 판단 근거를 기입하여 작성토록 한다.	◆ F/up이 필요한 사항이 누락되거나 명확히 개선되지 않는 문제를 방지하기 위해 F/up 대상 항목을 지속 관리해야 하며, F/up이 불필요하다고 판단된 사항에 대해 현장과의 재논의를 통해 완료 처리해야 함 (법적 사항)
4	[지침] f/up 항목별 담당자는 f/up을 실시하며, 안전부서는 다음 회의 전 f/up 결과를 확인하여 다음 회의에서 결과를 공유한다. [해설] f/up 결과는 매월 정기적으로 관리한다.	◆ F/up 항목별 개선 완료 적정성을 판단하고 보완 필요시 재개선 요청해야 함
5	[지침] 안전보건관리책임자는 산업안전보건위원회 실시 결과를 경영책임자에게 보고한다. (1회/반기) [해설] 경영책임자는 산업안전보건위원회 실시 결과 개선이 이행되지 않은 사실이 확인된 경우에는 인력을 배치하거나 예산을 추가 배치하는 등 필요한 조치를 하여야 한다.	◆ 산업안전보건위원회 의결사항의 이행은 법적 사항임에 따라 반드시 기한 내 이행될 수 있도록 해야 하며, 이행이 어렵거나 일정이 지연될 경우 노사 합의를 통해 일정 및 내용의 변경이 가능함

(3) 의사소통 및 정보제공

사업 또는 사업장은 안전보건관리체계와 관련된 내·외부 의사소통을 위해 의사소통의 내용, 대상, 시기, 방법을 포함하는 절차를 수립 및 실행하여야 하며 필요시 종사자에게 안전보건관련 정보를 제공하여야 한다.
이를 위해 성별, 언어, 문화, 장애와 같은 다양한 측면을 고려하여야 하며 안전보건문제와 활동에 대한 종사자의 참여(견해, 개선 아이디어, 관심사항) 내용을 검토하고 반드시 회신하여야 법적 기준을 충족할 수 있다.

[표-27] 법상 요구사항과 안전보건경영시스템 연계

중대재해처벌법	산업안전보건법	ISO 45001
• 종사자 의견 듣는 절차 마련, 개선방안 마련, 반기 이행여부 점검 및 조치	• 제24조 산업안전보건위원회 • 제64조 안전보건협의체 • 제75조 노사협의체 〈주요사항〉 ≫ 회의록에 안전보건 주요 내용 기록 여부	• 5.4 근로자 참여 및 협의 • 7.4 의사소통 및 정보제공 〈주요사항〉 ≫ 산업안전보건위원회 주요 논의사항 : 위험성 평가결과 및 개선 조치, 적격 수급업체 선정 및 지원, 작업환경 측정결과 및 개선조치, 근로자 건강진단결과 및 사후관리, 사고조사결과 및 개선조치, 안전진단 및 개선조치, 유해위험방지 계획서/공정안전보고서 내용 등 ≫ 안전보건협의체 회의록에 안전보건 주요내용 기록여부 ≫ 외국인 근로자 대상 적합한 안전 교육, 이해할 수 있는 경고표지 부착 여부

8) 비상대응 매뉴얼(중대산업재해 발생 및 급박한 위험 대비)

개인사업주 또는 경영책임자 등은 중대산업재해가 발생하거나 발생할 급박한 위험이 있을 경우를 대비하여 ① 작업중지, 근로자 대피, 위험요인 제거 등 대응조치, ② 중대산업재해를 입은 사람에 대한 구호조치, ③ 추가 피해방지를 위한 조치에 관한 매뉴얼을 마련하고 그에 따라 현장에서 잘 조치되고 있는지를 반기 1회 이상 점검토록 하고 있다.

---

8. 사업 또는 사업장에 중대산업재해가 발생하거나 발생할 급박한 위험이 있을 경우를 대비하여 다음 각 목의 조치에 관한 매뉴얼을 마련하고, 해당 매뉴얼에 따라 조치하는지를 반기 1회 이상 점검할 것
    가. 작업중지, 근로자 대피, 위험요인 제거 등 대응조치
    나. 중대산업재해를 입은 사람에 대한 구호조치
    다. 추가 피해방지를 위한 조치

이를 위해 사업주 및 경영책임자 등은 우선적으로 위험성평가 결과 중대산업재해가 발생할 가능성이 있는 경우를 선정하여 비상사태별 시나리오와 대책을 포함한 비상조치계획을 작성하고 사고 발생 시 피해를 최소화하는 사전 준비와 훈련을 계획하여야 한다. 이를 토대로 비상사태 시나리오별 정기적인 교육·훈련을 실시하고 비상사태 대응훈련 후에는 훈련 결과를 평가하여야 하며 필요시 비상대응 관련 절차 등을 개정 및 보완하여야 한다.

사업주 및 경영책임자 등은 비상시 대비 및 대응 내용에 다음 사항을 포함시켜야 한다.

- 비상조치를 위한 인력, 장비 보유현황
- 사고 발생 시 각 부서·관련기관과의 비상연락체계
- 사고 발생 시 비상조치를 위한 사업 또는 사업장의 임무 및 수행절차
- 비상조치 계획에 따른 교육·훈련계획
- 비상시 대피절차(피해영향범위 고려)와 재해자에 대한 구조, 응급조치 절차
- 비상대응 시나리오에 따른 피해 확산 범위

이렇게 수립된 비상조치 계획은 인근 주민에 홍보되어야 하며 환경에 대한 영향과 대응방안도 함께 수립되어야 한다. 또한 관련 교육 · 훈련 시에도 안전보건상의 영향을 받는 모든 종사자를 참여시켜야 하며 필요시 이해관계자도 참여시켜야 한다.

(1) 작업 중지, 근로자 대피, 위험요인 제거 등 대응조치

중대산업재해가 발생하였거나 급박한 위험이 있는 경우 즉각적으로 작업중지와 근로자 대피가 이루어질 수 있도록 매뉴얼에는 사업주의 작업중지 외에 근로자 등 종사자의 작업중지, 관리감독자의 작업중지도 포함되도록 해야 한다. 해당 매뉴얼에는 작업중지, 근로자 대피, 위험요인의 제거순으로 행동할 수 있도록 마련되어야 하며, 위험요인의 제거 후 추가적인 피해를 초래하지 않는 경우에만 작업이 진행되도록 절차를 마련하여야 한다.

특히 사업주 및 경영책임자 등은 중대산업재해가 발생한 경우 즉시 해당 작업을 중지시키고 근로자를 작업장소에서 대피시켜야 하며, 지체 없이 발생개요, 피해상황, 조치 및 전망 등을 지방고용노동관서에 보고토록 산업안전보건법 제54조에 규정되어 있으니 이를 반드시 준수하여야 한다.

산업안전보건법 제64조제1항제5호에 따라 도급인은 작업 장소에서 발파작업을 하는 경우. 작업 장소에서 화재 · 폭발, 토사 · 구축물 등의 붕괴 또는 지진 등이 발생한 경우에 대비한 경보체계 운영과 대피방법 등에 관한 훈련을 하여야 하며 중대산업재해가 발생할 급박한 위험이 있는 경우를 대비 한 것으로 매뉴얼에 해당 내용이 포함되어야 한다.

산업안전보건법 제52조제1항에 따라 근로자가 사업장 내 작업 장소에서 산업재해가 발생할 급박한 위험이 있다고 판단한 경우 작업중지권의 행사를 보장하도록 하는 내용이 포함되어야 하고 근로자로부터 산업재해가 발생할 급박한 위험이 있어 작업을 중지한 사실을 보고받은 관리감독자, 안전관리책임자 등은 해당 장소에 산업재해가 발생할 급박한 위험이 있는지 여부 등을 확인하고 필요한 경우 안전 및 보건에 관한 조치를 한 후 작업을 개시하도록 하여야 하며, 종사자가 안전 · 보건에 관한 사항에

대해 의견을 제시하였다는 이유로 종사자 또는 종사자가 소속된 수급인 등에게 불이익한 조치를 해서는 안 되고 오히려 적극적으로 의견을 개진하도록 촉진하는 내용이 절차상에 포함되는 것이 바람직하다.

(2) 중대산업재해를 입은 사람에 대한 구호조치

신속한 구조조치를 위해 119 등 긴급상황 시의 연락체계와 함께 사업 또는 사업장 특성에 따라 필요한 기본적인 응급조치 방안을 포함해야 하나 건축물의 붕괴 등으로 인해 추가 피해가 예상되는 경우에는 직접적인 구호조치 이행의 예외로 규정할 수 있다. 또한 추가 피해의 방지를 위해 현장 출입통제, 해당 사업장 외 유사작업이 이루어지는 사업장 등 전체사업 또는 사업장에 해당 사항 공유, 원인분석 및 재발방지 대책 마련 등을 포함할 수 있으며 작업중지 조치는 추가 피해방지를 위한 조치가 완료되기 전까지 유지토록 해야 한다.

[표-28] 비상대응 매뉴얼 구성(예)

구분	행동 및 조치절차	업무수행
중대 산업 재해 발생	• 발생 즉시 해당 작업을 중지하여 추가 피해를 방지한다. • 최초 발견자는 휴대폰, 무전기, 유선 이용해서 발생장소 및 환자상태를 소속 관리감독자(부서장)에게 신속히 연락한다. (비상연락망 공유 및 숙지 후 신속 연락) • 인명피해, 화재 등 경우 119 등에 즉시 신고한다.	최초 발견자
응급 조치	• 지혈장비를 이용하여 부상부위를 심장보다 높게 유지하는 등 환자의 상태에 따라서 적절하게 조치를 취한다.	작업관리자 (작업자)
사고 현장 처리	• 사고 현장은 조사가 이루어지기까지 그대로 보존한다. • 2차 재해 등의 우려가 있을 경우 작업자 대피 등 위험원을 보호 조치하고, 관계자 외에는 출입을 통제한다.	관리감독자
이송	• 재해자는 즉시 이송한다. • 구급차가 필요한 경우 119등에 요청하여 환자를 이송한다.	관리감독자
사후 관리	• 보고대상인 경우 관계기관 사고 발생 보고(고용노동부 등) • 사고대책반, 재해원인 조사 및 재발방지 대책 수립	관리감독자

• 사고원인 및 보완사항 안전교육 • 개인별 임무숙지, 응급처치의 적절성 보완 등	

[표-29] 중대산업재해 발생 시 업무절차

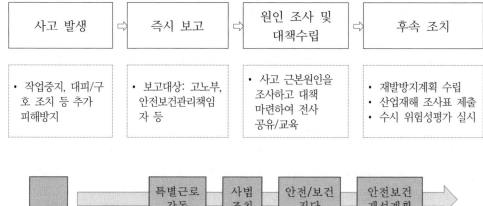

사고 발생	즉시 보고	원인 조사 및 대책수립	후속 조치
• 작업중지, 대피/구호 조치 등 추가 피해방지	• 보고대상: 고노부, 안전보건관리책임자 등	• 사고 근본원인을 조사하고 대책 마련하여 전사 공유/교육	• 재발방지계획 수립 • 산업재해 조사표 제출 • 수시 위험성평가 실시

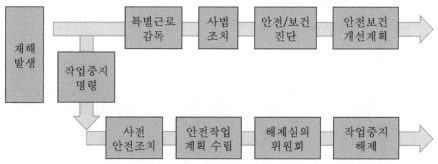

[그림-55] 중대산업재해 발생 시 후속 조치 프로세스 (요약)

[표-30] 법상 요구사항과 안전보건경영시스템 연계

중대재해처벌법	산업안전보건법	ISO 45001
• 중대산업재해 발생하거나 급박한 위험 대비 매뉴얼 마련, 반기 점검	• 제52조 근로자의 작업중지 • 제54조 중대재해 발생 시 사업주 조치 〈주요사항〉 ≫ 절차서 마련 여부 ≫ 준수평가 실시 여부	• 8.2 비상시 대비 및 대응 〈주요사항〉 ≫ 사고원인 조사 및 대책 이행, 전파교육, 공유 여부 ≫ 사고 시나리오 마련, 훈련 및 인근주민 공유 ≫ 밀폐공간 질식예방 훈련 여부 ≫ 심폐소생 훈련 여부 ≫ 비상장비, 설비, 도구 리스트 ≫ 비상조직 및 연락 ≫ 1차 집결지, 2차 집결지 ≫ 정량적 위험성 평가(CA)에 따른 보호구/방재함 배치, 비상대피로 마련 ≫ 비상발전기 부하도, 정기 무부하 운전, 기록

▷ 중대재해 예방 위한 업무활동 방안 수립 예시 및 본사/현장관리자 중점확인 사항

(1) 비상사태 대비

단계	활동 방안 수립 예시 및 해설	본사/현장관리자 중점확인 사항
1	[활동] 각 부서장은 안전보건 및 환경관련 발생 가능성이 있는 잠재적인 비상사태를 파악하고 식별한다. 식별된 잠재적인 비상사태는 그 중요도에 따라 관리 대상을 결정한다.	◆ 현장 내 발생될 수 있는 비상사태 유형의 파악이 누락되지 않도록 주기적 관리체계 확립
2	[활동] 현장 부서장은 식별 및 결정된 비	◆ 수립된 비상대응 계획의 적절성을

단계	활동 방안 수립 예시 및 해설	본사/현장관리자 중점확인 사항
		현장(or 외부 전문가)과 논의
	상사태 발생 시 체계적인 대응으로 피해를 최소화하기 위한 비상사태대비 및 대응계획(이하 '비상계획')을 수립해야 한다. - 안전부서는 사업장 비상계획을 수립하여야 한다. ※ 부서장은 해당 비상계획을 매년 1회 이상 정기적으로 검토하고, 최신본으로 유지 관리해야 한다. [해설] 비상사태 및 대비 및 대응 관련 사항은 사업장 안전부서에서 주관하여 등록 관리해야 한다.	
3	[활동] 안전보건관리책임자 및 안전부서는 각 부서별 수립된 비상계획의 적합성을 검토하고, 필요시 개선요청해야 한다. [해설] -적합성 검토 항목: 비상사태 및 대비 및 대응 절차 및 종류 적절성 -적합성 검토 방법: 대응 훈련, 내부심사 등을 통해 검토 수행	◆ 수립된 비상계획을 현장 내 근무자가 제대로 인지할 수 있도록 지속적 교육 및 안내 방안 수립 필요 (대응시나리오 및 개인별 임무 등)
4	[활동] 현장 부서장은 비상계획 사항을 정기 안전보건 교육 계획에 반영하고, 수립된 계획에 따라 해당 부서원이 숙지할 수 있도록 교육을 실시한다. [해설] 교육 계획/결과 등록: 수립된 교육	◆ 효과적 교육/훈련 방안의 수립

단계	활동 방안 수립 예시 및 해설	본사/현장관리자 중점확인 사항
	계획 및 결과는 사업장 내 교육 담당자가 등록 관리한다.	
5	[활동] 현장 부서장은 승인된 비상계획에 필요한 방재 장비 및 보호구 등을 파악하고 필요 수량이 확보될 수 있도록 조치해야 한다. (정기적으로 점검 기준을 수립하고 점검을 통해 상시 사용 가능한 상태를 유지해야 한다.) - 부서장은 비상대응 인원의 필요한 경력 및 자격을 검토하여 업무를 부여해야 한다. [해설] 부서원 및 관련 이해관계자와 환경안전 관련 의사소통 적극 실시	◆ 장비 및 보호구 수량 및 유지관리가 적절해야 함
6	[활동] 현장 부서장은 모든 부서원이 비상 훈련에 참여할 수 있도록 계획을 수립하고, 수립된 계획에 따라 모든 부서원이 참여할 수 있도록 비상 훈련을 실시한다. (반기 1회 이상) - 안전부서는 사업장 종합 비상 훈련 계획을 수립하고, 수립된 계획에 따라 사업장 모든 인원이 참여 할 수 있도록 비상 훈련을 실시한다. (연 1회 이상) [해설] 비상대응 훈련 계획은 각 부서 업무 일정 등을 고려하여 자체적으로 수립한다.	◆ 훈련 시 "개인 부여 임무"별 수행 여부를 명확히 인지하고 실행하는지 중점 평가 필요함 (훈련별 평가자 선정 – 평가표 활용)
7	[활동] 현장 부서장은 비상대응 훈련 결과	◆ 훈련 평가 결과 및 개선 필요사항

단계	활동 방안 수립 예시 및 해설	본사/현장관리자 중점확인 사항
	를 평가하고, 개선이 필요한 사항은 비상 계획에 반영한다. [해설] 훈련 실시/평가 결과는 부서 자체적으로 등록 관리한다.	의 적절성을 확인하고 차기 훈련 전까지 조치 완료될 수 있도록 관리 필요
8	[활동] 안전보건관리책임자는 비상사태 대비 및 대응 계획의 준수 현황을 주기적으로 점검하고, 그 점검 결과를 경영책임자에게 보고한다. (반기 1회 이상) [해설] 경영책임자는 점검 결과에 따라 개선이 이행되지 않은 사실이 확인된 경우에는 인력을 배치하거나 예산을 추가 배치하는 등 필요한 조치를 하여야 한다.	-

(2) 비상사태 대응

단계	활동 방안 수립 예시 및 해설	본사/현장관리자 중점확인 사항
1	[활동] • 급박한 위험 발생 시 비상사태를 인지한 임직원은 해당 부서 및 안전 부서에 즉시 신고하고, 세부사항은 사내 수립된 비상사태 대비 및 대응 절차에 따른다. • 급박한 위험 발생 우려 시 - 공장 내 전 임직원(협력회사 포함)은 중대산업재해 발생 또는 발생할 우려가 있는 급박한 위험이 있는 경우 작업을	◆ 비상사태 공유 체계의 적절성을 주기적으로 평가 (정기 훈련평가 또는 불시 현장 훈련평가 등) ◆ 사내 작업/공정 별 작업중지 요건에 대한 사전 정의 및 교육/안내 필요

단계	활동 방안 수립 예시 및 해설	본사/현장관리자 중점확인 사항
	중단하고, 해당 부서장에게 작업중지를 요청할 수 있다. - 작업중지를 요청받은 부서장은 해당 장소에 산업재해가 발생할 급박한 위험이 있는지 여부를 확인하고 필요한 개선 조치를 수행해야 한다. - 작업중지를 요청받은 부서장 및 안전부서는 조치 결과를 확인하여 작업을 개시하도록 해야 한다. - 현장 부서장은 관련된 모든 인원이 인지할 수 있도록 작업중지 절차에 대해 알려야 한다. [해설] • 급박한 위험 발생 시 - 사고 발생 시 사내 신고 절차에 따른다. (중대재해 발생 인지 즉시 사내 신고)	
2	[활동] • 비상사태 발생 신고를 접수한 부서장 (또는 당직자)은 비상 방송 또는 경보를 발령하고 안전부서는 사업장 내 비상대응 조직을 소집한다. • 최초 사고 발견자 또는 사고 발생 부서장은 사고 확대를 방지하기 위한 우선 조치 후 사고 현황을 파악하고 상해자 발생 시에는 적절한 응급 및 후송 조치를 실시한다. • 사고 발생 부서장은 공장 내 비상대응 조직이 도착 시 방재 활동에 필요한 정보를 제공한다. • 안전부서는 공장 비상대응 조직을 지	♦ 비상방송 문구 사전 선정 및 경보 체계에 대한 근무자 대상 사전 안내 필요

단계	활동 방안 수립 예시 및 해설	본사/현장관리자 중점확인 사항
	휘하며 비상사태 확대방지를 위한 방재 활동을 실시한다. (외부신고 포함) [해설] 사고 발생 부서장은 상해자가 발생한 경우 즉시 관련 병원에서 치료 받을 수 있도록 조치해야 한다.	
3	[활동] • 안전부서는 1등급 사고인 경우 안전보건관리책임자에게 즉시 보고한다. - 1, 2등급 비상사태의 경우 경영책임자에게 즉시 보고한다. [해설] • 1등급 - 피해/사고 규모나 오염 정도가 심각하여 외부 전문 기관에게 협조 요청을 해야 할 정도의 환경 사고, 화재 및 폭발 • 2등급 - 자체 방재요원의 투입으로 진압 가능한 오염 사고 및 화재 및 안전사고 • 3등급 - 자체 처리가 가능한 경미한 오염 및 안전사고	◆ 보고체계 및 비상 연락처 사전 관리 필요 (주기적 업데이트 포함)
4	[활동] • 비상대응 조직은 사업장 내 비상사태 대비 및 대응관리 절차에 따라 구성 및 운영한다. • 비상대책위원회 운영 기준 - 전사 비상대책 위원회: 1, 2 등급 비상사태 발생 시 - 부서 자체 대응조직 구성: 3등급 비상	◆ 해당조치 요령에 대한 주기적 점검 (타사 벤치마킹 포함)

단계	활동 방안 수립 예시 및 해설	본사/현장관리자 중점확인 사항
	사태 발생 시 [해설] • 전사 비상대책 위원회 - 위원장: 경영책임자 - 참석 위원: 안전보건관리책임자, 각 부서장, 안전부서 등 • 부서 자체 대응 조직 - 위원장: 공장장/부서장 - 참석 위원: 파트장, 반장, 안전환경부서원	
5	[활동] • 해당 부서장 및 안전부서는 비상사태로 인한 임직원과 대민 피해를 최소화하기 위한 조치를 수행하여야 한다. • 비상대책위원장은 비상사태의 방재 활동이 종료된 경우 비상대응 조직 운영을 종료한다. [해설] • 피해 최소화 조치 시 참고 사항 - 사고 피해 범위를 예측하고 위험지역 내 인력들이 신속히 대피할 수 있도록 비상경보의 발령 - 대피소 및 사업장 내 인력 현황의 신속한 파악 및 통제 - 관련 기관 및 이해관계자에 대한 상황 전파 - 주변 사업장 및 인근 주민 정보 제공	-
6	[활동] • 해당 부서장 및 안전부서는 비상사태	-

단계	활동 방안 수립 예시 및 해설	본사/현장관리자 중점확인 사항
	종료 후 관련 절차에 따라 사고조사를 실시하고, 그 결과를 참고하여 재발방지대책을 수립하고 이행 • 해당 부서장 및 안전부서는 비상사태 종료 후 비상사태 대비 및 대응 활동에 대하여 전반적으로 평가하고, 필요한 경우 비상계획을 보완 • 사고조사 및 비상대응 평가 결과는 업무자율권에 따라 보고한다. [해설] • 사고 조사 결과는 안전보건관리책임자 및 경영책임자에게 보고한다. • 비상 계획 개정 시 부서원 교육을 실시한다.	
7	[활동] 안전보건관리책임자는 발생된 피해 정도에 따라 복구계획을 수립하여 복구활동을 실시한다. [해설] 안전부서는 필요시 비상사태 발생 및 조치 결과에 대해 이해관계자, 유관기관과 의사소통 실시	-

9) 도급 시 안전보건 조치

제3자에게 업무의 도급, 용역, 위탁 등을 하는 경우에는 종사자의 안전보건을 확보하기 위해 "ⓐ 도급·용역·위탁 등을 받는 자의 산업재해 예방을 위한 조치 능력과 기술에 관한 평가기준·절차 ⓑ 도급·용역·위탁 등을 받는 자의 안전보건을 위한 관리비용에 관한 기준 ⓒ 건설업 및 조선업의 경우 도급·용역·위탁 등을 받는 자의 안전보건을 위한 공사기간 또는 건조기간에 관한 기준"의 기준과 절차를 마련하고, 그 기준과 절차에 따라 도급·용역·위탁 등이 이루어지는지를 반기 1회 이상 점검토록 해야 한다.

> 9. 제3자에게 업무의 도급, 용역, 위탁 등을 하는 경우에는 종사자의 안전·보건을 확보하기 위해 다음 각 목의 기준과 절차를 마련하고, 그 기준과 절차에 따라 도급, 용역, 위탁 등이 이루어지는지를 반기 1회 이상 점검할 것
> 가. 도급, 용역, 위탁 등을 받는 자의 산업재해 예방을 위한 조치 능력과 기술에 관한 평가기준·절차
> 나. 도급, 용역, 위탁 등을 받는 자의 안전·보건을 위한 관리비용에 관한 기준
> 다. 건설업 및 조선업의 경우 도급, 용역, 위탁 등을 받는 자의 안전·보건을 위한 공사기간 또는 건조기간에 관한 기준

사업 또는 사업장의 종사자에는 자신의 근로자뿐만 아니라 사업 또는 사업장의 각 단계별 모든 수급인의 종사자를 포함하고 있으므로 도급인 자신의 안전보건관리체계 구축 등 안전 및 보건 확보를 위한 노력도 중요하지만, 특히 위험 작업이 많은 수급인의 경우에는 안전조치 및 보건조치 등에 관한 수급인 자체의 능력과 노력 없이는 산업재해 예방은 쉽지 않음에 따라 이를 고려하여, 수급인 선정 시 기술, 가격 등에 관한 사항뿐만 아니라 안전·보건에 관한 역량이 우수한 업체가 선정될 수 있도록 법으로 규정하고 있다.

(1) 조달 및 임대

사업주 및 경영책임자 등은 다음 사항이 포함된 조달 또는 임대절차를 수립하고 이

행하여야 한다.

① 안전보건과 관련된 조달 또는 임대물품에 대한 안전보건상 요구사항
② 조달 및 임대 물품에 대한 입고 전 안전성 확인
③ 공급자와 계약자 간의 사용설명서 등의 안전보건 정보 공유 사항

(2) 적격 수급업체 선정 및 지원

도급사업 운영 시 최초 단계에서부터 안전보건에 관한 사항을 검토하고 사업수행 시 수급업체 재해예방을 위한 안전보건관리 실행과 평가 및 환류를 통해 지속적으로 발전하는 체계를 운영할 필요가 있다. 이를 위해 아래 절차에 대한 확립 및 운영이 필요하다.

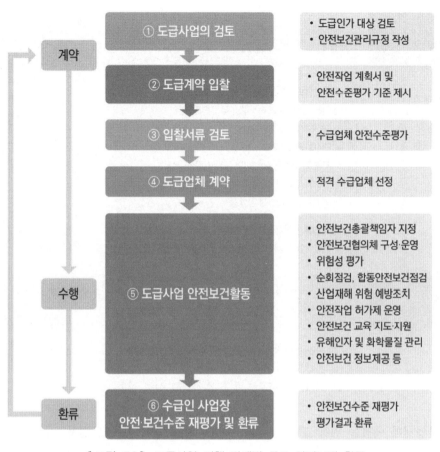

[그림-56] 도급사업 진행 단계별 주요 안전보건 활동

입찰단계	「도급사업의 안전보건관리 계획서」 및 「수급업체 선정 가이드라인」 내용을 입찰 설명 시 명확하게 제시

- **도급사업의 안전보건관리 계획서 주요제시 사항**
  - » 안전보건관리 인력의 구성 및 운영 방안
  - » 안전보건관리 활동계획
  - » 안전보건교육 계획
  - » 사용 기계·기구 및 설비의 종류 및 관리 계획
  - » 작업관련 실적, 작업자 이력·자격·경력현황
  - » 최근 산업재해발생 현황 등
- **수급업체 안전수준평가 기준제시**
  - » 도급작업 시 사망사고 예방에 주안점을 둔 항목으로 구성

계약단계	「수급업체 선정 가이드라인」에 따른 수급업체 안전관리수준 평가를 통하여 적격 수급업체 선정

- **도급인의 조치 사항과 수급인의 준수 사항을 명확히 함**

[그림-57] 적격 수급업체 선정 절차

▷ 산업재해 예방을 위한 조치 능력과 기술에 관한 평가기준 및 절차

도급 · 용역 · 위탁업체 선정 시 안전 · 보건 확보 수준을 평가하여, 적정한 수준에 미달하는 경우에는 계약하지 않도록 하고, 이를 위해 수급인의 안전 · 보건에 관한 조치 능력과 기술에 관한 평가기준 · 절차를 마련해야 한다. (산안법 제61조)
이를 위해 해당 사업 또는 사업장의 현실을 고려하여 안전 · 보건 확보에 관한 요소와 기준을 낙찰 결정 과정에 충분히 반영될 수 있도록 하여야 하며 이때 안전역량 판단을 위한 세부기준이 단지 형식적인 것에 그치지 않도록 해야 한다. 이에 따라 평가기준 내 수급인의 안전 · 보건 확보를 위한 안전보건관리체계 구축 여부, 안전보건관리규정, 작업절차 준수, 안전보건교육 실시, 위험성 평가 참여 등 산업안전보건법에 명시된 기본적인 사항의 준수 여부, 중대산업재해 발생 여부 등과 함께 도급

받은 업무와 관련된 안전조치 및 보건조치를 위한 능력과 기술 역량에 관한 항목도 포함되어야 하며 평가기준과 절차는 사업장의 특성, 규모, 개별 업무의 내용과 속성, 장소 등 구체적인 사정 등을 종합적으로 고려하여 자유롭게 마련하되, 안전 · 보건 역량이 우수한 수급인이 선정될 수 있도록 하여야 한다.

▷ 안전 · 보건을 위한 관리비용에 관한 기준

도급, 용역, 위탁 등을 하는 자가 해당 사업의 특성, 규모 등을 고려하여 수급인의 종사자를 포함한 전체 종사자의 안전 · 보건 확보를 위해 필요한 안전 · 보건 관리 비용에 관한 기준을 마련하여야 한다. 이는 경영책임자 등이 업무를 도급, 용역, 위탁할 시 업무수행 기간을 지나치게 단축토록 요구하거나 안전보건관리비용을 절감하는 등의 문제로 산업재해가 빈발하는 점에 주목한다면, 개별적이고 구체적 사정을 고려한 상태에서 사업 내외부 전문가와 실무자들의 자문과 협의 등 다양한 검증 절차를 거쳐서 해당 도급 등을 준 작업의 수행과정에서 안전과 보건을 확보하는 데 충분한 기간과 비용을 책정하도록 해야 하며 수급인이 사용하는 시설, 설비, 장비 등에 대한 안전조치, 보건 조치에 필요한 비용, 종사자의 개인 보호구 등 안전 및 보건 확보를 위한 금액으로 정하되, 총 금액이 아닌 가급적 항목별로 구체적인 기준을 제시하여야 한다.

▷ 안전 · 보건을 위한 공사기간 또는 건조기간에 관한 기준

안전 · 보건에 관한 별도의 독립적인 기간을 의미하는 것이 아니라 수급인 종사자의 산업재해 예방을 위해 안전하게 작업할 수 있는 충분한 작업기간을 고려한 계약기간을 의미하며 특히 건설업, 조선업의 경우에는 비용절감 등을 목적으로 안전 · 보건에 관한 사항은 고려하지 않은 채 공사기간, 건조기간을 정하여서는 안 되며 기상상황, 중대재해가 발생할 급박한 위험 상황 등 돌발 사태 등을 충분히 고려하여 기간에 관한 기준을 마련하여야 한다. 이를 위해 적정 기간 대비 과도하게 짧은 기간을 제시한 업체는 선정하지 않도록 하는 항목도 기준에 포함하여야 한다.

▷ 적격 수급업체 모니터링

개인사업주나 경영책임자 등은 안전·보건 확보를 위해 마련한 기준과 절차에 따라 도급, 용역, 위탁 등의 업체가 선정되는지 여부를 반기 1회 이상 점검하여야 하며 마련된 기준과 절차에 따르면 안전 및 보건 확보가 이행되기 어려울 것으로 보이는 업체와는 계약하지 않아야 하며 해당 기준을 충족하는 수급인에게 도급, 용역, 위탁 을 함은 물론, 해당하는 관리비용을 집행하고 공사기간, 건조기간을 준수할 수 있도 록 실제 계약에 반영하였는지를 점검항목에 포함하여야 한다. 모니터링 시 아래 사 항의 실행, 운영 현황을 점검해야 한다.

(가) 안전보건방침 명확화
　① 최고경영자의 철학, 의지 등을 반영한 안전보건방침 수립, 게시
　② 각 수급인 사업장을 포함한 구성원 모두가 인식하도록 지속적으로 주지시키
　　 고 회사에 적합한지를 정기적으로 검토

(나) 안전보건 목표 및 활동계획 수립
　① 위험의 특성, 규모, 전년도 수준 등을 고려하여 안전보건 목표 설정
　　 - 목표는 구체적이고 달성 가능한 것으로 설정하여 전 구성원에게 공표
　　 - 사업장 전체 목표, 부서별 세부 목표, 이를 추진하는 책임자 지정
　② 안전보건 목표 달성을 위한 안전보건활동계획 수립
　　 - 해당업무(작업), 단위별(팀별, 부·과별)로 수립
　　 - 수단, 방법, 일정, 예산, 인원 등이 포함된 세부계획을 수립

(다) 안전보건활동을 위한 구성원의 직무·책임·권한 설정
　① 도급사업의 구성원(수급인 사업장 포함)에 대한 안전보건에 관한 직무 및
　　 업무분장 (역할·책임·권한 등) 명확화
　② 유해위험작업에 관련된 구성원은 업무수행에 필요한 자격과 능력을 가진
　　 자로 함

(라) 안전보건활동 모니터링

① 안전보건 목표의 달성여부 및 활동계획의 이행여부를 주기적으로 측정

② 안전보건관련 법규, 절차서 등의 준수여부를 주기적으로 확인

③ 모니터링 시 부적합 사항에 대한 원인파악과 시정조치 절차 시행

(마) 체계적인 안전보건 교육 및 훈련

① 조직의 계층, 위험요인, 업무 또는 작업특성을 고려한 교육훈련계획 수립

② 모든 근로자에게 위험성평가 사항을 포함한 안전보건 제반 정보 전달

③ 안전보건에 영향을 미치는 자는 교육, 훈련, 경험 등을 통해 업무수행에 필요한 적격한 능력을 보유・유지

④ 시나리오를 작성하여 비상시 대응절차 교육 실시, 습득을 위해 주기적 훈련 실시

(바) 안전작업허가제 운영

① 안전작업허가 대상인 유해위험 작업과 허가절차를 수립하여 운영

  - 유해위험 작업 개시 전에 안전보건조치 이행이 포함된 작업허가를 받도록 관리

② 안전작업허가 작성자, 검토자, 확인자 등 역할과 책임 부여

  - 작업 전 현장 부서는 위험요인과 안전보건조치 이행 사항을 확인

(사) 도급작업장의 안전보건 활동

① 도급작업 전 위험성평가

  - 모든 근로자(협력업체, 공사업체, 방문객 포함)에게 안전보건상 영향을 주는 다음 사항을 고려하여 위험성평가 실시

    • 작업장에 제공되는 유해위험시설 및 유해위험물질

    • 일상작업 및 수리, 정비 등 비일상작업, 비상조치작업

    • 교대작업, 야간작업, 장시간근로 등에 대한 건강증진 방안

    • 일시 고용, 외국인, 고령자 등 취약계층 근로자의 안전보건

  - 작업의 위험성을 사전에 인지하도록 위험성평가 결과를 수급인에게 제공

    • 수급업체에서 도급인으로 제공받은 위험성평가 결과를 반영하여

수시 위험성평가를 자체적으로 실시할 수 있도록 지원

② 도급작업 전에 안전보건 정보를 수급인에게 제공
- 유해위험물질의 명칭과 유해성, 위험성, 안전보건상의 주의사항 및 유출 등 사고 발생 시 필요한 조치의 내용
- 위험작업의 시기 협의 조정
- 안전보건에 관한 제반 준수사항 및 안전작업을 위한 필요한 절차 협의

③ 원청 보유 위험기계기구 및 설비의 안전성능 확보
- 위험기계·기구 및 설비에 대한 점검, 정비 등의 관리방법과 책임과 권한 및 업무절차 수립 운영
- 법정검사 수검 및 방호조치 구비
- 위험기계·기구 및 설비에 대한 위험요인 및 방호조치 내역 제공

④ 작업 시작 전 안전점검 및 조치
- 도급작업 공정별로 작업 전·중·후 안전점검 실시
  • 화재·폭발·질식·붕괴 등 대형사고 예방 필수항목이 누락되지 않도록 점검
  • 안전점검으로 지적된 유해·위험요인에 대한 조치 이행
  • 안전조치 완료 전 작업중지 등의 관리방안 구비

⑤ 안전점검에 따른 개선조치 이행 확인
- 작업재개 전 유해·위험요인에 대한 안전조치 이행여부 확인
  • 안전조치 이행자와 완료 확인자를 별도 조직(부서)으로 구성하고 완료확인결과에 따른 작업개시 승인자는 경영자 또는 경영대리인의 책임자급으로 하여 책임과 권한을 명확히 함
- 개선사항에 대한 위험성평가 실시와 그 결과를 관련 작업자에게 주지

⑥ 신호체계 및 연락체계
- 중량물 취급작업, 밀폐공간 작업, 화재폭발 위험작업, 정전 및 활선작업

등 신호체계가 필요한 유해위험작업의 종류와 신호방법 결정
- 수리, 정비 작업 시 LOTO 절차 (Lock out, Tag out) 운영
- 도급인과 수급인 또는 수급업체 상호간 이해관계자가 안전보건활동에 필요한 정보를 제공할 수 있도록 다양한 연락체계 구비
  • 유무선 연락망, FAX, 온라인시스템 등의 소통채널 운영
- 사고 발생 위험이 높은 작업이 혼재될 경우 안전회의를 수시 개최, 작업공정 간 위험에 대한 소통 및 위험작업의 시기 조정

⑦ 비상시 대피 및 피해 최소화 대책 운영
- 도급작업에서 발생될 가능성이 있는 화재폭발, 질식 등의 안전사고 또는 천재지변 등의 피해유형별 비상대응계획 수립
  • 조직 구성원의 책임과 권한, 대응절차, 예방조치 및 사후조치 포함
- 비상대응절차(시나리오)별로 필요한 주기에 따라 훈련실시
  • 훈련종료 후 성과평가 및 피해 최소화를 위한 대응절차 재검토
  • 유관기관(고용노동부, 소방서 등)과 전문의료기관의 연락체계 포함

⑧ 원하청 작업자 현황관리 및 출입통제
- 도급작업장의 원하청 작업자에 대한 출입관리 절차서 구비
- 도급작업장의 출입허가 및 출입통제 장소 구획
- 안전통로 등 이동경로 준수여부, 필요한 보호구 착용여부 확인
- 외부인 출입 시 위험요인 및 준수사항 안내, 출입허가 필요한 작업구역 설정 및 대여 보호구 구비

상기 사항에 대한 이행현황을 명확히 점검하고 협력회사 자체 운영 위해 도급계약 시 아래 사항을 반영하는 것이 올바르다.

① 안전보건교육: 교육장소, 교육자료 제공
② 위험성평가: 사전 위험성평가 실시
③ 안전보건협의체 구성·운영: 매월 안전보건협의체 회의 개최
④ 안전보건점검: 2개월(또는 분기)마다 합동 안전보건점검 실시, 2일(또는 매주)마다

순회점검 실시

⑤ 안전보건정보 제공: 위험성평가 결과, MSDS, 작업환경측정 결과, 작업표준, 작업안전수칙, 개인보호구 착용, 안전보건관리규정, 비상 시나리오, 비상 대피로 및 연락망, 안전작업허가서, 안전보건협의체 회의결과 등

⑥ 공사기간 등 준수: 위험한 공법 사용, 공법 변경, 공사기간 단축은 안됨

⑦ 작업환경: 위생/휴게시설, 세면 · 목욕시설, 탈의시설, 세탁시설 등 제공

⑧ 안전보건조치 이행

⑨ 산업재해 현황 제출

[표-31] 법상 요구사항과 안전보건경영시스템 연계

중대재해처벌법	산업안전보건법	ISO 45001
• 도급 · 용역 · 위탁 시 종사자의 안전관리 기준 절차 마련 및 반기 점검	• 제61조 적격 수급인 선정 • 제62조 안전보건총괄책임자 • 제63조 도급인의 안전조치 및 보건 조치 • 제64조 도급에 따른 산재예방 조치 • 제65조 도급인의 안전 및 보건에 관한 정보제공 등 • 제66조 도급인의 관계 수급인에 대한 시정조치 • 제67조 건설공사 발주자의 산업재해 예방 조치 • 제68조 안전보건조정자 • 제69조 공사기간 단축 및 공법변경 금지 • 제70조 건설공사 기간의 연장 • 제71조 설계변경의 요청 • 제72조 건설공사 등의 산업안전보건관리비 계상 등 • 제73조 건설공사의 산업 재해 예방 지도 • 제74조 건설재해예방전문 지도기관 • 제75조 안전 및 보건에 관한 협의체 등의 구성 · 운영에 관한 특례 • 제76조 기계 · 기구 등에 대한 건설공사 도급인의 안전조치 〈주요사항〉 ≫ 안전작업허가서 절차서 마련 및 발행 여부 ≫ 화기감시자 배치 여부	

▷ 중대재해 예방 위한 업무활동 방안 수립 예시 및 본사/현장관리자 중점확인 사항

① 공사 도급 협력회사 평가 (신규 평가)

단계	활동 방안 수립 예시 및 해설	본사/현장관리자 중점확인 사항
1	[활동] 구매 관련 부서는 신규 협력회사 등록이 필요한 경우 등록 전 안전부서에 신규 평가를 요청한다.	◆ 업체 대상 안전보건 평가체계에 대한 유관부서 안내 및 평가 기준의 적절성 확보 (주관 : 안전)
2	[활동] 안전부서는 인전 관련 평가를 실시한다.	◆ 안전관련 평가자는 경험이 풍부 (or 조직 내 평가자격 보유 등)한 인원의 2인 이상 배정을 권장함
3	[활동] 안전부서는 평가 결과를 구매 관련 부서에 통보한다. [해설] 평가 결과는 결재 등을 통해 기록으로 남긴다.	◆ 구매 관련 부서는 사내 '외주 계약 등'을 관리하는 부서를 의미함
4	[지침] 구매 관련 부서는 평가 결과를 확인하여 협력회사 등록 여부를 결정한다. [해설] 점수제를 도입하여 일정 점수 이상인 경우에만 신규 협력회사로 등록이 가능 (권장)	◆ 안전보건 기준 미달 업체에 대한 과락제도에 대해 유관부서 및 협력회사 대상 사전 안내 ◆ 평가가 객관적으로 이뤄지도록 평가 체계에 대한 주기적 업데이트 및 업데이트 내용에 대한 유관부서, 협력회사 사전 안내 (평가체계 업데이트 전 유관부서 의견 청취)

② 공사 도급 협력회사 평가 (정기 평가)

단계	활동 방안 수립 예시 및 해설	본사/현장관리자 중점확인 사항
1	[활동] 구매부서는 기 등록 협력회사를 차기년도에도 유지하고자 할 경우 사업장 안전부서에 협력회사 정기평가를 요청한다. (1회/년)	◆ 평가가 누락되지 않도록 안전부서에서는 주기적으로 안내해야 함 (매년 실시되는 내부심사 활용)
2	[활동] 안전부서는 협력회사 대상 안전 관	◆ 안전관련 평가자는 경험이 풍부

단계	활동 방안 수립 예시 및 해설	본사/현장관리자 중점확인 사항
	련 평가를 실시한다.	(or 조직 내 평가자격 보유 등)한 인원의 2인 이상 배정을 권장함
3	[활동] 안전부서는 평가 결과를 구매 관련 부서에 통보한다. [해설] 안전부서는 과락 기준에 해당 되는 지 여부를 확인하고, 과락 결과를 포함하여 구매부서에 통보한다.	◆ 구매 관련 부서는 사내 '외주 계약 등'을 관리하는 부서를 의미함
4	[활동] 구매 관련 부서에서는 평가 결과를 확인하여 과락 여부를 결정한다.	◆ 평가결과는 협력회사 평가 관련 부서에 공유되어야 함
5	[활동] 안전보건관리책임자는 도급 협력회사 평가 결과를 경영책임자에게 보고한다. (1회/년)	◆ 보고 결과는 서면으로 기록을 보관해야 함

③ 생산 도급/기타도급 협력회사 평가 (신규평가)

단계	활동 방안 수립 예시 및 해설	본사/현장관리자 중점확인 사항
1	[활동] 협력회사 계약관리 부서는 협력회사 변경이 필요한 경우 변경 전 안전부서에 신규 평가를 요청한다.	◆ 업체 대상 안전보건 평가체계에 대한 적절성 확보 (주관: 안전)
2	[활동] 안전부서는 협력회사 안전관련 평가를 실시한다.	◆ 안전관련 평가자는 경험이 풍부 (or 조직 내 평가자격 보유 등)한 인원의 2인 이상 배정을 권장함
3	[활동] 안전부서는 평가 결과를 계약 관리 부서에 통보한다. [해설] 평가결과는 결재 등을 통해 기록 관리한다.	-
4	[활동] 계약관리부서에서는 평가 결과를 확인하여 협력회사 등록 여부를 결정한다.	◆ 평가가 객관적으로 이뤄지도록 평가 체계에 대한 주기적 업데이트

단계	활동 방안 수립 예시 및 해설	본사/현장관리자 중점확인 사항
	[해설] 최종 평가결과에 따른 등록 여부 결정 기준은 계약 관리부서 내부 기준에 따른다.	및 업데이트 내용에 대한 유관부서, 협력회사 사전 안내 (평가체계 업데이트 전 유관부서 의견 청취)

④ 생산 도급/기타도급 협력회사 평가 (정기평가)

단계	활동 방안 수립 예시 및 해설	본사/현장관리자 중점확인 사항
1	[활동] 계약관리 부서는 안전부서에 협력회사 정기평가를 요청한다. (1회/년)	◆ 평가가 누락되지 않도록 안전부서에서는 주기적으로 안내해야 함 (매년 실시되는 내부심사 활용)
2	[활동] 안전부서는 협력회사 안전 관련 평가를 실시한다.	◆ 안전관련 평가자는 경험이 풍부 (or 조직 내 평가자격 보유 등)한 인원의 2인 이상 배정을 권장함
3	[활동] 안전부서는 평가 결과를 계약관리 부서에 통보한다.	–
4	[활동] 계약 관리부서에는 부문별 평가 결과를 확인하여 평가 결과를 확정한다. [해설] 최종 평가결과에 따른 평가 결과 확정은 계약 관리부서 내부 기준에 따른다.	◆ 최종 평가결과는 협력회사 평가 관련 부서에 공유되어야 함
5	[활동] 안전보건관리책임자는 도급 협력회사 평가 결과를 경영책임자에게 보고한다. (1회/년)	◆ 보고 결과는 서면으로 기록을 보관해야 함

⑤ 산업안전보건비 계상 및 집행 모니터링

단계	활동 방안 수립 예시 및 해설	본사/현장관리자 중점확인 사항
1	[활동] 구매 관련 부서에서는 도급계약 체결 시 도급금액에 안전보건관리비를 계상하여 반영한다. [해설] 계상 대상 및 기준은 구매부서 관련 기준을 따른다. - 필수 계상 대상: 총 공사금액 2천만 원 이상인 공사 (VAT 포함)	◆ 안전보건관리비 관련 내부 유관부서, 협력회사 교육/안내제도 확립
2	[활동] 협력사에서는 안전관리비 계상 금액을 확인하여 비용 집행 후 안전보건관리비 사용내역서를 작성하여 발주사에 제출한다.	◆ 확립된 교육/안내제도의 명확한 전달을 통해 관련 사용내역에 관한 누락, 오류 등이 발생되지 않도록 해야 함
3	[활동] 생산(생산도급), 공무(공사도급) 에서는 협력사 안전보건관리비 사용내역 의 적합성을 확인하고, 특이사항 발생 시 협력사에 보완 요청토록 한다.	◆ 안전관리비 적정 사용 평가체계 확립(비용 처리 전 확인되도록)
4	[활동] 안전보건관리책임자는 산업안전 보건비의 적정 집행 결과를 모니터링 하고, 그 결과를 경영책임자에게 보고한다. (1회/년)	◆ 적정 집행되지 않은 업체에 대한 별도의 관리기준 수립 필요

2. 재해 발생 시 재발방지대책 수립 및 이행

중대재해처벌법 제4조제1항제2호에 재해 발생 시 재발방지대책의 수립 및 그 이행에 관한 조치를 하도록 규정하고 있음에 따라 개인사업주 또는 경영책임자 등은 재해 발생 시 사업 또는 사업장의 특성 및 규모 등을 고려하여 재발방지 대책을 사전에 수립하고 실제 발생 시 이를 이행토록 해야 한다.

개인사업주 또는 경영책임자 등은 사업 또는 사업장에 재해가 발생하면 그 원인을 조사함을 물론 그 결과를 분석하고 보고 받아야 하며, 향후 재발방지를 위한 현장 실무자와 안전·보건에 관한 전문가 등의 의견을 듣는 등의 절차를 거쳐 재해원인의 근본적 해소를 위한 체계적 대응조치를 마련하여 실행하여야 한다.

(1) '재해'의 해석

법에서 말하는 재해는 반드시 중대산업재해만을 의미하는 것은 아니고 경미하더라도 반복되는 산업재해도 포함하는 개념입니다. 이는 사소한 사고도 반복되면 큰 사고로 이어질 위험이 있으므로 경미한 산업재해라 하더라도 그 원인 분석 및 재발방지 조치를 통해 중대산업재해를 초기에 예방할 필요가 있다는 취지에서 발현되었다.

(2) 재발방지 대책의 수립 및 그 이행에 관한 조치

개인사업주 또는 경영책임자 등은 재해가 발생한 경우 이를 보고받을 수 있는 절차를 마련하고 재해 발생 사실을 보고받은 경우에는 재해의 재발방지 대책을 수립하도록 지시하거나 이를 제도화하여야 하며 재해 발생 시 재발방지 대책 수립은 이미 발생한 재해에 관한 사후 조치를 전제로 하는 것으로서 발생한 재해에 대한 조사와 결과 분석, 현장 담당자 및 전문가의 의견 수렴 등을 통해 유해·위험요인과 발생 원인을 파악하고, 동일·유사한 재해가 발생하지 않도록 파악된 유해·위험요인별 제거·대체 및 통제 방안을 검토하여 종합적인 개선 대책을 수립하는 일련의 조치를 의미한다.

재발방지 대책의 수립 및 그 이행은 재해의 규모·위험도, 사업 또는 사업장의 특성 및 규모 등을 고려하여 이루어져야 함에 따라 시행령 제4조제3호의 유해 · 위험요인의 확인 · 개선 절차 등에 반영 될 수 있도록 구성되어야 한다.

[표-32] 재발방지대책 수립 절차

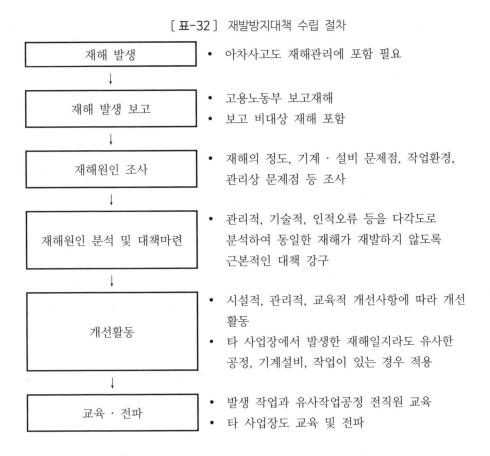

재해 발생
- 아차사고도 재해관리에 포함 필요

↓

재해 발생 보고
- 고용노동부 보고재해
- 보고 비대상 재해 포함

↓

재해원인 조사
- 재해의 정도, 기계 · 설비 문제점, 작업환경, 관리상 문제점 등 조사

↓

재해원인 분석 및 대책마련
- 관리적, 기술적, 인적오류 등을 다각도로 분석하여 동일한 재해가 재발하지 않도록 근본적인 대책 강구

↓

개선활동
- 시설적, 관리적, 교육적 개선사항에 따라 개선 활동
- 타 사업장에서 발생한 재해일지라도 유사한 공정, 기계설비, 작업이 있는 경우 적용

↓

교육 · 전파
- 발생 작업과 유사작업공정 전직원 교육
- 타 사업장도 교육 및 전파

▷ 중대재해 예방 위한 업무활동 방안 수립 예시 및 본사/현장관리자 중점확인 사항

단계	활동 방안 수립 예시 및 해설	본사/현장관리자 중점확인 사항
1	[활동] 사고 발생 부서는 사고 발생 인지 시, 사고 확대 방지를 위한 기본조치를 실시하고 즉시 안전부서 및 상위자에게 보고한다. 단, 중대재해는 발생인지 즉시 업무 자율권 기준에 따라 보고해야 한다.	◆ 조직도 변경 시 보고체계 업데이트 관리

단계	활동 방안 수립 예시 및 해설	본사/현장관리자 중점확인 사항
	[해설] 사고보고는 유선 등을 통해 신속 보고 후 문서로 보고한다.	
2	[활동] 안전부서는 유사사고 재발을 위해 확산 전개가 필요한 사고가 발생된 경우 사업장 내 유사 위험을 점검토록 한다. [해설] 사고 확산 전개는 사고조사서를 기반으로 사업장/부서별 담당자를 지정하여 진행한다.	◆ 유사위험은 현장부서 근무자 인터뷰 또는 아차사고 및 사고 사례를 기반으로 객관적으로 조사해야 함
3	[활동] 사고 발생 부서장은 사내 수립된 사고조사 절차를 참조하여 사고 발생일 다음 날로부터 3일(근무일 기준) 내에 자체 사고조사를 실시한다. [해설] 자체사고조사 결과는 사내 사고 조사서 양식에 맞춰 작성한다.	◆ 자체 사고조사 일정은 사내 '사고조사 및 관리 절차'에 따라 지정
4	[활동] 안전부서는 자체 사고조사 결과를 검증하고 보완이 필요한 경우, 사고 발생 부서장에게 재조사를 요청해야 한다.	◆ 안전부서 내 '사고조사 전문가 과정 이수자' 또는 '해당 분야 전문가'가 해당 조사 결과를 검토할 수 있도록 해야 함
5	[활동] 중대산업사고 이상의 사고 발생 시, 사고 발생일 다음 날로부터 15일 내 (근무일 기준) 사내 공식적인 사고 조사위원회를 개최한다.	◆ 사고원인 및 재발방지 대책을 사고조사위원회 등에서 현장 근무자와 함께 면밀히 논의토록 체계 수립
6	[활동] 안전부서는 사고조사위원회 완료 후 즉시 결과를 보고한다. [해설] 사고조사 결과는 결재 등의 문서를 통해 내부 보고한다.	◆ 보고 내용에 직접원인, 근본원인, 재발방지대책(개선계획 포함)을 반드시 포함해야 함
7	[활동] 사고 발생 부서장은 사고조사결과를 참조하여 재발방지대책을 수립 및 이행하고 안전부서는 이행 사항에 대해 정	–

단계	활동 방안 수립 예시 및 해설	본사/현장관리자 중점확인 사항
	기적으로 모니터링 해야 한다. [해설] 재발방지대책은 결재 등을 통해 실행 계획이 안전보건관리책임자에게 보고되어야 한다.	
8	[활동] 사고 발생 부서장은 재발방지대책에 대한 부적합 사항의 시정조치완료 후 안전보건관리책임자에게 완료 보고를 해야 한다. [해설] 재발방지대책 완료보고는 매월 정기의 시 공유되어야 한다.	◆ 재발방지대책에 대한 유효성 검증이 반드시 선행되어야 함 (유효성이 확보되지 않은 재발방지 대책 수행인 경우 재개선 검토 필요)
9	[활동] 안전보건관리책임자는 재발방지 대책 이행 결과를 경영책임자에게 보고한다. (수평전개 대상의 개선이행 결과 포함) [해설] 경영책임자는 개선이 이행되지 않은 사실이 확인된 경우에는 인력을 배치하거나 예산을 추가 배치하는 등 필요한 조치를 하여야 한다.	–

3. 중앙행정기관 등의 행정명령 등의 이행 관련

중대재해처벌법 제4조제1항제3호에는 중앙행정기관, 지방자치단체가 관계 법령에 따라 개선·시정 등의 명령이 있는 경우 이에 대한 이행조치를 관리토록 함에 따라 개인사업주 또는 경영책임자 등은 중앙행정기관·지방자치단체가 종사자의 안전·보건상 유해 또는 위험을 방지하기 위해 관계 법령상의 개선 또는 시정을 명하였다면 이를 반드시 이행해야 한다. 만약 중앙행정기관·지방자치단체가 개선 또는 시정을 명한 사항이 이행되지 않은 경우 해당 법령에 따른 처분과는 별개로 개선·시행명령의 미이행으로 인해 중대산업재해가 발생하였다면 법 제6조에 따른 처벌대상이 될 수 있다.

중앙행정기관 또는 지방자치단체가 관계 법령에 따라 시행한 행정처분인 시정명령을 의미하며 원칙적으로 서면으로 시행되어야 한다. 단 행정지도나 권고, 조언은 여기에 포함되지 않으며 중앙행정기관 또는 지방자치단체가 안전 및 보건 확보와 무관한 내용에 대해 개선, 시정 등을 명한 사항은 중대재해처벌법의 규율대상으로 보기 어려울 것이다. 중앙행정기관 및 지방자치단체의 행정처분이 이루어진다면, 그 사실은 물론 그 구체적인 내용에 대하여 개인사업주 또는 경영책임자 등에게 보고되는 시스템을 구축하여야 하며 기본적으로 조직 내 시정사항 이행관리 대장을 수립하는 것이 필요하다.

[표-33] 행정기관 시정사항 이행관리 대장 (예시)

점검일	행정 관서명	시정내용	시정 지시일	조치내용	조치 일자	관공서 보고일자	확인자

▷ 중대재해 예방 위한 업무활동 방안 수립 예시 및 본사/현장관리자 중점확인 사항

단계	활동 방안 수립 예시 및 해설	본사/현장관리자 중점확인 사항
1	[활동] 위반사항 발생 부서장은 행정기관으로부터 위반 사실 관련 공문 수취 시	◆ 법규 위반 사항에 대한 현황 관리 체계 및 보고체계 확립

단계	활동 방안 수립 예시 및 해설	본사/현장관리자 중점확인 사항
	업무 자율권 규정에 따라 발생 사실을 보고한다. 안전부서는 법규위반사항 발생 시 위반 사실을 안전보건관리책임자에게 보고한다. [해설] 법규위반 내용을 법규 관리 대장에 등록한다.	
2	[활동] 안전부서는 위반사항에 대해 해당 부서로 시정조치를 요구하며, 확산 전개가 필요한 위반 사실 발생 시 사업장/부서 내 확산하여 점검토록 한다. [해설] 시정조치는 법규 관리 대장에 등록하여 관리한다.	◆ 유사 법규 위반 관련 사항은 현장 부서 근무자 인터뷰 또는 법규 자체점검 결과 등을 기반으로 객관적으로 조사해야 함
3	[활동] 위반사항 발생 부서장은 위반사항에 대해 개선계획을 수립하고 시정하여야 하며, 즉시 시정이 어려운 경우에는 사유 및 개선 계획을 작성하여 시정조치 요구자에게 회신해야 한다. [해설] 시정조치 계획 및 시정결과는 정기 안전회의 시 공유한다.	◆ 확인된 위반사항에 대한 개선 계획이 수립되고 기한 내 개선될 수 있도록 철저한 관리 필요 (내부 안전보건 관련 기준 미준수 포함)
4	[활동] 안전부서는 취해진 시정조치가 유효한지 확인하고, 시정조치가 유효하지 않을 경우 해당 부서장에게 시정조치를 재요청해야 한다. [해설] 유효성 확인 및 시정조치 재요청은 공식 문서를 통해 진행한다.	◆ 법규 위반 관련 개선이 적절한지를 명확히 판단할 수 있도록 안전부서 내부 역량 관리 필요 (역량 부족 시 외부 전문기관 활용 등 권장)
5	[활동] 위반사항 발생 부서장은 시정조치	–

단계	활동 방안 수립 예시 및 해설	본사/현장관리자 중점확인 사항
	완료 결과를 최종 확인하고 승인한다. [해설] 시정조치 완료 결과 확인 및 승인은 공식 문서를 통해 실시하고 관련 내용을 정기 안전 회의 시 공유한다.	
6	[활동] 안전보건관리책임자는 관공서 행정명령 이행 결과를 경영책임자에게 보고한다. [해설] 경영책임자는 개선이 이행되지 않은 사실이 확인된 경우에는 인력을 배치하거나 예산을 추가 배치하는 등 필요한 조치를 하여야 한다.	–

4. 안전보건 관계 법령 준수 관리

중대재해처벌법 제4조제1항제4호에서 안전보건 관계 법령의 의무이행에 필요한 관리의무를 부과하였고 시행령 제5조제2항에서 정하고 있다.

해당 의무는 해당 법령상의 미이행에 대한 제재·처분이 개별법령에서 이루어지는 것과는 별개로 시행령에서 정한 구체적인 관리상 조치가 제대로 이루어졌는지를 살펴 중대재해처벌 법령상 의무를 이행하였는지를 판단해야 한다.

해당 법령상 의무 미이행에 대한 처분이 이루어지는 것과는 별개로 안전·보건 관계 법령상 의무의 미이행 그 자체만으로는 바로 중대재해처벌법령상 의무를 미이행한 것으로 보는 것은 아니며 시행령에서 정한 구체적인 관리상 조치가 적절하게 이루어졌는지를 살펴 중대재해처벌법상 의무를 이행하였는지를 판단하게 된다.

1) 안전보건 관계 법령 이행여부 점검 및 필요한 조치

사업장에서는 종사자의 안전·보건을 확보하는 데 그 목적을 두고 있는 산업안전보건법령을 중심으로 고려하되, 이에 한정되는 것이 아니라 종사자의 안전·보건에 관계되는 법령은 모두 포함해야 하며, 법률의 목적이 근로자의 안전 및 보건 확보를 위한 것으로서 관련 규정을 담고 있는 광산안전법, 선원법, 연구실안전환경조성에 관한 법률, 학교안전사고예방 및 보상에 관한 법률이 이에 해당될 수 있다.

또한 "경영책임자 등"은 조직 내 각 사업장이 산업안전보건법 등을 준수하고 있는지 여부에 대하여 반기에 1회 이상 점검해야 하고, 점검은 자체적으로 실시하거나 고용노동부 등에서 지정하는 기관을 통해 점검받을 수 있으나 점검결과는 직접 보고를 받아야 한다. 이러한 점검 운영 결과 안전·보건 관계 법령에 따른 의무가 이행되지 않은 사실이 확인된 경우에는 "경영책임자 등"을 주체로 하여 인력의 배치, 예산의 추가 편성·집행 등 안전·보건 관계 법령에 따른 의무 이행에 필요한 조치를 해야 한다. 부실 점검 발생에 따른 최종적 책임은 개인사업주 또는 경영책임자 등에게 귀속된다.

▷ 중대재해 예방 위한 업무활동 방안 수립 예시 및 본사/현장관리자 중점확인 사항

단계	활동 방안 수립 예시 및 해설	본사/현장관리자 중점확인 사항
1	[활동] 안전부서는 회사에 적용되는 안전환경 법규 및 기타 의무사항을 문서화된 목록으로 관리하여야 하며, 최신의 상태를 유지하여야 한다. [해설] 안전보건 관계 법령 법규 데이터베이스(DB)를 매년 업데이트하여 최신화한다.	◆ 법규 데이터 등이 최신으로 관리될 수 있도록 주기적 관리 방안이 내부적으로 수립되어야 함
2	[활동] 안전부서는 법규 준수평가 계획을 수립하여, 각 해당 부서에 안내한다. [해설] 안전보건 준수평가는 상반기 1회, 하반기 1회 연 2회 실시를 권장함	–
3	[활동] 현장 부서장은 법규대장과 체크리스트를 사용하여 현장 점검을 실시하고,	◆ 법규 대장 또는 체크리스트를 기반으로 현장에서 사전 체크할 시

단계	활동 방안 수립 예시 및 해설	본사/현장관리자 중점확인 사항
	발견한 사항을 사실대로 기록한다. [해설] 안전보건관리책임자는 개선 계획의 적정성을 검토하고, 개선이 이행되도록 지원한다.	명확하지 않은 내용은 별도 체크하여 안전보건 전문부서 주관으로 평가되어야 함
4	[활동] 현장 부서장은 부적합 사항에 대한 자체 개선 계획을 수립하고, 안전보건관리책임자에게 준수평가 결과를 보고한다. [해설] 안전보건관리책임자는 개선 계획의 적정성을 검토하고, 개선이 이행되도록 지원한다.	◆ 법규 위반에 따른 처벌 수위 또는 위험도에 따라 우선순위를 정하는 것도 하나의 방안임
5	[활동] 현장 부서장은 개선계획에 따라 개선을 실시하고 개선 현황을 관리하여야 한다. [해설] 사업장 안전부서는 개선 현황을 모니터링하여 분기별로 안전보건관리책임자에게 보고한다.	–
6	[활동] 안전보건관리책임자는 준수 평가 결과 및 평가 결과 부적합 사항 조치결과를 경영책임자에게 보고한다. [해설] 경영책임자는 평가를 보고 받고 안전, 보건, 관계 법령에 따른 의무가 이행되지 않은 사실이 확인되는 경우에는 인력의 배치, 예산 추가 편성 집행 등 필요한 조치를 하여야 한다.	–
7	[활동] 안전부서는 각 부서별 준수평가 결과를 참고하여 법규 및 기타 의무사항 준	◆ 준수 여부 확인 점검에 참여하는 안전부서 인원은 법규 별 전문지

단계	활동 방안 수립 예시 및 해설	본사/현장관리자 중점확인 사항
	수 여부를 확인 점검한다. 단, 점검 부서 범위는 상황 및 사업장 특성을 고려하여 결정할 수 있다. [해설] 부서별 준수 평가 적절성, 법규 미준수 사항 은폐/누락 및 안전, 보건 관계 법령의 의무 이행 여부 등을 확인한다.	식을 보유해야 함 (점검자에 대한 경력 및 자격 요건 수립 권장)
8	[활동] 안전부서는 점검 결과를 경영책임자에게 보고하고, 사업장별 안전담당자에게 개선을 요청한다. [해설] 경영책임자는 평가 결과를 보고 받고 안전, 보건 관계 법령에 따른 의무가 이행되도록 필요한 조치를 하여야 한다.	◆ 법적 이슈 관련 "유사/동일 이슈"가 각 사업장 내 존재하는지 명확히 파악되도록 해야 함
9	[활동] 안전부서는 확인 및 점검된 결과를 주기적으로 모니터링하여 개선이 원활히 이행될 수 있도록 지원한다.	◆ 이행항목에 대한 유효성 검증 포함

2) 안전보건 교육 실시 여부 확인 및 필요한 조치

개인사업주 또는 경영책임자 등은 안전 · 보건 관계 법령에 따라 의무적으로 실시해야 하는 유해 · 위험한 작업에 관한 안전 · 보건에 관한 교육이 실시되었는지를 반기 1회 이상 점검하거나 직접 점검하지 않은 경우에는 점검이 끝난 후 지체 없이 점검결과를 보고받아야 하며, 교육 실시 여부에 대한 점검 또는 결과 보고 시 확인된 미실시 교육에 대해서는 지체 없이 그 이행의 지시, 예산의 확보 등 교육 실시에 필요한 조치를 취해야 한다. 일례로 유해 · 위험작업에 대한 안전 · 보건 교육은 종사자의 안전 · 보건 확보와 밀집한 관련이 있으므로 안전한 작업을 위해 필요한 내용을 충분히 습득할 수 있도록 관리할 필요가 있음을 명확히 인지하고 해당 교육이 실시되지 않은 유해·위험작업이 발생될 경우 즉시 작업을 중단하고 교육이 실시되도록 해야 하나, 교육 의무가 없는 경우까지 직접 교육해야 하는 것은 아니며 안전·보건 관계 법령에 따라 노무를 제공하는 자에게 안전보건교육을 해야 할 의무가 있는 자가 교육을 실시해야 하며, 교육을 받지 않은 종사자는 해당 작업 내 참여를 배제시키는 조치 등을 취할 수 있습니다.

▷ 중대재해 예방 위한 업무활동 방안 수립 예시 및 본사/현장관리자 중점확인 사항

단계	활동 방안 수립 예시 및 해설	본사/현장관리자 중점확인 사항
1	[활동] 안전부서는 회사 안전보건 교육 체계를 수립하고, 안전보건관리책임자의 승인을 받아 이를 각 부서에 배포한다. [해설] 교육 체계 수립 시 안전보건 법적 요구사항, 환경안전 직무, 중대한 환경안전 측면, 경영진 지시사항 및 임직원 요구사항, 기타 관련 기업 벤치마킹 결과 등을 고려한다.	–
2	[활동] 사업장 내 부서장은 부서 내 안전보건교육 계획을 수립하고 이를 사업장 안전부서와 공유한다. [해설] 교육 계획에는 회사 안전보건 교육 체계, 관련 법령 내용, 안전 보건 관련 주요 직무수행에 필요한 사항을 반영해야 하며 사업장 특성을 반영한 교육과정을 추가할 수 있다.	◆ '중대재해 감축 로드맵('22년 10월)'에 따라 각 부서별 안전보건 교육 계획 수립 시 위험성 평가 관련 항목이 반영될 수 있도록 해야 함
3	[활동] 사업장 내 안전부서는 각 부서별 수립된 안전보건 교육 계획을 사업장 내 전 부서원과 공유한다.	–
4	[활동] 사업장 내 안전부서는 수립된 계획	–

단계	활동 방안 수립 예시 및 해설	본사/현장관리자 중점확인 사항
	에 따라 세부 교육계획을 수립하여 대상자에게 공지한다. [해설] 세부 안전보건교육 계획은 각 부서별 근무 상황을 고려하여 수립한다.	
5	[활동] 사업장 내 안전부서 또는 각 부서장은 수립된 연간 안전보건 교육 계획에 따라 안전보건 교육을 실시한다.	◆ 교육이 효과적으로 이뤄질 수 있도록 교육 전문기관 또는 내부 논의(워크숍 등)를 통해 적합한 방안을 도출해야 함
6	[활동] 사업장 내 안전부서 또는 각 부서장은 교육 실시 후에는 관찰, 설문, 시험 등의 방법으로 효과성을 평가한다.	–
7	[활동] 사업장 내 안전부서 또는 각 부서장은 교육 종료 후 평가 결과에 따라 재교육 및 재평가를 실시한다. [해설] 단, 특별한 사유로 교육을 이수하지 못한 경우 재교육, report 등의 방법으로 교육을 실시하여야 한다.	◆ 교육 평가 결과의 적절성을 확인하고 효과적 교육 운영 관련 보완 필요시 보완토록 요청해야 함
8	[활동] 사업장 내 안전부서 또는 각 부서장은 교육 실시 및 평가 결과 관련 기록을 보완하여야 한다. [해설] 교육 평가 실시 및 결과를 매월 관리하고 이를 월간 회의 등에 공유한다.	◆ 교육 주관부서는 주기적 교육 Needs 조사를 통해 '교육 만족도 및 효과'가 향상될 수 있도록 노력해야 함
9	[활동] 안전보건관리책임자는 안전, 보건 관계 법령에 따른 법정교육 실시 현황을 점검하고, 그 결과를 경영책임자에게 보고	–

단계	활동 방안 수립 예시 및 해설	본사/현장관리자 중점확인 사항
	한다. (반기 1회 이상) [해설] 점검 또는 보고 결과 실시되지 않은 교육에 대해서는 지체 없이 그 이행의 지시, 예산의 확보 등 교육 실시 에 필요한 조치를 해야 함.	

▷ 신입사원 및 작업내용 변경 시 포함되어야 할 교육내용

(1) 기계, 기구의 위험성과 작업의 순서 및 동선에 관한 사항, (2)작업 개시 전 점검에 관한 사항, (3) 정리정돈 및 청소에 관한 사항, (4) 사고 발생 시 긴급조치에 관한 사항, (5) 산업보건 및 직업병 예방에 관한 사항, (6) 물질안전보건자료에 관한 사항, (7) "산업안전보건법" 및 일반 관리에 관한 사항

Ⅳ. 안전보건관리체계 구축 사례

기업 내 안전보건 경영강화를 통한 산업재해 예방을 위해서는 개별 사업장에서의 안전보건관리와 더불어 기업 전반적인 안전·보건 중심 경영시스템 마련에 대한 대표이사의 인식과 역할이 중요하다. 이는 대표이사의 인식 및 안전보건정책에 따라 안전보건 예산, 시설, 인원 등이 영향을 받을 뿐만 아니라 안전보건조치의 실효성을 높일 수 있기 때문입니다. '21년 1월 1일부터 개정된 산업안전보건법 제14조와 '22년 1월 27일 시행된 중대재해처벌법에서와 같이 대표이사가 회사 전반의 안전 및 보건에 관한 계획을 주도적으로 수립하고 성실하게 이행하도록 함으로써 안전보건경영시스템이 구축될 수 있도록 유도한 것이며, 그러한 안전보건경영시스템 구축을 통해 확인된 국내/외 산업재해 예방 효과는 아래와 같다.

① (미국) 안전경영시스템(Process Safety Management)을 도입·운영한 화학업체에서 5년 후 사망자 132명, 부상자 767명 재해감소(42%) 효과 및 경제적으로는 시행 5년간 7.2억 달러, 시행 6~10년은 연간 14.4억 달러 비용 절감

② (듀폰사) 안전경영시스템을 도입한 회사로 세계에서 가장 안전한 일터라는 명성을 얻고 있는 듀폰은 안전을 경영의 핵심가치로 정하고 안전경영을 상품화하여 세계기업에게 안전보건경영체제를 제공하여 회사 부가가치 창조

③ (Goodyear사) BAPP(Behavior Accident Prevention Process)라는 안전보건경영 프로그램을 도입하여 500만건의 위험한 행동과 안전하지 못한 작업환경을 제거·개선하여 도입 3년 만에 재해율 38%→ 1.3%로 감소

④ (국내 제조업 등) 안전보건경영시스템(KOSHA)을 도입하여 5년 이상 인증을 유지하는 사업장(791개소)에서 3년 이후 사망만인율 평균 67%p 감소

⑤ (건설업) 안전보건경영시스템(KOSHA 18001)을 도입한 건설회사(22개소)에서 사고사망자('09년: 84명→ '19년: 33명) 51명(60.7%) 감소

국내에 통용되는 대표적 안전보건관리시스템은 KOSHA-MS와 ISO45001:2018이 있으며 해당 시스템은 앞 장에서 설명한 PDCA를 중심으로 조직 내 안전보건 업무 활동이 이뤄지는 데 초점이 맞춰져 있다.

이러한 안전보건관리시스템은 선진국을 중심으로 많은 국가에서 사업장 내 안전보건의 체계적 관리를 위해 많이 사용되고 있으며 이는 산업재해를 자율적으로 예방하기 위해 조직 활동에 내재되어 있는 위험요인을 파악하고 이를 지속적으로 관리하기 위하여 조직이 갖추어야 할 체제를 수립하고 이를 통해 안전보건 방침과 목표를 정하여 이를 달성하기 위한 다양한 활동을 실시하고 실시 상황을 심사, 모니터링하는 일련의 과정으로 구성되어 있다고 앞장에서 설명한 바 있다.

이러한 활동의 체계적 운영을 위해 조직 내 안전보건관리시스템 전문가가 배치되어야 하여야 하며 현장 내 실행관리를 명확히 준수하고 관리할 수 있도록 안전보건 조직 내 명확한 R&R이 부여되어야 한다. 이에 중대재해처벌법 제4조에서는 사업주와 경영책임자 등에게 일하는 모든 종사자에 대한 안전, 보건 확보 의무를 다음과 같이 부과하고 있다.

① 재해예방에 필요한 안전보건관리체계의 구축 및 이행
② 재해 발생 시 재발방지 대책의 수립 및 이해
③ 중앙행정기관, 지방자치단체가 관계 법령에 따라 개선 시정 등을 명한 사항의 이행
④ 안전, 보건 관계 법령에 따른 의무이행에 필요한 관리상 조치

여기서 말하는 안전보건관리체계의 구축 및 이행이란 기업 스스로 유해하거나 위험한 요인을 파악하여 제거, 대체 및 통제 방안을 마련하고 이를 이행함에 따라 안전보건 관련 사항을 지속적으로 개선하는 일련의 활동이며 이는 단순히 조직의 구성과 역할 분담만을 정하라는 의미로 한정된 것이 아니라 종사자의 안전과 보건이 유지되고 증진될 수 있도록 사업 전반을 운영하라는 의미로 이해하는 것이 올바르며 법에서 다음 9가지를 구성토록 되어 있으며 해당 9가지는 ISO 45001 또는 KOSHA MS 등 대표적 안전보건관리시스템 내 포함되어 운영토록 하고 있음에 따라 해당 안전보건관

리시스템의 인증 및 유지관리를 철저히 수행한다면 중대재해처벌법상 안전보건관리체계 구축 및 이행에 관한 요구조건을 일정 부분 충족할 수 있을 것이다.

① 안전보건 목표와 경영방침의 설정
② 안전보건 업무를 총괄 관리하는 전담 조직 설치
③ 유해 위험요인 확인 개선 절차 마련 후 점검 및 필요한 조치
④ 재해예방에 필요한 안전, 보건에 관한 인력, 시설, 장비구비와 유해, 위험요인 개선에 필요한 예산 편성 및 집행
⑤ 안전보건관리책임자 등의 충실한 업무수행 지원 권한과 예산 부여 평가기준 마련 및 평가관리
⑥ 산업안전보건법에 따른 안전관리자, 보건관리자 등 전문인력 배치
⑦ 종사자 의견 청취 절차 마련 후 청취 및 개선방안 마련 이행 여부 점검
⑧ 도급 용역 위탁 시 산재예방 조치능력 및 기술에 관한 평가기준 절차 및 관리비용 업무수행기관 관련 기준 마련 이행 여부 점검

상기 사항을 종사자의 안전과 보건이 유지되고 증진됨에 따라 중대재해 등을 예방하기 위한 안전보건관리체계라고 한다면 발생 이후의 조치사항에 대해 다음과 같이 2가지를 명기하고 있다.

① 재해 발생 시 재발방지 대책의 수립 및 그 이행에 관한 조치
 - 발생한 재해에 대한 조사와 결과분석, 현장 담당자 및 전문가의 의견수렴 등을 통해 유해, 위험요인과 발생 원인을 파악해야 함
 - 동일 유사한 재해가 발생하지 않도록 파악된 유해, 위험요인별 제거, 대체 및 통제방안을 검토하여 종합적인 개선 대책을 수립하는 일련의 조치해야 함

② 안전, 보건 관계 법령에 따른 의무 이행에 필요한 관리상의 조치
 - 법적 의무이행 과정을 전반적으로 점검 모니터링하고 그 결과를 평가하는 별도의 조직을 두어야 함
 - 경영책임자가 조직을 통해 사업장의 법적 의무 이행 여부와 문제점 등을 보고 받고 법상 의무 이행을 해태함이 없도록 제반 조치활동을 해야 함

이는 재해가 발생한 경우 이를 보고 받을 수 잇는 절차를 마련하고 재해 발생 사실을 보고받은 경우에는 재해의 재발방지 대책을 수립하거나 지시하도록 하고 있다.

발생한 재해에 대한 조사와 결과 분석, 현장 담당자 및 전문가의 의견 수렴 등을 통해 유해, 위험요인과 발생 원인을 파악하고, 동일, 유사한 재해가 발생되지 않도록 차악된 유해, 위험요인별 제거, 대체 및 통제 방안을 검토하여 종합적인 개선 대책을 수립하는 일련의 조치를 수행해야 하며 중앙행정기관 또는 지방자치단체가 관계 법령에 따라 시행한 개선, 시정명령에 대해 서면으로 관리토록 하고 있으며 그 외 추가로 종사자의 안전 및 보건 확보를 위해 안전, 보건 관계 법령상 의무가 명확히 이행되도록 하기 위해 안전, 보건 관계 법령에 따른 법적 의무 이행 과정을 전반적으로 점검 모니터링하고 그 결과를 평가하는 별도의 조직 등을 두어 경영책임자가 그 조직을 통해 사업장의 법적 의무 이행 여부와 문제점 등을 보고받고 개선조치를 취하도록 하는 등 법상 의무이행을 해태함이 없도록 제반 조치활동을 이행해야 할 것이다.

중대재해처벌법 조항별 이행 순서도

❶ 아래의 순서로 체계 구축과 이행 여부를 확인하면 편리합니다.
❷ 해당 내용을 클릭하시면 매뉴얼 해당 페이지로 이동합니다.

순서	방법	내용
❶	지배·관리 사업장 및 도급·용역·위탁 사업 파악	· 본사, 지역 사업장 등을 파악하여 사업장 판단 기준에 따라 **사업 또는 사업장 단위를 결정**
❷	조직·인력 등 확보	· **시행령 제4조** 2. 본사 전담 조직 설치 6. 산업안전보건법에 따른 전문인력 구성
❸	목표, 기준, 절차, 매뉴얼 마련	· **시행령 제4조** 1. 안전보건에 관한 목표와 경영방침 설정 3. 유해·위험요인을 확인하여 개선하는 업무절차 5. 안전보건관계자의 업무수행 평가 기준 7. 종사자 의견 수렴 절차 8. 중대산업재해, 급박한 위험이 있을 경우 매뉴얼 9. 도급·용역·위탁 시 수급인의 산업재해 예방 조치 능력에 관한 평가기준, 안전보건을 위한 적정 관리 비용 기준, 적정 기간 기준
❹	이행	· **시행령 제4조** 1. 안전보건에 관한 목표와 경영방침 설정·이행 3. 유해·위험요인을 확인하여 개선하는 업무절차 4. 안전 및 보건 관련 예산 편성 및 집행 5. 안전보건관계자의 업무수행 평가 기준 7. 종사자 의견 수렴 절차 8. 중대산업재해, 급박한 위험이 있을 경우 매뉴얼 9. 도급·용역·위탁 시 수급인의 산업재해 예방 조치 능력에 관한 평가기준, 안전보건을 위한 적정 관리 비용 기준, 적정 기간 기준 · **시행령 제5조** 1. 안전보건 관계 법령에 따른 의무 이행 3. 유해·위험한 작업에 관한 안전·보건에 관한 교육 실시
❺	반기 1회 이상 점검	· **시행령 제4조** 3. 유해·위험요인을 확인하여 개선하는 업무절차 5. 안전보건관계자의 업무수행 평가 기준 7. 종사자 의견 수렴 절차 8. 중대산업재해, 급박한 위험이 있을 경우 매뉴얼 9. 도급·용역·위탁 시 수급인의 산업재해 예방 조치 능력에 관한 평가기준, 안전보건을 위한 적정 관리 비용 기준, 적정 기간 기준 · **시행령 제5조** 1. 안전보건 관계 법령에 따른 의무 이행 3. 유해·위험한 작업에 관한 안전·보건에 관한 교육 실시

(출처: 고용노동부)

1. 분야별 구축 사례 소개

1) "안전보건 목표와 경영방침의 설정" 관련 사례

안전보건에 관한 목표와 경영방침의 수립은 조직 내 안전보건 활동을 운영함에 있어 가장 중요한 시작점이라 할 수 있으며, 다양한 기업에서 안전보건 목표를 수립하고 안전보건환경 경영방침을 년 초 또는 이전 년도 말에 수립하여 전사에 공지 및 교육, 안내하고 있다.

(1) 안전보건 목표 수립 사례

조직 내 안전보건 목표는 조직 내 구성원을 통해 확인된 안전보건 활동 필요사항과 전년도 법적 이슈사항, 유사/동종업계 내 사고 및 이슈 사례, 안전보건에 관한 국가 정책의 변화 등을 종합하여 기획 및 작성되어야 한다.

이러한 목표는 계획의 수립, 이행, 평가 및 개선이라는 일련의 과정을 통해 매년 기업의 안전보건 환경변화에 대응하여 지속적으로 개선 · 보완되도록 해야 하며(산업안전보건법 제14조) 산업안전보건법에 따라 대표이사는 전년도 안전보건 계획의 이행실적에 대한 평가를 바탕으로 미흡했던 부분을 보완하고 구체적인 추진일정과 소요예산을 반영하여 안전보건계획을 매년 수립해야 한다.

※ 안전 · 보건 계획을 수립하고 검토하는 과정에서 대표이사는 사업장 안전 · 보건 관리자로부터 산업재해가 발생한 사고내용 · 빈도, 위험성이 높은 작업의 원인과 개선방안 등에 관한 의견을 청취하고 산업재해 위험요인에 대한 자체평가와 개선방안이 반영될 수 있도록 하여야 한다.

년 단위 안전보건관리 계획 수립·검토	안전보건계획 이사회 보고 및 승인	안전보건계획 성실 이행	안전보건계획 이행실적 평가	차년도 안전보건계획 수립에 반영
대표이사 (정관상 절차 준수)	**대표이사**	**대표이사**	**대표이사**	**대표이사**
• 세부 실행계획 및 예산 등을 반영 ⇒ 필요 시 정관에 절차 및 안전보건 계획 수립시기 등을 규정한다.	• 이사회는 안전보건 경영방침 등 안전보건 계획에 포함되어야 할 사항 및 소요예산의 적정성 확인	• 안전보건계획에 따른 경영방침이 각 사업장의 안전보건관리 의 세부 실행 기준이 되도록 하는 등 대표 이사의 주도로 안전 보건경영 실행	• 안전보건계획에 따른 안전보건 경영의 이행성과 및 사업장 안전보건 관리 변화 분석 및 평가	• 안전 및 보건 여건 변화 분석 및 안전보 건 계획 이행 평가 결 과를 차년도 계획 수 립 시 반영해야 함

안전보건 계획은 회사의 사고나 재해를 막는 활동을 실천하기 위한 기본이 되는 것으로, 주로 'SMART 기법'을 활용하여 회사의 안전보건을 실질적으로 개선할 수 있도록 계획을 작성하여야 하며 이를 기반으로 조직 내 안전보건에 관한 목표가 구체적으로 수립되도록 해야 할 것이다.

① 구체성이 있는 목표를 설정할 것 (Specified)
② 성과측정이 가능할 것 (Measurable)
③ 목표달성이 가능할 것 (Attainable)
④ 현실적으로 적용 가능할 것 (Realistic)
⑤ 시기적절한 실행계획일 것 (Timely)

(2) 국내 주요 기업 안전보건 방침 수립 현황

최고 경영자는 회사에 적합한 안전 및 보건에 관한 경영방침을 정하여야 하며, 이 방침에는 최고 경영자의 안전보건 정책과 목표, 안전보건 성과개선에 대한 의지가 분명히 제시되고 회사 모든 구성원에게 공표되도록 해야 할 것이다.

〈안전 · 보건 경영방침 세부전략으로 고려할 사항〉
① 회사 안전보건 위험의 특성과 조직의 규모에 적합토록 해야 함
② 회사 모든 근로자(협력업체 포함)의 안전보건을 확보하기 위한 지속적인 개선 및 실행 의지가 포함되어야 함
③ 법적 요구사항 및 그 밖의 요구사항의 준수의지를 포함해야 함

④ 최고 경영자의 안전보건 경영철학과 근로자의 참여 및 협의에 대한 의지를 포함해야 함

⑤ 최고경영자는 안전보건 방침이 조직에 적합한지 정기적으로 검토해야 함

⑥ 최고 경영자는 안전보건방침을 간결하게 문서화하고, 서명과 시행일을 명기하여 조직의 모든 구성원 및 이해관계자가 쉽게 접할 수 있도록 공표해야 함

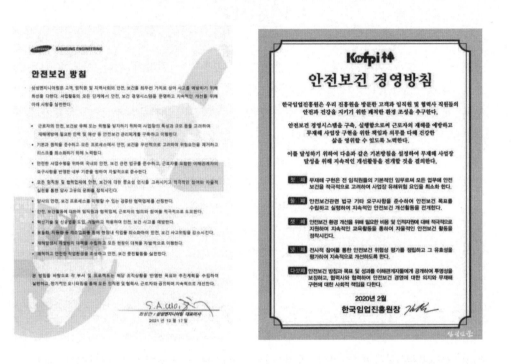

[그림-58] 국내 기업 안전보건방침 사례 (출처: 삼성엔지니어링, 한국임업진흥원 홈페이지)

안전보건 관리 핵심과제 ('23년)

계획 PLAN
매뉴얼/체계 수립 (Establish)

① 위험성 평가 체계 개편
② 안전보건시스템 Upgrade
③ 법적 점검 활동 계획 수립
④ 노사공동 안전활동 기획
  ('23년 고용부 정책방향 반영)
⑤ 협력회사 안전보건 기획

실행 DO
안전보건관리 실행 (Implement)

① EHS 간담회 운영
② 안전보건 캠페인 및
  안전보건 letter 운영
③ PSM/SMS 현장 실행 개선
  TFT 운영
④ 리더 급 PSM/안전순찰
⑤ 노사공동 위험성평가

개선 ACT
개선 (Improve)

① 위험요소/법규 개선 현황
  취합 및 평가 (반기 별)
 - 중처법 반기점검 병행
  개선사항 지속 발굴/실행
 - 실행 현황 효과성 평가
  운영 (주관 : 안전팀)
② 절차, 표준 제/개정 관리
  운영 (분기 별 현황 분석)

평가 CHECK
모니터링 (Monitoring)

① 행동기반 안전관찰 활동
② 보호구 취급 정기평가
  운영 (적정 보호구 도입)
③ 법규 제/개정 모니터링
  및 준수평가
④ PSM 자체감사
⑤ KOSHA-MS 내부심사

MOMENTIVE
안전보건 경영

[그림-59] 기업별 특성에 맞는 안전보건관리 핵심과제 도출 운영
– 글로벌 기업 국내 사업장 사례

▷ 안전보건 경영방침 작성 (예시)

안 전 보 건 경 영 방 침

○○기업은 경영활동 전반에 전 사원의 안전과 보건을 기업의 최우선 가치로 인식하고, 법규 및 기준을 준수하는 안전보건관리체계를 구축하여 전 직원이 안전하고 쾌적한 환경에서 근무할 수 있도록 최선을 다한다.

이를 위해 다음과 같은 안전보건활동을 통해 지속적으로 안전보건환경을 개선한다.

1. 경영책임자는 '근로자의 생명 보호'와 '안전한 작업환경 조성'을 기업경영활동의 최우선 목표로 삼는다.

2. 경영책임자는 사업장에 안전보건관리체계를 구축하여 사업장의 위험요인 제거통제를 위한 충분한 인적·물적 자원을 제공한다.

3. 안전보건 목표를 설정하고, 이를 달성하기 위한 세부적인 실행계획을 수립하여 이행한다.

4. 안전보건 관계 법령 및 관련 규정을 준수하는 내부규정을 수립하여 충실히 이행한다.

5. 근로자의 참여를 통해 위험요인을 파악하고, 파악된 위험요인은 반드시 개선하고, 교육을 통해 공유한다.

6. 모든 구성원이 자신의 직무와 관련된 위험요인을 알도록 하고, 위험요인 제거·대체 및 통제기법에 관해 교육·훈련을 실시한다.

7. 모든 공급자와 계약자가 우리의 안전보건 방침과 안전 요구사항을 준수하도록 한다.

8. 모든 구성원은 안전보건활동에 대한 책임과 의무를 성실히 준수토록 한다.

○○○○년 ○○ 월 ○○ 일

○○ 기업 대표이사 (서명)

(출처: 고용노동부 "중대재해처벌법 따라하기")

▷ 안전보건 목표 및 추진계획서 작성 예시 (1)

안전보건활동 목표/세부 추진계획		결 재	작 성		검 토		승 인	

전사 목표	목표/세부 추진계획		추진일정				성과지표	담당 부서	예산 (만원)	달성률 (%)	관리 책임자	비고
			1 분기	2 분기	3 분기	4 분기						
중대 사고 00% 목표	정기 위험성평가	계획	○				1회/년 이상					
		실적										
	수시 위험성평가	계획	○	○	○	○	수시					
		실적										
	고위험 개선	계획	○	○	○	○	개선 이행 100%					
		실적										
	아차 사고 수집	계획	○	○	○	○	1건/월/인당					
		실적										
	산업안전보건 위원회	계획	○	○	○	○	1회/분기					
		실적										
	작업표준 제·개정	계획	○	○	○	○	변경 시					
		실적										
	합동안전점검	계획	○	○	○	○	1회/월					
		실적										
	비상조치훈련	계획	○	○	○	○	1회/분기 (화재, 누출, 대피, 구조)					
		실적										
	작업허가서 발부	계획	○	○	○	○	단위 작업별					
		실적										
	작업 전 미팅(TBM) 실시	계획	○	○	○	○	단위 작업별					
		실적										
	안전관찰제도 운영	계획	○	○	○	○	1건/월/인당					
		실적										
	안전보건 예산 집행	계획	○	○	○	○	예산 이행					
		실적										
	성과측정 및 모니터링	계획		○		○	1회/반기					
		실적										
	시정조치 이행	계획	○	○	○	○	수시					
		실적										
	경영자 검토	계획				○	1회/반기					
		실적										

(출처: 고용노동부 "중대재해처벌법 따라하기" 기반 작성)

▷ 안전보건 목표 및 추진계획서 작성 예시 (2)

작성팀	
작성자	
작성일자	

안전보건 목표 및 세부 추진계획서

중요 목표	세부 항목	세부 추진계획	성과 지표	관리 책임자	구분	추진일정( )/중간·최종점검 일정												예산 집행 실적 / 점검 결과	달성율
						1	2	3	4	5	6	7	8	9	10	11	12		
추락사고 위험요인 발굴 및 조치					계획														
					실적														
					계획														
					실적														
					계획														
					실적														
					계획														
					실적														
끼임사고 위험요인 발굴 및 조치					계획														
					실적														
					계획														
					실적														
					계획														
					실적														
					계획														
					실적														
안전보건 시정조치					계획														
					실적														
					계획														
					실적														
					계획														
					실적														
					계획														
					실적														
작업 전 안전미팅 (TBM) 실시					계획														
					실적														
					계획														
					실적														
					계획														
					실적														
					계획														
					실적														

(출처: 고용노동부 "중대재해처벌법 따라하기" 기반 작성)

▷ 안전보건 목표 및 경영방침에 관한 이행점검 체크리스트 예시

no.	이행점검 세부 체크 리스트	평가 결과
1	경영책임자 의지가 반영된 안전보건 경영방침 연1회 수립 및 「산업안전보건법」에 따른 이사회 보고 시 안전보건 경영방침 승인 여부	적정/조건부 적정/부적정 (평가 의견:)
2	안전보건 경영방침 및 안전보건 확보의지에 대한 종사자 의견 반영	적정/조건부 적정/부적정 (평가 의견:)
3	안전보건 경영방침 및 안전보건 확보의지에 대한 현장 적용 여부	적정/조건부 적정/부적정 (평가 의견:)
4	사업장의 유해·위험요인 및 특성과 조직 규모에 적합한 안전보건 목표 수립	적정/조건부 적정/부적정 (평가 의견:)
5	안전보건 목표의 정량화 및 성과평가 측정	적정/조건부 적정/부적정 (평가 의견:)

2) "안전보건 업무를 총괄 관리하는 전담 조직 설치" 관련 사례

중대재해처벌법 내 명기된 전담조직은 법의 취지·목적을 기반으로 본사 차원의 안전보건 전담조직을 의미하며 이는 경영책임자 보좌 및 전체 사업장을 관리하는 컨트롤타워 역할을 수행해야 합니다. 그 외 3명 이상의 안전관리자/보건관리자 및 상시근로자 수 500인 이상을 두는 사업장은 별도의 안전보건 총괄·운영 조직을 구성하여 중대재해처벌법 시행령 4조 2호(안전보건 전담·총괄·운영 조직 구성) 요건을 충족토록 해야 할 것이다.

① 국내 발전사 전담조직 구성 사례

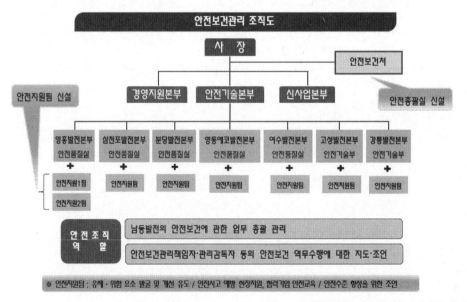

(출처: 안전보건공단 우수사례 발표자료)

② 국내 S사 안전보건 조직 강화 사례
 - 내부조직, 체계구축 및 협력회사 지원을 통해 안전보건관리 수준 개선 사례

전사 안전보건 시스템의 실행력 제고를 위한 조직 강화 및 독립적 권한 부여,
협력사의 안전보건 수준 향상 지원 및 우수 협력사 중심의 체계 정비

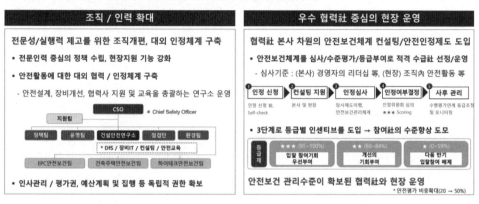

(출처: 안전보건공단 우수사례 발표자료)

▷ 안전보건 전담조직 운영에 관한 이행점검 체크리스트 예시

no.	이행점검 세부 체크 리스트	평가 결과
1	「산업안전보건법」 및 「중대재해처벌법」에 따른 사업장별 안전보건 조직의 구성	적정/조건부 적정/부적정 (평가 의견:)
2	사업장별 안전관리자, 보건관리자 등 선임요건 충족 여부	적정/조건부 적정/부적정 (평가 의견:)
3	중대재해처벌법에 따른 전사 안전보건 전담조직 운영	적정/조건부 적정/부적정 (평가 의견:)

3) "유해 · 위험요인 점검/개선체계 구축 및 이행" 관련 사례

기존 산업안전보건법 제36조에 따라 위험성평가 절차(업무표준)를 마련하고, 그 절차를 기반으로 사업장별 위험성 평가를 실시하여 위험요인 확인/개선 체계를 구축 · 운영해야 하며, 이렇게 구축된 체계를 기반으로 아래 사항에 대한 조직 내 실시 현황을 분석해야 한다.

① 정기 위험성평가 실시 현황 (위험요인 도출/개선 현황) 평가

② 월별 사고 사례 공유 및 현장점검 (예시: Safety-DashBoard 등 활용) 운영
  (1) 지속적인 일상점검의 생활화를 위해 안전보건 전담조직에서 월별 사고 사례를 분석하여 필요한 점검유형을 도출하고, 각 사업장별 안전점검을 실시하여 위험요인을 확인하고 개선
  (2) 점검결과는 Safety-Dashboard 등을 통해 데이터화하여, 개선현황을 지속적으로 관리

③ 작업유형 및 특성에 따른 사업장별 자체 테마점검 운영
  - 실시 예시: 계절별(해빙기/혹서기/장마철/혹한기 등) 안전점검, 위험설비 안전점검, 화재예방점검, 공사안전점검 등 각 사업장 위험 특성에 맞춰 현업과 안전조직 간 합동으로 테마점검 등을 자율적으로 실시하여 위험요인을 확인하고 개선

④ 안전보건 전담조직 주관 전사 중대재해 예방점검
  - 실시 예시: 대형 휴무공사(신정/설날/하계/추석 등), 주말 안전점검, 불시 안전점검 등 안전보건 전담조직에서 안전점검 계획 수립 및 실시하고 전사 안전점검을 진행하여 중대 위험요인 발견 시 즉시 개선 조치

▷ 안전보건 테마 점검 사례 (사업장 특성별 점검 테마 "자율 지정")

NO	항목	점검사항	주관부서	점검일	1월 1주차	2월 1주차	3월 1주차	4월 1주차	5월 1주차	6월 1주차	7월 1주차	8월 1주차	9월 1주차	10월 1주차	11월 1주차	12월 1주차
1	기획성 점검	안전점검 취약지역 점검	현업부서/안전팀	매월 (4일 內)												
2		표지판 점검	현업부서/안전팀	매월 (첫째주)												
3	설비안전점검	압력용기, 크레인, 컨베이어 등 점검	안전팀	1회/반기 (4월,10월 실시)												
4	법규 관련점검	화학물질 안전점검	현업부서	매월 (첫째주)												
5		PSM 자체점검	안전팀	1회/반기												
6	리더십 점검	PSM 순찰	공통	매일												
7		시설안전점검	공통	매일												
8		EHS 전문점검	안전팀	매일												
9	합동/순회점검	작업장 순회점검	현업부서	매월												
10		노사 합동점검	안전팀	분기 1회												
11	일상/정기점검	각 부서별 자체 실시	현업부서	주 1회												
12	화재예방 점검	위험물 제조소/취급소/저장소 점검	현업부서	매월 (둘째주)												
13		탱크로리 안전점검	현업부서	매월 (넷째주)												
14		전기안전 점검	공무팀 전기과	1회/반기 (5월,11월 실시)												
15	공사안전 점검	협력업체 공사점검, 협력업체 SHOP장 점검 → 고소, 화기, 양중, LOTO, 비계, 안전교육 등을 중점으로 점검 실시	공무팀/안전팀	매일												
16	계절별 점검	해빙기(2월), 장마철(5월), 하절기(7월) 대비 점검	안전팀	2월,5월,7월												
17	고위험 공정/설비 점검	고온, 고압 공정/설비 점검 실시	현업부서/안전팀	분기 1회												
18	고위험 작업 점검	위험물 취급 작업자에 대한 안전점검 실시	현업부서/안전팀	매월 (첫째주)												
19		사고 빈도 높은 구역에 대한 안전점검 실시	현업부서	매월 (셋째주)												

▷ 위험성 평가 실시 결과 관리 현황 예시

• 전사 "정기 위험성 평가" 실시 결과 관리 시트

구분	위험성 평가 대상		대상	위험요인 발굴(건)	위험요인 분류	평균 위험성		확인자
	부서(팀)	파트(그룹)	공정(수)			개선 전	개선 후	
A공장								
B공장								
·								
·								
·								
·								
결과종합								

▷ Safety-Dashboard를 활용한 "유해 · 위험요인 확인/개선 현황" 관리 (예시)

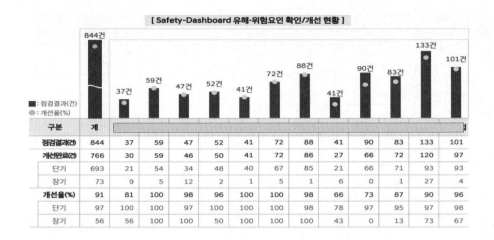

구분	계											
점검결과(건)	844	37	59	47	52	41	72	88	41	90	83	133	101
개선완료(건)	766	30	59	46	50	41	72	86	27	66	72	120	97
단기	693	21	54	34	48	40	67	85	21	66	71	93	93
장기	73	9	5	12	2	1	5	1	6	0	1	27	4
개선율(%)	91	81	100	98	96	100	100	98	66	73	87	90	96
단기	97	100	100	97	100	100	100	98	78	97	95	97	98
장기	56	56	100	100	50	100	100	100	43	0	13	73	67

▷ 위험기계 · 기구 · 설비 목록 작성 서식 예시

순번	기계 · 기구 · 설비명 (관리번호)	용량	설치장소	수량	검사대상	방호장치	점검주기	재해형태	최종점검일	관리담당자
1	프레스 (P-1~5)	10ton	1공장	5	산안법 안전검사	광전자식	3개월	끼임		
2	프레스 (P-5~8)	30ton	2공장	5	산안법 안전검사	광전자식	3개월	끼임		
3	지게차 (A-1, 2)	5ton	공무 Shop	2	건설기계 관리법검사	법정방호장치	1개월	넘어짐		
4	크레인 (C-1,2,3)	20ton	1공장	3	산안법 안전검사	과부하방지, 훅해지장치, 권고방지장치	3개월	부딪힘		
5	크레인 (C-4,5,6)	10ton	2공장	3	산안법 안전검사	과부하방지, 훅해지장치, 권고방지	3개월	부딪힘		

(출처: 고용노동부 "중대재해처벌법 따라하기" 기반 작성)

▷ 유해 · 위험물질 목록 작성 서식 예시

화학 물질	CAS No	분자식	폭발한계 (%)		노출 기준	독성치	인화점 (℃)	발화점 (℃)	증기압 (20℃, mmHg)	부식성 유무	이상 반응 유무	일일 사용량	저장량	규제 법규	취급 부서	지정 수량 (위험물)	비고
			하한	상한													
메틸 알코올	67-56 -1	CH3O H	5.5	44	200 ppm	LD50 6200mg/kg Rat	9.7	464	127	X	고인화성, 자극성 · 부식성 · 독성가스	0.2㎥	1㎥				

주) ① 유해 · 위험물질은 제출대상 설비에서 제조 또는 취급하는 모든 화학물질을 기재
② 증기압은 상온에서 증기압을 말합니다.
③ 부식성 유무는 있으면 ○, 없으면 ×로 표시합니다.
④ 이상반응 여부는 그 물질과 이상반응을 일으키는 물질과 그 조건(금수성 등)을 표시
하고 필요시 별도로 작성합니다.
⑤ 노출기준에는 시간가중평균노출기준(TWA)을 기재합니다.

(출처: 고용노동부 "중대재해처벌법 따라하기" 기반 작성)

▷ 작업별 위험관리 대장 활용 서식 예시

단위 작업 장소	작업내용	위험 요인	위험 코드	관련기계 · 기구 · 설비 (관리번호)	물질명 (CAS No)	발생 가능 재해형태	유관 협력 업체	위험 도	보호 장구	작업 빈도	비고
P1 구역	지게차 이용 운반작업			지게차 (00000)	–	부딪힘					작업지휘자 배치
	하부피트					질식					
Q2 구역	화학물질 보충작업			○○탱크 (00000)	톨루엔 ( )	화재 · 폭발, 급성중독					작업허가서 발급 대상
세척 실	부품 세척작업			세척조 (00000)	트리클로로 메탄 ( )	급성중독					*국소배기장치 성능평가 대상 *방독마스크 밀착도 검사

(출처: 고용노동부 "중대재해처벌법 따라하기" 기반 작성)

▷ 위험성 평가 운영 사례 (석유화학/정밀화학 회사)

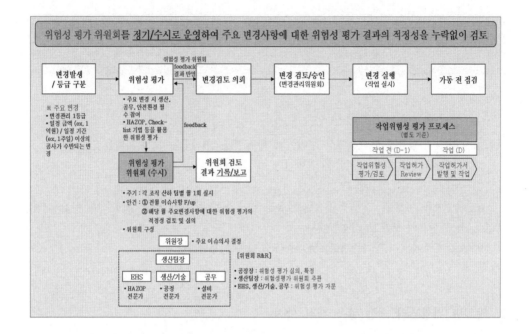

▷ 위험성 평가표 작성 예시 (KRAS 등)

담당	검토	승인

작업공정명:					위 험 성 평 가									평가일시: '22-03-10	
세부 작업 내용	유해·위험요인 파악			관련근거 (법적기준)	현재 안전보건 조치	위 험 도			위험 감소 대책	감소 코드	개선 후 위험도	개선 예정일	완료 일	중점관 리대상 여부	담당자 / 평가자
	위험 분류	위험 코드	위험발생 상황 및 결과			가능성 (빈도)	중대성 (강도)	위험도 (빈도×강도)							

(출처: 고용노동부 "중대재해처벌법 따라하기" 기반 작성)

▷ 안전보건 전담조직 운영에 관한 이행점검 체크리스트 예시

no.	이행점검 세부 체크 리스트	평가 결과
1	「산업안전보건법」 및 「중대재해처벌법」에 따른 사업장별 안전보건 조직의 구성	적정/조건부 적정/부적정 (평가 의견:)
2	사업장별 안전관리자, 보건관리자 등 선임요건 충족 여부	적정/조건부 적정/부적정 (평가 의견:)
3	중대재해처벌법에 따른 전사 안전보건 전담조직 운영	적정/조건부 적정/부적정 (평가 의견:)

▷ 국내 화학기업 노사공동 안전활동 (현장 유해위험요소 발굴 및 개선활동 사례)

4) 안전보건 인력 · 시설 등 적정예산 편성/관리 관련 사례

① 안전보건 조직/인력 편성
연간 계획에 따른 조직 구성 및 인력 충원 실적을 정리하여 계획 기간 내 달성되도록 해야 한다.

▷ 조직 구성 실적 및 인력 확보 현황 관련 보고사항 (예시)

• 전사 "안전보건 조직 구성" 실적 관리 시트

구분	'21년 실적	'22년 계획	'22년 4분기 실적	진행율
안전보건 조직	1 본부	1 본부 (전년비 0)	1 본부	100%
	2 센터	3 센터 (전년비 +1)	3 센터	
	3 실	4 실 (전년비 +1)	4 실	
	20 팀	22 팀 (전년비 +2)	22 팀	
	50 파트	55 파트 (전년비 +5)	55 파트	

• 전사 "안전보건 인력 확보 현황" 관리 시트

[전사 안전보건 인력확보 현황]

구분									
'21년	실적	13	298	39	27	38	10	-	425
'22년 상반기	계획	16	308	40	27	56	16	-	463
	실적 (계획대비)	18 (+2)	294 (-14)	40 (0)	27 (0)	41 (-15)	13 (-3)	22	455 (-8)
	전입/채용	+7	+27	+4	+1	+8	+4	+22	
	전출/퇴직	-2	-31	-3	-1	-5	-1	-	
충원률 ('22년 계획 대비)		112%	95%	100%	100%	73%	81%	-	98 %

② 안전보건 예산 편성

유해 · 위험요인 확인/개선 체계(위험성평가, 안전점검 등) 이행 중 개선을 위한 투자예산과 보호구, 안전교육 등 종사자 안전보건 확보를 위한 경상예산 등으로 안전보건 예산을 구성될 수 있으며 투자예산은 중대재해 위험요인 근원적 제거를 위한 방호장치 개선, 강화된 법규 준수를 위한 환경설비 개선 등 해당 사업장에 필요한 활동에 사용되도록 해야 한다.

▷ 안전보건 예산 사용 실적 관련 보고 사항 (예시)

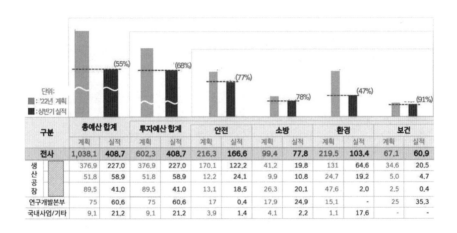

구분	총예산 합계		투자예산 합계		안전		소방		환경		보건	
	계획	실적	계획	실적	계획	실적	계획	실적	계획	실적	계획	실적
전사	1,038.1	408.7	602.3	408.7	216.3	166.6	99.4	77.8	219.5	103.4	67.1	60.9
생산공장	376.9	227.0	376.9	227.0	170.1	122.2	41.2	19.8	131	64.6	34.6	20.5
	51.8	58.9	51.8	58.9	12.2	24.1	9.9	10.8	24.7	19.2	5.0	4.7
	89.5	41.0	89.5	41.0	13.1	18.5	26.3	20.1	47.6	2.0	2.5	0.4
연구개발본부	75	60.6	75	60.6	17	0.4	17.9	24.9	15.1	-	25	35.3
국내사업/기타	9.1	21.2	9.1	21.2	3.9	1.4	4.1	2.2	1.1	17.6	-	-

▷ 고용노동부 및 국내 기업, 공공기관의 예산 분류 항목 예시

구 분	분류 항목
고노부 안전보건 계획수립 가이드 (2021. 2.)	1) 설비 및 시설물에 대한 안전점검 비용
	2) 근로자 안전보건교육 훈련 비용
	3) 안전관련 물품 및 보호구 등 구입 비용
	4) 작업환경측정 및 특수건강검진 비용
	5) 안전진단 및 컨설팅 비용
	6) 위험설비 자동화 등 안전시설 개선 비용
	7) 작업환경개선 및 근골격계질환 예방 비용
	8) 안전보건 우수사례 포상 비용

		9) 안전보건지원을 촉진하기 위한 캠페인 등 지원
L사 사례	시설/설비비	고위험 설비 방호장치, 안전설비 추가, 설비손상 점검 및 교체
	운영비	특수건강검진, 작업환경측정, 작업환경개선, 근골격계질환 예방, 안전용품, 의약품, 포상, 캠페인 지원, 안전부서 및 외주 인건비
	시스템장비비	EHS시스템 고도화, 상황전파시스템, 밀폐공간 모니터링 장비 등
	컨설팅/진단비	안전보건 외부전문가 자문 및 컨설팅, 공정안전관리진단
	교육훈련비	사외교육(안전리더십, 공정안전, 안전문화 등)
공공기관 안전예산 분류 기준	1) 위험설비 정비 및 개·보수	(1) 시설물의 안전확보를 위한 각종 대책사업비 (2) 노후설비/장비 등 교체보강, 작업장 환경개선비 청사 등 업무시설 유지관리비(시설관리용역 등)
	2) 안전사업비 및 안전관리비 등	(1) 안전사업비 (2) 안전관리비 (3) 안전진단, 안전검사, 각종 측정 등 소요비용
	3) 안전경영 및 안전시스템 등 지원 예산	(1) 안전관련 정보시스템 구축운영 및 유지보수비용 (2) 안전경영시스템 인증·운영 및 관련 평가 비용 (3) 안전관리 운영체계 관련 문서 등 개발 비용
	4) 안전관련 물품 및 장비 구입비 등	(1) 안전 관련 물품 및 보호구 등 (2) 안전 관련 장비 등
	5) 안전 관련 교육·훈련·홍보 등	(1) 안전교육 및 훈련비 (2) 안전 관련 행사추진 비용 등 홍보성 비용
	6) 안전 R&D	(1) 안전 관련 신기술·신제품 개발 (2) 안전 관련 연구개발(R&D)
	7) 재해·재난 예방을 위한 SOC 구축 및 관리	(1) 관리대상 시설물의 안전성 강화 사업 (2) 자연재난 및 사회재난 대응을 위한 각종 예방·정비 사업
	8) 안전 전담인력 인건비	(1) 본사 및 사업소 등 안전업무 전담부서 인력의 인건비

구 분	내용
	(2) 기타 안전업무만을 전담으로 수행하는 인력의 인건비
9) 기타	(1) 안전 관련 각종 위원회, 회의 등 운영 (2) 화재보험, 안전 관련 회비 등 기타 경비

▷ 안전보건 예산 편성 항목 예시

구 분 (단위: 만 원)	2022			2023			전년대비 증감	증감사유
	계획	실적	비고	계획	실적	비고		
인력 및 시설 분야 • 위험시설 정비 및 개/보수								
• 안전검사 실시								
• 안전시설 신규설치 및 투자								
• 안전보건조직 노무관리								
안전 분야 • 안전인력 육성 및 교육								
• 안전보건 진단 및 컨설팅								
• 안전보호구 구입								
보건 분야 • 작업환경측정 실시								
• 특수건강검진 실시								
• 근골격계 질환 예방								
• 휴게 · 위생시설 관리								
기타 • 협력사 안전관리 역량 지원								
• 안전보건 캠페인 추진								
예비 • 예비비								

(출처: 고용노동부 "중대재해처벌법 따라하기" 기반 작성)

▷ 안전보건 전담조직 운영에 관한 이행점검 체크리스트 예시

no.	이행점검 세부 체크 리스트	평가 결과
1	안전보건 확보 및 재해예방을 위한 조직 및 인력 운영계획 수립	적정/조건부 적정/부적정 (평가 의견:)
2	안전보건 조직 및 인력 운영계획에 따른 정기실적 확인	적정/조건부 적정/부적정 (평가 의견:)
3	「중대재해처벌법」 4조 4호에 따른 유해 · 위험요인 확인 및 개선에 필요한 예산 편성	적정/조건부 적정/부적정 (평가 의견:)
4	「중대재해처벌법」 4조 4호에 따른 기타 안전보건에 필요한 예산 편성	적정/조건부 적정/부적정 (평가 의견:)
5	편성된 안전보건 예산에 대한 집행/사용 실적확인	적정/조건부 적정/부적정 (평가 의견:)

5) 안전관리책임자 등의 권한/평가 관련 사례

안전관리책임자 등의 활동에 대한 평가 및 목표 달성도/실적 등의 분석을 주기적으로 운영함으로써 사업장 내 안전보건 성취도를 향상해 나갈 수 있을 것이다.

① 안전보건관리책임자 등의 권한과 예산
「산업안안전보건법」 제15조에 따른 안전보건관리책임자 및 산안법 제16조에 따른 관리감독자가 적정하게 선임되어 법적 안전 · 보건관리 업무를 명확히 이행하는지 평가하는 것이며, 중처법의 취지 · 목적을 기반으로 안전보건 전담조직은 사업장 내 안전보건관리책임자를 비롯 관리감독자 등이 본인에게 주어진 권한의 활용 및 책임에 대해 충분히 이행되고 있는지 확인하고 개선토록 지원해 주어야 한다.

② 안전보건관리책임자 등에 대한 평가
안전보건 전담조직은 매년 사업장 내 안전보건관리책임자를 평가하는 안전 KPI

운영지침을 수립·운영해야 하며, 본사 안전보건 전담조직이 수립한 평가지침을 바탕으로 사업장 내 안전보건 조직은 관리감독자를 평가하는 안전 KPI 운영지침을 수립·운영 및 경영책임자 등에게 보고되도록 해야 한다.

▷ 각 현장별 "대항목 평가" 후 이를 점수화하여 현장별 안전관리 현황 취합 관리 (예시)

NO	대항목	주요 평가항목
1	중대재해예방	교통안전, 공사관리, 보전작업 등
2	현장안전관리	안전/보건/소방/환경 위험요소 관리 등
3	안전리더십	사업부장/부서장 안전회의 및 점검 등
4	관리체계	안전사업계획, 업무분장, 조직관리 등
5	RISK관리	위험성평가, 법규준수 평가, 인허가 등
6	안전문화/교육	캠페인, 안전문화활동, 안전교육 등
7	협력사 안전	협력사 협의체, 협력사 합동점검 등
8	비상대비	비상사태대비 체계, 훈련실시 등
9	안전사고	사고조사, 개선대책 수립 및 조치 등
10	이행관리	사업계획 이행관리, 투자관리 등
10개 대항목		355개 세부 평가항목 (총점 1,000점)

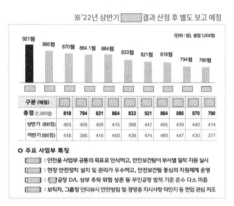

▷ 월간 안전보건 목표 및 재해예방 활동 실적 관련 보고사항 (예시)

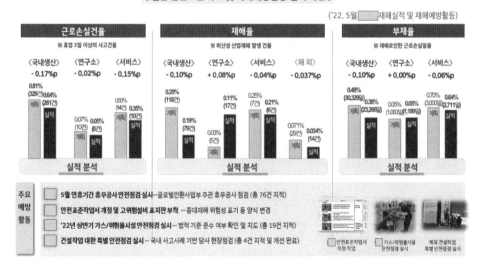

[월간 안전보건 목표 및 재해예방활동 실적 확인]

▷ Safety/Unsafety Mileage 제도 사례
 - 마일리지 점수를 토대로 관리감독자 평가 (고과 반영, 역량강화 교육 등)

안전한 행동, 불안전한 행동 별 마일리지(Safety/Unsafety mileage)를 부여하여 안전 행동은 장려하고 불안전 행동은 계도

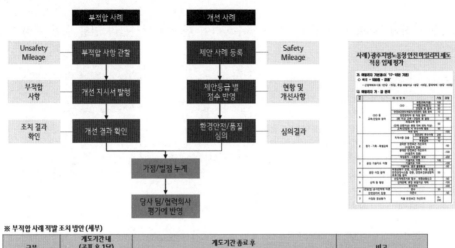

※ 부적합 사례 적발 조치 방안 (세부)

구분	계도기간 내 (공표 후 1달)	계도기간 종료 후			비고
	적발	1차 적발	2차 적발	3차 적발	
당사 임직원	구두 경고	서면경고	Unsafety mileage -10점	Unsafety mileage -20점	기초 안전규정 미준수로 인한 사고 발생 시 페널티 강화 적용 (별도 양정)
협력회사 (방문자 포함)			사업장 출입 제한 (1주일)	사업장 출입 제한 (1년)	

▷ 안전관리책임자 등의 권한/평가에 관한 이행점검 체크리스트 예시

no.	이행점검 세부 체크 리스트	평가 결과
1	안전보건 운영관리에 대한 내부평가 절차 수립 및 계획에 따른 실행 여부	적정/조건부 적정/부적정 (평가 의견:)
2	안전보건 업무수행에 대한 평가결과를 경영책임자에게 보고 진행	적정/조건부 적정/부적정 (평가 의견:)
3	안전보건 방침 및 안전보건 목표달성 정도 고려	적정/조건부 적정/부적정 (평가 의견:)
4	정성적/정량적 방법에 따라 성과평가의 여부	적정/조건부 적정/부적정 (평가 의견:)

▷ 안전보건관리책임자 등의 평가 기준 및 평가표 예시

(1) 평가기준

양호	법령에 따른 업무수행으로 수립된 안전보건목표를 달성하고 재해예방에 기여함
보통	법령에 따른 업무를 적정하게 수행함
미흡	법령에 따른 업무를 일부 수행하지 않음

(2) 평가표(안)

* 평가 주기: 반기 1회 이상 평가

직책	대상자	담당업무	평가	
			결과	평가내용
안전 보건관 리 책임자		1. 사업장의 산재예방계획 수립에 관한 사항		
		2. 안전보건관리규정(산안법 제25조, 제26조)의 작성 및 변경에 관한 사항		
		3. 근로자에 대한 안전보건교육(산안법 제29조)에 관한 사항		
		4. 작업환경의 점검 및 개선에 관한 사항		
		5. 근로자의 건강진단 등 건강관리에 관한 사항		
		6. 산업재해의 원인 조사 및 재발 방지대책 수립에 관한 사항		
		7. 산업재해에 관한 통계의 기록 및 유지관리에 관한 사항		
		8. 안전장치 및 보호구 구입 시 적격품 여부 확인에 관한 사항		
		9. 위험성평가의 실시에 관한 사항		
		10. 안전보건규칙에서 정하는 근로자의 위험 또는 건강장해 방지 관한 사항		
관리 감독자		1. 사업장 내 관리감독자가 지휘 · 감독하는 작업과 관련된 기계 · 기구 또는 설비의 안전 · 보건 점검 및 이상 유무의 확인		
		2. 관리감독자에게 소속된 근로자의 작업복 · 보호구 및 방호장치의 점검과 그 착용 · 사용에 관한 교육 · 지도		
		3. 해당 작업에서 발생한 산업재해에 관한 보고 및 이에 대한 응급조치		
		4. 해당 작업의 작업장 정리 · 정돈 및 통로 확보에 대한 확인 · 감독		
		5. 안전관리자, 보건관리자, 안전보건관리담당자, 산업보건의의 지도 · 조언에 대한 협조		
		6. 위험성평가를 위한 유해 · 위험요인의 파악 및 개선조치 시행에 참여		
안전 보건총 괄책임 자		1. 위험성평가의 실시에 관한 사항		
		2. 산업재해가 발생할 급박한 위험이 있는 경우 및 중대재해 발생 시 작업의 중지		
		3. 도급 시 산업재해 예방조치		
		4. 산업안전보건관리비의 관계수급인 간의 사용에 관한 협의 · 조정 및 그 집행의 감독		
		5. 안전인증대상기계 등과 자율안전확인대상기계 등의 사용 여부 확인		

(출처: 고용노동부 "중대재해처벌법 따라하기" 기반 작성)

6) 안전보건 전문인력 배치 관련 사례

① 안전 및 보건 전문인력의 배치

중대산업재해 예방을 위하여 사업장 내 안전·보건 관계 법령에 따른 법정 선임 인력을 지정수 이상으로 배치해야 하며 연 1회 이상 사업장 내 상시근로자 수 및 안전·보건 전문인력 운영현황을 점검 후 경영책임자에게 보고하고 해당 내용을 정기 이사회에 공유토록 해야 한다.

사업장 내 안전보건 전문인력은 안전·보건 관계 법령에 따라 해당 업무만을 전담으로 수행해야 하며 안전관리책임자 등의 활동에 대한 평가 및 목표 달성도/실적 등의 분석을 주기적으로 실시함으로써 사업장 내 안전보건 성취도를 향상해 나갈 수 있을 것이다.

② 법적 근거에 따른 안전보건 수행 인력표 수립

사업장 내 법적 선임자 변경관리 및 누락 방지를 위해 사업장 내 해당되는 법적 근거에 따른 안전보건 전문 인력표를 만들어서 관리하는 것이 효율적이다.

no.	구분		선임자명 (명)	법 근거
1	안전보건관리책임자		홍길동, 공장장 (1명)	산업안전보건법 제15조
2	안전	안전관리자	XXX 과장 외 (2명)	산업안전보건법 제17조
3	보건	보건관리자	XXX 사원 (1명)	산업안전보건법 제18조
		산업보건의	XXX 부장 (1명)	산업안전보건법 제22조
4	소방	소방관리자	XXX 대리 외 (3명)	화재예방, 소방시설 설치·유지 및 안전관리에 관한 법률 제20조
5		위험물관리자	XXX 차장 외 (8명)	위험물안전관리법 제15조
6		가스관리자	XXX 과장 외 (3명)	고압가스안전관리법 제15조/ 도시가스사업법 제29조 등
7		소방보조자	XXX 과장 외 (3명)	화재예방, 소방시설 설치·유지 및 안전관리에 관한 법률 제23조
8	환경	대기환경기술	XXX 과장 외 (2명)	대기환경보전법 시행령 [별표10]
9		수질환경기술	XXX 대리 외 (2명)	물환경보전법 시행령 [별표17]
10		유해화학물질관리	XXX 과장 외 (2명)	화학물질관리법 제32조

〈선임자가 많은 경우 세부 명단은 별첨으로 관리 가능〉

▷ 안전보건 전문인력의 배치에 관한 이행점검 체크리스트 예시

no.	이행점검 세부 체크 리스트	평가 결과
1	안전·보건 관계 법령에 따른 법정 선임 인원 관리 및 리스트화 진행 여부	적정/조건부 적정/부적정 (평가 의견:)
2	안전보건조직의 조직도 상시 업데이트 관리 여부	적정/조건부 적정/부적정 (평가 의견:)

7) 종사자 의견청취 및 개선추진 관련 사례

① 산업안전보건위원회 실시
「산업안전보건법」에 따라 사업장 내 정기/임시 산업안전보건위원회를 법규 및 사내 규정에 맞게 실시해야 하며 정기 산업안전보건위원회는 분기별 누락 없이 실시되어야 해야 한다.

② 도급업체 안전협의체 운영
「산업안전보건법」에 따라 각 사업부별 도급인과 수급인으로 구성된 안전 및 보건에 관한 협의체(산안법 제 64조)는 월 1회 실시하여 종사자의 의견을 수렴해야 할 것이다.

③ 기타 종사자 의견 청취 활동
안전신문고, 소리함 등을 활용하여 종사자 및 협력회사 근무자 대상 위험요인 관련 신고 및 안전제안을 할 수 있는 소통 채널을 운영토록 하는 것이 올바르다.

▷ 간담회 등을 통한 "조직 내 안전소통 강화" 활동 (예시)

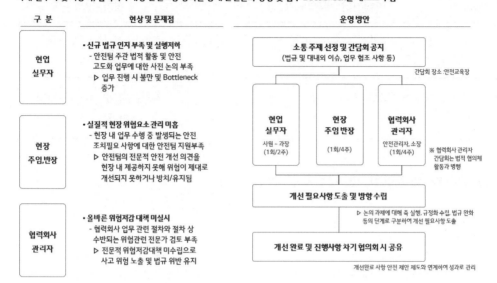

사내 실무자 및 기능직, 협력회사 대상 안전소통 강화를 통해 안전문화 향상 및 업무 Bottleneck을 해소코자 함

구 분	현상 및 문제점	운영 방안
현업 실무자	**• 신규 법규 인지 부족 및 실행저하** - 안전팀 주관 법적 활동 및 안전 고도화 업무에 대한 사전 논의 부족 ▷ 업무 진행 시 불만 및 Bottleneck 증가	**소통 주제 선정 및 간담회 공지** (법규 및 대내외 이슈, 업무 협조 사항 등) 간담회 장소 : 안전교육장
현장 주임, 반장	**• 실질적 현장 위험요소 관리 미흡** - 현장 내 업무 수행 중 발생되는 안전 조치필요 사항에 대한 안전팀 지원부족 ▷ 안전팀의 전문적 안전 개선 의견을 현장 내 제공하지 못해 위험이 제대로 개선되지 못하거나 방치/유지됨	**현업 실무자** (사원 - 과장) (1회/2주) **현장 주임 반장** (1회/4주) **협력회사 관리자** (안전관리자, 소장) (1회/4주) ※ 협력회사 관리자 간담회는 법적 협의체 활동과 병행 **개선 필요사항 도출 및 방향 수립** ▷ 논의 과제에 대해 즉 실행, 규정화 수립, 법규 완화 등의 단계로 구분하여 개선 필요사항 도출
협력회사 관리자	**• 올바른 위험저감 대책 미실시** - 협력회사 업무 관련 절차와 절차 상 수반되는 위험관련 전문가 검토 부족 ▷ 전문적 위험저감대책 미수립으로 사고 위험 노출 및 법규 위반 유지	**개선 완료 및 진행사항 차기 협의회 시 공유** 개선완료 사항 안전 제안 제도와 연계하여 성과로 관리

▷ 종사자 의견 청취(안전신문고 등) 운영 실적 관리 시트 (예시)

구분	부서 구분	접수 건수 (건)	조치 완료 (건)	조치율 (%)	주요 개선 내용
XXX공장	AA팀				
	BB팀				
	CC팀				
	DD팀				
	EE팀				
합 계					

▷ 종사자 의견청취 및 개선추진에 관한 이행점검 체크리스트 예시

no.	이행점검 세부 체크 리스트	평가 결과
1	「산업안전보건법」에 따른 산업안전보건위원회를 위한 위원회 구성	적정/조건부 적정/부적정 (평가 의견:)
2	「산업안전보건법」에 따른 산업안전보건위원회의 정기/수시 운영	적정/조건부 적정/부적정 (평가 의견:)
3	「산업안전보건법」에 따른 도급인 및 수급인으로 구성된 협의체 실시	적정/조건부 적정/부적정 (평가 의견:)
4	「중대재해처벌법」에 따른 종사자 의견청취를 위한 안전신문고 운영 및 접수된 신고에 대한 개선조치	적정/조건부 적정/부적정 (평가 의견:)

8) 중대산업재해 전/사후 대응규정 수립 관련 사례

① 중대산업재해 대응 매뉴얼 수립

사업장 내 중대산업재해가 발생하거나 발생할 급박한 위험이 있을 경우를 대비하여 '중대사고 대응 매뉴얼'을 수립하여 안전사고, 화재사고, 환경사고 등 유형별 대응방법을 마련해야 하며 특히, 사고 발생 시 작업중지/근로자 대피/위험요인 제거 등 대응조치를 마련하고 재해자 응급실 후송 등 구호조치 및 추가 피해방지를 위한 재발방지대책 수립 과정이 포함되어야 중처법 4조 8호(비상대응 규정 수립) 요건에 충족될 수 있을 것이다.

② 반기별 비상대응훈련 실시

사업장 내 수립된 중대사고 대응 매뉴얼에 유사 시 신속하게 대응할 수 있도록 반기별 비상대응훈련을 정기적으로 실시해야 한다.

▷ 사업장 비상대응 매뉴얼 수립 관련 예시

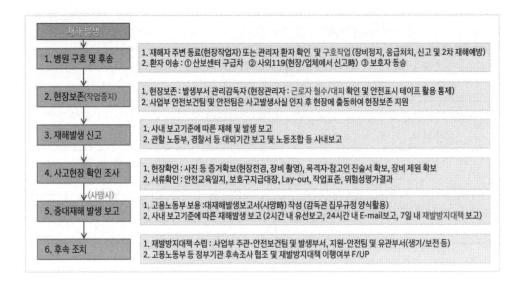

재해 발생	
1. 병원 구호 및 후송	1. 재해자 주변 동료(현장작업자) 또는 관리자 환자 확인 및 구호작업 (장비정지, 응급처치, 신고 및 2차 재해예방) 2. 환자 이송 : ① 산보센터 구급차 ② 사외119(현장/업체에서 신고時) ③ 보호자 동승
2. 현장보존(작업중지)	1. 현장보존 : 발생부서 관리감독자(현장관리자 : 근로자 철수/대피 확인 및 안전표시 테이프 활용 통제) 2. 사업부 안전보건팀 및 안전팀은 사고발생사실 인지 후 현장에 출동하여 현장보존 지원
3. 재해발생 신고	1. 사내 보고기준에 따른 재해 및 발생 보고 2. 관할 노동부, 경찰서 등 대외기간 보고 및 노동조합 등 사내보고
4. 사고현장 확인 조사	1. 현장확인 : 사진 등 증거확보(현장전경, 장비 촬영), 목격자·참고인 진술서 확보, 장비 제원 확보 2. 서류확인 : 안전교육일지, 보호구지급대장, Lay-out, 작업표준, 위험성평가결과
(사망시) **5. 중대재해 발생 보고**	1. 고용노동부 보용 :대재해발생보고서(사망時) 작성 (감독관 집무규정 양식활용) 2. 사내 보고기준에 따른 재해발생 보고 (2시간 내 유선보고, 24시간 내 E-mail보고, 7일 내 재발방지대책 보고)
6. 후속 조치	1. 재발방지대책 수립 : 사업부 주관-안전보건팀 및 발생부서, 지원-안전팀 및 유관부서(생기/보전 등) 2. 고용노동부 등 정부기관 후속조사 협조 및 재발방지대책 이행여부 F/UP

▷ 비상대응 훈련 사례: 민관 합동 소방대응 훈련

개요	1) 일시 / 장소 : '22년 10월 10일 (수) 15:00 ~ 15:30 / XX 생산동 XX공정 2) 훈련 일정 : 사전 자위소방대 업무 확인 -> 화재 대응 능력 점검 / 소방교육 / 화재진압 협업 -> 훈련 결과 피드백 3) 훈련 결과 : 신속 피난 대응 체질화 / 임직원 역량 향상 교육 / 소방서 화재진압 협업 등			
	Point	**피난**	**화재진압**	**교육**	**협업**

훈련 현장	**훈련원칙 세부항목**	■ 피난 동선 인지 - 양방향 피난 동선 인지 및 사용 - 피난유도책임자 역할 준수 등	■ 화재 진압장비 사용법 인지 - 소화기 사용법 숙지 및 실습 - 옥 내·외 소화전 운용 등	■ 인명피해방지 교육 - 자위소방대 임무 숙지 - 소화기 실습 교육 등	■ 신속 화재진압 지원요소 인지 - 건물 구조에 대한 설명 - 위험물/가스 연료 차단 등
	주요 훈련 사진				
• 훈련 강평 :					

▶ 훈련 전 "자체 도상훈련 등을 통한 시나리오 명확화 등" 활동 추가 권장

▷ 종사자 의견청취 및 개선추진에 관한 이행점검 체크리스트 예시

no.	이행점검 세부 체크 리스트	평가 결과
1	「중대재해처벌법」에 따른 중대산업재해 관련 비상대응 규정 수립	적정/조건부 적정/부적정 (평가 의견:)
2	작업중지/근로자 대피/위험요인 제거/구호조치/추가 피해방지조치 등 법적 요구사항 충족	적정/조건부 적정/부적정 (평가 의견:)
3	수립된 비상대응 규정에 대한 반기 1회 이상 운영 적정성 확인	적정/조건부 적정/부적정 (평가 의견:)

▷ 협착사고 발생 시 대응 시나리오 예시

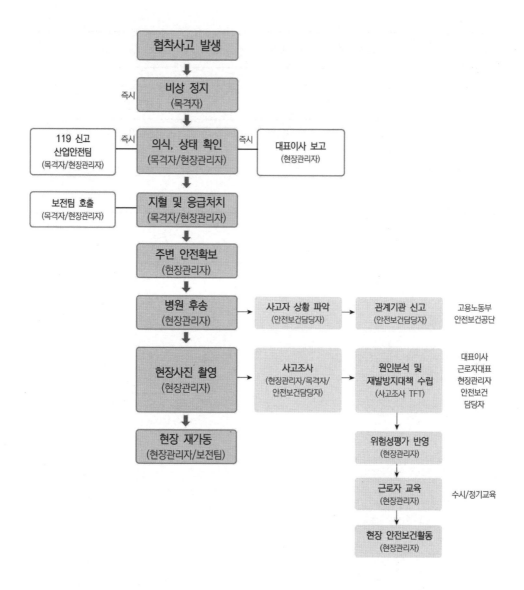

(출처: 고용노동부 "중대재해처벌법 따라하기")

9) 도급/용역/위탁 시 안전보건 확보 관련 사례

① 도급업체 재해예방능력 평가체계 구축
작업에 투입되는 모든 도급업체에 대해, 산업재해 예방을 위한 조치 능력과 기술이 적정한지 평가하는 '안전역량평가' 체계를 구축 및 운영해야 하며, 안전보건교육계획 수립여부, 산업재해 현황 등을 개별 항목으로 구성하여 평가기준에 미달하는 부적격 도급업체는 작업에 투입될 수 없도록 운영해야 한다.

② 도급업체 안전보건관리비용 기준 수립
도급업체 입찰 계약 시 「산업안전보건법」, 「산업재해보상보험법」 등 관계 법령 내용을 기반한 안전관리비 계상기준을 입찰계약서 등에 반영하여 운영해야 한다.

▷ 도급업체 안전 능력평가 실시 항목 및 평가 절차 (예시)

□ 안전정보 등록 9개 항목에 따른 PASS/FAIL 부여
- PASS 기준 : 9개 항목 中 6개 이상 충족(필수항목 포함)
- FAIL 기준 : 필수항목 기준미달 또는 6개 기준 미충족

No.	내용	비고
1	안전보건경영방침	
2	위험요인별 안전관리계획	필수항목
3	안전보건교육 계획	
4	보호구 지급계획	-
5	산업재해 현황	최근 3년 중대재해 여부
6	협의체 참석	
7	합동점검 참석	'23년 갱신평가 시 반영
8	합동점검 미흡사항 개선	
9	안전보건교육 이행현황	

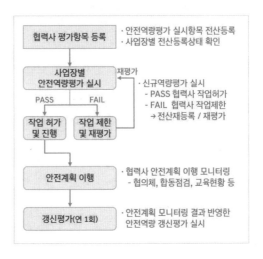

▷ 입찰계약서상 안전관리비 계상 기준 (예시)

'░░░'는 다음 각호와 같이 안전보호장구, '협력사'의 근로자 등의 신체검사, 안전교육 등 안전관리 제규정을 준수하기 위한 안전관리비 및 건설산업기본법 제 22조 7항에 따른 보험료, 건설산업기본법 제87조에 따른 퇴직공제부금, 건설기술진흥법 제66조에 따른 환경보전비 (시험검사비, 점검비, 교육훈련비 등 직접공사비에 산출이 곤란한 금액) 등을 도급계약금액에 포함하여 계상하고 '░░░'의 대급지불방법에 준해 월 기성금으로 지불한다.

(1) 안전관리비 : (도급자재비+인건비) *2.93% (₩ 968,658)

1) 산업안전관리비 계상기준

공사종류 대상액(공사금액)	5억원 미만 적용비율(%)	5억 이상~50억 미만		50억원 이상 적용비율
		적용비율(x)	기초액(+)	
일반건설공사(갑) - 건축물 등 건설공사	2.93%	1.86%	5,349,000원	1.97%
일반건설공사(을) - 기계장치 설치공사	3.09%	1.99%	5,499,000원	2.10%
중건설공사 - 댐 건설공사 등	3.43%	2.35%	5,400,000원	2.44%
철도,케도 건설공사	2.45%	1.57%	4,411,000원	1.66%
기타 건설공사 - 전기, 조경 등	1.85%	1.20%	3,250,000원	1.27%

2) 계약을 통해 지급받은 산업안전보건관리비(산업안전보건관리비계상 세부내역서 첨부)는 '협력사'의 책임하에 공사수행에 필요한 각종 안전보건시설,보호구 또는 안전장구류 구입,안전진단,안전보건교육, 근로자의 건강관리, 재해예방기술지도비 등 산업안전보건관리에 사용하여야 하며, 다음 사항을 반드시 준수하여야 한다.

① '협력사'는 '░░░'가 산업안전관리비의 사용에 대해 확인을 요청할 경우 '협력사'는 해당 증빙자료를 '░░░'에게 제출하여야 할 의무가 있으며 산업안전보건관리비외의 다른 목적으로 사용한 경우 '░░░'는 해당금액을 감액조정 또는 반환요구 할 수 있다.

② '협력사'는 노동부고시(제2013-47호)에 의거, 산업안전보건관리비의 실행예산서 및 사용내역서를 별도로 작성하여 공사 현장(사무실)에 비치하여야 한다.

▷ 도급업체 안전관리 및 업체 평가 프로세스 (사례: 국내 석유화학/정유기업)

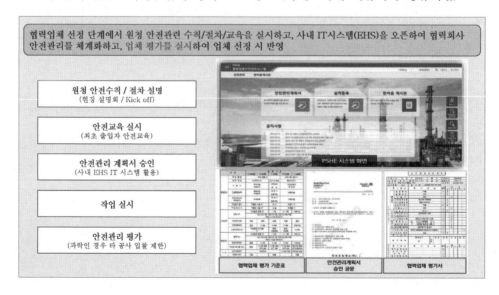

▷ 도급 · 용역 · 위탁 업체 안전보건 수준 평가 예시 (1)

평가항목	평 가 기 준	배점	점수	평가 내용
I. 안전보건관리체계	도급 · 용역 · 위탁받는 자의 안전보건관리 체계 구축 수준	40		
– 리더십	– 경영방침, 인력 · 시설 · 장비 등 자원 배정의 적정성 등	10		
– 근로자 참여	– 종사자 의견수렴 절차 및 이행 적정성	10		
– 위험요인 파악 및 제거 · 대체 · 통제	– 위험요인 파악 및 개선절차 및 수준의 적정성	10		
– 비상조치계획	– 비상조치계획 적정성	10		
II. 도급 · 용역 · 위 탁 안전보건관리 계획	도급 · 용역 · 위탁받는 업무에 대한 안전 보건관리계획 적정성	60		
– 위험요인 파악 및 제거 · 대체 · 통제	– 도급 · 용역 · 위탁받는 업무에 대한 위험요인 파악, 제거 · 대체 및 통제 방법의 적정성(위험성평가 및 대책의 적정성)	15		
– 자원 배정(시설 · 장비)	– 도급 · 용역 · 위탁받는 업무의 위험요인 관리에 적합한 시설 · 장비 배정 및 운영 – 사용 기계 · 기구 및 설비의 종류 및 관리계획	15		
– 자원 배정(인력)	– 도급 · 용역 · 위탁받는 업무의 위험요인 관리에 적합한 인력 배정 및 운영 – 도급 · 용역 · 위탁받는 업무 관련 실적, 작업자 이력 · 자격 · 경력 현황	15		
– 비상조치계획	– 도급 · 용역 · 위탁받는 업무 시 발생 가능한 비상상황 및 대처에 적합한 비상조치계획	15		

(출처: 고용노동부 "중대재해처벌법 따라하기" 기반 작성)

▷ 도급 · 용역 · 위탁 업체 안전보건 수준 평가 예시 (2)

평가항목	세부 평가지표	배점	득점	비고
안전보건 관리체제 (20점)	1. 일반원칙 원청과 하청사업주의 안전보건방침 부합 여부	5		
	2. 계획수립 원청의 산업재해예방활동에 대한 하청의 이행계획 부합 여부	10		
	3. 구조 및 책임 이행계획 추진을 위한 구성원의 역할 분담	5		
실행수준 (40점)	4. 위험성평가 도급사업의 위험성평가 결과에 대한 이해수준 및 자체 유해·위험요인 평가수준	5		
	5. 안전점검 안전점검 및 모니터링(보호구 착용 확인 포함)	10		
	6. 이행확인 안전조치 이행여부 확인(원청의 지도조언에 대한 이행 포함)	10		
	7. 교육 및 기록 안전보건교육 계획 및 기록 관리	5		
	8. 안전작업허가 유해위험작업에 대한 안전작업허가 이행 수준	10		
운영관리 (20점)	9. 신호 및 연락체계 원청/하청 간 신호체계, 연락체계	10		
	10. 위험물질 및 설비 유해위험물질 및 취급기계기구 및 설비의 안전성 확인	5		
	11. 비상대책 비상시 대피 및 피해 최소화 대책(고용부, 소방서, 병원 포함)	5		
재해발생 수준 (20점)	12. 산업재해 현황 최근 3년간 산업재해 발생현황	20		

등급	득점	이행수준
S	90점 이상	도급사업을 안전하게 수행할 역량이 우수함
A	80점 이상	도급사업을 안전하게 수행할 기본적인 역량을 갖춤
B	70점 이상	도급사업을 안전하게 수행할 역량이 보통임
C	60점 이상	도급사업을 안전하게 수행할 역량이 부족함
D	60점 미만	도급사업을 안전하게 수행할 역량이 매우 낮음

▷ 도급/용역/위탁 시 안전보건 확보에 관한 이행점검 체크리스트 예시

no.	이행점검 세부 체크 리스트	평가 결과
1	「중대재해처벌법」에 따른 도급/용역/위탁을 받는 자의 산업재해 예방을 위한 조치 능력과 기술에 관한 평가기준 및 절차 수립	적정/조건부 적정/부적정 (평가 의견:)
2	수립된 평가기준에 대한 운영 적정성 확인	적정/조건부 적정/부적정 (평가 의견:)
3	도급/용역/위탁을 받는 자의 안전보건을 위한 관리 비용에 관한 기준	적정/조건부 적정/부적정 (평가 의견:)

10) 재해 발생 시 재발방지대책 수립/이행 관련 사례

① 재해 발생 시 재발방지 대책의 수립

중대산업재해를 포함한 재해 발생 시 해당 종사자가 소속된 조직에서 재발방지계획서를 직접 작성해야 하며 해당 사업장 안전조직은 해당 재발방지계획서 검토를 진행하고 작성이 불량한 경우 이를 재작성토록 요청해야 한다. 또한, 사업장 안전조직은 사업장 내 발생된 재해 관련 누락, 은폐가 발생되거나 재발방지대책이 누락되지 않도록 관리하는 것이 중요하다고 할 것이다.

② 재해 발생 시 재발방지 대책의 이행에 관한 조치

사고 발생에 따른 재발방지계획 수립 부서는 계획에 따라 개선추진을 진행해야 하며, 사업장 안전조직은 재발방지를 위한 개선 대책방안이 적절하게 실시 또는 지속적으로 이행되고 있는지 점검해야 한다.

▷ 관련 업무표준 및 보고 프로세스 (예시)

[사고조사 및 처리 업무표준]

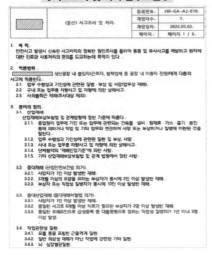

[중대재해 및 비상상황 보고 프로세스]

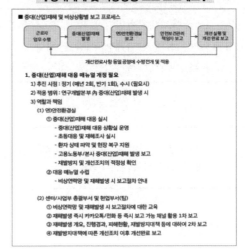

▷ 사고조사 보고서 서식(간이 보고) 예시

사고조사 보고서					
사고 조사 담당	소속		성명	소속	성명
사고명				사고일시	
재해자 정보	소속:		성명:		직급:
기인물/가해물					
사고장소		상해부위		사고형태	
사고내용					
사고원인	직접				
	근본				
피해내용 (상세)	인적				
	물적				
의사/외부 전문가 소견					
재발방지 대책					
기타/사고 사진 등					

(출처: 고용노동부 "중대재해처벌법 따라하기" 기반 작성)

▷ 재해 감소대책 및 실행 계획서 작성 서식 예시

구분	유해·위험요인 파악			관련근거	현재 위험성	감소대책		개선 후 위험도	보호장구	담당자	조치 요구일	조치 완료일	완료 확인
	내용	원인	유해·위험요인	법규/노출기준		번호	세부내용						
기계적 요인													
전기적 요인													
화학적 요인													
생물학적 요인													
작업특성 요인													
작업환경 요인													

(출처: 고용노동부 "중대재해처벌법 따라하기" 기반 작성)

▷ 아차 사고 보고서 양식 예시

작업명		등급	A, B, C
작업내용			
위험내용			
발생원인			
예방대책 (조치내용)			
위험 접촉 빈도			
공유 대상 분류			
작업현장 상황 설명 (사진, 도면)			

(출처: 고용노동부 "중대재해처벌법 따라하기" 기반 작성)

▷ 아차 사고 등급 분류기준 예시

등급	위험정도	조치
A	중대재해가 예상되는 경우	- 중대재해 발생과 동일시 - 조업 중단 후 사고조사 및 재발방지 대책 수립
B	재해(사고)발생 시 중상* 또는 시설물 부분 파손 및 조업의 지장 예상되는 경우	- 산업재해 발생과 동일시 - 임시 조치 후 안전대책 수립·시행
C	재해(사고)발생 시 경상** 또는 당해 시설물의 파손이 예상되는 경우	- 현 상태로 작업은 가능하나, 교육 시행 등의 안전관리 조치

* 중상: 하루 이상 입원 및 1개월 이상의 치료를 필요로 하는 부상이나, 신체활동 부분을 상실하거나 그 기능을 영구적으로 상실한 경우
** 경상: 사망, 중상을 제외한 부상

(출처: 고용노동부 "중대재해처벌법 따라하기")

▷ 도급/용역/위탁 시 안전보건 확보에 관한 이행점검 체크리스트 예시

no.	이행점검 세부 체크 리스트	평가 결과
1	재해의 기록, 조사 및 분석에 필요한 절차 유지 여부	적정/조건부 적정/부적정 (평가 의견:)
2	재해 발생 시 긴급조치를 위한 통보 및 초기대응 계획 수립 여부	적정/조건부 적정/부적정 (평가 의견:)
3	재해 발생 시 사고보고서 작성 및 재발방지대책 수립의 적정성	적정/조건부 적정/부적정 (평가 의견:)
4	재발방지대책 계획 및 개선조치의 이행 여부	적정/조건부 적정/부적정 (평가 의견:)

11) 정부기관의 시정명령 등에 대한 이행 관련 사례

정부기관에 의한 시정명령 등의 발생에 대한 이행 관련 사항은 아래와 같다.

① 정부기관 등의 개선, 시정명령 사항의 이행
고용노동부, 소방서 등 관공서에서 직접 수행한 감독 또는 안전진단 명령에 의해 진행된 안전진단 사항 등에 대한 누락 없이 실행되어야 한다.

② 정부기관 등의 개선, 시정명령 사항의 이행 확인 및 점검
안전보건 전담조직은 각 사업장 내 정부기관 등의 개선, 시정명령 사항이 발생하는 경우 개선계획 및 해당기관의 회신 완료여부, 개선완료 또는 지속 이행 여부를 확인·점검하여 경영책임자에게 보고하고 후속조치 진행여부를 확인해야 한다.

③ 정부기관 공문 대응
정부기관으로부터 수신된 공문은 내부 보고체계에 따라 보고 후 문서 수신함 등에 보관 관리해야 하며 요청사항에 대한 기한을 반드시 준수해야 한다.

▷ 도급/용역/위탁 시 안전보건 확보에 관한 이행점검 체크리스트 예시

no.	이행점검 세부 체크 리스트	평가 결과
1	「중대재해처벌법」에 따른 정부기관 등 시정조치 및 예방조치 이행	적정/조건부 적정/부적정 (평가 의견:)
2	기타 정부기관 등의 중대산업재해 예방관련 공문 대응	적정/조건부 적정/부적정 (평가 의견:)

12) 관계 법령에 따른 의무이행 확인 및 개선 관련 사례

① 상반기 중대산업재해예방 의무이행 점검

중대재해처벌법에 따라 전사 안전보건 전담조직 주관으로 '중대산업재해 예방 안전보건 확보의무 점검'을 진행해야 하며 산업안전보건법 및 안전보건 관계 법령에 따른 의무이행 확인 및 개선사항에 대한 점검을 실시해야 합니다. 각 사업장별 1차 자체점검 후 전사 안전보건 전담조직 주관으로 2차 확인점검을 진행하는 것이 권장된다.

▷ 관계 법령 의무이행 관련 확인 사례 (예시)

No.	항목	주요 확인 내용	문항 수	확인 결과
1	법규준수평가	관계법령 요구사항 관련 최신화 유지 등	2	-
2	P S M	PSM 공정안전보고서 작성 및 제출 등	3	-
3	밀 폐 공 간	밀폐공간 보건프로그램 계획 수립 등	4	일부 사업장 밀폐공간 교육결과 서명지 기록관리 요망
4	화 재 예 방	소방시설물 정기/안전점검 실시 등	3	-
5	보 호 구	규정된 보호구의 지급 및 착용 등	3	근로자 보호구 착용 관련 지속적 확인점검 요망
6	안 전 검 사	안점검사 대상 파악 및 2년 1회 검사 실시 등	2	-
7	유해위험기계기구	적법 방호장치 및 검정품 사용 등	2	-
8	위 험 물	위험물 저장 및 취급소의 시설기준은 적정성 등	5	-
9	공 사 안 전	공사작업에 대한 안전대책 수립 등	3	-
10	작업환경측정	예비조사 실시 및 반기 1회 측정 실시 등	8	-
11	석 면 조 사	건축물 철거 또는 해체시 석면조사를 실시 등	1	일부 사업장 석면조사 점검결과 기록증빙 보완 필요
12	중 량 물 취 급	중량물 취급관련 안내표지 부착 등	2	-
13	건 설 기 계 등	하역운반기계 사용자 자격 확인 등	3	-
	계		41	10개 보완사항 확인, 해당 사업장 시정조치 완료

▷ 관계 법령에 따른 의무이행 확인 및 개선에 관한 이행점검 체크리스트 예시

no.	이행점검 세부 체크 리스트	평가 결과
1	「중대재해처벌법」에 따른 안전·보건 관계 법령에 따른 의무 이행 여부 확인	적정/조건부 적정/부적정 (평가 의견:)
2	이행 여부 확인 및 보완 필요사항에 대한 개선	적정/조건부 적정/부적정 (평가 의견:)

13) 유해 · 위험작업 등 안전보건교육 실시 관련 사례

① 법정 안전보건교육

산업안전보건법에 따른 정기교육, 특별교육, 신규채용 시 교육 및 관계 법령에 의거한 교육을 누락 없이 실시해야 하며 해당 교육 결과를 시스템 내 등록 또는 결재 보고토록 관리해야 합니다. 특히, 유해 · 위험 기계기구, 용접작업, 유해물질 취급작업 등 유해 · 위험한 작업에 관한 특별교육 등 안전보건교육을 누락 없이 진행해야 중처법 시행령 제5조제2항제3호(유해 · 위험작업 안전보건교육 실시확인)의 요건을 충족할 수 있습니다.

② 기타 현장관리자 대상 안전교육

법정 안전교육 외 현장 안전관리자 대상 집체 안전교육을 통한 안전의식 제고 및 안전문화 조성을 위한 다양한 교육을 기획 및 운영해야 합니다. (대상: 사업장 안전관리자/안전추진자/관리감독자 등)

▷ **연간 교육계획 수립 서식 예시**

번호	교육구분			교육과정	일정												대상인원(명)	교육방법	교육강사	효과성평가	비고
	안전보건	공정안전	수급업체		1월	2월	3월	4월	5월	6월	7월	8월	9월	10월	11월	12월					
1	○			정기안전보건교육		○		○		○		○		○		○		집체(내부)			
2	○			관리감독자안전교육					○									집체(외부)			
3	○			특별안전보건교육							○							집체(내부)			

(출처: 고용노동부 "중대재해처벌법 따라하기" 기반 작성)

▷ 현장 맞춤형 안전 교육 운영 사례 (예시)

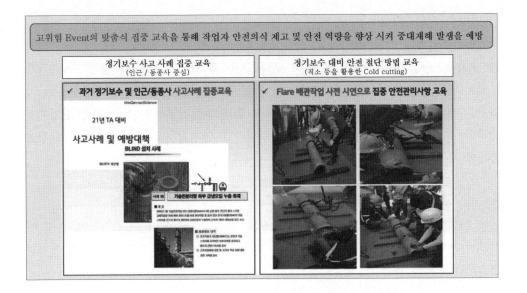

▷ 관계 법령에 따른 의무이행 확인 및 개선에 관한 이행점검 체크리스트 예시

no.	이행점검 세부 체크 리스트	평가 결과
1	관계 법령에 따른 법정의무 안전교육 실시 및 이행 확인	적정/조건부 적정/부적정 (평가 의견:)
2	기타 사업 또는 사업장에서 필요로 하는 추가적인 안전교육 실시	적정/조건부 적정/부적정 (평가 의견:)

2. 안전보건관리체계 구축 우수사례(기업별 사례)

1) 안전이 곧 최상의 서비스: ○○공항공사

▷ CEO와 경영진 모두가 발로 뛰는 현장 멘토링 제도 운영

○○공항공사는 CEO 및 경영진과 전국 14개 공항 등 18개 사업장을 매칭하는 '안전 멘토링 제도'를 운영하고 있습니다. 경영진이 솔선하여 직접 현장을 발로 뛰며 안전 최우선 문화 확산의 주춧돌 역할을 하고 있는 것이라고 한다.

CEO와 부사장은 전 사업장과 소통하고, 5명의 본부장은 각각 3~4개 멘토 사업장을 지정하여 멘티 공항 내 안전관리 상태, 보건관리 상황, 건설현장 안전조치 실태 등을 점검하고 현장 근로자와 적극 소통해 나가고 있으며, 안전사고 예방을 향한 강력한 의지를 실천하기 위해 2021년을 시작으로 '안전 중심 경영의 해'로 선포한 후 총 86회에 걸쳐 전국 현장점검을 하며 안전사고 예방에 총력을 기울이고 있다.

[그림-60]   ○○공항공사 안전경영방침/안전보건 VISION 및 목표

밀폐공간 작업 및 고소작업 등 위험성이 높은 소규모 현장을 지원하는 '안전환경 지원 프로그램' 운영과 함께 사고 예방을 위한 안전장비를 지원하고 관련 예산도 대폭 확대해 나가고 있다고 한다.

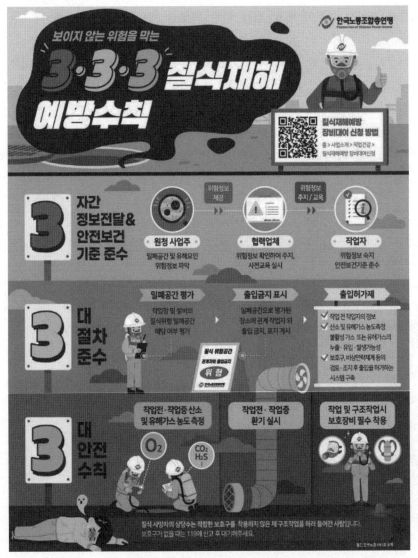

[그림-61] 밀폐공간 안전작업 수칙 안내 사례 (자료 출처: 한국노총)

▷ 안전이 곧 최상의 서비스, 공항 가족 안전이 우리의 목표

○○공항공사는 전국 공항의 기계, 전기 등 모든 작업현장에 안전전문기관을 통해 자율안전진단 컨설팅을 실시하였으며 해당 진단을 통해 총 2,315건의 개선사항을 발굴하여 2023년까지 모든 항목을 완료할 계획을 수립하였다.

건설현장의 안전점검도 빠뜨리지 않고 내부 건설전문가로 구성된 자체 안전 패트롤반을 운영하여 현장을 불시 점검하였고 그를 통해 다수의 위험요소를 발굴하여 꾸준히 개선해 나가고 있습니다. 2021년 한 해에만 사고 위험이 높은 소규모 공사현장의 컨설팅 활동을 집중적으로 펼쳐 굴삭기 전도방지 조치 등 총 146건의 미흡사항을 발굴하여 즉 조치 또한 완료하였으며 안전중심 경영방침을 이행하기 위해 안전조직을 개편하여 안전총괄 기능을 수행하는 전담 조직을 운영하고 역할과 책임을 명확히 부여하였다.

전국 공항의 현장 작동성을 개선하기 위해 300인 미만 중규모 이상 7개 공항에도 법적 의무를 상회하는 전담 안전관리자를 배치함은 물론 본사 중앙통제센터와 공항운영센터를 운영(3개 공항)함으로써 사건·사고를 신속히 보고하고 대응하는 체제를 유지하고 있습니다. 안전부문에 대한 투자 또한 매년 지속적으로 확대하고 나가고 있다고 한다.

▷ 현장 근로자의 눈높이로, 안전보건관리제도의 현장 수용성 강화

안전 전담 조직은 기존의 복잡한 안전작업제도를 개선하여 근로자의 수용성을 높이고 작동성을 강화하는 데 많은 노력을 기울이고 있다. 그동안 고소작업, 화기작업, 밀폐공간작업 등 위험작업은 작업허가를 받도록 했지만, 현장에서는 절차대로 운영되지 않는 사례가 발생하자 복잡하고 세분화된 위험작업 관리절차를 작업허가제로 통합한 것이 그 개선 사례라고 할 수 있을 것이다. 또한 각 사업장의 안전보건관리에 대한 실태를 분석하여 그동안 부족했던 안전관리에 관한 지침을 제정하였고 건설현장 컨설팅 결과를 반영한 건설현장 안전관리 지침도 수립하였다.

또한, 관리자/근로자의 작업중지권을 활성화할 수 있도록 '작업중지 요청제 운영지침'을 제정하고, 근로자가 작업중지권을 적극적으로 활용할 수 있도록 홍보용 포스터와 현수막을 현장에 부착하고 철저한 교육 또한 실시하였다고 한다.

[그림-62] 작업중지 안내 자체 포스터 제작

▷ 안전의 주인공은 바로 우리, 전임직원 안전의식 역량 강화

안전정보를 가장 필요로 하는 곳은 바로 현장임에 따라 현장 근로자에게 다양한 안전 콘텐츠를 제공하기 위해 매주 안전이슈와 사고 사례, 작업 안전수칙 등을 공사 직영 및 자회사 근로자에게 맞춤형으로 제공하는 'WEEKLY 안전섹션'을 운영하고 있으며 본사에서 자회사 작업현장까지 안전정보를 직접 배송하는 서비스 또한 시행 중이라고 한다.

또한 현장 내 안전확보를 위해 반드시 필요한 근로자 안전의식을 강화하고 참여를 독려하기 위해 위험요인 발굴 우수부서 포상제도, 안전 BP(Best Practice)제도 등 다양한 제도를 운영하고 있다.

[그림-63] 현대산업개발 안전경진대회 사례

안전 BP제도는 전국 현장의 우수한 안전관리 개선 성과를 평가·공유하고 전사적으로 전파하기 위해 기획되었으며 제도 활성화를 위해 4개 분야에서 총 45건의 우수사례를 발굴해 8건을 포상('21년 기준)하기도 하였다.

또한 노동조합과의 안전협력 협약식을 체결하여 안전보건에 관한 노사 공동의 활동을 공식화하고 안전이슈를 해결하기 위해 노사가 머리를 맞대고 함께 협력하기 위한 안전협력 협약식을 2022년 5월에 체결하였으며 이는 노사 안전공동 활동의 모범사례라고 있다.

이와 유사한 노사공동 안전활동은 한화솔루션에서도 찾아볼 수 있으며 이는 여러 사업장에서 벤치마킹을 검토해 봐야 할 좋은 사례라 할 수 있을 것이다.

[그림-64] 한화솔루션 노사합동 현장 안전점검 운영 (출처: 중앙일보)

▷ 안전 및 보건은 근로자 기본권리→ 맞춤형 건강증진 사업 시행

근로자는 맞춤형 종합건강진단을 받고, 건강진단 결과 고위험군과 유소견자에 대한 사후관리도 지원받을 수 있도록 하였습니다. 맞춤형 건강플러스 + 프로그램 (금연친구 교실, 허리둘레 5% 줄이기, 힐링요가, 명상 등), 심리 전문 상담 프로그램, 건강증진 수기공모전, 자가 건강체크 · 앱 활동 건강관리 등 스마트 헬스케어존 구축 등 근로자의 건강증진을 위한 다양한 프로그램을 자회사 근로자까지 참여하도록 운영하고 있다.

(자료출처: 고용노동부)

2) 안전보건관리체계 구축을 위한 기술투자: ○○기업

▷ 더 이상의 사고 발생을 막기 위한 안전보건 기술투자

○○기업에서는 2018년, 2020년 각 1건씩의 중대재해가 발생하였으며, 두 사고 모두 근로자에게 보호구를 지급하고, 작업장의 사전 안전성 검사를 실시하거나, 고소작업차량을 제공하는 등 안전조치를 하였음에도 안타깝게도 사고를 막지 못하였다.
이에 따라 같은 사고를 반복하지 않도록 전사 차원의 사고방지 대책을 수립하고 현장 실행력을 강화하여 '안전하고 건강한 일터 구현'을 안전방침으로 삼고 다양한 안전투자를 집행해 나가고 있다고 한다.

먼저 위험 · 취약시설을 개선하고 안전장비를 늘리기 위한 투자를 확대함으로써 노후된 통신주나 맨홀, 전원시설을 교체하고, 통신구 내 소방시설을 보강하였고 통신전주 위에서 작업하는 근로자를 추락의 위험으로부터 보호하기 위해 IoT 안전모를 지급하거나 안전모에 활선경보기를 부착하는 등 다양한 안전장비를 추가 구입하여 현장에 배포하였다.

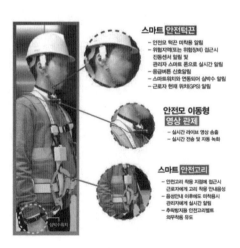

[그림-65] 스마트 개인안전보호구
⇒ 안전모, 안전고리 미착용시 경보음, 위험지역 접근 경고 (출처: 국토교통부)

또한 본사에는 안전보건담당을 신설하고, 광역본부에 안전보건팀을 운영하고 있으며, 근로자들이 산업안전 관련 자격증 취득을 지원하기 위해 온라인교육을 제공하고 있다. 그외 어플리케이션을 활용하여 작업방법을 변경하거나 안전하게 작업할 수 있도록 추락위험을 근본적으로 제거하는 어플리케이션을 개발하여 현장에 배치함으로써 이전에는 근로자가 철탑에 올라 측정기를 직접 연결해야 했지만, 원격으로 점검할 수 있는 어플리케이션을 활용하면 직접 오르지 않아도 점검할 수 있게 됨으로써 추락위험요인을 제거할 수 있었다고 한다.

무엇보다 작업자의 위치와 공사현장 주변의 위험시설을 확인할 수 있는 '공사현장 위험시설 경보 모바일 App'과 작업 전 안전점검 체크리스트를 제공하고 순회일지를 기록할 수 있는 '안전관리 체크 모바일 App'을 활용하면 손쉽게 현장의 안전에 관한 사항을 관리할 수 있도록 한 것이 획기적 발전 사항이라고 할 수 있을 것이다.

▷ 기술투자가 효과를 보려면 안전 마인드를 갖추는 것이 기본 중의 기본

이러한 기술투자와 함께 작업자가 안전의식을 높임으로써 '안전하고 건강한 일터'에서 일할 수 있도록 다양한 제도 또한 마련되어 있습니다. 협력회사를 포함하여 위험한 상황에서 무리하게 작업하지 않도록 작업중지권을 활성화했고, 작업중지권을 사용한 작업자가 불이익을 받지 않도록 한 것이 큰 변화라고 할 수 있다.

그 외 본사와 광역본부 주관으로 안전수칙 준수 여부를 점검하고, 안전수칙을 위반한 경우 삼진 아웃제를 적용하였으며, 특히 협력사가 안전수칙을 위반하면 평가에서 감점을 받도록 하고 사내 지정된 3대 기본 안전수칙을 위반할 시 경고 없이 징계하는 '원스트라이크 아웃제'를 2022년부터 시행해 오고 있다.

〈원스트라이크 아웃제〉
① 안전모 · 안전대 · 안전화 미착용자 또는 회사가 제공하지 않은 장비 사용자
② 사다리 작업 시 2인 1조 미준수자 ③ 작업허가서 없이 작업한 자

공사 현장에서 발생할 수 있는 안전사고에 대비하기 위해 안전체험관을 운영하고 있

으며 특히 추락, 감전사고를 체험할 수 있는 VR 교육도 추가하여 원청 및 협력회사 인원 전원을 대상으로 안전체험 교육을 지원하고 있으며 안전체험 교육에 대한 수요 확대로 일부 지역에 국한된 교육장을 전국적으로 확대해 나갈 예정으로 있다.

(자료출처: 고용노동부)

[그림-66] 국내 발전사 당진 안전체험관 VR 교육장 (출처: 일렉트릭파워저널)

3) 건설현장 안전관리체계 구축 우수사례 VS 불량사례

▷ 안전보건관리체계 선제적 도입 현장

A사는 시공능력 순위 40위권의 종합건설업체로서 규모는 그리 크지 않지만 지난 4년간 사망사고가 단 한 건도 발생하지 않은 우수기업이다. 이러한 성과는 대표이사의 지시로 '15년도에 처음 안전전담 조직을 구성한 것에서부터 출발하였다고 합니다. 처음에는 2명으로 시작했지만, 지금은 5명이 되었으며 부서장의 직급도 부장에서 임원으로 승격되었다고 한다.

현장 내 위험요인 관리는 설계부터 시작됨에 따라 안전설계 지침을 마련하여 추락, 붕괴 등 현장에서 발생할 수 있는 위험요인을 최소화하였으며 2m 이상 굴착할 때는 반드시 흙막이를 설치하고, 시스템 비계의 기본적 사용 외 층고가 4미터 이상이면 반드시 시스템 동바리를 적용토록 내부 지침을 수립하여 현장 내 적용해 오고 있다.

타워크레인 설치·해체, 갱폼(gang-form) 등 고위험 작업은 현장에서 작성한 작업계획서를 본사 안전전담 조직이 검토하고 허가해야지만 시작할 수 있도록 현장 안전수칙을 제정하였으며, 현장에서 일일 단위로 실시하는 위험성 평가는 현장소장이 직접 챙기도록 하였으며, 스마트한 안전관리 운영을 위해 현장의 관리감독자들은 '안전관리 APP'을 사용하여, 현장의 위험요인을 현장소장과 본사에 알리도록 하였고 정기적인 안전협의체를 통해 근로자의 의견을 수렴하여 본사로 보고토록 하고 있다.
이러한 결과 등을 종합하여 본사에서는 정기적으로 현장 안전관리 수준을 평가하고 대표이사 또한 월 1회 안전회의에 반드시 참석하고 있다고 한다.

작은 규모 건설현장 내 이러한 안전관리 수준 향상 및 의식의 변화는 현장의 의견을 적극적으로 수렴한 결과라고 할 수 있으며 작업자들에게 배포하는 안전관리 포켓북, '안전자격 취득 장려제' 도입도 직원들의 의견을 수렴한 결과라고 할 수 있을 것이다.
최근에는 작업중지권을 행사하거나 아차 사고를 신고한 근로자에게 인센티브를 지급하는 방안 또한 검토되고 있다고 한다.

(자료출처: 고용노동부)

4) 화학회사 안전관리 구축

▷ 안전하지 않으면 실행하지 않는다!
　근로자 참여 속 365일 안전사업장 목표로 순항 중

XX화학㈜은 정밀 화학제품을 생산하는 기업으로 1980년대 공장건설 단계부터 해외 합작회사의 안전관리시스템을 적용했고, 30여 년간 '안전이 최우선'이라는 확고한 철학 아래 모든 임직원이 안전문화 정착을 위해 노력해 오고 있다. 고용노동부의 '무재해 동탑', 한국산업 안전보건공단의 '안전관리 우수사례 우수상' 등을 수상한 바 있다.

▷ 근로자 스스로 만들어 가는 '세이프티 컬처'

회사 관계자는 "우리 회사의 경영이념과 핵심가치, 그 모든 바탕에는 '세이프티 퍼스트(Safety First, 안전 최우선)' 정신이 자리하고 있어요. 고도의 자동제어시스템으로 돌아가는 석유화학 공장은 사고 빈도가 비교적 낮은 편이지만, 화재나 폭발, 누출사고가 발생하면 치명적인 피해로 이어질 수 있어서 '안전'을 정말 잘 챙겨야 합니다."를 강조하고 있다.

XX화학㈜는 다양한 안전설비와 고가의 시뮬레이터 프로그램을 갖춘 안전관리 체계를 구축하여 2만 5천 평 규모의 기계설비를 안정적으로 가동하고 있으며 여기에 하나 더 공을 들이고 있는 것이 '근로자의 적극적인 참여'이다.
"사업장을 안전하게 운영하려면, 투자도 중요하지만, 그보다 더 중요한 건 조직문화입니다. '안전은 모든 일에 최우선이며, 현장에서 행해질 때 진정한 의미가 있다'는 슬로건이 공허한 구호로 끝나지 않도록, 전 임직원이 세이프티 컬처(Safety Culture)에 집중하고 있습니다."

XX화학㈜은 주기적으로 '안전 서약식'을 개최하고 있으며 이때 대표이사부터 신입근로자까지 '안전 서약서'에 서명하고, 이를 사무실과 공장 곳곳에 붙어놓고 있으며 서약서에는 안전 준수 원칙과 슬로건 등이 기재돼 있는데, 이 내용 또한 워크숍을 통해 근로자들이 의논하고 선정한 사항들이라고 한다.

또한 2개월마다 전 사원을 대상으로 열리는 '경영설명회'에서는 국내외 화학 기업의 사고 사례와 안전환경 법규, 문제점 및 개선책 등을 대표이사가 직접 설명하고, 안전에 관한 다양한 정보를 공개하고 있다.

▷ 소통과 참여로 안전과 신뢰 쌓는 '안전보건 강조주간'

'세이프티 컬처'를 위한 프로그램 중 으뜸은 직원들이 'SAW(Safety Awareness Week'라고 부르는 '안전강조주간'입니다. 이는 2001년 합작사의 해외 공장에서 압력 용기 청소작업을 하던 근로자 3명이 사망한 사고를 계기로 도입된 프로그램이다.

"상·하반기 1회씩, 일주일간 오직 '안전'만 생각하면서 집중적으로 안전활동을 하죠. 월요일 출근길에 공장장과 팀장들이 정문에서 안전구호를 외치고 직원들에게 비타민제 등을 나눠 주는 '안전 캠페인'을 시작으로 다양한 프로그램을 진행합니다."

〈안전보건 강조주간 운영 프로그램〉

월	화	수	목	목
(1) 출근 시 안전 캠페인 (2) 액상 탱크로리 차량점검 및 누출사고 대응 훈련	(3) 불시 비상대응 훈련 (화재 or 케미칼 누출) (4) 안전환경 자체 감사 결과 공유, 설명회	(5) 사고 사례 안전 워크숍 (6) 전문가 초빙 안전교육 (7) 금연/절주 홍보관 체험	(8) 안전준수 서약서 서명식 (9) 초산 탱크로리 차량 주행 중 안전운행 평가	(10) 소화기 방사 훈련 (11) 안전보건 강조 주간 소식지 배포(사내 그룹웨어 프로그램에 뉴스레터 공지)

① 안전슬로건 게시(예: 안전하지 않으면 실행하지 않는다)
② 안전준수다짐 5분 사내방송(점심시간 전 11:55분~12:00, 팀별 1명 순번제)
③ 안전표어 공모(수상작은 차기 정기보수 현수막 부착)
④ 사고 사례 전시회 (국내·외 사고 사례)

SAW는 모든 임직원이 함께 소통하며 현장의 의견을 공유하는 '양방향' 프로그램으로 구성되고 있다. 또한 전 직원을 대상으로 안전표어를 공모하고, 선정된 표어는 현장에 부착하고 있으며 점심시간 직전 5분간 분임 대표자가 사내 방송에서 '안전'을 주제로 건의사항, 에피소드 등을 자유롭게 이야기토록 하고 있으며, 이 중 가장 인기 있는 프로그램은 '안전 워크숍'이라고 한다. 안전 워크숍은 약 10여 명으로 구성된 분임조들이 특정 사고 사례를 정해 문제점과 해결방안을 토론하고, 그 결과를 발표하면 임원과 안전환경담당자가 피드백하는 형식으로 진행되고 있다.

SAW에서 발굴한 우수한 제안은 대부분 이행되어 참여자들은 성취감을 느낄 수 있고, 우수 근로자는 인사고과에서도 좋은 점수를 얻을 수 있어 직원들 대부분 적극적으로 참여하고 있다.

"안전에 관한 문제 제기만큼은 회사가 반드시 해결해 준다는 신뢰가 있어야 근로자들에게 안전규칙 준수를 요구할 수 있어요. 최근 기존에 사용하던 것보다 더 안전한 개인보호구가 필요하다는 제안이 있었는데, 다소 비싸지만 합리적인 제안이라고 판단해서 바로 추진하기도 했어요. 설비 계단의 미끄럼 방지 패드 부착이나 공장 내 보행자 통로 설치 같은 소소한 요청사항들도 즉시 처리하고 있죠."

▷ 쉼 없는 자율점검으로 365일 안전한 사업장 만들기

'13년에는 일일 설비점검 및 관리체계 프로그램인 '365 카렌다'를 전사적으로 도입하였으며 직원 개개인이 일간, 월간, 분기별, 반기별, 연간 점검업무 사항과 결과를 등록해 관리하는 프로그램으로 본인은 물론 다른 근로자의 점검현황까지 파악할 수 있고 점검 및 관리업무 누락문제도 해결할 수 있었다고 한다.

"'안전하지 않으면 실행하지 않는다', '안전은 나와 내 가족, 내 동료들의 행복을 위한 것이다'라는 안전에 관한 원칙들을 마음속에 새기고 지켜 온 직원들이 있었기에 지금의 안전한 일터를 만들 수 있었어요. 기업의 시스템을 운영하고 발전시키는 건 결국 '사람'이니까요. 사고가 없어서 제품을 안정적으로 공급할 수 있었고, 거래처에서도 회사를 신뢰하고 있습니다. 앞으로도 '사고 없는 공장', '무재해 사업장'을 유지할 수 있도록 근로자가 참여하는 안전문화를 더욱 가꿔 나가겠습니다."

(자료 출처: 한국경영자총협회)

5) XX전자 반도체 부문

▷ 위험할 땐 'NO'라고 외치는 '작업중지권'으로 원·하청이 함께하는 안전문화

다양한 반도체 사업을 영위하는 XX전자 반도체 부문은 작업 도중 위험을 감지하면 즉시 중단할 수 있는 '작업중지권'을 모든 근로자에게 적극적으로 알리고 있다. 작업중지권 행사를 독려하기 위해 표준계약서에 작업중지에 따라 협력업체가 안게 될 손실을 보상해주는 조건도 명시해 놓았으며 협력업체 선정 평가 시 환경안전 역량 배점을 20%에서 50%로 높였고, 도급 기간의 안전관리 이행수준 배점도 기술 30%, 환경안전 70%로 조정해 협력업체의 안전역량 강화에 집중하고 있다고 한다.

▷ 위험하면 STOP! 안전하지 않으면 작업하지 않는다.

> 몇 해 전, XX전자 반도체 부문 내 협력업체 소속 근로자 A씨는 배관분리 작업 중 하던 일을 멈추고 환경안전팀에 전화를 걸었다. 내용은 현장이 어두워 작업 조도가 확보되지 않으니 '작업중지권'을 사용한다는 것이었다. 연락을 받은 작업중지권 운영부서와 환경안전팀, 협력업체 담당자는 즉시 현장에 나가 조도를 측정했다. 상부에 설치된 배관으로 인해 현장의 조도가 '보통작업' 기준치인 150럭스(Lux)보다 다소 낮은 상태였다. 새로운 조명이 설치된 후 A씨는 작업을 재개했다.

상기와 같이 협력업체 근로자 중 A씨처럼 작업중지권을 사용하는 건수가 크게 늘었으며 '20년 한 해 동안 245건에 그쳤던 건수가 2021년 상반기에 이미 1,200건을 넘어섰다고 한다.

"작업중지 독려제도는 2018년부터 시작했어요. 그 이후로 작업 시작 전에 위험요인을 찾고 담당 부서에 알려 안전을 확보한 뒤에 작업에 들어가는 협력업체가 늘었죠. 하지만 '작업 도중'에 작업중지권을 사용하는 경우는 좀처럼 늘지 않았어요."

XX전자 반도체 사업장 내 수많은 협력업체 근로자가 있으며 핵심사업장 내 유지·보수 작업부터 단순납품까지 수많은 사람이 드나들고 있는 상황을 고려하여 사업장

내 안전보건관리체계 구축 및 이행은 협력업체의 동참 없이는 불가능한 환경이었다. 이에 XX전자 반도체 부문은 지난해 말부터 50여 차례 설명회를 열어 업종별 협력업체 관리자와 현장소장들에게 작업중지권에 대한 의견을 전달하였으나 협력업체는 협력업체대로, 소속 근로자는 근로자대로 작업중지권 행사에 소극적일 수밖에 없었던 고충들을 털어놓았다고 한다.

"작업중지권의 취지에는 모두가 공감하고 있었어요. 하지만 협력업체 입장에서는 계약 물량이 그대로인 상태에서 작업이 중지될 때 납기일 지연이나 인건비 손실을 감수해야 했기 때문에 섣불리 작업을 중지할 수 없다고 하더군요. 협력업체 소속 근로자들 역시 작업중지로 인해 계약기간 동안 임금이 줄어들 것을 걱정했죠."

(자료 출처: 한국경영자총협회)

6) 정밀화학 소재기업

▷ 깐깐한 평가와 빠른 개선, '자체감사제도'에 따른 안전관리 수준 향상

정밀화학소재 전문기업인 XX인더스트리는 자동차 타이어, 차선용 도료, 페인트, 기저귀용 접착제, 테이프/라벨, 글루건 등 각종 접착제 원료 등을 생산합니다. 회사는 근로자의 안전과 재해 예방을 위해 20여 년간 안전관리 수준을 높이는 데 노력해 왔으며 특히 2002년부터 '자체감사'와 '내부감사' 등의 점검체계를 꼼꼼하게 손질하고, 업무 경험이 풍부한 역량 있는 내부직원을 감사원으로 투입해 현장의 안전관리 점검에 총력을 기울이고 있다.

▷ 역량 있는 내부감사원 양성 및 교육이 우선

XX인더스트리 모든 사업장 내 사고 없는 안전한 사업장을 만들기 위한 부단한 노력이 이뤄지고 있으며 그 중심에는 물 샐 틈 없이 깐깐한 감사제도가 있다.

"작은 사고 하나까지 미연에 방지하려면 사업장의 안전수준부터 정확하게 파악해야 합니다. 그래서 역량 있는 감사원 선정과 양성에 굉장히 신경을 많이 쓰고 있어요."

이 회사의 감사원 선정기준은 무척 까다롭다. 선정 시 관리자급 이상의 업무경력은 물론 전공, 자격, 자체감사원 양성교육 이수 등의 항목을 더한 점수가 내부기준으로 정한 일정 수준 이상이 되어야 하며 감사원의 지위를 정(正)과 부(副)로 구분해, 감사원(부)로 활동하며 경험을 쌓아야 감사원(정)으로 승격되도록 되어 있으며 현재 14명의 감사원(정, 부)이 활동하고 있다고 한다. '21년 6월에 실시한 자체감사에서는 각 공장 내 총 5명의 감사원을 차출해 감사팀을 구성하였다.

"한 사업장에 3일간 총 24일 동안 8개 사업장을 돌면서 자체감사를 하는데, 이를 '사업장 간 교차감사(Cross Audit)'라고 해요. 생산설비의 증설이 발생했을 때는 공정기술 전문업체에 용역을 의뢰해 자체감사를 시행해서 더욱 객관적인 감사가 될 수 있도록 합니다."

▷ 꼼꼼한 자체감사로 8개 사업장의 안전관리 체크

자체감사는 작업절차서 이행부터 위험성평가 등 안전보건관리체계 전반에 걸친 지침사항을 중심으로 진행된다. 서류 분석, 현장확인 등을 통해 항목들을 꼼꼼하게 파악하고, 최근 3년간의 결과를 비교·분석토록 하며 전년도 지적사항들의 개선율을 체크하고, 평가점수가 하락한 항목을 중점 관리할 수 있는 계획을 수립해 보고서를 작성합니다. 자체감사 보고서는 모든 사업장에 공유되며 개선사항이 발견된 사업장은 해당 공장장이 담당자를 지정해 교육과 개선이 즉시 이뤄지도록 하고 있다고 한다.

〈자체감사 진행과정〉
① 서류 분석, 현장확인 등을 통해 지침사항 준수 여부 파악 최근 3년간의 결과 비교·분석
② 전년도 지적사항 개선율 체크
③ 평가점수 하락 항목 중점관리계획 수립 보고서 작성
④ 모든 사업장과 자체감사 보고서 공유
⑤ 개선사항 발견 사업장은 공장장이 담당자 지정 후 즉시 개선

(자료 출처: 한국경영자총협회)

7) 안전보건관리체계 구축 컨설팅 중소기업 우수 사례

▷ 중소기업 여건에 맞는 「자기규율 예방체계」 구축 지원

고용노동부와 안전보건공단 주관으로 중소기업을 대상으로 한 「안전보건관리체계 구축 컨설팅 사업」을 운영하였다.

① 지원 개요
- 대상: 50~300인 미만 제조업 · 기타사업 등 2,000개소
- 기간: '22. 2~10월(컨설팅 및 모니터링 기간 등 포함)
- 내용: 중대재해처벌법상 안전보건관리체계(7대 핵심요소*) 구축 지원
  * ① 경영자리더십 ② 근로자 참여 ③ 위험 파악 ④ 위험요인 제거 · 대체 및 통제
    ⑤ 비상조치 ⑥ 도급관리 ⑦ 전사적 안전보건 평가 및 개선
- 방법: 민간위탁(민간 컨설턴트 2인 1조, 사업장별 4회 방문 컨설팅)

② 수상 기업 우수사례

대상을 받은 【모트렉스㈜】는 자동차 내비게이션 등 부품을 생산하는 업체로, 컨설팅 이후 안전보건총괄책임자 주도로 평가대상 공정 작업자, 관리감독자 등 전 직원이 참여하여 위험요인을 개선하는 등 위험성평가를 내실화하였으며, 특히, 위험성평가를 통해 현장에 지게차 작업 시 충돌 위험요인을 제거하기 위해 스마트 안전장비를 설치하고, 폐쇄 회로 텔레비전(CCTV) 모니터링 상황실을 운영하며 위험 기계 · 기구 · 설비에 대한 체계적 관리로 차기 안전검사 일정을 확인하는 시스템도 마련하였다.

최우수상을 수상한 【한국구보다㈜】는 유해 · 위험요인의 파악 및 제거 · 대체 · 통제 등 위험성평가 실시와 비상 시 조치계획이 현장에서 체계적으로 이행되고 있는 것이 높은 평가를 받았으며, 이는 컨설팅을 통해 안전보건경영방침을 새롭게 정비하였고, 아차사고 발굴, 작업 전 10분 안전 미팅(TBM), 사고 대응 시나리오를 추가 발굴하여 현장의 상황에 맞게 적용한 것이 주요 활동이었다.
또 다른 최우수상 수상기업인 【우지기업㈜】은 건물관리 서비스업을 운영하면서 전

국 53개 현장 근로자의 안전 활동 참여 제고를 위해 사회관계망서비스(SNS)를 활용하여 근로자에게 안전 정보를 전달하고 안전 제안을 접수하는 등 실시간 스마트 안전관리를 실시하였으며, 이외에도 우수상 수상기업인 【㈜미주산업】, 【동일산업(주)】, 【㈜프론텍】도 사업장 특성에 맞는 비상시 대응계획의 수립ㆍ훈련, 아차사고 신고 및 안전 제안을 통한 종사자 안전활동 참여 확대, 안전보건 조직인력 강화와 안전 예산 확대 등 체계적이고 다양한 노력을 높게 인정받았다.

고용노동부는 "이번 컨설팅 사업은 기업 스스로 '위험을 보는 눈(目)'과 '위험을 제거·통제할 힘(力)'이 생기도록 정부가 지원하는 것으로 지난달 발표한 「중대재해 감축 로드맵」의 '자기규율 예방체계 확립'이라는 취지에 가장 부합하는 사업으로서 올해 사업 결과를 꼼꼼히 살펴 내년에는 더 많은 기업에 실질적인 도움을 드릴 수 있도록 하겠다."라면서 "컨설팅을 마중물로 삼아 안전경영이 기업의 문화로 정착되도록 대표(CEO)의 관심과 지원이 쉼 없이 계속되어야 하고, 대표(CEO)와 관리자, 종사자 모두가 안전경영의 주체로 각자의 위치에서 그 역할과 권한에 맞는 책임과 의무를 함께 이행하는 것이 필요하다."라고 강조하였으며, 금번 과제를 함께 수행한 안전보건공단에서도 "중소기업에서 안전보건관리체계 구축에 많은 관심과 노력을 기울여 주신 경영책임자와 사업장 관계자분들께 감사의 말씀을 드리며, 우수사례가 다른 중소기업에도 확산 적용되어 중대재해를 예방하고 우리나라 중소기업의 안전보건 수준을 한층 높이는 계기가 되길 바란다"라고 밝혔다.

수상 내역	사업장명	우수사례 주요 내용
대상 (장관상)	모트렉스 ㈜	❖ **[위험성 평가]** 안전보건총괄책임자 주관하에 평가대상 공정작업자, 관리자 등 전 직원이 참여하여 위험요인을 개선하는 등 위험성 평가 내실화

위험성평가 실시 현장 모습 | 주요 위험작업 모니터링 상황실 운영

지게차 안전장치 (레드빔) | 지게차 안전장치 (후방카메라)

- 위험성평가를 통해 위험 작업구역 CCTV 모니터링 상황실 운영, 지게차 작업 시 충돌 위험 방지 안전 장비 설치 등 위험요인 개선
- 위험 기계 · 기구 · 설비 등에 대한 체계적 관리를 실천하여 기계 기구 등의 차기 검사 일정을 체크하는 등 Human Error 감소 노력
- 사업장의 수시 · 정기 위험성평가 통해 발굴된 유해 · 위험요인을 개선하고 조치내용을 종사자에 전파하는 등 안전관리 일상화 실천

최우수상
(공단
이사장상)

한국
구보다㈜

❖ [위험성평가] 유해 · 위험요인의 파악 및 요인 제거 대체 · 통제 등 위험성평가, 비상조치계획 이행이 근로자 참여를 바탕으로 현장에 맞게 체계적으로 정착

위험요인 개선 시스템(제거.대체)

근로자 아차사고 위험요인 개선(제거) | 작업별 위험요인 개선(대체)

- 위험요인 : 컨테이너 내부 어두워 충돌위험
- 개선대책 : 신고자-> 안전보건담당자-> 책임자
- 개선조치 : LED씨치라이트 비치, 지게차 부착

- 위험요인 : 오일 누수로 미끄러짐 위험
- 개선대책 : 안전보건관리담당자-> 책임자
- 개선조치 : 오일 유출방지 팔레트 설치

- 컨설팅을 통해 안전보건 경영방침 재검토 및 선포, 아차사고 발굴, 작업 전 10분 안전미팅(TBM), 사고대응 시나리오 추가 마련 등 개선

		조치
		▪ 도급 · 위탁 · 용역 시 안전보건 확보를 위한 조치로 도급업체 협의체 운영, 합동 안전보건점검과 개선조치가 모범적으로 정착
최우수상 (공단 이사장상)	우지기업 ㈜	❖ **[근로자 참여]** 근로자 참여를 통해 위험요소를 사전예방 하기 위해 [안전 BAND], [SNS 소통방]을 통해 실시간 산재예방 정보공유 및 안전제안 접수 ▪ 건물관리 서비스업의 특성을 고려하여 전국 53개 현장 간 산업재해 위험요인 공유 및 실시간 대응을 위한 관리체계 구축 ▪ CEO의 안전경영에 대한 열정과 관심으로 안전&교육센터를 설치하고 안전보건 전문가를 영입하여 근로자 안전보건교육을 적극 지원
우수상 (공단 이사장상)	㈜미주산업	❖ **[비상대응 · 훈련]** 비상조치 발생 시 대응력 향상을 위해 외부전문가 초청 교육 운영, 사업장 특성에 맞는 시나리오 수립과 훈련 및 평가 등 내실화

밀폐구역 내 가스 누출사고/화재예방 비상사태 대응 훈련 실시 사례

① 아르곤가스 누출, 산소농도 저하 ② 가스누출 신고, 비상경보기 작동 ③ 화물창 밖으로 비상대피, 작업중 회수
⑥ 화물창 내 작업자 출입통제, 유해가스 환기상태 점검 ⑤ 화물창 내 환배기 설치 확인(관리자) ④ 비상 집결지에서 1차 인원 확인
⑦ 비상집결지 인원 확인완료시 교육 ⑧ 심폐소생술, 산소호흡기 활용법 안내 ⑨ 대응훈련 상황 종료, 총평

- 중대재해가 발생될 수 있는 고위험 작업(Base Support 설치 등)을 선정하고 안전조치 표준*을 마련하는 등 특별관리 실시

  * ① 고위험작업 사전 준비, 순서도 작성 → ② 작업자 교육 → ③ 작업 전 안전점검, 고위험작업 안전표시 → ④ 관리감독자 상주 → ⑤ 작업종료 및 정리정돈

- 사업장 내 유해·위험요인의 다양한 시각화로 종사자 인지도 향상

  * LNGC 선박 화물장에 위험요인 로고라이트 설치, 위험요인 최초 발견자가 안전검검 초치요청 스티커 부착, 고위험리스크 발췌 카드제작 패용

우수상 (공단 이사장상)	동일산업 ㈜	❖ **[근로자 참여]** 아차사고(Near Miss)에 대한 근로자 신고 및 안전제안 참여 절차를 마련하여 신속한 조치를 통해 안전한 작업환경 조성

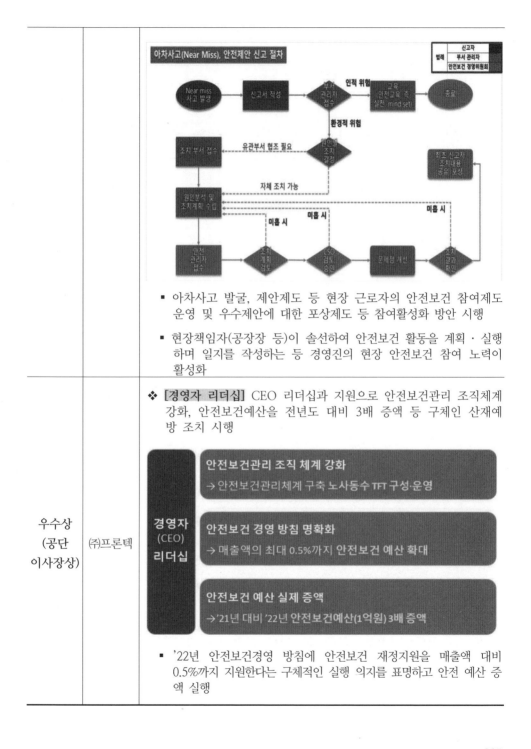

아차사고(Near Miss), 안전제안 신고 절차

- 아차사고 발굴, 제안제도 등 현장 근로자의 안전보건 참여제도 운영 및 우수제안에 대한 포상제도 등 참여활성화 방안 시행
- 현장책임자(공장장 등)이 솔선하여 안전보건 활동을 계획 · 실행 하며 일지를 작성하는 등 경영진의 현장 안전보건 참여 노력이 활성화

❖ **[경영자 리더십]** CEO 리더십과 지원으로 안전보건관리 조직체계 강화, 안전보건예산을 전년도 대비 3배 증액 등 구체인 산재예 방 조치 시행

경영자 (CEO) 리더십

안전보건관리 조직 체계 강화
→ 안전보건관리체계 구축 노사동수 TFT 구성·운영

안전보건 경영 방침 명확화
→ 매출액의 최대 0.5%까지 안전보건 예산 확대

안전보건 예산 실제 증액
→ '21년 대비 '22년 안전보건예산(1억원) 3배 증액

- '22년 안전보건경영 방침에 안전보건 재정지원을 매출액 대비 0.5%까지 지원한다는 구체적인 실행 익지를 표명하고 안전 예산 증 액 실행

| 우수상 (공단 이사장상) | ㈜프론텍 |

	▪ 안전보건관리체계 구축·이행을 위해 노사동수(사업주, 근로자 대표 참여)로 체계 구축 TFT 구성 등 종사자 참여에 기반한 안전관리 수행 　＊ 위험성평가에 따른 재발방지 대책 수립 시 근로자 의견 적극 반영 ▪ 아차사고 발생공정과 설비에 대한 개선 전후 일지 작성, 아차사고 재발방지 계획 및 사고 사례 전 직원 공유 등 세밀한 관리

(자료 출처: 고용노동부 안내 자료, '22년 12월 13일)

8) 일터혁신 컨설팅 통해 "안전 대응 역량 강화된 기업" 사례

① 안전한 일터 구축

▷ **안전환경 진단 평가 및 안전관리 체계 분석**
  (1) 안전, 보건, 소방, 환경영역으로 세분화된 안전환경 진단을 통해 기업의 안전
      문화 수준을 평가 분석함
  (2) 전문통신공사업의 특성상 외부 현장작업이 많으므로, 실제 현장에서 이루어지
      는 안전관리 체계 분석을 통해 문제점 도출

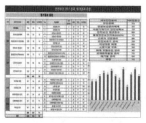  

안전환경 진단 결과　　　안전관리 현장 점검(1)　　　안전관리 현장 점검 (2)

▷ **안전보건 조직체계 구축**
  • 안전보건법 준수 및 법규에 의한 안전보건 업무를 원활히 수행하고, 전문성 있는
    안전보건관리감독 및 안전문화 조성을 위한 안전보건 조직체계 구축 (기업 내 관
    리감독자 선임 XX명)

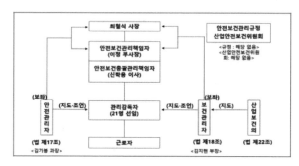

[그림-67] 조직체계도

[그림-68] 관리감독자 선임 및 임명장 수여

▷ 경영자 현장 안전점검 활동
 • 안전의식 제고 및 안전문화 조성 그리고 안전활동 활성화를 위해 사업주가 직접 위험작업 현장을 방문하여 안전점검 실시

[그림-69] 경영진 현장 안전점검

▷ 산업안전보건 표지 표준화
 • 산업안전보건표지 및 경고표지 등을 부착하여 현장 및 작업상황에서 주의를 환기시키고 산업재해의 예방과 근로자 의식고취로 안전문화 조성

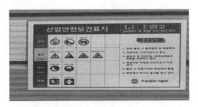
[그림-70] 산업안전보건표지 설치

▷ 산업재해 예방을 위한 교육실시

• 안전관리자에게 위험성평가 교육을 실시하여 위험성평가에 대한 이해와 수행 역량을 제고하여 위험성평가 수행 시 유해위험요인의 도출과 산업재해 예방 활동 강화

위험성평가 실무 교육자료   실무자 산업재해 예방 교육

[그림-71] 위험성 평가 및 실무자 교육 사례

▷ 위험성 평가 보고서 및 안전작업을 위한 안전보건 가이드 북 제작 및 배포

(1) 관련 법규에 의한 위험작업에 대한 정기 위험성평가를 실시하고, 유해 · 위험 요인을 발굴, 개선하여 산재를 예방하고 지속적 개선으로 무재해 사업장 실현

(2) 관리감독자가 현장에서 체계적인 안전관리를 할 수 있도록 안전관리 가이드를 작성하여 제공함으로써 지속적 안전관리 수행을 통한 안전활동 수준 향상

  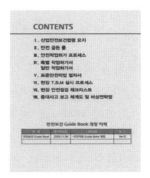

[그림-72] 위험성 평가 및 안전보건 가이드 예시

② 작업조직/작업환경 개선

▷ **작업조직/작업환경 혁신을 위한 추진조직 구성 및 운영**
  (1) 본 컨설팅의 현안이었던 자재창고의 작업환경 개선과 향후 지속적인 3정
     5S 활동을 추진하기 위해 별도의 추진조직 구성
  (2) 개선 방안 도출 및 개선 계획 수립을 위한 워크샵 실시

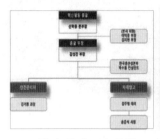 

혁신 추진조직 구성　　　　　　워크샵 실시

개선활동 실시
[그림-73] 혁신 추진 조직 구성 및 개선활동

▷ **자재창고 혁신적 개선**
  (1) 전문통신건설업 특성상 전문인력 운영과 자재창고(자재관리)의 효율적 운영이
     기업의 생산성과 직결됨에도 불구하고 기존의 자재관리는 효율적으로 운영되
     지 못함
  (2) 자재창고에 적합한 적치대 설치를 위해 도면 작성 및 적재 중량, 규격을 검토
     하고 향후 운영 및 안전사고 위험이 없도록 현장과의 협의 진행

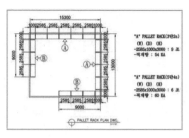
자재창고 레이아웃

품목/용도별 적재 및 명판 부착
[그림-74] 현장 정리활동을 통한 작업환경 개선

▷ 3정 5S를 통한 작업환경 개선
 • 자재창고의 3정 5S 규칙제정 통해 안전사고 예방 및 자재관리 효율성 제고
  (1) 안전 가이드 line 구획을 통한 안전사고 예방
  (2) 바닥 에폭시 도장작업을 통한 작업장 내 청결한 환경 조성
  (3) 자재창고 안전 수칙 규정을 통한 안전사고 예방
  (4) 자재 배치도 제작 및 게시 등

안전 가이드라인 구획

안전수칙등 표지 부착

바닥 에폭시 도장작업

기둥 충격흡수용 방호시설
설치 및 안전표시

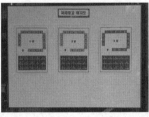
적치대 위치별 자재 배치도
제작/게시판 게시

위험물 보관함 명판 및
경고표지 부착

[그림-75] 현장 내 안전수칙 안내 및 보호대 설치 활동

▷ 제안제도 운영

- 생산성 및 품질향상, 업무효율 개선 등 기업의 경쟁력 향상과 업무효율성 개
  선을 위한 체계적인 제안제도의 운영으로 제안 활성화 유도

[그림-76] 제안제도 관리 규정

(자료 출처: 노사발전재단, '21년 10월 15일 보도자료)

9) 사업장 내 사고 재발방지 위한 주요 기업 활동 사례

▷ LG화학, 긴급 · 정밀 진단 통해 가동 중단 및 사업철수까지 검토
　현대중공업, 조선사업대표 사장급 격상 · 조직 확대 개편 통해 안전 강화

최근 잇따른 안전사고로 곤혹을 치른 LG화학과 현대중공업이 고강도의 재발방지책
으로 내부단속에 착수했다. 양 사는 특히 그룹 총수와 최고경영자(CEO)가 직접 근
본 대책 마련을 지시하면서 사고 현장의 정밀진단에서부터 조직개편까지 단행하면서
안전관리 강화에 올인하고 나섰다.

LG화학에선 먼저 안전이 불확실한 사업 철수까지 공언하면서 배수진을 쳤다. 신학
철 LG화학 부회장은 26일 "환경안전이 담보되지 않는 사업은 절대 추진하지 않으
며, 현재 운영하는 사업도 환경안전 확보가 어렵다고 판단되면 철수까지 고려할 것"
이라고 밝혔다.

이달 7일 인도의 LG화학 현지법인인 LG폴리머스 공장에서 가스 누출로 인근 주민
12명이 사망하는 사고가 발생한 데 이어, 2주 만인 19일엔 국내 LG화학 대산공장
에서 발생한 화재로 직원 1명이 숨지고, 2명이 부상을 입었다.
사고가 잇따르자 구광모 LG그룹 회장은 20일 대산공장을 찾아 "기업이 한순간에 무
너지는 것은 경영실적이 나빠져서가 아니라 안전 · 환경 · 품질사고 등 위기 관리에

실패했을 때"라고 강조하면서 "CEO들이 실질적인 책임자가 돼 안전·환경을 경영의 최우선 순위에 두고 근본적인 대책을 마련하라."고 당부했다.

이에 따라 LG화학은 이날 국내 17개, 해외 23개 등 전 세계 모든 사업장을 대상으로 6월말까지 고위험 공정 및 설비에 대해 우선적으로 긴급 진단에 착수할 방침이다. 긴급 진단에서 나온 개선사항은 즉각 조치를 취하고, 단기간에 조치가 어려운 공정 및 설비에 대해선 문제가 해결될 때까지 가동을 잠정 중단할 계획이다. 또 사내 환경안전 및 공정기술 전문가와 외부 환경안전 전문기관으로 임시 조직을 구성해 정밀 진단도 실시할 예정이다. 또 매월 2회 CEO 주관하에 각 사업본부장, 최고재무책임자(CFO), 최고인사책임자(CHO), 환경안전담당 등이 참석하는 특별 경영회의도 개최한다. 회의에선 긴급·정밀 진단의 진행사항을 점검하고 환경안전 예산 및 인사·평가체계에 대한 근본적인 개선방안 등을 논의한다.

LG화학 관계자는 "설계 단계부터 안전성이 완벽하게 확보되지 않은 투자는 규모와 상관없이 원천 차단할 수 있는 정보기술(IT) 시스템을 국내는 올해 말까지, 해외는 내년 상반기까지 구축할 계획"이라며 "환경·안전 분야에 연간 약 2,000억 원을 투자해, 올해는 전문 인력 확보와 국내외 관련 조직 재정비에 집중할 것"이라고 강조했다.

올해 들어서만 사업장에서 4차례의 사망 사고가 발생한 현대중공업 또한 후속 대책 마련에 분주한 모습이다. 권오갑 현대중공업지주 회장은 25일 "한동안 거의 발생하지 않았던 안전사고가 올해 들어 갑자기 늘어난 데 대해 기존의 안전대책이 실효성을 잃어 가고 있는 것은 아닌지 근본적인 차원에서 재점검이 필요하다"며 "안전은 무엇과도 바꿀 수 없는 소중한 가치인 만큼, 앞으로 모든 계열사가 안전을 최우선 가치로 삼는 경영을 펼칠 수 있도록 모든 지원을 아끼지 않겠다."고 밝혔다.

현대중공업은 안전 문제 해법으로 조직 개편을 선택했다. 부사장급이었던 조선사업 대표를 사장으로 격상시키고 생산 및 안전을 총괄 지휘하도록 하는 한편, 기존 생산본부를 안전생산본부로 확대 개편해 안전 대책 강화에 나섰다.
신임 대표에는 이상균 현대삼호중공업 사장이 선임됐고, 전임자인 하수 부사장은 안전사고 발생에 대한 책임을 지고 자진 사임했다.

현대중공업 관계자는 "향후 안전시설 및 안전 교육 시스템을 재점검해 안전사고 방지를 위한 인적 · 물적 투입에 적극 나설 계획"이라고 말했다.

(자료 출처: 한국일보, '20년 5월 26일)

V. 중대재해처벌법 해설

중대재해 발생 시 기업의 경영책임자에 대한 강력한 제재를 주요 골자로 하는 중대재해처벌 등에 관한 법률(이하 중대재해처벌법)은 사업 또는 사업장, 공중이용 시설 및 공중교통수단을 운영하거나 인체에 해로운 원료나 제조물을 취급하면서 안전보건 확보를 위해 요구되는 관리의무를 이행하지 않음으로써 인명피해를 발생토록 한 사업주, 경영책임자, 공무원 및 법인의 처벌을 규정함으로써 종사자 및 사용자에게 안전보건을 확보하고, 기업의 안전관리시스템 미비로 인해 일어나는 중대재해를 사전에 방지토록 하는 것을 그 목적으로 하여 2021년 1월 26일 제정되어 2022년 1월 27일 시행되었다.

1. 법 제정 목적

법 제정 목적은 그 법을 해석하는 데 중요한 지표가 되며, 중대재해처벌법은 사업 또는 사업장에서 안전보건관리조치 의무를 위반하여 인명피해를 발생하게 한 사업주 등에 대한 처벌조항을 명확히 규정함으로써 시민과 종사자의 생명과 신체를 보호토록 하고 그동안 산업안전 관련 주요 법규인 산업안전보건법이 안전보건에 관한 기준 확립과 책임소재 명확화를 통한 산업재해 예방과 쾌적한 작업환경 조성을 하고 있었던 것에 비추어 사업주 의무 위반에 대한 처벌을 그 목적으로 하고 있음이 명확히 규정되어 있다.

- *처벌 대상 : 개인사업주, 경영책임자 등과 법인*

정부에서는 그동안 산업안전 관련 다양한 법적 규제 및 활동에도 불구하고 재해가 계속되는 근본적 이유에 대해 기업 내 안전·보건 관리시스템이 구체적이고 체계적으로 구축되어 있지 않기 때문으로 보고 안전·보건관리 조치 의무를 위반하여 중대재해가 발생하였을 시 개인 사업주와 경영책임자 및 법인 등을 처벌함으로써 근로자를 포함한 종사자와 일반 시민의 안전권을 확보하고 기업 내 안전보건관리체계 구축 등 안전 · 보건 관계 법령에 따른 안전보건 확보의무가 철저히 이루어지도록 하여 중대재해를 사전에 방지토록 하는 것이 중대재해처벌법의 근본 제정 이유라고 설명하고 있다.

이러한 목적과 이유에 따라 제정된 법인 만큼 경영책임자 등은 사업 또는 사업장에 대한 안전과 보건에 관한 인프라를 구축하고 산업안전보건법 등 안전 · 보건 관계 법령에 따른 안전 · 보건조치가 실효성 있게 운영될 수 있도록 철저히 관리, 점검하고 부족한 부분이 확인될 시 즉시 개선조치 되도록 해야 할 것이며 안전보건 확보의무와 책임 위반/미준수에 따른 중대재해 발생 시의 처벌 조항은 법 내 4개 장과 16개 조항으로 구성되어 있다.

다만, 중대재해 발생 사실과 사업주 또는 경영책임자 등의 안전보건 확보의무 미준수 또는 미흡과의 인과관계가 명확해야지만 본 법이 적용될 수 있다.

2. 법상 용어별 해설

법을 이해하기 위해서는 그 법에서 말하는 용어에 대한 명확한 이해하여야 한다. 본법에 나오는 주요 용어는 아래와 같다.

1) 중대재해

중대재해처벌법의 "중대재해"란 "중대산업재해"와 "중대시민재해"를 말하며, 이는 산업안전보건법상 "중대재해"와 일부 차이는 있으나 본 실무대응 매뉴얼은 현장과 본사의 관리자가 꼭 알아야 할 사항을 중점으로 다룸에 따라 "중대산업재해" 위주로 설명될 예정이다.

2) 중대산업재해

산업안전보건법 제2조제1호에 따른 산업재해 중 ⓐ 사망자가 1명 이상 발생 ⓑ 동일한 사고로 6개월 이상 치료가 필요한 부상자가 2명 이상 발생 ⓒ 동일한 유해요인으로 급성중독 등 대통령령으로 정하는 직업성 질병자가 1년 이내에 3명 이상 발생하는 경우를 말한다.

- 중대산업재해 나목의 "동일한 사고"는 시간/장소적 근접성이 있어야 함
- 중대산업재해 다목의 "동일한 유해요인"은 노출된 각 유해인자와 유해물질의 성분/작업의 양태 등 객관적으로 동일성이 인정될 경우를 말함
- 종사자가 개인차량을 이용하여 출/퇴근 중 교통사고로 사망하면 산재 보험법 상 보상 대상이나 산업안전보건법의 중대재해가 아니므로 중대재해 처벌법상 중대산업재해가 아님

[표-34] 산업안전보건법과 중대재해처벌법상 재해 비교

산업안전보건법	중대재해처벌법
1. "산업재해"란 노무를 제공하는 사람이 업무에 관계되는 건설물 · 설비 · 원재료 · 가스 · 증기 · 분진 등에 의하거나 작업 또는 그 밖의 업무로 인하여 사망 또는 부상하거나 질병에 걸리는 것을 말한다. 2. "중대재해"란 산업재해 중 사망 등 재해 정도가 심하거나 다수의 재해자가 발생한 경우로서 고용노동부령으로 정하는 재해를 말한다. 제3조(중대재해의 범위) 법 제2조제2호에서 "고용노동부령으로 정하는 재해"란 다음 각 호의 어느 하나에 해당하는 재해를 말한다. 1. 사망자가 1명 이상 발생한 재해 2. 3개월 이상의 요양이 필요한 부상자가 동시에 2명 이상 발생한 재해 3. 부상자 또는 직업성 질병자가 동시에 10명 이상 발생한 재해	1. "중대재해"란 "중대산업재해"와 "중대시민재해"를 말한다. 2. "중대산업재해"란 「산업안전보건법」제2조제1호에 따른 산업재해 중 다음 각 목의 어느 하나에 해당하는 결과를 야기한 재해를 말한다. 가. 사망자가 1명 이상 발생 나. 동일한 사고로 6개월 이상 치료가 필요한 부상자가 2명 이상 발생 다. 동일한 유해요인으로 급성중독 등 대통령령으로 정하는 직업성 질병자가 1년 이내에 3명 이상 발생 3. "중대시민재해"란 특정 원료 또는 제조물, 공중이용시설 또는 공중교통수단의 설계, 제조, 설치, 관리상의 결함을 원인으로 하여 발생한 재해로서 다음 각 목의 어느 하나에 해당하는 결과를 야기한 재해를 말한다. 다만, 중대산업재해에 해당하는 재해는 제외한다. 가. 사망자가 1명 이상 발생 나. 동일한 사고로 2개월 이상 치료가 필요한 부상자가 10명 이상 발생 다. 동일한 원인으로 3개월 이상 치료가 필요한 질병자가 10명 이상 발생

3) 종사자

「중대재해처벌법」상 "종사자"란 ① 「근로기준법」상의 근로자 ② 도급, 용역, 위탁 등 계약의 형식에 관계없이 그 사업의 수행을 위하여 대가를 목적으로 노무를 제공하는 자 ③ 사업이 여러 차례의 도급에 따라 행하여지는 경우에는 각 단계의 수급인 및 수급인과 ①, ②의 관계에 있는 자를 말한다.

전면 개정된 산업안전보건법('20년 1월 16일 시행)에서 도급인의 사업장으로 보는 장소를 열거하고 이와 같은 장소에서 수급인 근로자에 대한 산업재해예방에 대하여 도급인의 책임범위가 확대되었고 노무를 제공하는 자의 개념이 도입되었으며 개정법에서 말하는 '노무를 제공하는 자'는 근로기준법상 근로자로 보험모집인, 건설기계 운전자, 학습지 교사, 골프장캐디, 배달종사자(택배원, 퀵서비스 기사 등), 대출모집인, 신용카드회원 모집인, 대리운전기사, 방문판매원, 방문점검원, 가전제품수리원, 화물차주, 소프트웨어 기술자 등 특수형태 근로종사자가 모두 포함되나 호기심이나 취미로 노무를 제공하는 자, 해당 사업장에 일시적으로 방문한 일반 방문자는 포함되지 않는다.

- 특수형태근로종사자: 계약의 형식에 관계없이 근로자와 유사하게 노무를 제공하여 업무상의 재해로부터 보호할 필요가 있음에도 「근로기준법」 등이 적용되지 아니하는 자로서 1. 대통령령으로 정하 는 직종에 종사할 것 2. 주로 하나의 사업에 노무를 상시적으로 제공 하고 보수를 받아 생활할 것 3. 노무를 제공할 때 타인을 사용하지 아니할 것이라는 요건을 모두 충족하는 자

- 배달종사자:「이동통신단말장치 유통구조 개선에 관한 법률」 제2조제4호에 따른 이동통신단말장치로 물건의 수거 · 배달 등을 중개하는 자를 통하여 「자동차관리법」 제3조제1항제5호에 따른 이륜자동차로 물건을 수거 · 배달 등을 하는 자

중대재해처벌법에서는 도급인의 사업장을 특정하는 대신 제3자의 종사자에 대한 중대산업재해 방지의무를 부과하여 도급인의 안전보건관리책임 범위가 확장되었으나

그 적용은 해당 시설, 장비, 장소 등에 대해 실질적으로 지배 · 운영 · 관리의 책임이 있는 경우로 한정하고 있다.

> 제5조(도급, 용역, 위탁 등 관계에서의 안전 및 보건 확보의무) 사업주 또는 경영 책임자 등은 사업주나 법인 또는 기관이 제3자에게 도급, 용역, 위탁 등을 행한 경우에는 제3자의 종사자에게 중대산업재해가 발생하지 아니하도록 제4조의 조치를 하여야 한다. 다만, 사업주나 법인 또는 기관이 그 시설, 장비, 장소 등에 대하여 실질적으로 지배 · 운영 · 관리하는 책임이 있는 경우에 한정한다.

이를 종합하면 중대재해처벌법상 보호대상(종사자)은 아래와 같다.

① 회사 소속 근로자
② 사업장 내 수급인 및 관계수급인의 근로자
③ 기타 용역, 위탁 등의 노무제공자 (실질적 지배 · 운영 · 관리 책임 있는 경우)

- 모든 공무원은 중대재해처벌법 적용대상(보호, 처벌 등)으로 특히 경영 책임자에 해당하는 공무원은 처벌대상이나 공무원은 산업안전보건법상 적용 제외 조항 있으니 산업안전보건법 시행령 별표1의 해당 조항 꼭 확인해야 함

4) 사업주

사업주란 자신의 사업을 영위하는 자, 타인의 노무를 제공받아 사업을 하는 자를 말한다.

- 자신의 사업을 영위하는 자란 타인의 노무를 제공받음이 없이 자신의 사업을 영위하는 자를 말하므로 중대재해처벌법에 따른 사업주는 근로자를 사용하여 사업을 하는 자로 한정하고 있는 산업안전보건법상 사업주보다 넓은 개념임

- 중대재해처벌법이 산업안전보건법과 달리 제반 의무를 개인으로서의 사업주와 경영책임자 등에 부과하고 개인사업주가 아닌 사업주를 경영책임자 등과

구분하여 법인 또는 기관으로 표현하고 있는 점에 비추어 볼 때 중대재해처벌법 제3조 이하 규정에서 사업주는 개인사업주만을 의미하고 있음

5) 경영책임자

중대재해처벌법의 처벌 대상으로 명시된 사람은 ① 개인사업주, ② 영책임자 등, ③ 공공기관, 지자체 또는 중앙행정기관의 장이며, 중대재해처벌법상 "경영책임자 등"은 현장의 행위자는 구별되는 개념으로 전체 사업의 대표자를 의미하는 개념으로 사용되며 여기서 말하는 사업이란 기업을 말하며 경영책임자는 그 기업을 대표하고 사업을 총괄하는 자연인을 말한다. 다시 말해 사업을 대표하고 사업을 총괄하는 권한과 책임이 있는 사람(주로 대표이사) 또는 이에 준하여 안전보건에 관한 업무를 담당하는 사람을 의미한다.

- 산업안전보건법의 안전보건관리책임자는 하나의 사업장을 관리 단위로 산업재해 예방에 관한 사항들에 대한 사업주의 업무를 총괄 관리하고 안전관리자, 보건관리자를 지휘·감독하며 산업안전보건법의 안전보건관리 체제 하에서 그 역할이 의무화되어 있는 자를 의미함

- 특정 법인사업주가 운영하는 사업장이 하나거나 복수이더라도 법인의 대표자가 특정사업 또는 사업장의 안전보건관리책임자에 해당하는 경우에는 안전보건 관리책임자임과 동시에 중대재해처벌법상 경영책임자 등에 해당될 수 있음

- 근로기준법의 사업경영담당자는 사업주가 아니면서도 사업경영 일반에 관하여 책임을 지는 자로서 사업경영의 전부 또는 일부에 대하여 포괄적 위임을 받아 대외적으로 사업을 대표하거나 대리하는 자를 말함

- 상법상의 대표이사는 원칙적으로 사업을 대표하고 사업을 총괄하는 권한과 책임이 있으므로 중대재해처벌법에 따른 경영책임자에 해당됨

법에서 중앙행정기관, 지자체, 공공기관 등의 경우 해당 기관의 장을 특정하여 "경영

책임자 등"으로 명시하고 있으나 일반 기업인 경우 사업을 대표하는 자 또는 이에 준하여 안전보건 업무를 담당하는 자의 의미에 대한 행정해석이 가능한 부분이 아님에 따라 해석상 논란이 지속되어 오고 있으나 현재 일부를 제외하고는 중대재해 관련 수사단계에서 대표이사를 경영책임자로 간주하고 조사를 진행하고 있는 추세임을 참고해야 한다.

□ 경영책임자 등

"경영책임자 등"이란 다음 각 목의 어느 하나에 해당하는 자를 말한다.

가. 사업을 대표하고 사업을 총괄하는 권한과 책임이 있는 사람 또는 이에 준하여 안전보건에 관한 업무를 담당하는 사람

나. 중앙행정기관의 장, 지방자지단체의 장, 「지방공기업법」에 따른 지방공기업의 장, 「공공기관의 운영에 관한 법률」 제4조부터 제6조까지의 규정에 따라 지정된 공공기관의 장

이는 법의 기본적 원리에 따라 "책임이 있는 자"를 처벌하여야 한다는 형벌의 책임주의 원칙이 있고 중대재해처벌법의 해석도 이러한 법 원리에 따라서 해석됨에 따름으로 풀이된다.

다만, 현재 다수의 기업들이 사내에 안전보건 관한 업무를 담당하는 책임자로 "최고안전책임자(CSO, Chief Safety Officer)"를 선임하여 안전보건 관련 의사결정을 총괄토록 하고 있으나 CSO를 경영책임자 등의 범주 내로 인정받기 위해서는 법인 전체의 조직구조와 전결규정 등에 따른 권한과 책임을 고려하여 회사 전체 안전보건 정책을 포함한 전반적인 경영사항에 대한 최고 의사결정권을 보유하고 있는지를 명확히 해야 할 것이며, 이는 '23년 4월 첫 판결(의정부지방법원 고양지원) 내용 및 그룹 회장 기소(의정부지방검찰청) 사례를 참고하면 좋을 것이다. (본 가이드 북 내 "부록 13. 중대재해처벌법 위반 사건 사례" 수록)

산업안전보건법 역시 대표이사를 특정하여 일부 직접적인 의무를 부과하고는 있으나, 주로 사업주를 대상으로 안전보건 조치의무를 부과하고 있음. 이때의 사업가 법인인 경우에는 양벌규정에 따라 현장소장, 공장장 등 단위 사업장에서 안전보건관리책임자를 위반행위자로 보아 제재하였음 (참조: 산업안전보건법 제15조)

결국 기업의 경영의 구조에 따라 경영책임자 등이 달라질 수 있으며 대표이사가 여러 명 있는 경우 통상 다음과 같이 경영책임자 등을 판단할 수 있을 것이다.

구분	경영책임자 등
공동으로 대표권을 가지고 있는 경우	모든 대표이사
사업 부문별로 각자 대표권을 갖고 있는 경우	각 부분별 대표이사

이는 결국 기업 내 안전보건책임자(CSO)를 별도로 두더라도 경영책임자에 해당하는지 여부에 대해 보조적 권한만 가진 자로 해석되거나 경영책임자로서의 지위를 가지는 자로도 해석될 수도 있다는 의미이며 이에 대해 고용노동부는 기업에서 단순히 기능적인 구조 개편을 통한 법적 책임의 회피보다는 최종적인 권한과 책임일 가진 자가 책임을 지고 안전보건 경영체계를 구축하도록 권장하고 있는지를 경영책임자 등의 판단 시 고려할 것이라고 밝힌 바 있다.

여기서 말하는 최종적인 권한과 책임이라 함은 경영책임자로서 해당 사업에서의 ① 직무, ② 책임과 권한, ③ 기업의 의사결정 구조 등을 종합적으로 고려하여 궁극적으로 안전 및 보건 확보의무 이행을 위해 안전 및 보건에 관한 조직, 인력, 예산 등에 대한 인사, 재무, 평가권의 독립적 권한 보유 여부를 주요하게 보고 있다.

▷ 경영책임자에 해당하는 사람이 여러 명이 있는 경우
개별 사안마다 안전 및 보건 확보의무 불이행에 관한 최종적 의사결정권의 행사나 그 결정에 관여한 정도를 구체적으로 고려하여 형사책임이 부과될 수 있다.

사례 1) 사업을 대표하고 총괄하는 사람이 2명 이상인 경우(공동대표)

사업을 대표하고 사업을 총괄하는 권한과 책임이 있는 사람이 2명 이상 있다면 2명 모두 경영책임자가 될 수 있으며, 안전 및 보건 확보의무도 역시 공동으로 부여된 것으로 볼 수도 있다. 특히 복수의 대표이사가 있는 경우 회사 내에서의 ①직무, ② 책임과 권한 ③ 기업의 의사결정 구조 등을 종합적으로 고려하여 실질적으로 해당 사업에서 최종 경영책임자가 누구인지를 판단하게 됩니다.

사례 2) 하나의 법인 내 복수의 사업부문 존재하는 경우

하나의 법인에 두 개 이상의 사업이 있고 각각의 사업을 대표하고 총괄하는 권한과 책임이 있는 자가 있으며 각 사업 부문이 독립성을 가지고 분리되어 있어 별개의 사업으로서 평가될 수 있는 경우에는 각 사업을 대표하고 총괄하는 권한과 책임이 있는 사람이 해당 사업 부문의 경영책임자에 해당될 수 있다.

사례 3) 복수의 사업 부문 대표 외 사업을 총괄하고 법인을 대표하는 대표가 별도로 있는 경우

사업 부문별 대표가 각 사업부문의 조직, 인력, 예산 등 경영의 독립성을 가지고 별개의 사업으로서 운영되는 경우에 원칙적으로 각 사업 부문별 대표가 경영책임자에 해당되지만, 여러 사업 부문들을 총괄하는 차원에서 해당 사업 부문의 경영상의 중요한 의사 결정을 총괄대표가 하거나 부문별 대표와 공동으로 하는 경우에는 법인 내에서의 직위나 직무, 해당 사업 부문에서 실질적인 권한 행사 등 기업의 의사결정 구조에 따른 영향력 등을 종합적으로 고려하여 사업을 총괄하는 대표가 경영책임자에 해당하는지 여부가 판단되게 된다.

지금까지 법에서 말하는 경영책임자에 대해 알아보았으며 사업 또는 사업장 내 운영과 관련하여 대표자적 성격을 띠는 안전보건관리책임자, 사업경영담당자 등과 비교해 보면 다음과 같다.

- 안전보건관리책임자: 산업안전보건법의 안전보건관리책임자는 '하나의 사업장을 단위'로 하여 산업안전보건법 제1~9호까지의 업무를 총괄하는 자를 말함

* 산업안전보건법 제15조(안전보건관리책임자) 사업주는 사업장을 실질적으로 총괄하여 관리하는 사람에게 해당 사업장의 다음 각 호의 업무를 총괄하여 관리하도록 하여야 한다. (사업장 산업재해 예방계획 수립에 관한 사항 등)

안전보건관리책임자는 ① 하나의 '사업장'을 관리 단위로 ② 산업재해 예방에 관한 사항들에 대한 사업장의 업무를 총괄 관리하고, 안전관리자, 보건관리자를 지휘 · 감독하며 ③ 산업안전보건법의 안전보건관리체제하에서 그 역할이 의무화되어 있다. 다만, 사업을 운영하는 사업장이 하나인 경우 해당 사업 전체를 대표하고 실질적으로 총괄하여 관리하는 사람은 안전보건관리책임자임과 동시에 경영책임자에 해당할 수 있다.

- 사업경영담당자: 근로기준법상 사업경영담당자는 사업주가 아니면서도 사업 경영 일반에 관하여 책임을 지는 자로서, 사업 경영이 전부 또는 일부에 대하여 포괄적 위임을 받아 대외적으로 사업을 대표하거나 대리하는 자를 말한다.

* 근로기준법 재2조(정의) 2. "사용자"란 사업주 또는 경영 담당자, 그 밖에 근로자에 관한 사항에 대하여 사업주를 위하여 행위 하는 자를 말한다.

【예시】 법인 등기부상 대표이사직에서 사임했으나 사실상 경영하여 온 경우 법상 사용자에 해당 (대법원 1997.11.11. 선고 97도813 판결)

사업 경영담당자의 중대재해처벌법상 지위는 사업주로부터 사업 경영의 전부를 위임받은 사람은 중대재해처벌법 제2조제9호 가목의 "사업을 대표하고 사업을 총괄하는 권한과 책임이 있는 사람"에 해당될 수 있다.

추가로 산업안전보건법상 대표이사는 회사의 정관에서 정한 절차에 따라 매년 안전 및 보건에 관한 계획을 수립하여 이사회에 보고하고 승인을 받아야 할 의무이행의 주체로서의 법률상 지위를 의미하며, 산업안전보건법 제14조에 의해 ① 상법상 주식회사 중 ② 상시근로자 500명 이상을 사용하는 회사이거나 시공 능력 순위 1,000위 이내의 건설회사의 대표이사에게 안전 및 보건에 관한 사항에 관하여 이사회 보고 의무를 부과하는 것으로서 '대표이사'는 회사 내 '직위'에 기초한 의무이며 대표이사를 두지 못하는 경우에는 대표 집행임원이 이를 담당토록 하고 있으나 상법상의 대표이사는 원칙적으로 사업을 대표하고 사업을 총괄하는 권한과 책임이 있으므로 중대재해처벌법에 따른 경영책임자에 해당될 수 있다.

- 경영책임자가 기업 경영의 중심에 안전보건관리항목을 두고 확고한 리더십을 발휘하여 안전보건관리체계를 구축 및 이행하며 종사자 안전을 최우선 가치로 두고 중시하는 조직 내 안전문화를 만들어야 함.

3. 중대재해처벌법과 산업안전보건법 비교

중대재해처벌법이 산업안전보건법과 비교되는 가장 큰 차이는 자연인인 행위자를 특정함에 있어 산업안전보건법은 위반행위가 일어난 사업장의 총괄 안전보건책임자를 위반자로 보는 반면에, 중대재해처벌법은 해당 기업의 경영책임자를 위반자로 보고 있는 점이다.

[표-35] 산업안전보건법과 중대재해처벌법상 사업주, 대표이사 의무규정 비교

의무규정 비교			
산업안전보건법		중대재해처벌법	
사업주 (제38, 39조)	「산업안전보건기준에 관한 규칙」에 망라된 구체적인 안전보건조치의무	개인사업주 또는 경영책임자 등 (제4조)	① 재해예방에 필요한 인력 및 예산 등 안전보건관리체계의 구축 및 그 이행에 관한 조치 ② 재해 발생 시 재발방지 대책의 수립 및 그 이행에 관한 조치 ③ 중앙행정기관, 지방자치단체가 관계 법령에 따라 개선, 시정 등을 명한 사항의 이행에 관한 조치 ④ 안전보건 관계 법령에 따른 의무이행에 필요한 관리상의 조치 ※ ① 및 ④호의 구체적인 사항은 대통령령으로 정함
대표이사 (제14조)	매년 회사의 안전 및 보건에 관한 계획을 수립하여 이사회에 보고하고 승인을 받아야 할 의무		

벌칙에 있어서도 산업안전보건법에 비해 중대재해처벌법이 징역형 하한제를 두고 있고 벌금의 액수도 높게 부과되어 있다. 법 적용대상은 산업안전보건법이 전 사업장에 적용되는 반면 중대재해처벌법은 5인 미만 사업장은 제외하고 있으며 보호대상의 측면에서도 중대재해처벌법이 보다 포괄적입니다. 또한 중대재해처벌법에서 다루어지고 있는 징벌적 손해배상제도는 중대재해처벌법에만 규정하고 있다.

1) 산업안전보건법 및 산업재해보상보험법과의 관계

산업안전보건법은 사업 또는 사업장의 산업안전 및 보건에 관한 기준을 확립하고 그 책임의 소재를 명확하게 하여 산업재해를 예방하는 데 주된 목적이 있다.
이에 따라 사업주의 사업장에 대한 구체적인 안전 · 보건에 관한 기준 및 그에 따른 조치의무 그리고 해당 '사업장'의 책임자 등에 관하여 규정을 하고 있는 반면 중대재해처벌법은 '사업 또는 사업장'의 개인사업주 또는 경영책임자 등이 준수하여야 할 안전 및 보건 확보의무로서 기업 등의 안전보건관리 체계 구축 및 운영 그리고 사업장 안전 및 보건조치 등에 관한 '관리에 대한 사항'을 규정하고 있다.
산업재해보상보험법(이하 "산재보험법"이라 함)은 근로자의 업무상의 재해를 신속하고 공정하게 보상하며, 재해근로자의 재활 및 사회 복귀를 촉진하는데 그 목적이 있음에 따라 사용자의 귀책사유 유무와 관계없이 업무상 사유에 따른 근로자의 부상 질병 · 장해 또는 사망을 적용대상으로 한다.
반면에, 중대재해처벌법은 종사자의 중대재해를 예방하기 위해 개인사업주, 경영책임자 등에게 안전 및 보건 확보의무를 부과하고 안전 및 보건 확보의무 등을 이행하지 아니하거나 방치함으로써 중대산업재해가 발생하는 경우에 형사처벌을 부과하게 된다는 점에서 산재보험법과 차이가 있다고 할 수 있다.

2) 중대산업재해 관련 법상 안전/보건 확보 의무 위반

중대재해처벌법에 따른 중대산업재해는 산업재해를 전제로 하므로 대부분은 산업안전보건법의 안전조치 또는 보건조치 위반이 있어야 중대재해처벌법에 따른 안전 및 보건 확보의무 위반이 성립되는 반면 노무를 제공하는 자가 업무로 인하여 사망 또는 부상하거나 질병에 걸린 경우 산업안전보건법의 산업재해에 해당은 되지만 산업안전보건법에 따른 사업주의 안전조치 및 보건조치 위반 등이 없는 경우라면 산업안전보건법 위반에 따른 제재의 대상이 아닌 경우가 있다.

[표-36] 산업안전보건법과 중대재해처벌법상 도급인 안전보건 조치 의무

의무규정 비교		
산업안전보건법		**중대재해처벌법**
도급인의 안전보건 조치의무 (63조)	도급인의 사업장(도급인이 제공하거나 지정한 경우로서 도급인이 지배·관리하는 22개 위험 장소를 포함)에서 수급인 근로자 작업 시 수급인 근로자를 포함하여 「산업안전보건기준에 관한 규칙」에 규정된 구체적인 안전·보건조치의무 부담	도급, 용역, 위탁 시 안전보건 확보의무 (제5, 9조)	도급인의 사업장 작업인지 여부를 불문하나, 수급인등 업체의 시설, 장비, 장소 등에 대하여 실질적으로 지배·운영·관리책임이 있는 경우 중대재해처벌법상 안전보건확보조치의무 부담

산업안전보건법에 따른 안전조치 또는 보건조치 위반사항은 없지만 개인사업주 또는 경영책임자 등이 종사자가 재해예방에 필요하다고 제시한 의견을 합리적인 이유 없이 수용하지 않았거나 내부 점검을 통해 확인된 사항을 개선하지 않고 작업을 진행하도록 한 경우에 그와 관련한 사고가 발생하였다면 산업안전보건법 위반 여부와 상관없이 중대재해처벌법에 따른 안전 및 보건 확보의무 위반 여부를 조사하고 판단하여야 한다. 산업안전보건법은 제38조, 제39조에서 '산업재해를 예방하기 위하여 필요한 조치를 하여야 한다.'고 규정하고, 위반행위에 대하여 제168조에서 처벌규정을 두고 있으나, 근로자가 아닌 자가 사망한 경우에는 산업안전보건법 제167조에 따른 안전조치위반치사죄, 보건조치위반치사죄로는 처벌하지는 못하지만 제38조, 제39조에 규정한 안전조치 및 보건조치를 위반하여 근로자가 아닌 노무를 제공하는 자가 사망한 경우에 중대재해처벌법에 따른 안전 및 보건 확보의무 위반 여부를 조사하게 된다.

[표-37] 산업안전보건법과 중대재해처벌법 주요 항목 비교

구분	산업안전보건법	중대재해처벌법
의무 주체	• 개인사업주, 행위자 • 법인	• 개인사업주, 경영책임자 등 • 법인
보호 대상	• 근로기준법상 근로자 • 수급인의 근로자 • 특수고용종사근로자 • 노무제공자	• 근로기준법상 근로자 • 노무제공자(위탁, 도급 포함) • 수급인의 근로자 및 노무제공자 • 수급인
적용 범위	• 전 사업장	• 5인 미만 사업장 제외

중대
재해
정의
	• 중대재해
	- 사망자 1명 이상 발생
	- 3개월 이상 요양이 필요한 부상자
	  동시 2명 이상 발생
	- 부상자 또는 직업성 질병자 동시
	  10명 이상 발생
		• 중대산업재해
		- 사망자 1명 이상 발생
		- 동일한 사고로 6개월 이상 치료가 발
		  생한 부상자 2명 이상 발생
		- 동일한 유해요인으로 급성중독 등
		  직업성 질병자 1년 내 3명 이상 발생

처벌	• 개인사업주 및 행위자
	- 사망: 7년 이하 징역 또는 1억 원
	  이하 벌금
	- 안전보건조치 위반: 5년 이하 징역
	  또는 5천만 원 이하 벌금
	- 형이 확정된 후 5년 이내에 재범
	  시 2분의 1까지 가중
	• 법인
	- 사망: 10억 원 이하 벌금
	- 안전보건조치 위반: 5천만 원 이하
	  벌금
		• 경영책임자 등(자연인)
		- 사망: 7년 이하 징역 또는 10억 원
		  이하 벌금
		- 부상, 질병: 7년 이하 징역 또는
		  1억 원 이하 벌금
		• 법인
		- 사망: 50억 원 이하 벌금
		- 부상, 질병: 10억 원 이하 벌금

4. "경영책임자 등"이 관리하는 대상 범위의 확대

중대재해처벌법은 사업과 관련하여 도급, 용역, 위탁 등을 행한 경우, 그 수급업체 등 종사자의 중대산업재해 및 수급업체 등의 제품 또는 시설 이용자 등의 중대시민재해를 방지하기 위하여 사업주 또는 경영책임자 등이 안전보건 확보 조치를 취해야 한다고 규정하고 있지만 이는 사업주 또는 경영책임자 등이 그 업체의 시설, 장비, 장소 등에 대하여 실질적으로 지배·운영·관리 책임이 있는 경우로 한정된다.

1) 제3자에게 도급, 용역, 위탁 운영

사업주나 법인 또는 기관이 제3자에게 도급, 용역, 위탁한 경우 개인사업주나 법인 또는 기관이 여러 차례의 도급을 주는 경우에도 그 법인 등이 실질적으로 지배·운영·관리하는 사업 또는 사업장에서 도급 등 업무가 이루어지는 경우 각 단계의 수급인 및 수급인의 종사자는 해당 개인사업주나 법인 또는 기관의 종사자에 포함되며 법 제4조에 따른 안전 및 보건 확보 의무의 보호대상이 된다.

□ 의무 개요(법 제5조)

개인사업주나 법인 또는 기관이 제3자에게 도급, 용역, 위탁 등을 한 경우 개인사업주나 법인 또는 기관이 사업 또는 사업장에 대하여 실질적으로 지배·운영·관리하고 있지 않는 경우에도 해당 시설, 장비, 장소 등에 내포하고 있는 유해·위험요인 등에 대해 실질적으로 지배·운영·관리하는 책임이 있다면, 개인사업주 또는 경영책임자 등은 제3자인 수급인과 수급인의 종사자에 대해서도 제4조에 따른 안전·보건 확보의무를 이행해야 함

법 제5조는 개인사업주나 법인 또는 기관이 실질적으로 지배·운영·관리하는 사업 또는 사업장이 아닌 경우에도 그 시설, 장비, 장소 등에 대하여 실질적으로 지배·운영·관리에 책임이 있는 경우에는 해당 종사자에 대한 안전 및 보건 확보의무 책임을 부담된다는 내용이다.

2) 건설공사 발주자

발주도 민법상 도급의 일종이지만 발주자는 종사자가 직접 노무를 제공하는 사업 또는 사업장에 대한 실질적인 지배·관리·운영을 하는 자가 아닌 주문자에 해당하는 것이 일반적임에 따라 건설공사 발주자는 건설공사 기간 동안 해당 공사 또는 시설·장비·장소 등에 대하여 실질적으로 지배·운영·관리하였다고 볼 만한 사정이 없는 한 해당 건설공사 현장의 종사자에 대하여 도급인으로 제4조 또는 제5조에 따른 책임을 부담하지 않는 경우가 일반적이다.

---

* 산업안전보건 제2조(정의) 10. "건설공사 발주자"란 건설공사를 도급하는 자로서 건설공사의 시공을 주도하여 총괄·관리하지 아니하는 자를 말한다. 다만, 도급받은 건설공사를 다시 도급하는 자는 제외한다.

11. "건설공사"란 다음 각 목의 어느 하나에 해당하는 공사를 말한다.
  가.「건설산업기본법」 제2조제4호에 따른 건설공사
  나.「전기공사업법」 제2조제1호에 따른 전기공사
  다.「정보통신공사업법」 제2조제2호에 따른 정보통신공사
  라.「소방시설공사업법」에 따른 소방시설공사
  마.「문화재수리 등에 관한 법률」에 따른 문화재 수리공사

---

3) 실질적 지배·운영·관리 책임

중대산업재해 발생 원인을 살펴 해당 시설이나 장비 그리고 장소에 관한 소유권, 임차권, 그 밖에 사실상의 지배력을 가지고 있어, 위험에 대한 제어 능력이 있다고 볼 수 있는 경우를 '실질적으로 지배·운영·관리하는 책임이 있는 경우'라 할 수 있다.

산업안전보건법에 따라 도급인 자신의 사업장 내 또는 도급인의 사업장 밖이라도 도급인이 작업 장소를 제공 또는 지정하고 지배·관리하는 장소로서 산업재해 발생 위험이 높은 21개 위험장소에서 작업하는 관계수급인의 근로자에 대하여 책임을 부담

하는 경우가 그 예로 해당될 수 있으며 21개 위험 장소에서 작업하는 경우가 아니더라도 그 작업과 관련한 시설, 설비, 장소 등에 대하여 소유권, 임차권, 그 밖에 사실상의 지배력을 행사하고 있는 경우에는 법 제5조에 따른 책임이 부여될 수 있다.

〈법에서 정한 21개 위험장소〉

1. 토사·구축물·인공구조물 등 붕괴 우려 2. 기계·기구 등이 넘어지거나 무너질 우려 3. 안전난간의 설치 필요 4. 비계 또는 거푸집을 설치하거나 해체 5. 건설용 리프트 운행 6. 지반 굴착하거나 발파작업 7. 엘리베이터홀 등 근로자 추락 위험 8. 석면이 붙어 있는 물질을 파쇄 또는 해체 작업 9. 공중 전선에 가까운 장소로서 시설물의 설치·해체·점검 및 수리 등의 작업 시 감전 위험 10. 물체가 떨어지거나 날아올 위험 11. 프레스 또는 전단기(剪斷機)를 사용하여 작업 12. 차량계 하역운반기계 또는 차량계 건설기계를 사용하여 작업 13. 전기 기계·기구를 사용하여 감전 위험 있는 작업 14. 철도차량에 의한 충돌 또는 협착의 위험이 있는 작업 15. 화재·폭발 우려가 있는 선박 내부 용접·용단작업 등 16. 양중기(揚重機)에 의한 충돌 또는 협착(狹窄)의 위험 17. 유기화합물취급 18. 방사선 업무 19. 밀폐공간 20. 위험물질을 제조하거나 취급 21. 화학설비 및 그 부속설비에 대한 정비·보수 작업

5. 법 적용 범위 및 적용 시기

본 법은 상시근로자 5인 이상 고용하고 있는 사업을 대상으로 하고 있으며, 사업의 종류에는 제한규정이 없음에 따라 공공기관, 지자체, 중앙행정기관도 이 법의 적용대상이 된다.

또한 입법 취지 등을 고려할 때 법 제3조에서 말하는 사업 또는 사업장이란 경영상 일체를 이루면서 유기적으로 운영되는 기업 등 조직 그 자체를 의미하며 사업장이 장소적으로 인접할 것을 요하지는 않음에 따라 장소적 개념에 따라 사업장 단위로 법의 적용범위를 나눌 수 없으며 이에 본사와 생산업무를 담당하는 공장, 학교법인 산하의 대학교와 그 부속병원은 하나의 사업 또는 사업장으로 보아야 하는 것이 올바르며 사업의 종류, 영리·비영리 여부 또한 구별치 않는다.

또한 국내 법인 또는 기관이 해외에 출자만 한 경우라면 해외 소재 사업장은 중대재해처벌법이 적용되는 '사업 또는 사업장'에 해당하지 않을 수 있으나 국내법인 소속 근로자가 출장·파견을 통해 업무를 수행하는 경우 또는 법인소속 해외 사업장인 경우 우리나라 법인 또는 기관이 해당 사업 또는 사업장을 실질적으로 지배·운영·관리를 한다면 중대재해처벌법에 적용될 수 있다.

> 대법원 2018.7.26. 선고 2018도7650판결
> 같은 법 제28조제2항의 입법취지는, 하나의 사업 내에서 직종(예컨대 사무직과 생산직), 적위(예컨대 고위직과 하위직), 업종(예컨대 제조업과 서비스업)별로 서로 다른 퇴직금제도를 두어 차별하는 것을 금지하고 하나의 퇴직금제도를 적용하게 하고자 함에 있는 것이므로, 거기에서 말하는 "사업"은 특별한 사정이 없는 한 경영상의 일제를 이루는 기업체 그 자체를 의미한다 할 것이고 따라서 경영상의 일제를 이루면서 유기적으로 운영되는 기업조직은 하나의 사업으로 파악하여야 할 것이므로 피고 공사 시청료 징수원의 담당업무는 같은 법 제28조제2항의 적용에 있어서 단일 기업체인 피고 공사라는 하나의 사업의 일부분에 지나지 않는다고 보아야 할 것이다

그 외 발주자와 시공사의 계약금액, 도급인과 수급인의 계약금액이 각 50억 이상이면 법 적용대상에 해당되며, 개인사업주와 50명 미만 사업 또는 사업장, 공사금액 50억 원미만 건설공사는 공포 후 3년 뒤인 2024년 1월 27일부로 시행된다.

여기서 말하는 상시근로자 수의 산정기준은 법에 다른 특별한 명시가 없는 경우 근로기준법에 따른 상시근로자 수 산정방법에 따르며 그 산정방법은 아래와 같으며, '사업 또는 사업장'의 상시근로자란 「근로기준법」 상 근로자를 말하며, 기간의 정함이 없는 근로계약을 체결한 근로자, 기간제 근로자뿐만 아니라 일용근로자도 모두 포함된다. (대법원 2000.3.14. 선고 99도1243 판결)

상시근로자 수 산정방법 (근로기준법 시행령제7조의2 제1항)	"상시 사용하는 근로자 수"는 해당 사업 또는 사업장에서 법 적용 사유 발생일 전 1개월 동안 사용한 근로자의 연인원을 같은 기간 중의 가동일수로 나누어 산정한다. * 상시근로자 수 = 일정기기간 내 사용근로자 연인원수/일정기간 내 사업장 가용일수 위 산식에 의하여 산정한 상시근로자 수가 법적용 미만일 경우 다음에 따른다. ① 법 적용 사업 또는 사업장으로 보는 경우: 제1항에 따라 해당 사업 또는 사업장의 근로자 수를 산정한 결과, 법 적용 사업 또는 사업장에 해당하지 않는 경우에도 산정 기간에 속하는 일별로 근로자 수를 파악하였을 때, 법 적용 기준에 미달한 일수가 2분의 1 미만인 경우 ② 법 적용 사업 또는 사업장으로 보지 않는 경우: 제1항에 따라 해당 사업 또는 사업장의 근로자 수를 산정한 결과, 법 적용 사업 또는 사업장에 해당하는 경우에도 산정 기간에 속하는 일별로 근로자 수를 파악하였을 때, 법 적용 기준에 미달한 일수가 2분의 1 이상인 경우

다만, 도급, 용역, 위탁 등 계약의 형식에 관계없이 그 사업의 수행을 위하여 대가를 목적으로 노무를 제공하는 자, 도급, 용역, 위탁 등을 행한 제3자의 근로자는 안전 및 보건 확보의무 대상은 되지만 해당 사업 또는 사업장의 상시근로자에 포함되지 않는다.

도급인 소속의 상시근로자가 5인 이상인 경우에는 수급인 소속의 상시근로자가 5인 미만으로 수급인이 이 법의 적용을 받지 아니하되 도급인은 수급인과 수급인의 근로자 및 노무를 제공하는 자에 대해 안전보건 확보의무를 부담해야 하며, 반대로 도급인 소속 상시근로자는 5인 미만이지만 수급인 소속 근로자는 5인 이상인 경우 도급인인 개인사업주나 법인 또는 기관은 법의 적용대상이 아니지만 수급인은 법의 적용대상이 된다.

파견근로자는 파견 중인 근로자의 사용 사업주를 산업안전보건법 제2조제4호의 사업주로 보며 도급 · 용역 · 위탁 등의 관계에서만 적용되는 안전보건 확보의무를 별도로 규정하고 있는 체계 등을 고려할 때 파견근로자는 개인사업주나 법인 또는 기관의 상시근로자에 포함된다.

> * 파견법 34조(「근로기준법」의 적용에 관한 특례) ① 파견 중인 근로자의 파견근로에
> 관하여는 파견사업주 및 사용사업주를 「근로기준법」 제2조제1항제2호의 사용자로 보
> 아 같은 법을 적용한다. 다만, 「근로기준법」 제15조부터 제36조까지, 제39조, 제41조
> 부터 제43조까지, 제43조의2, 제43조의3, 제44조, 제44조의2, 제44조의3, 제45조부터
> 제48조까지, 제56조, 제60조, 제64조, 제66조부터 제68조까지 및 제78조부터 제92조까
> 지의 규정을 적용할 때에는 파견사업주를 사용자로 보고, 같은 법 제50조부터 제55조까
> 지, 제58조, 제59조, 제62조, 제63조, 제69조부터 제74조까지, 제74조의2 및 제75조를
> 적용할 때에는 사용사업주를 사용자로 본다.
> * 제35조(「산업안전보건법」의 적용에 관한 특례) ① 파견 중인 근로자의 파견근로에
> 관하여는 사용사업주를 「산업안전보건법」 제2조제4호의 사업주로 보아 같은 법을 적용
> 한다. 이 경우 「산업안전보건법」 제29조제2항을 적용할 때에는 근로자를 채용할 때를
> "근로자파견의 역무를 제공받은 경우"로 본다. 〈개정 2019.1.15.〉

공무원 또는 사무직 근로자에 대해서도 직무의 종류에 따른 법 적용제외 여부를 규
정하고 있지 않으므로 공무원을 포함하여 해당 사업 또는 사업장의 상시근로자가 모
두 사무직인 사업 또는 사업장에도 중대재해처벌법이 적용된다.

우리나라 사업 또는 사업장에서 노무를 제공하는 이주 근로자의 근로자 계약에 대한
준거법은 우리나라 법이므로 상시근로자 수를 산정할 때 이주 근로자를 포함해야 하
며 이주 근로자가 불법으로 입국하였거나 체류자격이 만료된 미등록 이주 근로자인
지의 여부는 상시근로자 대상여부의 판단과 관계될 수 없다.

대법원 1995.9.15. 선고, 94누12067 판결

… 외국인고용제한규정이 이와 같은 입법목적을 지닌 것이라고 하더라도 이는 취업자격 없는 외국인의 고용이라는 사실적 행위 자체를 금지하고자 하는 것뿐이지 나아가 취업자격 없는 외국인이 사실상 제공한 근로에 따른 권리나 이미 형성된 근로관계에 있어서의 근로자로서의 신분에 따른 노동관계법상의 제반 권리 등의 법률효과까지 금지하려는 규정으로는 보기 어렵다 할 것이다. 외국인이 취업자격이 아닌 산업연수 체류자격으로 입국하여 구 산업재해보상보험법(1994.12.22. 법률 제4826호로 전문 개정되기 전의 것)의 적용대상이 되는 사업장인 회사와 고용계약을 체결하고 근로를 제공하다가 작업 도중 부상을 입었을 경우, 비록 그 외국인이 구 출입국관리법상의 취업자격을 갖고 있지 않았다 하더라도 그 고용계약이 당연히 무효라고 할 수 없고 위 부상 당시 그 외국인은 사용 종속 관계에서 근로를 제공하고 임금을 받아 온 자로서 근로기준법 소정의 근로자였다 할 것이므로 구 산업재해보상보험법상의 요양급여를 받을 수 있는 대상에 해당한다.

6. "경영책임자 등"이 부담하는 안전보건 확보 의무

앞서 설명한 바와 같이 중대재해처벌법은 개인사업주 또는 경영책임자 등에게 개인사업주나 법인 또는 기관이 실질적으로 지배·운영·관리하는 사업 또는 사업장에서 일하는 모든 종사자에 대한 안전 및 보건 확보의무를 부과하고 있다.

법 제6조는 개인사업주 또는 경영책임자 등이 법 제4조 및 제5조에 따른 안전 및 보건 확보의무를 위반하여 중대산업재해에 이르게 한 경우 처벌하므로 안전 및 보건 확보의무는 범죄 구성요건 요소로서 중대재해처벌법의 핵심 사항이다.

사업 또는 사업장에서 종사자의 안전·보건상 유해 또는 위험을 방지하기 위해 사업 또는 사업의 특성 및 규모 등을 고려하여 조치해야 하는 "안전 및 보건 확보의무"는 아래와 같으며 이행자료는 5년간 서면 보관해야 한다. (시행령 제13조)

1) 재해예방에 필요한 안전보건관리체계의 구축 및 이행

- 노무를 제공하는 자의 안전과 건강을 보호하기 위해 기업 스스로 유해하거나 위험한 요인을 파악하여 제거 · 대체 및 통제방안을 마련 · 이행하며, 이를 지속적으로 개선하는 일련의 활동을 의미하며, 이를 위해 기업 스스로 유해
  - 위험요인을 파악하여 제거 · 대체 및 통제방안을 마련 · 이행하며, 이를 지속적으로 개선하는 일련의 활동을 의미한다.

- ✓ 사업 또는 사업장의 안전보건 목표와 경영방침을 설정하고 그 목표 및 방침의 달성 정도를 평가하는 체계 구축 (시행령 제4조제1호)

- ✓ 상시근로자 수가 500인 이상인 사업 또는 사업장으로써 산업안전보건법에 따른 선임하여야 하는 안전관리자, 보건관리자, 안전보건관리담당자, 산업보건의의 수가 총 3명 이상인 경우 안전보건에 관한 업무를 총괄 · 관리하는 전담조직을 구성(시행령 제4조제2호)

- ✓ 유해 · 위험요인을 확인하여 개선할 수 있는 업무처리절차를 마련하여 이행상황을 점검하는 프로세스 구축 (산업안전보건법 제3조에 따른 위험성평가 절차를 준수하는 것으로 갈음 가능) (시행령 제4조제3호)

- ✓ 안전보건의 이행에 필요한 예산을 편성하고 편성된 용도에 맞게 집행관리(시행령 제4조제4호)
  - 재해예방을 위해 필요한 안전 · 보건에 관한 인력, 시설 및 장비의 구입
  - 유해 · 위험요인의 개선
  - 그 밖에 안전보건관리체계 구축 등을 위해 필요한 사항 (고노부 고시)

- ✓ 산업안전보건법상 안전보건관리책임자, 관리감독자, 안전보건총괄책임자가 업무를 충실히 하도록 조치 (시행령 제4조제5호)
  - 해당 업무수행에 필요한 권한과 예산 부여
  - 업무 수행에 대한 평가기준 마련 및 반기별 1회 이상 평가 · 관리

✓ 산업안전보건법상 안전관리자, 보건관리자, 안전보건관리담당자, 산업보건의를 정해진 수 이상 배치. 타법에 배치기준이 있는 경에 그에 따르고 다른 업무를 겸직하는 경우 필요시간 보장(고용노동부장관 고시) (시행령 제4조제6호)

✓ 안전·보건에 대하여 종사자들로부터 의견을 청취하는 절차를 마련하고 그 절차에 따라 의견을 들어 재해예방에 필요하다고 인정하는 경우 개선방안 마련하고 이행하는 지를 반기별 1회 이상 점검하고 필요한 조치. 종사자의견 청취는 산업안전보건법 제24의 산업안전보건위원회, 안전협의체(법 제64조, 제75조)를 통하여 안전·보건에 관하여 논의하거나 심의·의결한 경우 인정. (시행령 제4조제7호)

✓ 중대산업재해가 발생하거나 발생할 급박한 위험이 있는 경우를 대비한 매뉴얼 마련 및 반기별 1회 이상 점검 (시행령 제4조제8호)
  • 작업중지, 근로자 대피, 위험요인 제거 등 대응조치
  • 중대산업재해를 입은 사람에 대한 구호조치
  • 추가 피해방지를 위한 조치

✓ 도급, 용역, 위탁에 관한 기준과 절차를 마련하고, 이행상태를 반기별 1회 이상 점검 (시행령 제4조제9호)
  • 도급, 용역, 위탁 등을 받는 자의 산업재해 예방 조치능력과 기술에 관한 평가기준·절차
  • 안전·보건을 위한 관리비용기준
  • 안전·보건을 위한 공사기간 또는 건조기간 기준 (건설업 및 조선업)

✓ 이상의 사항을 정기적으로 확인·점검하고, 각 이행관련 자료를 서면 보관

2) 재해 발생 시 재발방지 대책의 수립 및 이행

발생된 재해 원인을 파악해서 유해·위험요인의 제거·대체 및 통제 방안을 검토하고 종합적인 개선대책을 수립·이행토록 해야 한다. 이에 산업재해조사표를 제출

하지 않는 사소한 재해라도 반복된다면 발생 원인을 명확히 확인하여 개선될 수 있도록 계획을 세워야 하며 위와 같은 개선 계획을 세우지 않고 또다시 산업재해가 발생된다면 이는 사업주의 안전보건 확보 의무를 다하지 않은 것으로 판단될 수 있다. 또한, 재발방지대책은 산업안전보건법상 재해(3일 이상 휴업)로 분류되는 모든 사고를 대상으로 해야 한다.

3) 정부기관 등에서 법령에 따라 개선/시정 등을 명한 사항 이행

중앙행정기관 · 지방자치단체가 종사자의 안전보건상 유해위험 방지를 위해 관계 법령에 따라 개선 · 시정 등을 명한 경우 이를 반드시 이행해야 하며 사업장 감독에서 근로감독관이 지적한 사항은 반드시 시정하고 조치결과를 감독관등에 회신해야 한다. (예시: 산업안전보건법 제53조에 따른 사용중지 등 시정조치)

4) 안전보건 법령에 따른 의무이행에 필요한 관리상 조치

안전 · 보건 관계 법령이 잘 지켜지고 있는지를 반기 1회 이상 직접 점검 또는 고용노동부장관이 지정한 안전보건전문기관 등에 위탁하여 점검(시행령 제5조제2항제1호)해야 하며 점검 시 의무 이행에 따른 조치가 미실된 사실이 확인되면 인력 · 예산의 추가편성 및 집행 등 필요한 조치를 해야 한다.

안전 · 보건 관계 법령의 준법평가(진단)에 사업장 내 구성원을 참여토록 하여 현장 점검 시 실질적 유해 · 위험요인이 파악될 수 있도록 해야 하며, 안전보건점검(진단) 결과는 산업안전보건위원회 등 사내 협의체 등의 의결사항으로 포함시켜 구성원의 안전보건에 관한 사항이 즉각적으로 개선될 수 있도록 하는 것도 하나의 방안이 될 수 있다.

안전 · 보건 관계 법령에 따라 의무적으로 실시해야 하는 유해위험 작업에 관한 안전보건교육이 실시되었는지를 반기 1회 이상 점검(시행령 제5조제2항제3호)하여 유해위험작업에 관한 안전보건 교육이 실시되지 않은 경우 경영책임자 등은 지체 없이 이행을 지시하고 예산 확보 등 필요한 조치를 해야 한다.

5) 도급 · 용역 · 위탁 등 관계에서의 안전 및 보건 확보의무

개인 사업주나 법인 또는 기관이 여러 차례의 도급을 주는 경우에도 그 법인 등이 실질적으로 지배 · 운영 · 관리하는 사업 또는 사업장에서 도급 등 업무가 이루어지는 경우 각 단계의 수급인 및 수급인의 종사자는 해당 개인사업주나 법인 또는 기관의 종사자에 포함되며 법 제4조에 따른 안전보건 확보의무의 보호대상이 된다. 법 제5조는 개인사업주나 법인 또는 기관이 실질적으로 지배 · 운영 · 관리하는 사업 또는 사업장이 아닌 경우에도 그 시설, 장비, 장소 등에 대하여 도급인 등이 실질적으로 지배 · 운영 · 관리하는 책임이 있는 경우에는 해당 종사자에 대한 안전보건 확보의무를 부담해야 한다는 취지이며, 실질적으로 지배 · 운영 · 관리하는 책임이 있는 경우란 중대산업재해 발생 원인을 살펴 해당 시설이나 장비 그리고 장소에 관한 소유권, 임차권, 그 밖에 사실상의 지배력을 가지고 있어 위험에 대한 제어능력이 있다고 볼 수 있는 경우를 의미한다.

이를 요약하면, 임대의 경우 임차인이 실질적인 지배 · 운영 · 관리하므로 임대인은 법 대상이 될 수 없으나 계약의 형태는 임대차라도 임대인이 도급인으로서 해당 장소 등에 대해 실질적으로 지배 · 운영 · 관리하고 있는 경우라면 중대재해처벌법에 따른 도급인으로서 안전보건 확보의무를 부담해야 한다.

다만 발주자는 민법상 도급이지만 실질적인 지배 · 운영 · 관리는 시공사에서 운영하므로 법 제외 대상이 될 수 있으나 수급인에게 안전보건상 조치 요구가 파견법에 저촉되지는 않으나 오해소지가 있으니 수급인 감독자에게 직접적으로 요구하는 것이 올바르다고 할 수 있다.

지금까지 안전보건 확보 의무에 대해 알아보았으며, 법에서 안전 · 보건상 유해 또는 위험의 방지는 "종사자"를 대상으로 하며, 여기에서의 '종사자'는 ① 개인사업주나 법인 또는 기관이 직접 고용한 근로자뿐만 아니라 ② 도급, 용역, 위탁 등 계약의 형식에 관계없이 대가를 목적으로 노무를 제공하는 자 ③ 각 단계별 수급인, 수급인의 근로자와 수급인에게 대가를 목적으로 노무를 제공 하는 자 모두를 포함하는 개념이며 개인사업주나 법인 또는 기관은 사업주로서 자신의 사업을 영위하는 자, 타인의 노무를 제공받아 사업을 하는 자로 사업 운영에 따른 경영상 이익의 귀속 주체를 의미하며, '실질적으로 지배·운영·관리하는' 것이란 하나의 사업 목적하에 해당 사업 또는 사업장의 조직, 인력, 예산 등에 대한 결정을 총괄하여 행사하는 경우를 의미한다.

개인사업주 또는 경영책임자 등은 개인사업주나 법인 또는 기관이 실질적으로 지배·운영·관리하는 사업 또는 사업장의 종사자라면 계약의 형식에 관계없이 대가를 목적으로 노무를 제공하는 자, 각 단계별 수급인 그리고 수급인의 근로자와 수급인에게 대가를 목적으로 노무를 제공하는 자 모두의 안전과 건강을 위하여 안전 및 보건 확보의무를 이행해야 한다.

【적용 사례】
① 임대차계약을 통한 건설기계 임차
법인이 임대차 계약을 통해 건설기계를 임차하였는데, 해당 건설기계의 운전을 위해 임대인이 소속 운전자를 제공한 경우, 건설기계 임대차라는 계약형식에도 불구하고 건설공사 등 사업의 실질적인 지배·운영·관리 주체는 법인이고, 임차한 건설기계의 운전자는 종사자에 해당하므로, 법인의 경영책임자는 중대재해처벌법 제5조에 따른 안전·보건 확보의무를 이행해야 함

② 가전제품 방문수리
가전제품을 구매한 고객의 집에서 설치기사가 제품을 설치 또는 수리하는 과정에서 사망한 경우, 설치기사는 가전제품의 설치·수리에 관한 사업의 수행을 위하여 대가를 목적으로 노무를 제공하는 자에 해당하므로 그 사망사고는 중대산업재해에 해당함

 - 다만 고객으로서의 개인은 가전제품의 설치·수리에 관한 사업을 영위하는 사업주에 해당하지 아니하고, 가전제품의 설치·수리에 관한 사업을 실질적으로 지배·운영·관리하는 자는 가전제품의 설치 또는 수리업을 하는 사업주이므로, 그 사업주에 대해 중대재해처벌법 제4조에 따른 안전 및 보건 확보의무의 이행 여부를 살펴 중대재해처벌법의 적용 여부를 판단하게 됨

③ 배달대행 계약관계
배달을 위탁하는 개인사업주 또는 경영책임자 등은 개인사업주나 또는 법인이 실질적으

로 지배 · 운영 · 관리하는 배달사업을 위하여 노무를 제공하는 배달종사자에 대해 중대
재해처벌법 제4조의 안전 및 보건 확보의무를 준수해야 함

- 다만 배달위탁사업을 영위하는 개인사업주 또는 법인의 경영책임자가 구축해야 하
  는 안전 및 보건확보의무는 배달업무의 구체적 속성을 살펴 실질적으로 지배 · 운
  영 · 관리할 수 있는 범위 내에서 구체적 내용과 의무 이행 여부가 판단되어야 함

7. 위반 시 벌칙 및 수강명령 등 행정제재

종사자가 사망하는 경우 성립하는 산업재해 치사죄는 개인사업주 또는 경영책임자
등이 법 제4조 또는 제5조에 따른 안전보건 확보의무를 위반하여 종사자를 사망에
이르게 한 경우에 성립하게 된다.

법 제4조 또는 제5조 위반의 죄는 개인사업주 또는 경영책임자 등이라는 신분이 있
어야 범죄가 성립하는 신분범임에 따라 경영책임자가 처벌받는 조건은 안전보건관리
체계의 구축과 안전보건 확보의무를 이행하지 않은 상태에서 중대 산업재해가 발생
한 경우를 말하며, 경영책임자는 산재예방 활동에 대해 보고받은 것(결재)으로 의무
이행을 증빙해야 한다. 다만, 같은 사고가 반복하여 발생하거나 반복 위반자를 묵인
할 경우 이행의무의 결함에 해당될 수 있다.

종사자가 부상 또는 직업성 질병이 발생한 경우 성립하는 산업재해치상죄는 개인사
업주 또는 경영책임자 등이 법 제4조 또는 제5조에 따른 안전보건 확보의무를 위반
하여 종사자 중 동일한 사고로 6개월 이상 치료가 필요한 부상자가 2명 이상 발생
하거나 동일한 유해요인으로 급성독성 등 대통령령으로 정하는 직업성 질병자가 1년
이내 3명 이상 발생한 경우에 성립될 수 있다.

① 개인사업주 또는 경영책임자 등이 법 제4조 또는 제5조 의무 위반
② 법 제4조 또는 제5조 의무 불이행에 대한 고의(미필적 고의 포함)
③ 사망이나 부상 또는 질병이라는 결과의 발생

④ 결과발생에 대한 예견가능성

⑤ 법 제4조 또는 제5조 의무 위반과 결과발생 사이에 인과관계가 인정

따라서, 산업재해 치사상죄는 중대재해 발생이라는 결과와 법 제4조 또는 제5조 의무를 위반의 인과관계가 성립하는 경우에 처벌받게 되며, 산업재해 치사상죄로 형을 선고받고 그 형이 확정된 후 5년 이내에 다시 산업재해 치사상죄를 저지른 자는 각 형에서 정한 형의 1/2까지 가중될 수 있다.

여기서, 재범의 판단시점은 해당 범죄의 성립시기인 사망, 부상 또는 직업성 질병이 발생한 날로 봅니다. 한편, 판례는 사업주가 사업장에서 안전조치가 취해지지 않은 상태에서 작업이 이루어지고 있고 향후 그러한 작업이 계속될 것이라는 사정을 미필적으로 인식하고서도 이를 그대로 방치한 경우에 고의로 인정될 수 있다.

※ 대법원2020.11.25.선고 2009도11906판결 또는 대법원2010,11,25선고 2009도11906판결 등

중대재해처벌법은 사망사고 시 개인사업주 또는 경영책임자 등에게 1년 이상의 징역 등 하한 규정을 두고, 개인에게는 10억 원 이하의 벌금을 부과하며, 법인에 대하여는 50억 원 이하의 벌금형 규정을 두는 등 이미 개정 산업안전보건법을 통해 강화된 처벌 수위를 더욱 상향하고 있다만 법인이 안전 및 보건의무 위반행위를 방지하기 위해 해당 업무에 관하여 상당한 주의와 감독을 게을리하지 않은 경우에는 그렇지 않을 수 있다.

[표-38] 중대재해처벌법상 재해자 발생 시 처벌 사항

구분	경영책임자 등	법인
사업주 또는 경영책임자 등이 안전 및 보건 확보의무를 위반하여 산업재해로 인해 사망자가 1명 이상 발생한 경우	1년 이상의 징역 또는 10억 원 이하의 벌금	50억 원 이하의 벌금
동일한 사고로 6개월 이상 치료가 필요한 부상자가 2명 이상 발생하거나, 동일한 유해요인으로 급성중독 등 대통령령으로 정하는 직업성질병자가 1년 이내에 3명 이상 발생한 경우	7년 이하의 징역 또는 1억 원 이하의 벌금	10억 원 이하의 벌금

※ 형 확정 후 5년 이내 다시 안전보건확보의무 위반 치사상죄를 저지른 경우 2분의 1까지 가중
※ 법인이나 기관이 그 위반행위를 방지하기 위해 해당업무에 관하여 상당한 주의와 감독을 게을리하지 아니한 경우에는 면책

법인 또는 기관이 상당한 주의 또는 감독 의무를 게을리하였는지 여부는 당해 위반 행위와 관련된 모든 사정, 즉 당해 법률의 입법 취지, 처벌조항 위반으로 예상되는 법익 침해의 정도, 그 위반행위에 관하여 양벌규정을 마련한 취지 등은 물론 위반행위의 구체적인 모습과 그로 인해 실제 야기된 피해 또는 결과의 정도, 법인의 영업규모 및 행위자에 대한 감독가능성 또는 구체적인 지휘감독 관계, 법인이 위반행위 방지를 위하여 실제 행한 조치 등을 전체적으로 종합하여 판단하게 된다.

※ 대법원 2010. 2. 25. 선고 2009도5824 판결 또는 대법원2020.2.25. 선고 2009도5824 판결

- 법 제7조제1호는 종사자가 사망한 경우 50억 원 이하의 벌금
- 법 제7조제2호는 종사자가 부상 또는 직업성 질병의 해를 입은 경우 10억 원 이하의 벌금

본 조항과 관련하여 산업안전보건 업무담당 근로감독관 집무규정 제32조(구속영장신청기준)에 따르면 ① 감독관은 피의자가 다음 각 호의 어느 하나에 해당하는 죄를 범하였다고 의심할 만한 상당한 이유가 있고, 집무규정 제51조제1항 각 호의 어느 하나에 해당하는 사유가 있으면 검사에게 구속영장을 신청하여야 한다고 규정하고 있다.

① 재해가 예견되는 충분한 징후가 있음에도 사업주가 산업안전보건법 제51조(사업주의 작업중지)에 따른 작업중지 등 필요한 조치를 취하지 아니하여 중대재해가 발생한 경우

② 산업안전보건법 제38조(안전조치), 제39조(보건조치) 및 제63조(도급인의 안전조치 및 보건조치)에 따른 안전 보건상의 조치미비로 동시에 2명 이상이 사망하거나 최근 1년간 3회(건설업의 경우 2회) 이상의 사망재해가 발생한 경우

③ 다음 각 목의 어느 하나에 해당하는 법령에 따른 작업중지 등 명령 위반으로 중대재해가 발생한 경우
   가. 산업안전보건법 제45조제1항, 제87조제2항, 제131조제1항
   나. 산업안전보건법 제42조제4항, 제53조제1항 및 제3항, 제118조제4항 및 제5항

④ 산업안전보건법 제39조(보건조치)를 위반하여 근로자가 해당 작업과 관련된 직업병에 이환(진폐, 소음성난청 제외)되어 사회적 물의를 야기한 경우

8. 경영책임자 등에 대한 벌칙성 교육 수강

중대산업재해가 발생했다면 경영책임자는 이로 인한 인명피해에 대한 경각심을 가지고 안전보건관리체계를 구축 또는 재점검하고 해당 유해·위험요인을 스스로 분석하여 재발방지 대책을 세울 수 있어야 하며 이는 의무위반 및 그에 따른 처벌 여부와 관계없이 해당 중대산업재해를 통해 나타난 모든 위험에 대해 요구되는 사항이다. 그럼에도 불구하고 경영책임자 등이 경각심을 갖지 못하고 이미 발생한 재해에 대한 대책 수립을 간과하여 동일 유형의 산업재해조차 예방하지 못하는 등의 문제가 그동안의 산업재해 발생 후 조사 과정에서 종종 확인되어 중대산업재해가 발생한 법인 또는 기관의 경영책임자 등에 대한 안전보건교육을 실시함으로써 중대산업재해 예방에 관한 인식을 개선하고, 안전보건관리체계 구축 및 발생한 중대산업재해에 대한 원인 분석과 대책 수립 이행을 촉진하기 위해 교육 수강 사항이 포함되었다고 할 수 있다.

제8조(안전보건교육의 수강) ① 중대산업재해가 발생한 법인 또는 기관의 경영책임자 등은 대통령령으로 정하는 바에 따라 안전보건교육을 이수하여야 한다.
② 제1항의 안전보건교육을 정당한 사유 없이 이행하지 아니한 경우에는 5천만 원 이하의 과태료를 부과한다.
③ 제2항에 따른 과태료는 대통령령으로 정하는 바에 따라 고용노동부장관이 부과·징수한다.

법 내 안전보건교육 대상은 '중대산업재해가 발생한 법인 또는 기관의 경영책임자 등'으로 개인사업주는 교육 이수 대상에 해당되지 않으며, 중대산업재해 발생 사실 공표(법 제13조)는 '법 제4조에 따른 의무를 위반하여 발생한 중대산업재해'를 요건으로 하고 있으나 교육 이수 필요 여부 판정 시 경영책임자 등이 법 제4조 및 법 제5조에 따른 의무를 위반하여 중대산업재해가 발생했는지 여부는 고려되지 않고, '중대산업재해 발생'만을 요건으로 규정하고 있다. 따라서 중대산업재해 발생 사실만으

로도 해당 법인 또는 기관의 경영책임자 등은 안전보건교육을 이수해야 할 것이다.

해당 교육에 대해 고용노동부장관이 정하는 바에 따르며, 안전 및 보건 확보의무 위반 여부를 요건으로 규정하고 있지 않아 의무위반에 대한 제재적 성격이 아니라 중대산업재해 예방 강화 및 재발 방지 차원에서 부과되는 의무라는 점을 고려하여 20시간이내로 규정하고 있으며, 교육 시 ① 안전보건관리체계의 구축 등 안전·보건에 관한경영 방안 ② 중대산업재해의 원인 분석과 재발 방지 방안을 교육토록 규정하고 있다.

산업안전보건법상 수강명령(제174조)
▷ 200시간 이하로 규정되어 있으며, 판사의 판결에 따라 결정됨
 - 판사의 판결에 따라 결정되는 타 법례를 살펴보면 실제로는 40시간~80시간 범위
   내에서 판결이 이루어지고 있음
 • 산업안전보건법 제174조가 시행('20.1.16)된 이후, 아직 해당 조항에 근거한 수강명
   령 병과 사례는 없으나 동 조항 신설 이전 하급심 판결에서 40시간의 수강명령을
   부여한 바 있음

교육 운영은 한국산업안전공단법에 따른 한국산업안전보건공단이나 산업안전 보건법제33조에 따라 등록된 안전보건 교육기관에 안전보건교육을 의뢰하여 실시할 수 있으며, 고용노동부장관은 분기별로 중대산업재해가 발생한 법인 또는 기관을 대상으로 안전보건교육을 이수해야 할 교육대상자 확정토록 하고 있다.

교육대상자 확정 전 여러 건의 중대산업재해가 발생하였다면 이를 모두 포괄하여 하나의 분기에 교육을 이수하도록 하며 안전보건교육 수강 중 또는 수강 후 다시 중대산업재해가 발생하였다면 해당 재해에 대해서는 종전에 수강한 안전보건교육과는 별도로 다른 분기에 교육을 추가 이수해야 한다. 해당 교육이 확정되면, 실시일 30일전까지 교육 대상자에게 통보토록 되어 있다.

• 통보사항: 안전보건교육을 실시하는 안전보건 교육기관, 교육일정, 그 밖에 안
           전보건교육의 실시에 필요한 사항

안전보건교육 대상자임을 통보받은 경영책임자 등은 해당 교육일정에 참여할 수 없는 정당한 사유가 있는 경우 교육 실시일 7일 전까지 고용노동부 장관에게 1회에 한하여 연기를 요청할 수 있으며, 고용노동부 장관은 연기 요청을 받은 날부터 3일 이내에 연기 가능 여부를 교육대상자에 통보해야 한다. 교육 비용은 안전보건교육 당사자 부담이 원칙이며 교육 종료 후 이수확인서를 발급받아야 한다.

□ 미이수 시 행정제재

법 제8조제1항을 위반하여 경영책임자 등이 안전보건교육을 정당한 사유 없이 이행하지 않은 경우 5천만 원 이하의 과태료가 부과된다.

- 1차: 1천만 원 2차: 3천만 원 3차: 5천만 원

위반 횟수에 따른 과태료 가중 부과는 최근 1년간(위반행위로 과태료 부과처분 받은 날과 그 처분 후 다시 같은 위반행위로 적발된 날 기준) 같은 위반행위로 과태료 부과처분을 받은 경우에 적용되며, 가중처분 적용차수는 그 위반행위 전 부과처분 차수(가중처분 적용기간 내에 과태료 부과처분이 둘 이상 있었던 경우 높은 차수)의 다음 차수가 된다. (예시, 1년 내 종전 2차까지 과태료 부과 시 다음 차수인 3차를 부과)

다만, 다음 사유에 해당하는 경우 과태료의 2분의 1 범위에서 감경될 수 있다.

① 위반행위자가 자연재해·화재 등으로 재산이 현저히 손실을 입었거나 사업여건의 악화로 사업이 중대한 위기에 처하는 등의 사정이 있는 경우
② 위반행위가 사소한 부주의나 오류로 인한 것으로 인정되는 경우
③ 위반행위자가 법 위반상태를 시정하거나 해소하기 위해 노력한 것이 인정되는 경우
④ 위반행위의 정도, 동기와 그 결과 등을 고려해 과태료 금액을 줄일 필요가 있다고 인정되는 경우
⑤ 사업 또는 사업장의 규모나 공사 규모에 따른 과태료 감경기준(2분의 1)을 먼저 적용하고, 추가로 2분의 1을 감경할 수 있음

⑥ 사업 또는 사업장의 규모나 공사 규모에 따라 상시근로자 수가 50명 미만인
사업 또는 사업장이거나 공사금액이 50억 원 미만인 건설공사의 사업 또는
사업장인 경우에 과태료의 2분의 1 범위에서 감경이 가능함

9. 형 확정 통보

법 제12조에 따라 법무부장관은 제6조, 제7조, 제10조 또는 제11조에 따른 범죄의
형이 확정되면 그 범죄사실을 관계 행정기관의 장에게 통보토록 되어 있다.

10. 중대산업재해 발생 사실 공표제도

공표란 행정법상 의무위반 또는 의무불이행이 있는 경우, 행정기관이 그 의무위반자
또는 불이행자의 명단과 그 위반 또는 불이행한 사실을 국민에게 알려 여론의 압력을
통해 간접적으로 의무이행을 확보토록 하는 것임에 따라 중대산업재해 발생 사실의
공표를 통해 해당 경영책임자의 명예나 신용의 침해 위협 등의 불이익 발생으로 해당
종사자에 대한 안전보건 확보의무의 이행을 간접적으로 강제하는 것이라 볼 수 있다.

1) 공표 대상

'안전·보건 확보의무를 위반하여 발생한 중대산업재해'가 요건이므로 법 제13조(시
행령 제12조제1항)에 따라 범죄의 형이 확정되어 법무부장관으로부터 고용노동부장
관에게 그 범죄 사실이 통보된 사업장을 대상으로 하며, 참고할 사항은 법 제8조에
따른 안전보건교육의 수강은 안전·보건 확보 의무의 위반 여부를 요건으로 하지
않는 점이다. 기존 산업안전보건법 제10조에서는 산업재해를 예방하기 위해 대통령
령으로 정하는 사업장의 근로자 산업재해 발생건수, 재해율 또는 그 순위 등을 공표
하도록 규정하고 있는바 중대재해처벌법과 공표 대상과 내용 등이 상이하고 각 법률
에 따른 공표 제도가 별도로 규정되어 있으므로, 중대산업재해 발생 사실은 범죄의

형 확정 및 통보에 따라 별도의 절차를 거쳐 공표하게 된다.

- 산업안전보건법 제10조에 의한 공표 규정: 사망재해자 연간 2명 이상 발생, 사망만인율이 규모별 같은 업종 평균 이상, 중대산업사고 발생, 산업재해 발생 사실 은폐, 산업재해 발생 보고 죄근 3년간 2회 이상 누락

2) 공표 내용 및 방법

공표 내용은 다음 각 호 사항으로 하게 되며, 고용노동부장관은 공표 전에 해당 사업장의 사업주 또는 경영 책임자 등에게 공표하려는 내용을 통지하고 30일 이상의 기간을 정하여 그에 대해 소명자료를 제출하게 하거나 의견을 진술할 수 있는 기회를 주도록 되어 있으며, 관보, 고용노동부나 「한국산업안전보건공단법」에 따른 한국산업안전보건공단의 홈페이지에 게시하는 방법으로 그 기간을 1년으로 정하고 있다.

▷ 공표 내용
- "중대산업재해 발생 사실의 공표"라는 공표의 제목
- 해당 사업장의 명칭
- 중대산업재해가 발생한 일시 · 장소
- 중대산업재해를 입은 사람의 수
- 중대산업재해의 내용과 그 원인(사업주 또는 경영책임자 등의 위반사항 포함)
- 해당 사업장에서 최근 5년 내 중대산업재해의 발생 여부

법 제13조(중대산업재해 발생 사실 공표) ① 고용노동부장관은 제4조에 따른 의무를 위반하여 발생한 중대산업재해에 대하여 사업장의 명칭, 발생 일시와 장소, 재해의 내용 및 원인 등 그 발생 사실을 공표할 수 있다. ② 제1항에 따른 공표의 방법, 기준 및 절차 등은 대통령령으로 정한다.

시행령 제12조(중대산업재해 발생 사실의 공표) ① 법 제13조제1항에 따른 공표(이하 이 조에서 "공표"라 한다)는 법 제4조에 따른 의무를 위반하여 발생한 중대산업재해로 법 제12조에 따라 범죄의 형이 확정되어 통보된 사업장을 대상으로 한다.

1. "중대산업재해 발생 사실의 공표"라는 공표의 제목
2. 해당 사업장의 명칭
3. 중대산업재해가 발생한 일시 · 장소
4. 중대산업재해를 입은 사람의 수
5. 중대산업재해의 내용과 그 원인(사업주 또는 경영책임자 등의 위반사항을 포함한다)
6. 해당 사업장에서 최근 5년 내 중대산업재해의 발생 여부

[표-39] 중대산업재해 발생 사실 공표 방법 및 내용

대상	• 의무 위반으로 발생한 중대산업재해 발생 사업장
시기	• 범죄의 형이 확정되어 통보된 때
방법	• 관보 게재 • 고용노동부, 안전공단 홈페이지 게시
내용	• 중대산업재해 발생 사실의 공표 • 해당 사업장의 명칭 • 중대산업재해가 발생한 일시, 장소 • 중대산업재해를 입은 사람의 수 • 중대산업재해의 내용과 그 원인(사업주, 경영책임자의 위반사항 포함) • 해당 사업장에서 최근 5년 내 중대산업재해의 발생 여부
기타	• 공표 전에 그 내용을 통지하고 30일 이상의 소명기회 부여 • 공표 기간은 1년

11. 특례

법 제14조(심리절차에 관한 특례)에 따라 ① 이 법 위반 여부에 관한 형사재판에서 법

원은 직권으로 「형사소송법」 제294조의 2에 따라 피해자 또는 그 법정대리인(피해자
가 사망하거나 진술할 수 없는 경우에는 그 배우자 · 직계친족 · 형제자매를 포함한다)
을 증인으로 신문할 수 있다. ② 이 법 위반 여부에 관한 형사재판에서 법원은 검사,
피고인 또는 변호인의 신청이 있는 경우 특별한 사정이 없으면 해당 분야의 전문가를
전문심리위원으로 지정하여 소송절차에 참여하게 하여야 한다고 정의되어 있다.

12. 손해배상책임

본 법에서는 중대재해가 사업주 또는 경영책임자의 고의 또는 중대한 과실로 안전
및 보건확보 의무를 위반하여 발생한 경우 징벌적 손해배상토록 규정되어 있다.

손해배상액은 손해를 입은 사람에 대해 그 손해액의 5배를 상한으로 하고 있으며
법령에 구체적 손해액이 규정되어 있지 않아 이는 법원의 판단으로 결정될 것으로
판단됨에 따라 손해배상은 민사소송으로 형사소송과는 별도로 소가 제기될 가능성이
높다.

제15조(손해배상의 책임) ① 사업주 또는 경영책임자 등이 고의 또는 중대한 과실로 이
법에서 정한 의무를 위반하여 중대재해를 발생하게 한 경우 해당 사업주, 법인 또는 기
관이 중대재해로 손해를 입은 사람에 대하여 그 손해액의 5배를 넘지 아니하는 범위에
서 배상책임을 진다. 다만, 법인 또는 기관이 해당 업무에 관하여 상당한 주의와 감독을
게을리하지 아니한 경우에는 그러하지 아니하다. ② 법원은 제1항의 배상액을 정할 때에
는 다음 각 호의 사항을 고려하여야 한다.
1. 고의 또는 중대한 과실의 정도
2. 이 법에서 정한 의무위반행위의 종류 및 내용
3. 이 법에서 정한 의무위반행위로 인하여 발생한 피해의 규모
4. 이 법에서 정한 의무위반행위로 인하여 사업주나 법인 또는 기관이 취득한 경제적 이익
5. 이 법에서 정한 의무위반행위의 기간 · 횟수 등
6. 사업주나 법인 또는 기관의 재산상태
7. 사업주나 법인 또는 기관의 피해구제 및 재발방지 노력의 정도

---

13. 정부의 사업주 등에 대한 지원 및 보고

정부가 중대재해를 예방하여 시민과 종사자의 안전과 건강을 확보하기 위해 이행해야 할 사항은 다음과 같이 규정된다.

    가. 중대재해의 종합적인 예방대책의 수립 · 시행과 발생 원인 분석
    나. 사업주, 법인 및 기관의 안전보건관리체계 구축을 위한 지원
    다. 사업주, 법인 및 기관의 중대재해 예방을 위한 기술 지원 및 지도
    라. 이 법 목적 달성을 위한 교육 및 홍보의 시행

또한 정부가 사업주, 법인 및 기관에 대해 중대재해 예방사업에 소요되는 비용의 전부 또는 일부를 예산으로 지원할 수 있는 근거로 "중대재해 예방사업의 예시로서 유해 · 위험 시설의 개선과 보호 장비의 구매, 종사자 건강진단 및 관리 등"을 규정하고 있으며, 산업안전보건법 제4조에서는 법의 목적을 달성하기 위한 정부의 책무와 한국산업안전보건공단 등 기관에 행정적 · 재정적 지원을 할 수 있는 근거를 규정하고 있다.

- 정부의 책무: 안전보건정책의 수립집행, 산업재해예방 지원지도, 직장 내 괴롭힘 예방 조치기준 마련, 지도 및 지원, 사업주의 자율적인 안전보건 경영체제 확립 지원, 안전보건 홍보 · 교육 등 안전문화 확산 추진, 안전보건 기술의 연구개발 등, 산업재해 조사 및 통계 관리, 안전보건관련 단체 지원 및 지도감독, 노무제공자의 안전 · 건강 보호 증진

아울러 산업재해 예방을 위한 지방자치단체의 책무와 산업재해 예방 활동 및 이에 대한 정부의 행정적 · 재정적 지원 근거도 규정하고 있다.

- 지방자치단체의 책무: 정부 정책에 적극 협조 및 관할 지역의 산업재해 예방을 위한 대책 수립시행
- 산업재해 예방활동: 산업재해 예방을 위한 자체 계획의 수립, 교육, 홍보 및

안전한 작업환경 조성을 지원하기 위한 사업장 지도 등 필
요한 조치

이에 따라 중대재해처벌법과 산업안전보건법에 따른 각종 지원제도를 종합적으로 추
진함으로써 종전 산업안전보건법상 사업주뿐만 아니라 경영책임자 등도 안전보건관
리체계 등 산업재해를 근본적으로 예방할 수 있는 시스템을 만들 수 있도록 해야 하
며, 정부 또한 중대재해 예방을 위한 조치 이행 등 상황 및 중대재해 예방사업 지원
현황을 반기 별로 국회 소관 상임위원회에 보고해야 한다.

▷ 보고 내용
  • 중대재해 예방을 위한 조치 이행 등 상황
  • 중대재해 예방사업 지원 현황

▷ 보고 주기와 대상
  • 반기별로 국회 소관 상임위원회에 보고해야 하므로, 고용노동부는 고용 노동부
    소관사항에 대한 보고내용을 소관 상임위원회인 환경 노동위원회 보고

14. 서면 보관

개인 사업주 또는 경영책임자 등은 ⓐ 시행령 제4조의 안전보건관리체계의 구축 및
이행조치에 관한 사항 ⓑ 시행령 제5조의 안전보건관계 법령의 의무이행에 필요한
관리상의 조치 등의 이행에 관한 사항을 서면(전자문서 포함)으로 작성하여 5년간
보관하여야 한다. 다만, 소상공인기본법 제2조제1항에 따른 소상공인은 서면 보관
의무가 제외된다.

  • 소상공인: 중소기업기본법 제2조제2항, 시행령 제8조제1항에 따른 소기업 중
    상시근로자 수가 광업 · 제조업 · 건설업 및 운수업은 10명 미만, 그
    외 업종은 5명 미만인 경우를 말함

개인사업주 또는 경영책임자 등은 안전보건 확보의무와 관련된 사항을 모두 확인하여야 하고 서면에는 이와 관련하여 지시한 내용, 실제 조치한 사항이 각각의 의무를 이행한 사실대로 담겨 있어야 하며 만약 전자문서로 보관하는 경우라면 전자문서의 최종결재를 개인사업주 또는 경영책임자 등이 직접 해야 한다.

15. 시행일

이 법은 공포 후 1년이 경과한 날인 2022.1.27.부터 시행한다. 다만, 이 법 시행 당시 ⓐ 개인사업주 ⓑ 상시근로자 50명 미만인 사업 또는 사업장 ⓒ 건설업의 공사금액이 50억 원 미만의 공사에 대해서는 공포 후 3년이 경과한 2024.1.27.부터 시행한다.

- 법 시행 이전에 사고가 발생하여 법 시행 이후 사망한 경우 처벌대상에서 제외된다.

부록

1) 중대재해처벌법대응 체크리스트 (경영책임자 의무준수사항 이행 점검용)

항목	구체적 의무사항	체크리스트 항목	확인
안전 보건 관리 체계 구축 및 이행 관련 (제1호)	목표 및 경영방침 설정	① 안전보건 경영방침 수립 여부 ② 이사회보고여부 ③ 전문가 의견수렴여부 ④ 시행여부 ⑤ 이행달성정도 평가 시스템 구축 여부 ⑥ 노사 및 대외적 홍보 여부 등	
	총괄 안전보건 전담조직 구성/활동	① 총괄 안전보건 전담조직의 구성/운영 여부 ② 경영책임자 보좌 활동 ③ 각 사업장과 연계 및 관리활동 수준	
	위험성 평가 이행/점검	① 각 사업장의 위험성평가 점검계획수립 여부 ② 점검기준 마련(협력업체참여 여부 등) ③ 점검결과보고 (반기 1회 이상) ④ 점검결과 개선조치	
	안전보건관리책임자, 안전보건총괄 책임자, 관리감독자 업무수행	① 책임자, 관리감독자 선임,배치,권한,책임 ② 예산편성 · 집행 적정성 검토 ③ 업무수행 평가 절차 마련 ④ 점검 및 평가조치 (반기 1회 이상)	
	각 사업장 전문인력 배치	① 법정인력선임사항 점검 ② 각 사업장별 안전보건업무 수행체계 적정성검토 ③ 안전담당부서와 사업부서간업무연계성 등 검토 ④ 업무형태에 따른 배치기준 (야간, 교대제)	
	예산 편성 및 집행 · 관리	① 대표이사 안전보건계획과 연계적정성 ② 안전보건관련 예산시행기준 관리 ③ 위험성평가, 안전교육개선, 사업장별 안전보건 　 관리 업무수행 등에 필요한 예산항목 포함여부 검토 ④ 집행실태 점검(예산별 용도 내 집행여부 점검) 및 보완	
	종사자 의견 청취/개선	① 산업안전보건위원회(협의체) 운영 상황보고 ② 개선의견 수렴 회의 (반기 1회 이상) ③ 협력업체 및 기타 종사자의 의견청취방법 확인 ④ 종사자 의견의 반영여부	

항목	구체적 의무사항	체크리스트 항목	확인
	급박한 위험 시 대응절차	① 각 사업장의 대응매뉴얼 수립여부 ② 교육훈련 실시 여부 점검 ③ 대응훈련 등 점검 (반기 1회 이상) ④ 개선방안 도출 및 검토여부	
	도급, 용역 시 평가절차	① 각 사업장별 도급사에 대한 평가기준 마련 여부 점검 ② 운영상태 점검 ③ 기준미달 수급사 조치	
재발방지 대책수립 및 이행관리(제2호)		① 재해보고절차 확립 ② 대책수립 및 이행추진체계의 적절성 점검실시 계획 수립 ③ 점검결과 보고 및 조치	
행정기관 명령 이행관리 (제3호)		① 보고절차 규정화 여부 ② 보고 및 이행확인 시스템의 구성 및 운영의 적정성 여부 점검 ③ 이행상황 점검 및 평가	
안전보건관계 법령상 의무이행에 필요한 관리상 조치 (제4호)	안전보건법령 의무이행 여부 반기 1회 점검 및 결과보고	① 점검계획 수립 ② 점검활동 ③ 점검결과 조치 ④ 조치에 대한 이행상태 확인	
	위 점검결과를 토대로 인력배치 및 예산 추가편성	① 점검결과 보고(본사) 및 개선대책회의 여부 ② 안전보건담당 인력/예산의 보와 필요성 검토 ③ 집행상태 점검	
	안전보건교육 이수율 확인 및 관련예산 확보 등 조치	① 각 사업장별 안전보건교육 이수관리 체계 점검 ② 협력업체 안전보건교육 관리체계 점검 ③ 안전보건교육 이수율 확인(반기 1회 이상) ④ 관련예산 보완여부 검토	

2) 안전보건 관련 업무 담당자 임명장

안전보건관리책임자 임명장

Certification of Appointment

직 책 :

성 명 :

산업안전보건법에 따른 아래의 직무수행을 위하여 위 사람을
산업안전보건법 제15조의 안전보건관리책임자로 임명하며,
직무수행을 위한 예산집행 등 일체의 권한을 위임한다.

- 산업재해예방계획의 수립
- 안전보건관리규정의 작성 및 그 변경
- 근로자의 안전·보건교육
- 작업환경의 측정 등 작업환경의 점검 및 개선
- 근로자의 건강진단 등 건강관리
- 산업재해의 원인 조사 및 재발방지대책의 수립
- 산업재해에 관한 통계의 기록·유지
- 안전·보건관련 안전장치 및 보호구 구입 시 적격품 여부 확인
- 위험성 평가 실시
- 안전보건규칙에서 정하는 근로자의 위험 또는 건강장해의 방지

년 월 일

XXX 대표이사(경영책임자)

안전보건총괄책임자 임명장

Certification of Appointment

직 책 :

성 명 :

산업안전보건법에 따른 아래의 직무수행을 위하여 위 사람을
산업안전보건법 제62조의 안전보건총괄책임자로 임명하며,
직무수행을 위한 예산집행 등 일체의 권한을 위임한다.

- 법 제51조 및 54조에 따른 작업의 중지 및 재개
- 법 제64조에 따른 도급사업 시의 안전 · 보건 조치
- 안전인증대상 기계 · 기구등과 자율안전확인대상 기계 · 기구 등의 사용 여
  부 확인
- 위험성평가의 실시에 관한 사항

년   월   일

XXX 대표이사(경영책임자)

관리감독자 임명장

Certification of Appointment

부 서 :

성 명 :

산업안전보건법에 따른 아래의 직무수행을 위하여 위 사람을
산업안전보건법 제16조의 관리감독자로 임명하며, 직무수행을
위한 일체의 권한을 위임한다.

- 위 사람이 지휘 · 감독하는 작업과 관련된 기계 · 기구 또는 설비의 안전
  보건 점검 및 이상유무의 확인
- 소속 근로자의 작업복 · 보호구 및 방호장치의 점검과 그 착용. 사용에
  관한 교육 · 지도
- 해당 작업에서 발생한 산업재해에 관한 보고 및 이에 대한 응급조치
- 해당 작업장 정리 · 정돈 및 통로 확보에 대한 확인 · 감독
- 사업장 내 안전관리자 및 보건관리자의 지도 · 조언에 대한 협조
- 위험성평가에 따른 유해위험요인의 파악 및 그에 따른 개선조치 실행
- 유해하거나 위험한 작업 시 근로자에게 특별안전교육을 실시
- 그 밖에 유해, 위험을 방지하기 위한 업무 및 해당 작업의 안전보건에
  관한 사항

년 월 일

XXX 안전보건관리책임자

3) 안전관련 업무 담당자 이행점검 평가표

① 안전보건총괄책임자

사업장명:
관리감독자 성명:
작성일:
평가자 성명:

업무 내용		세부사항	평가		
			Yes/No	배점	의견
1	위험성 평가의 실시에 관한 사항	가. 위험성 평가 참여 여부			
		나. 관계수급인 및 관계수급인 근로자의 위험성 평가관리 여부			
		다. 지속적인 작업장 유해·위험요인의 파악과 추정을 통한 위험성 평가와 유해·위험요인의 제거 대체 및 통제관리 노력			
2	작업의 중지에 관한 사항	가. 산업재해가 발생할 급박한 위험이 있는 경우에 대한 작업중지 기준 설정, 근로자 대피 및 필요한 안전보건조치 대응 절차 수립			
		나. 산업재해 발생 시 작업중지의 범위 설정 및 응급 구호와 추가 피해의 방지 계획			
3	산업재해 예방조치 (산안법 제64조의 조치사항 이행 여부)	가. 도급인과 수급인을 구성원으로 하는 안전 및 보건에 관한 협의체의 구성 및 운영 실태			
		나. 작업장 순회 점검			
		다. 관계수급인이 근로자에게 하는 안전보건교육을 위한 장소 및 자료의 제공 등 지원			
		라. 관계수급인이 근로자에게 하는 유해·			

		위험작업에 대한 특별교육의 실시 확인			
		마. 작업 장소에서 화재 · 폭발 등이 발생한 경우에 대비한 경보체계 운영과 대피방법 등 훈련 실시			
		바. 위생시설 등의 설치를 위한 장소의 제공 및 도급인의 위생시설 이용 협조			
		사. 같은 장소에서 혼재 작업 시 도급인과 관계수급인 등의 작업 시기와 내용에 대한 안전보건조치 확인			
		아. 관계수급인 등의 작업 혼재로 인하여 화재 폭발 등 위험상황이 발생할 우려가 있는 경우 작업의 시기 및 내용 등 조정			
		자. 유해 · 위험성이 있는 화학물질의 제조 사용 운반 저장 탱크 및 배관 등 설비의 개조 분해 해체 철거 또는 시설 내부에서 작업 시 안전보건 정보의 제공 여부			
4	산업안전보건관리비에 관한 사항 (산업안전보건관리비의 관계수급인 간의 사용에 관한 협의, 조정 및 그 집행 여부)	가. 관계수급인에게 필요한 안전보건관리비 협의 및 조정과 집행 실태			
		나. 관계수급인의 안전관리비 적정 집행 및 공기 대비 집행율 등 확인			

5	안전관리대상기계 등의 사용에 관한 사항 (안전검사 및 안전인증 대상기계와 자율안전확인대상 기계의 사용 및 관리대장 비치 여부)			
업무수행 평가 점수				

② 안전보건관리책임자

사업장명:

안전보건관리책임자 성명:

작성일:

평가자 성명:

업무내용		세부사항	평가		
			Yes/No	배점	의견
1	사업장의 산재예방 계획 수립에 관한 사항	가. 해당 사업장의 산재예방 계획 수립 여부			
		나. 해당 계획의 적절성			
		다. 해당 계획에 따른 조치 사항의 확인 여부			
2	안전보건관리규정의 작성 및 변경에 관한 사항	가. 산안법 제25조제1항에 따른 각 항목의 반영 여부			
		나. 산안법 제27조에 따른 산안위 심의 의결 절차를 거쳤는지 여부			
3	근로자에 대한 안전보건교육에 관한	가. 안전보건교육 과정별 실시 여부 및 교육시간 준수			
		나. 교육과정별 교육내용의 적절성			
		다. 개별 근로자의 교육 숙지 정도			

	사항	라. 근로자의 교육 만족도			
4	작업환경의 점검 및 개선에 관한 사항	가. 사업장 순회 점검 결과			
		나. 안전관리자와 보건관리자의 지도 및 조치 건의에 따른 조치의 적절성			
		다. 작업환경측정결과 종사자의 건강 보호를 위한 시설 설비의 설치 개선 등 조치 이행 및 해당 작업장 근로자에게 알림			
5	근로자의 건강진단 등 건강관리에 관한 사항	가. 작업환경별 건강진단 대상자 선정과 방법의 적절성			
		나. 건강진단의 시기와 주기 및 검사항목			
		다. 건강진단 결과 근로자의 건강을 유지하기 위한 작업 장소의 변경, 작업전환, 근로시간 단축, 야간근로의 제한, 시설 설비의 설치 개선 조치와 사후관리의 적절성 여부			
6	산업재해의 원인 조사 및 재발방지 대책 수립에 관한 사항 및 산업재해 재발방지 대책 수립 여부 및 그 적절성	가. 재발방지를 위해 현장 실무자와 안전보건 전문가 등의 의견을 듣는 절차를 거쳐 근본적인 재해 원인 파악			
		나. 유해 위험요인과 재해 발생 원인을 파악하여 유사 재해의 재발방지를 위해 파악된 유해위험요인의 제거, 대체 및 통제 방안을 검토한 종합적인 개선대책의 수립 여부			
		다. 수립된 개선대책의 이행 여부			
7	산업재해에	가. 재해 발생 통계의 기록 및 분석을			

	관한 통계의 기록 및 유지관리에 관한 사항	통해 재해 발생빈도 및 강도 등 분석을 통해 재해예방계획 수립에 반영			
8	유해위험 기계기구 설비의 안전장치 및 보호구 구입 시 적격품 여부 확인에 관한 사항	가. 유해위험기계기구 및 설비의 이력 등 관리대장 작성 등 기록 보존			
		나. 유해위험기계기구 및 설비와 안전(방호)장치의 안전인증 등 적격품 여부 확인			
		다. 개인 보호구 등의 안전인증 등 적격품 여부 확인 및 관리 상태			
		라. 안전인증, 안전검사, 자율안전 확인 신고 등에 대한 실시 및 관리 상태			
9	위험성 평가의 실시에 관한 사항: 위험성 평가에 참여 및 지속적인 작업장의 유해·위험요인 파악 및 평가 개선 노력	가. 유해위험요인의 파악, 위험성 추정과 결정 등을 통한 유해•위험성 감소대책 수립 여부			
		나. 위험성 평가를 보고 받은 후 감소대책의 개선조치 완료에 대한 이행 확인			
		다. 위험성 평가 및 개선 후 잔존 유해위험성 정보의 게시, 주지 등 적절성			
		라. 위험성 평가의 기록의 보존			
		마. 수시 및 정기 위험성 평가의 실시 시기의 적절성			
		바. 위험성 평가 시에 근로자 참여 독려 여부			
10	근로자의 사고 위험 또는 건강 장해의 방지에 관한 사항: 긴급한 사고 위험에 대한 작업중지 또는 거부권에 대한 대응방안 등 매뉴얼 마련				
	업무수행 평가 점수				

※ 관리감독자 평가기준

▷ 다음의 각 항목별 점수 부여 시 (우수), (보통), (미흡) 점수의 중간점수 부여 가능

관리감독자 평가표

평가자:　　　　　　　피평가자:　　　　　　　평가일:

평 가 항 목	평 가 기 준	배점	득점
1. 기계 · 기구 또는 설비의 안전 · 보건점검 및 이상유무의 확인(20점)			
1) 기계 · 기구 또는 설비의 점검	법 제80조 기계기구 및 설비의 안전보건점검 실시	5	
2) 유해 · 위험 방지 점검 실시	유해 · 위험 방지 업무에 있어서의 점검 및 조치	5	
3) 작업 시작 전 점검사항	작업 시작 전 점검실시	5	
4) 안전 · 보건조치	안전보건기준에 관한 규칙에 관리감독자가 직무	5	
2. 근로자의 작업복 · 보호구 및 방호장치의 점검과 그 착용 · 사용에 관한 교육 · 지도(15점)			
1) 작업복의 착용 등	작업복의 점검과 착용에 관한 교육 · 지도	5	
2) 보호구의 착용 · 사용 등	보호구의 점검과 착용 · 사용에 관한 교육 · 지도	5	
3) 방호장치의 점검과 사용	방호장치의 점검과 사용에 관한 교육 · 지도	5	
3. 산업재해에 관한 보고 및 응급조치(10점)			
1) 산업재해에 관한 발생 보고	산업재해에 관한 발생 보고 및 기록 등	5	
2) 응급조치	산업안전보건법 및 안전보건규칙에 따른 응급조치	5	
4. 작업장 정리 · 정돈 및 통로확보에 대한 확인 · 감독(10점)			
1) 작업장 정리 · 정돈	작업장 정리 · 정돈에 대한 확인 · 감독	5	
2) 통로 확보	통로 확보에 대한 확인 · 감독	5	
5. 안전관리자, 보건관리자, 안전보건관리담당자, 산업보건의 지도 · 조언에 대한 협조(5점)			
1) 관리감독자의 성실 의무	건강진단 실시계획 수립	5	
6. 위험성평가의 유해위험요인의 파악 및 그 결과에 따른 개선조치(20점)			
1) 유해위험요인 파악	사업장 내 유해위험요인 파악	10	
2) 감소대책 수립 및 실행	위험성 감소대책 수립 및 실행	5	
3) 기록 및 보존	위험성평가 실시내용 및 결과의 기록보존	5	
7. 안전보건 활동의지 및 안전보건 역량(10점)			
1) 업무수행의 의지	안전보건 활동의지(수행 의지, 열정, 사명감 등)	5	
2) 역량의 적격성	안전보건관리에 대한 역량	5	
8. 안전보건 추진계획에 따른 예산편성 및 집행(10점)			
1) 예산 편성의 적정성	안전보건 추진과제별 소요예산의 편성 및 확보	5	
2) 예산 집행의 적정성	예산 집행 계획 및 집행 내역의 적정성	5	
합 계			

※ 평가점수 70점 미만은 30일 이내 재평가를 실시

4) 수급업체 안전보건 수준 평가

■ 사업장명:

구 분	배 점	득 점
합계	100	
A. 안전보건관리체계	20	
B. 실행수준	40	
C. 운영관리	20	
D. 재해 발생 수준	20	

■ 평가항목 및 기준

평가 항목	평가 기준	배점	득점
A. 안전보건관리체계	소계	20	
1. 일반원칙	도급 · 수급인의 안전보건방침 적정 여부	5	
2. 계획수립	산업재해예방 활동에 대한 수급인의 이행계획 적정여부	10	
3. 역할 및 책임	이행계획 추진을 위한 구성원의 역할 분담 (본사, 현장)	5	
B. 실행수준	소계	40	
4. 위험성평가	도급작업의 위험성평가 결과에 대한 이해수준 및 자체 유해 · 위험요인 평가수준	5	
5. 안전점검	안전점검 및 모니터링 (보호구 착용확인 포함)	10	
6. 이행확인	안전조치 이행 여부 확인 (도급업체의 지도조언에 대한 이행)	10	
7. 교육 및 기록	안전보건교육 계획 및 기록관리	5	
8. 안전작업허가	유해 · 위험작업에 대한 안전작업허가 이행수준	10	

C. 운영관리	소계	20	
9. 신호 및 연락 체계	도급 · 수급업체 간 신호체계 및 연락체계	5	
10. 위험물질 및 설비	유해 · 위험 물질 및 취급 기계 · 기구 · 설비의 안전성 확인	10	
11. 비상대책	비상시 대피 및 피해 최소화 대책 (고용부, 소방서, 병원 포함)	5	
D. 재해 발생 수준	소계	20	
12. 산업재해 현황	최근 3년간 산업재해 발생 현황	20	

5) 안전보건관리 규정 작성 (예시)

제1장 총 칙

제1조 [목 적]

이 규정은 주식회사 XXX 공장(이하 "회사"라 칭한다)의 안전/보건에 관한 사항을 정한 것으로 근로자의 안전·보건을 유지 증진하고 회사의 재산보존을 도모하며 쾌적한 작업환경을 조성함으로써 생산능률을 향상시킴을 목적으로 한다.

제2조 [용어의 정의]

1) 산업재해: 노무를 제공하는 자가 업무에 관계되는 설비·원재료·가스·증기·분진 등에 의하거나 작업 또는 그 밖의 업무로 인하여 사망 또는 부상하거나 질병에 걸리는 것

2) 중대재해: 산업재해 중 사망 등 재해 정도가 심하거나 다수의 재해자가 발생한 경우로서 고용노동부 령으로 정하는 재해
   (1) 사망자가 1인 이상 발생한 재해
   (2) 3개월 이상의 요양을 요하는 부상자가 동시에 2인 이상 발생한 재해
   (3) 부상자 또는 질병자가 동시에 10인 이상 발생한 재해
   (4) 동일한 사고로 6개월 이상 치료가 필요한 부상자가 2명 이상 발생
       (중대재해처벌법)
   (5) 동일한 유해요인으로 급성중독 등 대통령령으로 정하는 직업성 질병자가 1년 내에 3명 이상 발생 (중대재해처벌법)

3) 근로자: 「근로기준법」 제2조제1항제1호에 따른 근로자

4) 사업주: 근로자를 사용하여 사업을 하는 자

5) 근로자대표: 근로자의 과반수로 조직된 노동조합이 있는 경우에는 그 노동조합을, 근로자의 과반수로 조직된 노동조합이 없는 경우에는 근로자의 과반수를 대표하는 자

6) 도급: 명칭에 관계없이 물건의 제조·건설·수리 또는 서비스의 제공, 그 밖의 업무를 타인에게 맡기는 계약

7) 도급인: 물건의 제조·건설·수리 또는 서비스의 제공, 그 밖의 업무를 도급한 사업주

8) 수급인: 도급인으로부터 물건의 제조·건설·수리·서비스의 제공, 그 밖의 업무를 도급 받은 사업주

9) 관계수급인: 도급이 여러 단계에 걸쳐 체결된 경우 각 단계별로 도급 받은 사업주 전부

10) 안전보건진단: 산업재해를 예방하기 위하여 잠재적 위험성을 발견하고 그 개선대책을 수립할 목적으로 조사·평가하는 것

11) 작업환경측정: 작업환경 실태를 파악하기 위하여 해당 근로자 또는 작업장에 대하여 사업주가 측정계획을 수립한 후 시료를 채취하고 분석·평가하는 것

12) 안전: 사고가 없는 상태

13) 사고: 불안전한 상태 또는 행동에 기인되어 근로자의 인명에 사상을 초래하거나 재산상 피해를 초래한 비정상적, 비능률적인 것으로서 계획되지 않은 사건

14) 불안전한 행동: 보편적으로 인정된 정상적, 능률적인 절차 또는 관례에 벗어나는 행동 즉, 위험에 노출되거나 안전성을 저하하는 행동

15) 불안전한 상태: 사고를 유발시킬 수 있는 물리적 또는 기계적 상태 조건

제3조 [적용범위]

이 규정은 전 임직원에게 적용하며 회사를 출입하는 모든 방문객에게도 적용한다.

제4조 [안전보건방침]

① 회사는 모든 작업 및 관리에 있어 안전을 제일 우선으로 하며 사고방지를 위해, 예산, 인력, 제도 면에서 안전, 보건업무를 우선적으로 조치한다.

② 사업주는 회사에 적합한 안전보건방침을 정하여야 하며, 이 방침에서는 안전보건에 관한 사업주의 경영방침과 목표, 성과개선에 대한 의지가 분명히 제시되어야 하고 모든 구성원에 공표되어야 한다.

③ 안전보건방침은 간결하게 문서화하고 사업주의 서명과 시행일을 표기하여 회사 내 모든 구성원 및 이해관계자가 쉽게 볼 수 있도록 공개하여야 한다.

④ 사업주는 안전보건정책이 사회적 흐름이나 회사에 적합한지 여부 등을 주기적으로 검토·수정하여야 한다.

제5조 [산업재해예방의 의무]

회사는 사업장 내에서의 산업재해예방을 위해 회사의 최고경영자와 전 직원 공동 책임을 가지고 노력하여야 하며 구체적인 의무는 다음과 같다.

1) 사업주: 사업주는 산업안전보건법과 중대재해처벌법에서 정하는 산업재해예방을 위한 기준을 준수하고 본 규정에서 정하는 제반 사항을 성실히 이행하여, 근로조건을 개선하고 적절한 작업환경을 조성하여 사원의 생명보전과 안전 및 보건을 유지 증진하도록 하기 위한 안전보건관리책임자, 관리감독자, 안전보건관리자 등 안전관계자의 의견을 반영하여 이를 시행토록 한다.

    (1) 재해예방에 필요한 인력 및 예산 등 안전보건관리체계의 구축 및 그 이행에 관한 조치

    (2) 재해 발생 시 재발방지 대책의 수립 및 그 이행에 관한 조치

    (3) 중앙행정기관 · 지방자치단체가 관계 법령에 따라 개선, 시정 등을 명한 사항의 이행에 관한 조치

    (4) 안전 · 보건 관계 법령에 따른 의무이행에 필요한 관리상의 조치 (중대재해처법)

2) 관리감독자: 회사 내의 관리감독자(팀장, 파트장, 반장, 조장 등)는 법 제16조에 의거 소속직원을 지휘 감독함에 있어 당해 직무와 관련된 안전 · 보건상의업무를 성실히 수행하여 산업재해를 예방할 책임이 있다.

3) 안전 · 보건관리자: 안전보건관리책임자를 보좌하고 관리감독자에게 지도 조언하여 안전·보건활동을 원활히 하도록 하고 사고를 사전에 예방할 책임이 있다.

4) 근로자: 회사의 전 근로자는 산업안전보건법과 중대재해처벌법 및 본 규정에서 정하는 모든 기준을 철저히 준수하여야 하며 사업주 및 기타 관계자가 실시하는 산업재해예방에 관한 제반 조치에 적극 따라야 한다.

제6조 [도급사업 재해 예방계획수립]

1) 회사는 동일한 장소에서 이루어지는 사업의 일부를 도급을 주어 운영을 하는 경우 회사에서 사용하는 근로자와 수급인이 사용하는 근로자가 같은 장소에서 작업을 할 때에 발생할 수 있는 사고예방을 위한 재해예방계획을 별도로 수립 · 운영한다.

2) 제1항에 의한 도급사업 재해예방계획 수립 시 수급업체의 사업주를 참여시킨다.
단, 사업주나 법인 또는 기관이 그 시설, 장비, 장소 등에 대하여 실질적으로 지배 · 운영 · 관리하는 책임이 있는 경우에 한정한다. (중대재해처벌법)

제7조 [도급사업 안전보건체계]

① 회사는 제6조 도급사업범위에 해당하는 사업을 운영하는 동안 발생할 수 있는 산업재해를 예방하기 위하여 안전보건관리책임자를 안전보건총괄책임자로 지정하여 산업재해 예방업무를 총괄 관리하도록 한다.

② 안전보건총괄책임자의 직무와 권한은 안전보건관리책임자의 직무 이외에 다음과 같은 업무를 하여야 한다.

1. 법 제36조에 따른 위험성평가의 실시에 관한 사항

2. 법 세51조 및 세54조에 따른 작업의 중지

3. 법 제64조에 따른 도급 시 산업재해 예방 조치

4. 법 제72조제1항에 따른 산업안전보건관리비의 관계 수급인 간의 사용에 관한 협의 조정 및 그 집행의 감독
5. 안전인증대상기계등과 자율안전확인대상기계 등의 사용 여부 확인

제8조 [도급사업 안전보건활동]

① 안전보건총괄책임자는 동일 장소에서 행하여지는 도급사업의 산업재해를 예방하기 위하여 다음과 같은 조치를 한다.
1. 안전보건에 관한 협의체의 구성 및 매월 1회 이상 회의 개최
2. 1주일에 2회 이상 작업장의 순회점검 등 안전보건관리
3. 수급인이 근로자에게 하는 안전보건교육에 대한 지도와 지원
4. 작업환경측정 및 교육실시 확인
5. 다음 각 목의 어느 하나의 경우에 대비한 경보의 운영과 수급인 및 수급인의 근로자에 대한 경보운영 사항의 통보
    가. 작업 장소에서 발파작업을 하는 경우
    나. 작업 장소에서 화재가 발생하거나 토석 붕괴 사고가 발생하는 경우
6. 다음 각 목으로 구성된 점검반은 분기 1회 이상의 합동 안전보건점검의 실시
    가. 사업주   나. 수급인인 사업주
    다. 회사 및 수급인의 근로자 각 1명
7. 다음 각 목의 위생시설의 설치 등의 협조
    가. 휴게시설   나. 세면 · 목욕시설
    다. 세탁시설   라. 탈의시설   마. 수면시설

② 안전보건총괄책임자는 제7조제2항 총괄책임자의 직무 및 제8조제1항의 안전보건활동을 도급사업 관리부서장에게 위임하여 도급사업장의 산업재해 예방에 필요한 조치를 할 수 있도록 한다.(단, 점검의 결과 및 조치의 이행 여부 등에 대한 관리감독을 철저히 하여야 한다.)
③ 회사는 도급사업 안전보건활동과 관련된 산업안전보건법령을 준수한다.

제2장 안전/보건관리 조직과 직무

제9조 [안전보건조직 체계]

① 사업장을 총괄 · 관리하는 자를 안전보건관리책임자로 하고, 라인-스텝형 원칙을 준수하여 안전보건조직을 구성한다.

② 라인조직은 안전보건관리책임자, 관리감독자 등으로 구성하고, 스텝조직으로 별도의 부서를 둘 경우 산업보건의, 안전관리자. 보건관리자, 방화관리자, 환경 · 가스 · 전기 · 소방 · 교통 등 안전관계법령에 의한 안전보건관계자가 같은 조직의 소속 직원이 되도록 한다.

③ 제1항 및 제2항에 따른 안전보건관리조직은 "별첨1(별첨은 본 자료를 참고하시는 조직 내 기준에 따라 자유롭게 작성 필요)"과 같으며, 사내하도급업체가 있는 경우 "안전보건총괄책임자"와 "사업주 간 협의체"를 별도로 구성한다.

④ 회사는 제1항 내지 제3항의 조직 · 직책에 이 규정에 따른 업무수행에 필요한 권한을 부여하고 시설 · 장비 · 예산, 그 밖의 업무수행에 필요한 지원을 하여야 한다.

⑤ 「산업안전보건법」 제17조부터 제19조까지 및 제22조에 따라 두어야 하는 인력이 총 3명 이상이고 다음 각 목의 어느 하나에 해당하는 사업 또는 사업장인 경우에는 안전 · 보건에 관한 업무를 총괄 · 관리하는 전담 조직을 두어야 한다. (중대재해처벌법)

⑥ 안전보건조치 사항을 이행하는 데 필요한 예산을 편성하고 그 편성된 용도에 맞게 집행해야 한다.

   1. 재해 예방을 위해 필요한 안전 · 보건에 관한 인력, 시설 및 장비의 구비

   2. 위험성평가 결과에 따른 유해 · 위험요인의 개선

   3. 그 밖에 안전보건관리체계 구축 등을 위해 필요한 사항으로서 고용노동부장관이 정하여 고시하는 사항

⑦ 「산업안전보건법」 제15조, 제16조 및 제62조에 따른 안전보건관리책임자, 관리감독자 및 안전보건총괄책임자(이하 이 조에서 "안전보건관리책임자 등"이라 한다)가 같은 조에서 규정한 각각의 업무를 각 사업장에서 충실히 수행할 수 있도록 다음의 조치를 해야 한다.

   1. 안전보건관리책임자 등에게 해당 업무 수행에 필요한 권한과 예산을 줄 것

   2. 안전보건관리책임자 등이 해당 업무를 충실하게 수행하는지를 평가하는 기준을 마련하고, 그 기준에 따라 반기 1회 이상 평가 · 관리할 것

⑧ 「산업안전보건법」 제17조부터 제19조까지 및 제22조에 따라 정해진 수 이상의 안전관리자, 보건관리자, 안전보건관리담당자 및 산업보건의를 배치해야 한다.

⑨ 사업 또는 사업장의 안전・보건에 관한 사항에 대해 종사자의 의견을 듣는 절차를 마련하고, 그 절차에 따라 의견을 들어 재해 예방에 필요하다고 인정하는 경우에는 그에 대한 개선방안을 마련하여 이행하는지를 반기 1회 이상 점검한 후 필요한 조치를 해야 한다. (산업안전보건위원회)

⑩ 사업 또는 사업장에 중대산업재해가 발생하거나 발생할 급박한 위험이 있을 경우를 대비하여 다음 각 목의 조치에 관한 매뉴얼을 마련하고, 해당 매뉴얼에 따라 조치하는지를 반기 1회 이상 점검해야 한다.

1. 작업중지, 근로자 대피, 위험요인 제거 등 대응조치
2. 중대산업재해를 입은 사람에 대한 구호조치
3. 추가 피해방지를 위한 조치

⑪ 제3자에게 업무의 도급, 용역, 위탁 등을 하는 경우에는 종사자의 안전・보건을 확보하기 위해 다음 각 목의 기준과 절차를 마련하고, 그 기준과 절차에 따라 도급, 용역, 위탁 등이 이루어지는지를 반기 1회 이상 점검해야 한다.

1. 도급, 용역, 위탁 등을 받는 자의 산업재해 예방을 위한 조치 능력과 기술에 관한 평가 기준・절차
2. 도급, 용역, 위탁 등을 받는 자의 안전・보건을 위한 관리비용에 관한 기준

제10조 [안전보건관리책임자]

① 회사는 사업장내 안전보건관리업무를 총괄적으로 수행하기 위하여 공장을 총괄 관리하는 공장장을 안전보건관리책임자로 선임한다.

② 안전보건관리책임자는 회사의 안전・보건업무를 총괄 관리하는 자로써 제17조 및 제18조의 안전관리자와 보건관리자를 지휘감독 하며 법 제15조에서 정하는바 에 따라 다음 각 호의 직무를 수행할 수 있도록 예산 및 권한을 부여한다.

1. 사업장의 산업재해 예방계획의 수립에 관한 사항
2. 제25조 및 제26조에 따른 안전보건관리규정의 작성 및 변경에 관한 사항
3. 제29조에 따른 안전보건교육에 관한 사항
4. 작업환경측정 등 작업환경의 점검 및 개선에 관한 사항
5. 제129조부터 제132조까지에 따른 근로자의 건강진단 등 건강관리에 관한 사항
6. 산업재해의 원인 조사 및 재발 방지대책 수립에 관한 사항
7. 산업재해에 관한 통계의 기록 및 유지에 관한 사항
8. 안전장치 및 보호구 구입 시 적격품 여부 확인에 관한 사항
9. 근로자의 유해・위험 방지조치에 관한 사항으로서 고용노동부 령으로 정하는 사항

③ 중대재해처벌법 시행에 따른 다음과 같은 업무 수행을 위해 안전보건위원회의에서 심의의결하고 대표이사에게 건의하여 조치하여야 한다.

1. 재해예방에 필요한 인력 및 예산 등 안전보건관리체계의 구축 및 그 이행에 관한 조치
2. 재해 발생 시 재발방지 대책의 수립 및 그 이행에 관한 조치
3. 중앙행정기관 · 지방자치단체가 관계 법령에 따라 개선, 시정 등을 명한 사항의 이행에 관한 조치
4. 안전 · 보건 관계 법령에 따른 의무이행에 필요한 관리상의 조치

제11조 [관리감독자]

① 각 팀의 조/반장 및 부서(파트)장은 법 제16조에서 정한 관리감독자로서 작업장 및 직원들에 관한 안전보건업무를 수행하여야 하며 그 구체적인 직무는 다음과 같다.

1. 사업장 내 법 제16조제1항에 따른 관리감독자가 지휘 · 감독하는 작업과 관련된 기계 · 기구 또는 설비의 안전 · 보건 점검 및 이상 유무의 확인
2. 관리감독자에게 소속된 근로자의 작업복 · 보호구 및 방호장치의 점검과 그 착용 · 사용에 관한 교육 · 지도
3. 해당 작업에서 발생한 산업재해에 관한 보고 및 이에 대한 응급조치
4. 해당 작업의 작업장 정리 · 정돈 및 통로 확보에 대한 확인 · 감독
5. 사업장의 다음 각 목의 어느 하나에 해당하는 사람의 지도 · 조언에 대한 협조
   가. 법 제17조제1항에 따른 안전관리자
   나. 법 제18조제1항에 따른 보건관리자
   다. 법 제22조제1항에 따른 산업보건의
6. 법 제36조에 따라 실시되는 위험성평가에 관한 다음 각 목의 업무
   가. 유해 · 위험요인의 파악에 대한 참여
   나. 개선조치의 시행에 대한 참여
7. 그 밖에 해당 작업의 안전 및 보건에 관한 사항으로서 고용노동부 령으로 정하는 사항

② 안전보건관리책임자는 관리감독자가 제1항의 규정에 의한 업무를 수행할 수 있도록 필요한 권한을 부여하고 시설, 장비, 예산, 기타업무수행에 필요한 지원을 하여야 하며 안전보건관리 업무수행상 문제발생 시 즉각 상급자에게 보고 및 필요한 조치를 해야 한다.

제12조 [안전관리자]

① 회사는 이 규정 제10조제2항 (안전보건관리책임자의 직무)에서 정한 사항 중 안전에 관한 기술적인 사항에 관하여 안전보건관리책임자를 보좌하고 관리감독자에게 지도·조언을 하기 위하여 안전관리자를 두어야 한다.

② ①항의 안전관리자는 시행령 제18조 및 관계 규정이 정하는 바에 따라 다음 각 호의 직무를 수행한다.

1. 법 제24조제1항에 따른 산업안전보건위원회 또는 법 제75조제1항에 따른 안전 및 보건에 관한 노사협의체에서 심의·의결한 업무와 해당 사업장의 법 제25조제1항에 따른 안전보건관리규정 및 취업규칙에서 정한 업무
2. 법 제36조에 따른 위험성평가에 관한 보좌 및 지도·조언
3. 법 제84조제1항에 따른 안전인증대상기계와 법 제89조제1항 각 호 외의 부분 본문에 따른 자율안전확인대상기계 구입 시 적격품의 선정에 관한 보좌 및 지도·조언
4. 해당 사업장 안전교육계획의 수립 및 안전교육 실시에 관한 보좌 및 지도·조언
5. 사업장 순회점검, 지도 및 조치 건의
6. 산업재해 발생의 원인 조사·분석 및 재발 방지를 위한 기술적 보좌 및 지도·조언
7. 산업재해에 관한 통계의 유지·관리·분석을 위한 보좌 및 지도·조언
8. 법 또는 법에 따른 명령으로 정한 안전에 관한 사항의 이행에 관한 보좌 및 지도·조언
9. 업무 수행 내용의 기록·유지
10. 그 밖에 안전에 관한 사항으로서 고용노동부장관이 정하는 사항

③ 회사는 안전관리자를 선임한 경우에는 선임한 날로부터 법에서 정한 기일 이내에 고용노동부장관에게 증명할 수 있는 서류를 제출하여야 한다.

1. 사업주가 안전관리자를 배치할 때에는 연장근로·야간근로 또는 휴일근로 등 해당 사업장의 작업 형태를 고려해야 한다.
2. 사업주는 안전관리 업무의 원활한 수행을 위하여 외부전문가의 평가·지도를 받을 수 있다.

④ 회사는 안전관리 업무의 원활한 수행을 위하여 외부전문가의 평가·지도를 받을 수 있다.

⑤ 안전관리자는 제2항 각 호에 따른 직무를 수행할 때에는 보건관리자와 협력하여야 한다.

⑥ 회사가 선임할 수 있는 안전관리자의 자격은 산업안전보건법 시행령 제17조 관련

별표4(안전관리자의 자격)에 따른다.

제13조 [보건관리자]

① 회사는 이 규정 제10조제2항(안전보건관리책임자의 직무)에서 정한 사항 중 보건에 관한 기술적인 사항에 관하여 안전보건관리책임자를 보좌하고 관리감독자에게 지도ㆍ조언을 하기 위하여 보건관리자를 선임하여야 한다.

② 위 항의 보건관리자는 시행령 제22조 및 관계 규정이 정하는 바에 따라 다음 각 호의 직무를 수행한다.

1. 산업안전보건위원회 또는 노사협의체에서 심의ㆍ의결한 업무와 안전보건관리규정 및 취업규칙에서 정한 업무

2. 안전인증대상기계 등과 자율안전확인대상기계 등 중 보건과 관련된 보호구(保護具) 구입 시 적격품 선정에 관한 보좌 및 지도ㆍ조언

3. 법 제36조에 따른 위험성평가에 관한 보좌 및 지도ㆍ조언

4. 법 제110조에 따라 작성된 물질안전보건자료의 게시 및 비치에 관한 보좌ㆍ지도ㆍ조언

5. 시행령 제31조제1항에 따른 산업보건의의 직무(보건관리자가 별표6 제2호에 해당하는 사람인 경우로 한정한다)

6. 해당 사업장 보건교육계획의 수립 및 보건교육 실시에 관한 보좌ㆍ지도ㆍ조언

7. 해당 사업장의 근로자를 보호하기 위한 다음 각 목의 조치에 해당하는 의료행위(보건관리자가 별표6 제2호 또는 제3호에 해당하는 경우로 한정한다)

   가. 자주 발생하는 가벼운 부상에 대한 치료

   나. 응급처치가 필요한 사람에 대한 처치

   다. 부상ㆍ질병의 악화를 방지하기 위한 처치

   라. 건강진단 결과 발견된 질병자의 요양 지도 및 관리

   마. 가 목부터 라 목까지의 의료행위에 따르는 의약품의 투여

8. 작업장 내에서 사용되는 전체 환기장치 및 국소 배기장치 등에 관한 설비의 점검과 작업방법의 공학적 개선에 관한 보좌 및 지도ㆍ조언

9. 사업장 순회점검, 지도 및 조치 건의

10. 산업재해 발생의 원인 조사ㆍ분석 및 재발 방지를 위한 기술적 보좌ㆍ지도ㆍ조언

11. 산업재해에 관한 통계의 유지ㆍ관리ㆍ분석을 위한 보좌 및 지도ㆍ조언

12. 법 또는 법에 따른 명령으로 정한 보건에 관한 사항의 이행에 관한 보좌ㆍ지도ㆍ조언

13. 업무 수행 내용의 기록 · 유지
14. 그 밖에 보건과 관련된 작업관리 및 작업환경관리에 관한 사항으로서 고용노동
    부장관이 정하는 사항

③ 회사는 보건관리자를 선임한 경우에는 선임한 날로부터 법에서 정한 기일 이내에
  고용노동부장관에게 증명할 수 있는 서류를 제출하여야 한다.
④ 회사는 보건관리 업무의 원활한 수행을 위하여 외부전문가의 평가 · 지도를 받을 수
  있다.
⑤ 보건관리자는 제2항 각 호에 따른 직무를 수행할 때에는 안전관리자와 협력하여야 한다.
⑥ 보건관리자의 자격은 산업안전보건법 시행령 제21조 관련 별표6에 따른다.

제14조 [산업보건의]

① 회사는 근로자의 건강관리나 그 밖의 보건관리자의 업무를 지도하기 위하여 산업보건
  의를 자체 선임하거나 외부에서 위촉하여 운영할 수 있다.
② 산업보건의는 다음 각 호의 직무를 수행하며, 각 호에 정하는 조치를 취할 수 있는 권한을
  가진다.
    1. 법 제134조에 따른 건강진단 결과의 검토 및 그 결과에 따른 작업 배치, 작업 전
       환 또는 근로시간의 단축 등 근로자의 건강보호 조치
    2. 근로자의 건강장해의 원인 조사와 재발 방지를 위한 의학적 조치
    3. 그 밖에 근로자의 건강 유지 및 증진을 위하여 필요한 의학적 조치에 관하여 고
       용노동부장관이 정하는 사항
③ 산업보건의의 자격은 「의료법」에 따른 의사로서 직업환경의학과 전문의, 예방의학
  전문의 또는 산업보건에 관한 학식과 경험이 있는 사람으로 선임하거나 위촉한다.
  (기업규제 완화에 관한 특별조치법 제28조 대상여부 확인)
④ 회사가 산업보건의를 선임한 경우에는 선임한 날부터 법에서 정한 기일 이내에 고용
  노동부장관에게 증명할 수 있는 서류를 제출한다.

제15조 [산업안전보건위원회의 구성]

회사는 법 제24조에 의거하여 사업장의 안전 및 보건에 관한 중요 사항을 심의 · 의결
하기 위하여 다음 각 호의 자로 구성된 산업안전보건위원회를 운영하되 그 조직은 내
부 기준에 따른다.

① 근로자위원은 다음 각 호의 사람으로 구성한다.

1. 근로자대표

2. 근로자대표가 지명하는 1명 이상의 명예산업안전감독관(위촉되어 있는 경우)

3. 근로자대표가 지명하는 위 각 호의 사람을 합산하여 9명 이내의 근로자

② 사용자위원은 다음 각 호의 사람으로 구성한다.

1. 회사의 대표자

2. 안전관리자

3. 보건관리자

4. (산업보건의가 선임되어 있는 경우) 산업보건의

5. 그 밖에 회사의 대표자가 지명하는 위 각 호의 사람을 합산하여 9명 이내의 회사 부서의 장

③ 위원장은 위원 중에서 호선하며, 근로자위원과 사용자위원 중 각 1명을 공동위원장으로 선출할 수 있다.

제16조 [산업안전보건위원회의 임기 및 신분보장]

산업안전보건위원회는 매 분기마다 정기회의를 개최하고 필요시 임시회의를 개최할 수 있다.

① 위원회 위원의 임기는 2년 (또는 1년)으로 하며, 보궐위원의 임기는 전임자의 잔여 임기로 한다.

② 회사는 위원회의 위원으로서 정당한 활동을 한 것을 이유로 그 위원에게 불이익을 주어서는 아니 된다.

③ 위원회의 회의 참석 시간 및 위원회에서 결정된 산업안전보건에 관한 사항에 대한 업무소요 시간은 근로한 것으로 본다.

제17조 [산업안전보건위원회의 직무및심의ㆍ의결사항]

① 산업안전보건위원회는 제10조의 안전보건관리책임자가 수행할 직무사항과 다음 각 호의 사항을 심의ㆍ의결하여야 한다.

1. 법 제15조제1항제1호부터 제5호 및 제7호에 관한 사항

가. 사업장의 산업재해 예방계획의 수립에 관한 사항

나. 법 제25조 및 제26조에 따른 안전보건관리규정의 작성 및 변경에 관한 사항

다. 법 제29조에 따른 안전보건교육에 관한 사항

리. 작업환경측정 등 작업환경의 점검 및 개선에 관한 사항

마. 법 제129조부터 제132조까지에 따른 근로자의 건강진단 등 건강관리에 관

한 사항

     바. 산업재해에 관한 통계의 기록 및 유지에 관한 사항

  2. 법 제15조제1항제6호에 따른 산업재해의 원인 조사 및 재발 방지대책 수립에 관한 사항

  3. 유해하거나 위험한 기계 · 기구 · 설비를 도입한 경우 안전보건 관련 조치에 관한 사항

  4. 법 제14조 및 시행령 제13조제2항 각 호에 관한 사항

  5. 그 밖에 해당 사업장 근로자의 안전, 보건을 유지 · 증진시키기 위하여 필요한 사항

② 산업안전보건위원회는 대통령령으로 정하는 바에 따라 회의를 개최하고 그 결과를 회의록으로 작성하여 보존하여야 한다.

③ 사업주와 근로자는 제1항에 따라 산업안전보건위원회가 심의 · 의결한 사항을 성실하게 이행하여야 한다.

④ 산업안전보건위원회는 이 법, 이 법에 따른 명령, 단체협약, 취업규칙 및 제25조에 따른 안전보건관리규정에 반하는 내용으로 심의 · 의결해서는 아니 된다.

⑤ 사업주는 산업안전보건위원회의 위원에게 직무 수행과 관련한 사유로 불리한 처우를 해서는 아니 된다.

⑥ 산업안전보건위원회를 구성하여야 할 사업의 종류 및 사업장의 상시근로자 수, 산업안전보건위원회의 구성 · 운영 및 의결되지 아니한 경우의 처리방법, 그 밖에 필요한 사항은 대통령령으로 정한다.

제18조 [산업안전보건위원회의 회의 결과 등의 처리]

① 회사는 이 규정의 제17조에 규정된 사항에 관하여 위원회에서 의결하지 못하였거나, 의결된 사항의 해석 또는 이행방법 등에 관하여 의견의 일치하지 않을 때에는 근로자위원 및 사용자위원의 합의에 따라 위원회에 중재기구를 두어 해결하거나 제3자에 의한 중재를 받기로 한다.

② 중재결정이 있는 경우에는 위원회의 의결을 거친 것으로 보며 회사와 근로자는 그 결정에 따라야 한다.

③ 위원장은 위원회에서 심의 · 의결된 내용 등 회의 결과와 중재 결정된 내용 등을 다음 각 호의 어느 하나의 방법으로 근로자에게 신속히 알려주어야 한다.

  1. 사내방송, 사내보 및 사내인트라넷

  2. 게시판 게시

  3. 회사 자체 정례조회 시 집합교육 등에 의한 방법

4. 그 밖의 적절한 방법

제19조 [명예산업안전감독관]

① 고용노동부장관은 산업재해 예방활동에 대한 참여와 지원을 촉진하기 위하여 다음 각 호의 어느 하나에 해당하는 사람 중에 명예산업안전감독관을 위촉할 수 있다.

   1. 산업안전보건위원회 또는 노사협의체 설치 대상 사업의 근로자 중에서 근로자대 표가 사업주의 의견을 들어 추천하는 사람

   2. 「노동조합 및 노동관계조정법」 제10조에 따른 연합단체인 노동조합 또는 그 지 역 대표기구에 소속된 임직원 중에서 해당 연합단체인 노동조합 또는 그 지역대 표기구가 추천하는 사람

   3. 전국 규모의 사업주단체 또는 그 산하조직에 소속된 임직원 중에서 해당 단체 또 는 그 산하조직이 추천하는 사람

   4. 산업재해 예방관련 업무를 하는 단체 또는 그 산하조직에 소속된 임직원 중에서 해당 단체 또는 그 산하조직이 추천하는 사람

② 명예산업안전감독관의 업무는 다음 각 호와 같다. 이 경우 제1항제1호에 따라 위촉 된 명예산업 안전감독관의 업무범위는 해당 사업장에서의 업무(제8호의 경우는 제외 한다)로 한정하며, 제1항제2호부터 제4호까지의 규정에 따라 위촉된 명예산업안전감 독관의 업무 범위는 제8호부터 제10호까지의 업무로 한정한다.

   1. 사업장에서 하는 자체점검 참여 및 근로감독관이 하는 사업장 감독 참여

   2. 사업장 산업재해 예방계획 수립 참여 및 사업장에서 하는 기계·기구 자체검사 참석

   3. 법령을 위반한 사실이 있는 경우 사업주에 대한 개선 요청 및 감독기관에의 신고

   4. 산업재해 발생의 급박한 위험이 있는 경우 사업주에 대한 작업중지 요청

   5. 작업환경측정, 근로자 건강진단 시의 입회 및 그 결과에 대한 설명회 참여

   6. 직업성 질환의 증상이 있거나 질병에 걸린 근로자가 여럿 발생한 경우 사업주에 대한 임시건강진단 실시 요청

   7. 근로자에 대한 안전수칙 준수 지도

   8. 법령 및 산업재해 예방정책 개선 건의

   9. 안전보건 의식을 북돋우기 위한 활동 등에 대한 참여와 지원

   10. 그 밖에 산업재해 예방에 대한 홍보·계몽 등 산업재해 예방업무와 관련하여 산업안전보건 관련법령이 정하는 업무

③ 명예산업안전감독관의 임기는 2년으로 하되, 연임할 수 있다.

④ 회사는 명예산업안전감독관으로서 정당한 활동을 한 것을 이유로 그 명예산업안전감

독관에 대하여 불리한 처우를 하여서는 아니 된다.

제20조 [작업지휘자]

① 회사에서 다음과 같은 작업을 할 경우에는 작업경험이 많은 자를 작업지휘자로 지정하여 작업을 지휘자의 지휘하에 안전하게 작업하도록 해야 한다.

1. 차량계 하역운반기계(지게차, 화물자동차 등)를 사용해서 하는 작업
2. 100kg 이상의 화물을 자동차에 상·하차 하는 작업
3. 가연성 또는 인화성 물질 취급 작업

② 작업 지휘자는 당해 작업에 대한 계획을 작성하고 종사 근로자의 안전과 보건을 고려하여 작업을 지휘한다.

제21조 [안전보건관리총괄책임자]

① 회사는 사업장 내에서 작업하는 사내 하도급업체 근로자의 산업재해를 예방하기 위한 업무를 총괄·관리하기 위하여 제10조의 규정에 의한 안전보건관리책임자를 안전보건관리총괄책임자로 지정하여야 한다.

② 안전보건관리총괄책임자는 다음의 직무를 수행하며, 각 호에 정하는 직무수행에 필요한 예산집행 등 일체의 권한을 가진다.

1. 산업재해가 발생할 급박한 위험이 있거나 중대재해가 발생하였을 때 즉시 작업을 중지시키고 근로자를 작업장소로부터 대피시키는 등 필요한 안전보건상의 조치를 한 후 작업을 재개시키는 결정
2. 이 규정 제23에 정한 안전보건에 관한 사업주 간 협의체의 구성 및 운영
3. 작업장 순회점검 등 안전보건관리
4. 사내하도급업체가 행하는 근로자의 안전보건교육에 대한 지도와 지원
5. 작업환경측정에 관한 사항
6. 수급인의 산업안전보건관리비의 집행 감독 및 그 사용에 관한 수급인 간의 협의·조정
7. 안전인증대상 기계·기구등과 자율안전확인대상 기계·기구 등의 사용 여부 확인

제22조 [근로자]

근로자는 산업안전보건법 제6조 및 제40조, 제80조, 시행규칙 제99조에서 정하는 바에 따라 사업자가 행한 안전·보건상의 조치사항을 준수하여야 한다.

① 사업자가 제공하는 안전모, 안전화, 귀마개 등 안전보호구 착용의 의무

② 안전/보건관리자 및 관리감독자의 안전작업 지시 이행의 의무

③ 관리감독자의 유도 및 신호, 제한속도 준수의 의무

④ 유해위험구역 출입금지의 의무

⑤ 일정한 장소에서의 흡연금지 및 음식물섭취금지의 의무

⑥ 일반 및 특수건강진단 수진의 의무

⑦ 기타 세부사항은 안전 · 보건수칙에서 정하는 바에 따름

    1. 방호조치를 해체하려는 경우: 사업주의 허가를 받아 해체할 것

    2. 방호조치 해체 사유가 소멸된 경우: 방호조치를 지체 없이 원상으로 회복시킬 것

    3. 방호조치의 기능이 상실된 것을 발견한 경우: 없이 사업주에게 신고할 것

    4. 사업주는 신고가 있으면 즉시 수리, 보수 및 작업중지 등 적절한 조치를 해야 한다.

제23조 [사업주 간 협의체]

① 회사와 사내하도급업체의 사업주 전원으로 구성한다.

② 사업주 간 협의체 회의는 매월 1회 정기적으로 개최하고 그 결과를 기록 · 보존한다. 회사 또는 사내하도급업체가 요청할 시 필요에 따라 임시회의를 소집할 수 있다.

③ 도급인인 회사가 회의의 소집권자가 된다.

④ 사업주 간 협의체는 다음 각 호의 사항을 협의한다.

    1. 작업의 시작시간 및 종료시간

    2. 각 작업장 간의 연락방법

    3. 재해 발생 위험시의 대피방법

    4. 합동안전점검실시 및 결과에 따른 대책 수립

    5. 안전교육실시에 관한 사항

    6. 사내하도급업체 간의 안전보건에 관한 협력방안

    7. 위험성평가표에 대한 업무분장 및 시정조치

    8. 잠재위험요인 발굴 및 대책 수립

    9. 안전장치 및 시설에 관한 사항

    10. 그 밖의 사내하도급업체 근로자 전체의 안전보건에 관한 사항

제3장 안전보건 교육

제24조 [안전보건교육계획 수립]

① 안전보건관리책임자는 안전관리자 및 보건관리자와 협의하여 차기 연도에 실시할 안전보

건 교육의 대상, 내용, 방법, 담당자 등을 당해 연도 말일(또는 매년 1월말)까지 실행계획을 수립한다.

② (그 밖의 다른 법령에서 정하는 안전관리에 관한 규정과 통합하여 작성하는 경우) 제1항의 안전보건교육의 실행계획 수립 시 소방교육(또는 가스 · 전기 · 교통 관련 법)을 포함한다.

③ 안전보건교육은 회사 내 근로자에 대하여 실시하는 안전보건교육과 관리책임자 등에 대하여 고용노동부장관이 실시하는 직무교육으로 구분한다.

④ 사업 내 안전보건교육은 교육대상과 교육시기에 따라 정기교육, 채용 시의 교육, 작업내용 변경시의 교육, 특별안전보건교육으로 구분한다. 관리책임자 등에 대한 교육은 직무교육으로써 신규교육과 보수교육으로 구분한다.

⑤ 안전보건교육을 실시한 후 설문 · 시험 등으로 교육성과를 측정하여 다음 연도의 교육계획에 반영할 수 있다.

제25조 [정기안전보건교육]

① 회사는 근로자에 대하여 다음 각 호와 같이 정기적으로 안전보건교육을 실시하며 교육시간은 "산업안전보건법 시행규칙 별표4"에 따른다.

1. 사무직 종사 근로자, 판매업에 직접 종사하는 근로자: 매 분기 3시간 이상

2. 사무직 외의 근로자(생산직 등): 매 분기 6시간 이상

3. 관리감독자의 지위에 있는 사람: 연간 16시간 이상

② 제1항의 안전보건교육 대상별 교육내용은 "법 시행규칙 별표5"에 의하여 다음과 같은 내용으로 실시한다.

1. 제1항제1호 및 제2호에 해당하는 근로자

　　가. 산업안전 및 사고 예방에 관한 사항

　　나. 산업보건 및 직업병 예방에 관한 사항

　　다. 건강증진 및 질병 예방에 관한 사항

　　라. 유해 · 위험 작업환경 관리에 관한 사항

　　마. 「산업안전보건법」 및 일반관리에 관한 사항

　　바. 직무 스트레스 예방 및 관리에 관한 사항

　　사. 산업안전보건법령 및 산업재해보상보험 제도에 관한 사항

　　아. 직장 내 괴롭힘, 고객의 폭언 등으로 인한 건강장해 예방 및 관리에 관한 사항

2. 제1항의 제3호에 해당하는 관리감독자

　　가. 작업공정의 유해 · 위험과 재해예방대책에 관한 사항

나. 표준작업방법 및 지도 요령에 관한 사항

　　다. 관리감독자의 역할과 임무에 관한 사항

　　라. 산업보건 및 직업병 예방에 관한 사항

　　마. 유해・위험 작업환경 관리에 관한 사항

　　바. 「산업안전보건법」 및 일반관리에 관한 사항

　　사. 직무스트레스 예방 및 관리에 관한 사항

　　아. 산업안전보건법령 및 산업재해보상보험 제도에 관한 사항

　　자. 직장 내 괴롭힘, 고객의 폭언 등으로 인한 건강장해 예방 및 관리에 관한 사항

　　차. 안전보건교육 능력 배양에 관한 사항

③ 교육방법 및 교육담당자는 이 규정의 제24조에 의한 안전보건교육 계획에서 정하거
나 별도로 정할 수 있다.

제26조 [신규채용 시 교육]

① 회사는 신규로 채용된 근로자에게 담당업무 종사 전 업무와 관련되는 안전보건에
관한 교육을 다음과 같이 실시한다.

　1. 일용 근로자: 1시간 이상

　2. 일용 근로자를 제외한 근로자: 8시간 이상

② 제1항에 따른 안전보건교육 내용은 다음 각 호와 같다.

　1. 기계・기구의 위험성과 작업의 순서 및 동선에 관한 사항

　2. 작업 개시 전 점검에 관한 사항

　3. 정리정돈 및 청소에 관한 사항

　4. 사고 발생 시 긴급조치에 관한 사항

　5. 산업보건 및 직업병 예방에 관한 사항

　6. 물질안전보건자료에 관한 사항

　7. 「산업안전보건법」 및 일반관리에 관한 사항

　8. 직무스트레스 예방 및 관리에 관한 사항

　9. 산업안전보건법령 및 산업재해보상보험 제도에 관한 사항

　10. 직장 내 괴롭힘, 고객의 폭언 등으로 인한 건강장해 예방 및 관리에 관한 사항

③ 교육방법 및 교육담당자는 이 규정의 제24조에 의한 안전보건교육 계획에서
정하거나 별도로 정할 수 있다.

제27조 [작업내용 변경 시 교육]

① 회사는 작업내용을 변경하여 근로자를 배치하고자 할 때에는 그 근로자에 대하여

배치 전해당 업무와 관련되는 안전보건에 관한 교육을 다음과 같이 실시한다.

1. 일용 근로자: 1시간 이상
2. 일용근로자를 제외한 근로자: 2시간 이상

② 제1항에 따른 안전보건교육의 내용은 제26조제2항과 같다.

- 교육방법 및 교육담당자는 이 규정의 제24조에 의한 안전보건교육 계획에서 정하거나 별도로 정할 수 있다.

제28조 [특별안전보건교육]

① 회사는 근로자를 유해하거나 위험한 작업(산안법 시행규칙 [별표5의 1호 라목] 각 호의 어느 하나에 해당하는 작업)에 종사시키고자 하는 경우 해당 업무와 관계되는 안전보건에 관한 특별안전보건교육(이하 "특별교육")을 하여야 하며, 교육시간은 다음과 같다

1. 일용 근로자: 2시간 이상
2. 일용근로자를 제외한 근로자: 16시간 이상

② 제1항제2호에 따른 특별교육은 최초 작업에 종사하기 전 4시간 이상을 실시하고, 12시간은 3개월 이내에서 분할하여 실시할 수 있다.

③ 제1항제2호에 따른 특별교육 대상 작업이 단기간 작업 또는 간헐적 작업인 경우 2시간 이상으로 단축하여 실시할 수 있다.

- 교육방법 및 교육담당자는 이 규정 제24조에 의한 안전보건교육 계획에 따른다.

④ 특별교육을 실시한 경우에는 제26조(채용 시 교육), 제27조(작업내용 변경시의 교육)의 규정에 의한 교육을 면제할 수 있다.

제29조 [물질안전보건교육]

① 회사는 다음 각 호의 어느 하나에 해당하는 경우 산업안전보건관련법령에서 정하는 대상 화학물질의 물질안전보건자료(MSDS)를 근로자에게 교육하여야 한다.

1. 대상 화학물질을 제조·사용·운반 또는 저장하는 작업에 근로자를 배치하는 경우
2. 새로운 대상 화학물질이 도입된 경우
3. 화학물질의 유해·위험성 정보가 변경된 경우

② 제1항의 교육내용은 다음 각 호의 사항이 포함되어야 한다.

1. 대상 화학물질의 명칭(또는 제품명)
2. 물리적 위험성 및 건강 유해성
3. 취급상의 주의사항

4. 적절한 보호구

5. 응급조치 요령 및 사고 시 대처방법

6. 물질안전보건자료 및 경고표지를 이해하는 방법

제30조 [직무교육]

① 다음 각 호의 어느 하나에 해당하는 사람은 고용노동부장관이 실시하는 안전보건에 관한 직무교육을 받아야 하고, 당해 연도 직무교육에 해당하는 자는 안전보건교육 계획 수립 시 반영하여야 한다.

1. 안전보건관리책임자   2. 안전/보건관리자   3. 관리감독자

② 제1항에 해당하는 직책의 직무교육 시간과 시기는 다음 각 호와 같다.

1. 안전보건관리책임자

가. 신규교육: 6시간 이상, 선임 후 3개월 이내

나. 보수교육: 6시간 이상, 신규 또는 보수교육 이수 후 매 2년이 되는 날을 기준으로 전후 3개월 사이

2. 안전관리자 및 보건관리자

가. 신규교육: 34시간 이상, 선임 후 3개월 이내

나. 보수교육: 24시간 이상, 신규 또는 보수교육 이수 후 매 2년이 되는 날을 기준으로 전후 3개월 사이

3. 관리감독자: 매년 16시간 이상

③ 제1항과 제2항의 직무교육을 받고자 하는 자는 산업안전보건관련법령에서 정하는 직무교육 수강신청서를 직무교육업무를 위탁 받은 기관의 장에게 제출하여야 한다.

제31조 [안전보건교육강사]

① 안전보건교육 강사는 다음 각 호와 같다.

1. 근로자에 대한 안전보건교육: 안전보건관리책임자, 관리감독자, 안전관리자, 보건관리자 및 산업보건의 또는 산업안전보건법령에서 정하는 자격을 갖춘 자

2. 관리감독자에 대한 안전보건교육: 회사에서 사업주가 자체적으로 실시하거나 고용노동부에서 지정하는 전문기관에 위탁할 수 있다.

② 회사는 안전보건교육을 고용노동부에서 지정하는 전문기관에 위탁하여 실시할 수 있다.

③ 위탁교육을 실시하는 경우 해당 교육기관으로부터 교육 확인서를 받아 보존하여야 한다.

제32조 [기록 · 보존]

회사는 안전보건교육을 실시한 후 다음 각 호의 사항을 기록한 교육일지 (또는 교육결과 보고서)를 작성하여 3년간 보관하여야 한다. 위탁교육을 실시하는 경우에는 해당 교육기 관으로부터 교육확인서 등을 받아 보존하여야 한다.

① 교육일시 및 장소　　② 교육담당자　　③ 교육과정 및 내용
④ 교육대상자 및 참석인원　　⑤ 그 밖의 교육결과를 증명하기 위해 필요한 사항

제4장 작업장 안전관리

제33조 [안전/보건관리계획수립]

① 회사의 교육담당자는 매년 1월 중에 당해 연도의 연간 교육계획을 안전관리자, 보건관리자와 협의하여 안전/보건관리계획을 수립하여 사업주에게 보고하고 시행하여야 한다.

② 안전보건 담당부서에서 작성한 안전보건계획은 당해 연도 사업계획 발표 시 전 부서에 통보하고, 생산 부서에서는 부서별 실정에 적합한 계획을 수립 및 시행하여야 한다.

제34조 [기계 · 기구 및 설비의 방호조치]

① 유해 · 위험기계 · 기구 등에 유해 · 위험방지를 위한 방호조치를 하지 아니하고는 양도, 대여, 설치 · 사용하거나, 양도 · 대여를 목적으로 진열하여서는 아니 되며, 다음 각 호의 방호조치를 추가로 하여야 한다.

1. 작동 부분의 돌기부분은 묻힘 형으로 하거나 덮개를 부착할 것
2. 동력전달부분 및 속도조절부분에는 덮개를 부착하거나 방호 망을 설치할 것
3. 회전기계의 물림 점(롤러 · 기어 등)에는 덮개 또는 울을 설치할 것

② 회사는 유해 · 위험방지를 위하여 필요한 조치를 하여야 하는 기계 · 기구 · 설비 및 건축물 등을 타인에게 대여하거나 대여받는 경우에는 아래의 사항을 준수하여야 한다.

1. 회사가 대여하는 경우
   가. 해당 기계 등을 미리 점검하고 이상을 발견한 때에는 즉시 보수하거나 그 밖에 필요한 정비를 할 것
   나. 해당 기계 등을 대여받은 자에게 다음 각 목의 사항을 적은 서면을 발급할 것
      a. 해당 기계 등의 능력 및 방호조치의 내용
      b. 해당 기계 등의 특성 및 사용 시의 주의사항
      c. 해당 기계 등의 수리 · 보수 및 점검 내역과 주요 부품의 제조일

다. 해당 기계 등의 구입을 위한 기종의 선정 등을 위하여 대여받는 경우에는
　　　　　"가"목을 적용하지 아니한다.
　　　라. 회사가 건축물을 타인에게 대여하는 경우에는 해당 건축물에 피난용출입구와
　　　　　통로의 미끄럼 방지대 및 피난용 사다리 등을 설치하여야 하며, 2명 이상의
　　　　　사업주에게 건축물을 대여하여 공용으로 사용하게 하는 경우에는 해당 출입구
　　　　　등에 "피난용"이란 취지를 표시하여 쉽게 사용할 수 있도록 관리하여야 한다.
　　2. 회사가 대여 받은 경우
　　　가. 회사의 근로자가 아닌 사람에게 해당 기계 등을 조작하도록 하는 경우에는
　　　　　다음의 조치를 하여야 한다.
　　　　　a. 해당 기계 등을 조작하는 사람이 관계 법령에서 정하는 자격이나 기능을 가
　　　　　　진 사람인지 확인할 것.
　　　　　b. 해당 기계 등을 조작하는 사람에게 작업의 내용, 지휘계통, 연락·신호 등
　　　　　　의 방법, 운행경로, 제한속도, 그 밖에 해당 기계 등의 운행에 관한 사항,
　　　　　　그 밖에 해당 기계 등의 조작에 따른 산업재해를 방지하기 위하여 필요한
　　　　　　사항을 주지시킬 것
　　　나. 회사가 기계 등을 대여한 자에게 반환하는 경우에는 해당 기계 등의 수리·보수 및
　　　　　점검 내역과 부품교체 사항 등을 적은 서면을 발급하여야 한다.
　③ 제1항과 제2항에 따른 방호조치에 필요한 사항은 고용노동부고시에 따른다.

제35조 [전기설비 안전]

　① 회사는 감전 위험이 있는 충전부분에 대하여 감전을 방지하기 위하여 다음 각 호의 방법
　　중 하나 이상의 방법으로 방호하여야 한다.
　　1. 충전부가 노출되지 않도록 폐쇄형 외함(外函)이 있는 구조로 할 것
　　2. 충전부에 충분한 절연효과가 있는 방호 망이나 절연덮개를 설치할 것
　　3. 충전부는 내구성이 있는 절연물로 완전히 덮어 감쌀 것
　　4. 발전소·변전소 및 개폐소 등 구획되어 있는 장소로서 관계 근로자가 아닌 사람
　　　의 출입이 금지되는 장소에 충전부를 설치하고, 위험표시 등의 방법으로 방호를 강화
　　　할 것
　　5. 전주 위 및 철탑 위 등 격리되어 있는 장소로서 관계 근로자가 아닌 사람이 접
　　　근할 우려가 없는 장소에 충전부를 설치할 것
　② 회사는 누전에 의한 감전의 위험을 방지하기 위하여 다음 각 호의 부분에 대하여 접지를 하
　　여야 하며, 항상 적정상태가 유지되는지를 점검하고 이상이 발견되면 즉시 보수하거나 재
　　설치하여야 한다.

1. 전기 기계ㆍ기구의 금속제 외함, 금속제 외피 및 철제
2. 물기 또는 습기가 있는 장소에 설치되어 있거나 지면이나 접지된 금속체로부터 수직거리 2.4미터, 수평거리 1.5미터 이내에 고정 설치되거나 고정배선에 접속된 전기기계ㆍ기구의 노출된 비충전 금속체
3. 전동식 양중기의 프레임과 궤도
4. 고압이상의 전기를 사용하는 전기 기계ㆍ기구 주변의 금속제 칸막이 및 이와 유사한 장치
③ 회사는 다음 각 호의 전기 기계ㆍ기구에 대하여 누전에 의한 감전 위험을 방지하기 위하여 누전차단기를 설치하여야 하며, 전기기계ㆍ기구를 사용하기 전에 누전차단기의 작동상태를 점검하고 이상이 발견되면 즉시 보수하거나 교환하여야 한다.
1. 대지전압이 150볼트를 초과하는 이동형 또는 휴대형 전기기계ㆍ기구
2. 물 등 도전성이 높은 액체가 있는 습윤장소에서 사용하는 저압용 전기기계ㆍ기구
3. 철판ㆍ철골 위 등 도전성이 높은 장소에서 사용하는 이동형 또는 휴대형전기기계ㆍ기구
4. 임시배선의 전로가 설치되는 장소에서 사용하는 이동형 또는 휴대형 전기기계ㆍ기구
④ 회사는 가스폭발 위험장소 또는 분진폭발 위험장소에서 전기 기계ㆍ기구를 사용하는 경우에는 「산업표준화법」에 따른 한국산업표준에서 정하는 기준으로 그 증기, 가스 또는 분진에 대하여 적합한 방폭성능을 가진 방폭구조 전기 기계ㆍ기구를 선정하여 사용하여야 하며, 방폭구조 전기 기계ㆍ기구에 대하여 그 성능이 항상 정상적으로 작동될 수 있는 상태로 유지ㆍ관리되도록 하여야 한다.
⑤ 회사는 정전작업을 위해 전로를 차단하는 경우 다음 각 호의 절차에 따라 시행하여야 한다.
1. 전기기기 등에 공급되는 모든 전원을 관련 도면, 배선도 등으로 확인할 것
2. 전원을 차단한 후 각 단로기 등을 개방ㆍ확인
3. 차단장치나 단로기 등에 잠금장치 및 꼬리표를 부착
4. 잔류전하를 완전히 방전시킬 것
5. 검전기를 이용하여 작업 대상 기기가 충전여부 확인
6. 단락 접지기구를 이용하여 접지
⑥ 회사는 정전 작업 중 또는 작업을 마친 후 전원을 공급하는 경우에는 감전의 위험이 없도록 다음 각 호의 사항을 준수하여야 한다.
1. 작업기구, 단락 접지기구 등을 제거하고 전기기기 등이 안전하게 통하는지를 확인
2. 모든 작업자가 작업이 완료된 전기기기 등에서 떨어져 있는지를 확인
3. 잠금 장치와 꼬리표는 설치한 근로자가 직접 철거
4. 모든 이상 유무를 확인한 후 전기기기 등의 전원을 투입할 것

⑦ 회사는 충전전로를 취급하거나 인근에서 작업하는 경우 다음 각 호의 조치를 해야 한다.

1. 충전전로를 방호, 차폐하거나 절연 등의 조치를 하는 경우에는 전로와 직접 접촉하거나 도전재료, 공구 또는 기기를 통하여 간접 접촉 금지
2. 작업에 적합한 절연용 보호구를 지급·착용
3. 해당 전압에 적합한 절연용 방호구를 설치
4. 활선작업용 기구 및 장치를 사용
5. 근로자가 절연용 방호구의 설치 · 해체작업을 하는 경우에는 절연용 보호구를 착용하거나 활선작업용 기구 및 장치를 사용
6. 노출 충전부의 접근한계거리 이내로 접근 금지

⑧ 회사는 다음 각 호의 작업에 사용하는 절연용 보호구, 절연용 방호구, 활선작업용 기구, 활선작업용 장치에 대하여 각각의 사용목적에 적합한 종별 · 재질 및 치수의 것을 사용하여야 하며, 안전한 성능을 유지하고 있는지를 정기적으로 확인하여야 한다.

1. 밀폐공간에서의 전기작업
2. 이동 및 휴대장비 등을 사용하는 전기작업
3. 정전 전로 또는 그 인근에서의 전기작업
4. 충전전로에서의 전기작업
5. 충전전로 인근에서의 차량 · 기계장치 등의 작업

제36조 [안전인증 및 자율안전확인의 신고]

① 회사는 유해하거나 위험한 기계·기구·설비 및 방호장치·보호구("안전인증대상 기계 · 기구 등"이라 한다)를 제조하는 때에 고용노동부장관이 실시하는 안전인증을 받아야 하며, 안전인증의 신청 · 방법 및 절차 등은 관련 산업안전보건법령에 따른다.

② 회사는 "안전인증대상 기계·기구 등"이 아닌 안전인증대상 기계·기구 등으로서 대통령령으로 정하는 것("자율안전확인대상 기계·기구 등"이라 한다)을 제조하는 때에는 이 자율안전확인대상 기계 · 기구 등의 안전에 관한 성능이 고용노동부장관이 정하는 안전기준에 맞는지 확인하여 고용노동부장관에게 신고하여야 하며, 신고와 관련된 절차 등은 관련 산업안전보건법령에 따른다.

③ 회사가 제1항과 제2항에 따라 안전인증을 받거나 신고한 때에는 안전인증대상 또는 자율안전확인대상 기계 · 기구 등이나 이를 담은 용기 또는 포장에 관련 산업안전보건법령에서 성하는 바에 따라 안전인증 또는 자율안전확인의 표시를 하여야 한다.

④ 회사는 의무안전인증을 받지 않거나 자율안전확인의 신고를 하지 않은 기계 · 기구 ·

설비 및 방호장치 · 보호구 등을 제조 · 수입 · 양도 · 대여 · 사용 하거나 양도 · 대여의 목적으로 진열하지 아니한다.

제37조 [안전검사]

① 회사는 회사 소유의 유해하거나 위험한 기계기구·설비로서 대통령령으로 정하는 것 (이하"유해 · 위험 기계 등"이라 한다)을 사용하는 경우 유해·위험 기계 등의 안전에 관한 성능에 대하여 고용노동부장관이 실시하는 검사를 받아야 한다.

② 회사는 제1항의 안전검사를 받지 아니한 유해 · 위험한 기계 등을 사용해서는 아니 된다.

③ 회사는 제1항에 불구하고 근로자대표와 협의하여 관련 산업안전보건법령에서 정하는 기준 등에 충족하는 검사프로그램을 정하고 고용노동부장관의 인정을 받아 그에 따라 유해위험기계 등의 안전에 관한 성능검사를 하면 안전검사를 받은 것으로 본다. 구체적인 인정절차는 관련 산업안전보건법령에 따른다.

④ 회사는 제3항의 자율검사프로그램의 인정을 받지 아니하거나 인정이 취소된 유해 · 위험한 기계 등을 사용해서는 아니 된다.

⑤ 회사는 산업안전보건관련법령에서 정하는 유해하거나 위험한 기계 · 기구 등에 대하여 방호조치를 하지 아니하거나 안전인증기준 또는 자율안전기준, 안전검사기준에 적합하지 않은 기계 · 기구 · 설비 및 방호장치 · 보호구를 사용해서는 아니 된다.

제38조 [표준작업안전수칙 작성 및 준수]

① 생산부서에서는 공정 · 작업 · 설비 별로 표준작업안전수칙을 작성하여 근로자가 보기 쉬운 장소에 게시하고 해당 작업 근로자에게 교육하여야 한다.

② 근로자는 표준작업안전수칙에 따라 작업하는 등 해당 내용을 준수하여야 한다.

③ 다음의 경우 해당 표준작업안전수칙을 개정하여야 한다.

1. 기계 · 설비를 신규로 도입하거나 설치하는 경우
2. 화학물질을 신규로 사용하는 경우
3. 작업공정이나 작업내용이 변경되는 경우
4. 사고 발생 등으로 작업수칙의 변경이 필요하다고 판단한 경우

④ 『외국인근로자의 고용 등에 관한 법률』에 따른 외국인근로자를 고용한 경우 해당 이주 근로자의 모국어로 번역된 표준작업안전수칙을 부착한다.

제39조 [위험물질의 보관 및 사용]

① 회사는 위험물질을 취급하는 작업장에 해당 관리감독자를 위험물 취급책임자로 지

정하여 관리하도록 한다.

② 회사는 위험물질을 작업장 외의 별도의 지정된 장소에 보관하여야 하며,작업장 내부에는 작업에 필요한 최소량만을 두어야 한다.

③ 회사는 위험물질 보관장소에는 화기물질의 휴대 및 관계자 외 출입을 금지하여야 하며, 이를 위해 위 장소에 출입금지표지를 부착하고 해당 물질의 위험성을 게시하여 근로자에게 위험장소임을 알려야 한다.

제40조 [작업중지]

① 사업주는 산업재해가 발생할 급박한 위험이 있을 때에는 즉시 작업을 중지시키고 근로자를 작업장소에서 대피시키는 등 안전 및 보건에 관하여 필요한 조치를 하여야 한다.

② 근로자는 산업재해가 발생할 급박한 위험이 있는 경우에는 작업을 중지하고 대피할 수 있다.

③ 제1항에 따라 작업을 중지하고 대피한 근로자는 지체 없이 그 사실을 관리감독자 또는 그 밖에 부서의 장(이하 "관리감독자 등"이라 한다)에게 보고하여야 한다.

④ 관리감독자 등은 제2항에 따른 보고를 받으면 안전 및 보건에 관하여 필요한 조치를 하여야 한다.

⑤ 사업주는 산업재해가 발생할 급박한 위험이 있다고 근로자가 믿을 만한 합리적인 이유가 있을 때에는 제1항에 따라 작업을 중지하고 대피한 근로자에 대하여 해고나 그 밖의 불리한 처우를 해서는 아니 된다.

제41조 [안전보건표지 작성 및 게시]

① 사업주는 유해하거나 위험한 장소 · 시설 · 물질에 대한 경고, 비상시에 대처하기 위한 지시 · 안내 또는 그 밖에 근로자의 안전 및 보건 의식을 고취하기 위한 사항 등을 그림, 기호 및 글자 등으로 나타낸 표지(이하 이 조에서 "안전보건표지"라 한다)를 근로자가 쉽게 알아 볼 수 있도록 설치하거나 부착하여야 한다.

② 안전보건표지의 종류, 형태, 색채, 용도 및 설치 · 부착 장소, 그 밖에 필요한 사항은 고용노동부 령으로 정한다.

③ 『외국인근로자의 고용 등에 관한 법률』에 따른 외국인근로자를 고용한 경우 해당 근로자의 모국어로 번역된 표준작업안전수칙을 부착한다.

제42조 [안전보건점검 및 순찰]

① 회사는 작업자의 안전보건 확보를 위하여 정기적으로 안전보건 점검 및 순찰을 실시하

여야 한다. 이 경우 다른 법령에서 정하는 안전관리에 관한 규정과 통합 작성하는 경우에
는 전기안전점검, 소방점검 등을 추가할 수 있다

② 안전보건점검의 점검횟수는 작업장 전반에 대한 안전보건상태를 점검하기 위하여 주기적으
로 실시하여야 한다.

③ 점검자는 안전보건관리책임자, 안전/보건관리자, 관리감독자 등으로 정한다.

④ 점검방법은 체크리스트 등 회사에서 규정한 별도의 서식에 따라 작성 하여 그 결과를 보
존하고, 점검할 내용은 다음 각 호의 사항이 포함되도록 한다.

1. 기계 · 기구 장치의 청소 · 정비 및 안전장치의 부착 상태
2. 전기시설의 스위치, 조명, 배선의 이상 유무
3. 유해 · 위험물, 생산원료 등의 취급, 적재 및 보관 상태의 이상 유무
4. 근로자의 작업상태 및 작업수칙 이행 상태
5. 보호구의 착용상태 및 안전표지판의 설치 상태
6. 정리 · 정돈, 청소, 복장 및 자체 일상 점검 상태
7. 화재예방상 필요한 설비의 유지관리 상태
8. 안전보건관계규정 · 기준 · 지침 및 수칙 등의 이행 여부
9. 그 밖의 안전보건관리상 필요한 조치가 요구되는 사항

⑤ 점검자는 제 4항의 각 호 내용 이외에 사내 내규 상 규정된 바에 따라 작업 시작 전 점검
을 실시한다.

⑥ 모든 근로자는 작업 전 일상점검 및 작업 후 정리정돈을 철저히 한다.

⑦ 점검자는 점검과정에서 제기된 근로자의 안전보건 제안에 대해 그 결과를 확인해줄 의
무가 있다.

⑧ 점검자는 점검결과 불안전한 상태가 있을 때에는 시정지시서를 해당 부서장에게 발
부하고, 해당 부서는 대책을 수립하여 시정 조치한 후 점검자에게 통보하여야 한다.

⑨ 안전보건관리전문기관 담당자의 점검결과 보고서는 회사의 안전업무 담당자가 접수
하여 제7항과 같은 방법으로 처리하고 그 결과를 대행기관 담당자에게 통보한다.
(안전보건관리전문기관에 위탁한 경우에 한함)

① 점검결과 근로자의 불안전한 행동이 발견되었을 때 점검자는 즉시 당해 근로
자에게 시정지시를 하고, 근로자는 즉시 이 시정조치에 따라야 한다.

제43조 [안전작업허가서 발급 및 이행]

① 작업장 내 화재 · 폭발을 일으킬 우려가 있는 위험지역에서 화기작업을 하고자 할 경우에는
화기작업허가서를 발급받아야 한다.

② 화기작업 외의 위험한 작업을 수행할 경우에는 일반위험작업허가서를 발급 받아야

한다.

③ 화기작업이나 일반위험작업을 수행하는 과정에서 보충적으로 병행하여 수행하는 작업이 있는 경우 보충작업허가서를 발급받아야 한다.

④ 회사 실정에 적합한 안전작업허가에 대한 별도의 규정을 작성할 수 있다.

제44조 [안전보건진단]

① 안전보건진단은 자율진단과 명령진단으로 구분하고, 근로자 대표의 요구가 있는 경우 안전보건진단에 근로자대표를 입회시켜야 한다.

② 회사는 사업장의 안전보건에 관하여 객관적 평가 등이 필요한 경우 안전보건컨설팅 업체를 활용하여 자율진단을 할 수 있다.

③ 회사는 산업안전보건법 제47조 및 제49조(안전보건진단 등)에 의해 고용노동부 지방청(또는 지청)으로부터 안전보건진단을 명령을 받은 경우 안전보건진단기관으로부터 진단을 받아야 한다.

제45조 [교통(출/퇴근) 재해예방]

① 회사내부를 주행하는 모든 차량은 소정의 주행로와 제한속도를 엄수하여야 한다.

② 회사내부를 출입하는 모든 사람은 구내를 주행하는 차량에 의한 재해를 방지하기 위해 표시되어 있는 소정의 통로 및 횡단장소를 지나가야 한다.

③ 종업원은 업무를 위해 도로를 자동차로 주행하는 경우는 도로교통법 등에 관계법규를 준수하여 안전운행을 하여야 한다.

제46조 [비상조치계획]

① 회사는 위험성평가 등에서 도출된 중대재해, 화재폭발 등 사회적 물의를 일으킬 수 있는 사고 발생 가능성에 대한 대비 및 대응을 원활하게 진행할 수 있도록 비상사태별 시나리오와 대책을 포함한 비상조치계획을 별도로 작성하여야 한다.

② 비상조치계획에는 다음 사항이 포함되어야 한다.

1. 비상조치를 위한 인력 및 장비보유 현황
2. 사고 발생 시 각 부서, 관련기관과의 비상연락체계
3. 사고 발생 시 비상조치를 위한 조직의 임무 및 수행절차
4. 비상조치계획에 따른 교육훈련 계획
5. 비상시 대피절차
6. 재해자에 대한 구조 및 응급조치 절차
7. 사고 발생 시 또는 비상대피 시 보호구 착용 지침

8. 대피 전 주요 공정설비에 대한 안전조치를 취해야 할 대상과 절차

9. 비상대피 후의 전 직원이 취해야 할 임무와 절차

③ 비상대비 및 대응내용에는 인근주민 및 환경에 대한 영향, 대응, 홍보 방안 등을 포함시켜야 한다.

제47조 [피난 및 대응훈련]

① 회사는 비상사태 시나리오 별로 정기적인 교육을 포함한 피난 및 대응훈련을 실시하고 대응훈련 후 성과를 평가하여 필요에 따라 개정 · 보완하여야 한다.

② 피난 및 대응훈련 주기는 시나리오 별로 비상조치계획에 포함한다.

제48조 [비상연락시스템 구축]

① 회사는 비상사태 시 사용할 수 있는 비상연락체계를 구축하고 최신 상태로 유지하여야 한다.

② 비상연락체계는 회사 내부뿐만이 아니라 경찰서, 소방서, 병원 등 관련 기관을 포함하여 작성한다.

제5장 작업장 보건관리

제49조 [작업환경측정]

회사는 작업환경측정 대상 유해인자에 노출되는 근로자가 있는 경우에는 작업환경을 실시하여야 한다.

① (지정측정기관에 위탁하는 경우)회사는 작업환경측정 대상 유해인자에 노출되는 근로자가 있는 경우 측정주기마다 고용노동부장관이 지정하는 측정기관에 의하여 작업환경측정 및 작업환경측정에 따른 시료의 분석을 하여야 한다.

② 회사는 제1항에 따른 작업환경측정을 할 때에는 다음 각 호의 사항을 지켜야 하며, 이 규정에 정하는 것을 제외하고는 유해인자별 세부측정 방법 등은 관련 산업안전보건법령에 따른다.

1. 작업환경측정을 하기 전에 예비조사를 할 것

2. 작업이 정상적으로 이루어져 작업 시간과 유해인자에 대한 근로자의 노출 정도를 정확히 평가할 수 있을 때 실시할 것

3. 모든 측정은 개인시료채취방법으로 하되, 개인시료채취방법이 곤란한 경우에는 지역시료채취방법으로 실시할 것

③ 회사는 작업환경결과를 다음 각 호의 어느 하나에 방법으로 해당 사업장근로자(사내하도급근로자를 포함)에게 알려야 하며, 근로자대표가 작업환경측정결과나 평가내용의 통지를 요청하는 경우에는 성실히 응하여야 한다.

   1. 사업장 내의 게시판에 부착하는 방법
   2. 사보에 게재하는 방법
   3. 자체정례조회 시 집합교육에 의한 방법
   4. 해당 근로자들이 작업환경측정결과를 알 수 있는 방법

④ 회사는 해당 사업장의 근로자에 대한 건강관리를 위해 특수건강진단기관 등에서 작업환경측정의 결과를 요청할 때에는 이에 협조하여야 한다.

⑤ 회사는 작업환경측정 결과 노출기준을 초과한 작업공정이 있는 경우 에는 해당 시설 및 설비의 설치 또는 개선 등 적절한 조치를 하여야 하고, 시료채취를 마친 날부터 60일 이내에 해당 작업공정의 개선을 증명할 수 있는 서류 또는 개선 계획을 관할 지방고용노동관서의 장에게 제출하여야 한다.

⑥ 회사는 작업환경측정을 한 경우에는 작업환경측정 결과보고서에 작업환경측정 결과표를 첨부하여 시료채취를 마친 날로부터 30일 이내에 관할지방고용노동관서의 장에게 제출하여야 한다.

⑦ (지정측정기관에 위탁하는 경우) 회사는 지정측정기관으로부터 측정이 완료된 날로부터 30일 이내에 작업환경측정결과표를 받아야 한다.

⑧ 회사는 작업환경측정 결과를 기록한 서류는 5년간 보존(전자문서 포함)하고, 고용노동부장관이 고시하는 발암성 확인물질에 대한 기록이 포함된 서류는 30년간 보존하여야 한다.

제50조 [근로자 건강진단]

① 회사에서 실시하는 건강진단의 종류는 그 실시시기 및 대상을 기준으로 다음 각 호와 같이 구분한다.

   1. 일반건강진단   2. 특수건강진단   3. 배치 전/후 건강진단
   4. 수시건강진단   5. 임시건강진단   6. 자율 건강진단

② 근로자는 회사가 제1항에 의한 건강진단을 정당한 이유 없이 이를 기피하거나 고의로 거부하여서는 아니 된다.

③ 제1항의 특수건강진단, 배치 전/후 건강진단, 수시건강진단 및 임시 건강진단은 지방고용노동관서의 장이 지정하는 의료기관(특수건강진단기관)에서 실시하여야 하며, 일반건강진단을 특수건강진단기관 또는 「국민건강보험법」에 따른 건강진단을 실시하는 건강진단기관에서 해야 한다.

④ 제1항에 의한 검진비용은 회사가 부담하여야 하며 건강진단에 소요되는 시간은 근무시간으로 인정하여야 한다.

⑤ 안전보건관리책임자(또는 안전보건담당부서)는 건강진단계획을 수립하고 산업안전보건위원회의 심의 · 의결을 거쳐 건강진단을 실시하기 전에 해당 부서별 검진일정, 검진대상자, 검진기관 및 건강진단절차 등 건강진단에 관한 정보를 제공한다.

⑥ 회사는 건강진단기관으로부터 받은 건강진단 결과표에 따라 근로자의 건강을 유지하기 위하여 필요한 경우 작업장소의 변경, 작업 전환, 근로시간 단축, 야간근무 제한, 작업환경측정, 시설 · 설비의 설치 또는 개선 그 밖의 적절한 조치를 하여야 한다. 회사는 근로자에게 해당 조치 내용에 대하여 설명하여야 하고 그 조치에 대하여 근로자와 사전협의를 거쳐 이행하되, 협의가 되지 않을 경우에는 의사의 최종의견을 토대로 이행한다.

⑦ 제6항의 이행이 어려운 경우 건강진단을 실시한 의사의 의견을 들어 사후관리 조치 내용을 변경하여 시행할 수 있다.

⑧ 회사는 건강진단 실시결과에 따라 건강상담, 보호구 지급 및 착용 지도, 추적검사, 근무 중 치료 등의 조치를 시행할 때에는 다음 각 호의 어느 하나를 활용할 수 있다.

1. 건강진단기관   2. 산업보건의
3. 보건관리자   4. 안전보건공단 근로자 건강센터

⑨ 회사는 제1항에 따라 교부 받은 건강진단결과표 및 근로자가 제출한 건강진단 결과를 증명하는 자료를 5년간 보존하여야 한다. 다만, 고용노동부장관이 고시하는 발암성 확인물질을 취하는 근로자에 대한 건강진단 결과의 서류 또는 전산 입력 자료는 30년간 보존하여야 한다.

⑩ 회사는 건강진단 결과를 근로자의 건강 보호 · 유지 외의 목적으로 사용하여서는 아니 된다.

제51조 [유해물질 취급 및 관리]

① 회사는 관련 산업안전보건법령에서 정하는 유해물질을 취급하는 경우 해당 부서를 유해물질 취급부서로 지정

② 해당 부서의 관리책임자는 건강장해가 발생하지 않도록 작업을 지휘하고 환기설비의 이상 유무 점검 및 보호구 착용 상황을 감시하는 등의 업무를 수행하여야 한다.

③ 해당 부서의 관리책임자는 관리대상유해물질을 취급하는 장소에 관계 근로자 외의 사람의 출입을 금지시키거나 그 뜻을 보기 쉬운 장소에 게시하여야 한다.

④ 회사는 유해물질을 취급하는 경우 이에 필요한 기준 및 수칙을 작성하여 산업안전보건위원회의 심의 · 의결을 얻어 제정 · 시행하며, 해당 근로자가 알기 쉽게 장소 등에

게시한다.

⑤ 해당 근로자는 회사에서 제정한 기준 및 안전보건수칙을 준수하여야 한다.

⑥ 유해화학물질로 지정된 유해물질은 화학물질관리법에서 정하는 바에 따른다.

제52조 [안전보건 보호구]

① 회사는 작업환경과 조건에 적합한 보호구를 해당 작업 근로자에게 지급하고 착용토록 하여야 한다.

② 회사는 근로자에게 작업조건에 맞는 보호구를 작업하는 근로자 수 이상으로 지급하고 착용하도록 하여야 한다.

③ 모든 근로자는 작업환경과 작업조건에 적합한 보호구를 착용할 권리와 의무가 있으며, 회사에서 제공받거나 착용지시를 받은 근로자는 그 보호구를 착용하여야 한다.

④ 회사는 이 규칙에 따라 보호구를 지급하는 경우 상시 점검하여 이상이 있는 것은 수리하거나 다른 것으로 교환해 주는 등 늘 사용할 수 있도록 관리 하여야 하며, 청결을 유지하도록 하여야 한다. 다만, 근로자가 청결을 유지하는 안전화, 안전모, 보안경의 경우에는 그러하지 아니하다.

⑤ 사업주는 방진마스크의 필터 등을 언제나 교환할 수 있도록 충분한 양을 갖추어야 한다.

⑥ 사업주는 보호구를 공동사용 하여 근로자에게 질병이 감염될 우려가 있는 경우 개인전용 보호구를 지급하고 질병 감염을 예방하기 위한 조치를 하여야 한다.

제53조 [작업복 지급 및 착용]

① 회사는 모든 임직원에게 작업환경과 작업여건에 적합한 작업복을 지급하고 이를 착용토록 하여야 한다.

② 작업별 작업복의 종류, 지급기준, 지급주기는 별도로 정한다.

③ 모든 임직원은 회사에서 규정한 작업복을 착용하고 작업하여야 하고, 회사에서 제공하지 않은 작업복을 착용하고 작업하여서는 아니 된다.

제54조 [자격 또는 면허에 의한 취업제한]

① 회사는 유해하거나 위험한 작업으로서 「유해 · 위험한 작업의 취업제한에 관한규칙」 제3조 별표1(자격 · 면허 · 경험 또는 기능이 필요한 작업 및 해당 자격 · 면허 · 경험 또는 기능)에서 정하는 작업의 경우 그 작업에 필요한 자격·면허·경험 또는 기능을 가진 근로자가 아닌 자에게 그 작업을 하게 하여서는 아니 된다.

② 상기 1항에 따른 작업에 대한 취업제한은 별표1(자격 · 면허 · 경험 또는 기능이 필요한 작업 및 해당 자격 · 면허 · 경험 또는 기능)에서 정하는 경우를 제외하고는 해당

작업을 직접 하는 사람에게만 적용하며, 해당 작업의 보조자에게는 적용하지 아니한다.

제55조 [근로시간 연장제한]

① 회사는 유해하거나 위험한 작업으로서 잠함 또는 잠수작업 등 높은 기압에서 하는 작업에 종사하는 근로자에게는 1일 6시간, 1주 34시간을 초과하여 근로하게 하여서는 아니 된다.

② 잠함, 잠수작업 시간, 가압·감압방법 등 해당 근로자의 안전과 보건을 유지하기 위하여 필요한 사항은 「고기압작업에 관한 기준(고용노동부고시)」에 따른다.

③ 회사는 다음 각 호의 어느 하나에 해당하는 유해·위험작업에서 작업과 휴식의 적정 배분, 그 밖에 근로시간과 관련된 근로조건의 개선을 통하여 근로자의 건강 보호를 위한 조치를 추가적으로 하여야 한다.

1. 갱(坑) 내에서 하는 작업
2. 다량의 고열물체를 취급하는 작업과 현저히 덥고 뜨거운 장소에서 하는 작업
3. 다량의 저온물체를 취급하는 작업과 현저히 춥고 차가운 장소에서 하는 작업
4. 라듐방사선이나 엑스선, 그 밖의 유해 방사선을 취급하는 작업
5. 유리 · 흙 · 돌 · 광물의 먼지가 심하게 날리는 장소에서 하는 작업
6. 강렬한 소음이 발생하는 장소에서 하는 작업
7. 착암기 등에 의하여 신체에 강렬한 진동을 주는 작업
8. 인력으로 중량물을 취급하는 작업
9. 납 · 수은 · 크롬 · 망간 · 카드뮴 등의 중금속 또는 이황화탄소 · 유기용제, 그 밖에 고용노동부 령으로 정하는 특정 화학물질의 먼지 · 증기 또는 가스가 많이 발생하는 장소에서 하는 작업

제56조 [질병자의 근로금지 및 취업제한]

① 회사는 전염의 우려가 있는 질병에 걸린 자, 정신분열증·마비성치매 등 정신질환에 걸린 자, 심장 · 신장 · 폐 등의 질환이 있는 자로서 근로로 인하여 병세 악화가 우려되는 자에 대하여는 의사의 진단에 따라 근로를 금지하거나 제한하여야 한다.

② 회사는 건강진단 결과 유기화합물 · 금속류 등의 유해물질에 중독된 사람, 해당 유해물질에 중독될 우려가 있다고 의사가 인정하는 사람, 진폐의 소견이 있는 사람 또는 방사선에 피폭된 사람을 해당 유해물질 또는 방사선을 취급하거나 해당 유해물질의 분진 · 증기 또는 가스가 발산되는 업무 또는 해당 업무로 인하여 근로자의 건강을 악화시킬 우려가 있는 업무에 종사하도록 하여서는 아니 되며, 다음 각 호의 어느 하나에 해당하는 질병이 있는 근로자를 고기압 업무에 종사하도록 하여서는 아니 된다.

1. 감압 증이나 그 밖에 고기압에 의한 장해 또는 그 후유증
2. 결핵, 급성상 기도감염, 진폐, 폐기종, 그 밖의 호흡기계의 질병
3. 빈혈증, 심장판막증, 관상동맥경화증, 고혈압증, 그 밖의 혈액 또는 순환기계의 질병
4. 정신신경증, 알코올중독, 신경통, 그 밖의 정신신경계의 질병
5. 메니에르씨병, 중이염, 그 밖의 이관협착을 수반하는 귀 질환
6. 관절염, 류마티스, 그 밖의 운동기계의 질병
7. 천식, 비만증, 바세도우씨병, 그 밖에 알레르기성 · 내분비계 · 물질대사 또는 영양장해 등과 관련된 질병
③ 회사는 제1항에 따라서 근로를 금지 또는 제한 받은 사원이 건강을 회복한 때에는 의사의 의견을 들어 지체 없이 업무에 복귀시켜야 한다.

제57조 [물질안전보건자료의 작성, 비치]

① 회사는 관련 산업안전보건법령에서 정하는 대상화학물질을 양도하거나 제공할 경우 이를 양도받거나 제공받는 자에게 다음 각 호의 사항을 모두 기재한 자료(이하 "물질안전보건자료")를 고용노동부 령으로 정하는 방법에 따라 작성하여 제공하여야 한다.
1. 화학제품과 회사에 관한 정보
2. 유해성 · 위험성
3. 구성성분의 명칭 및 함유량
4. 응급조치요령
5. 폭발 · 화재 시 대처방법
6. 누출사고 시 대처방법
7. 취급 및 저장방법
8. 노출방지 및 개인보호구
9. 물리화학적 특성
10. 안정성 및 반응성
11. 독성에 관한 정보
12. 환경에 미치는 영향
13. 폐기 시 주의사항
14. 운송에 필요한 정보
15. 법적 규제 현황
16. 그 밖의 참고사항
② 제1항에도 불구하고 대상화학물질을 양도하거나 제공할 경우 물질안전보건자료를 작성할 때 다음 각 호의 어느 하나에 해당하는 사항을 구체적으로 식별할 수 있는 정보는 관련 산업안전보건법령으로 정하는 바에 따라 적지 아니할 수 있다.
1. 영업비밀로서 보호할 가치가 있다고 인정되는 화학물질
2. 제1호의 화학물질을 함유한 제제
③ 회사는 대상화학물질을 취급하는 근로자가 쉽게 보거나 접근할 수 있는 장소에 각 대상화학물질에 대한 물질안전보건자료를 항상 게시하거나 갖추어 두거나, 대상화학물질을 취급하는 근로자가 물질안전보건자료를 쉽게 확인할 수 있는 전산장비를 갖추어 두어야 한다.

④ 회사는 대상화학물질을 양도하거나 제공할 경우 관련 산업안전보건법령으로 정하는 방법에 따라 이를 담은 용기 및 포장에 경고표시를 하여야 한다. 다만, 용기 및 포장에 담는 방법 외의 방법으로 대상화학물질을 양도하거나 제공하는 경우에도 고용노동부장관이 정하여 고시한 바에 따라 경고표시 기재 항목을 적은 자료를 제공하여야 한다.

⑤ 회사는 작업장에서 사용하는 대상화학물질을 담은 용기에 고용노동부 령으로 정하는 방법에 따라 경고표시를 하여야 한다. 다만, 용기에 이미 경고표시가 되어 있는 등 고용노동부 령으로 정하는 경우에는 그러하지 아니하다.

⑥ 회사는 제1항에 따른 물질안전보건자료의 기재 내용을 변경할 필요가 생긴 때에는 이를 물질안전보건자료에 반영하여 대상화학물질을 양도받거나 제공받은 자에게 신속하게 제공하여야 한다.

⑦ 회사는 대상화학물질을 취급하는 작업 공정별로 다음 각 호의 사항이 포함된 관리요령을 게시하여야 하고, 이 관리 요령은 유해성 · 위험성이 유사한 대상화학물질의 그룹별로 작성하여 게시할 수 있다.
   1. 대상화학물질의 명칭   2. 유해성 · 위험성   3. 취급상의 주의사항
   4. 적절한 보호구   5. 응급조치 요령 및 사고 시 대처방법

제58조 [근 · 골격계 질환예방]

① 회사는 근 · 골격계 부담작업(반복작업, 부적절한 작업자세, 무리한 힘의 사용 등)으로 인하여 근 · 골격계 질환이 발생될 우려가 있는 경우 이 질환의 예방을 위한 관리지침을 수립하고 이에 대한 교육을 실시하여야 한다.

② 근 · 골격계 질환이 발생할 수 있는 근로자는 회사에서 제공하는 근 · 골격계 질환 예방사업에 적극적으로 따라야 하며, 작업 시작 전 건강제도 및 작업 중 적절한 스트레칭을 실시하여 스스로 질환의 예방에 힘써야 한다.

③ 회사는 근 · 골격계 질환 유 소견자가 발생된 경우 해당 근로자의 건강관리를 위하여 적절한 요양을 받도록 하며, 요양을 마치고 작업에 복구할 경우 해당 근로자와의 협의하에 가급적 다른 작업으로 전환하도록 하며, 작업특성상 작업전환이 어려울 경우 작업자세 및 작업환경의 대선 등 적절한 조치를 취하여야 한다.

④ 회사는 다수의 근 · 골격계 질환 유 소견자가 동시에 발생할 경우 위험요인에 대하여 조사를 실시하고, 산업안전보건위원회를 개최하여 적절한 설비개선 조치를 취하여야 한다.

제59조 [근로자 건강유지 및 증진]

① 회사는 근로자가 장시간 근로, 야간작업을 포함한 교대작업, 차량운전[전업(   )으로

하는 경우에만 해당한다]및 정밀기계 조작작업 등 신체적 피로와 정신적 스트레스 등(이하 "직무스트레스"라 한다)이 높은 작업을 하는 경우에 직무스트레스로 인한 건강장해 예방을 위하여 다음 각 호의 조치를 하여야 한다.

1. 작업환경 · 작업내용 · 근로시간 등 직무스트레스 요인에 대하여 평가하고 근로 시간 단축, 장/단기 순환작업 등의 개선대책을 마련하여 시행할 것
2. 작업량 · 작업일정 등 작업계획 수립 시 해당 근로자의 의견을 반영할 것
3. 작업과 휴식을 적절하게 배분하는 등 근로시간과 관련된 근로조건을 개선할 것
4. 근로시간 외의 근로자 활동에 대한 복지 차원의 지원에 최선을 다할 것
5. 건강진단 결과, 상담자료 등을 참고하여 적절하게 근로자를 배치하고 직무스트 레스 요인, 건강문제 발생가능성 및 대비책 등에 대하여 해당 근로자에게 충분 히 설명할 것
6. 뇌혈관 및 심장질환 발병위험도를 평가하여 금연, 고혈압 관리 등 건강증진 프로그램을 시행 할 것

제60조 [쾌적한 작업환경 조성 및 관리]

① 회사는 근로자가 작업하는 장소에 대하여 환기, 채광, 조명, 보온, 방습, 청결 등 적정수준을 유지 · 관리하여야 하며, 폐기물은 정해진 장소에만 버려야 한다.
② 회사는 사원의 성별 · 연령 또는 신체적 조건 등 특성에 따른 사업장 환경을 개선하기 위하여 노력하여야 한다.
1. 작업대의 높이 또는 작업 반경
2. 동선이 고려되는 업무
3. 컨베이어벨트 등 순환작업의 속도
4. 기타 근로자의 특성이 고려되어야 하는 작업
③ 회사는 근로자들이 신체적 피로와 정신적 스트레스를 해소할 수 있도록 휴식시간에 이용할 수 있는 휴게시설을 갖추어야 한다.
④ 회사는 제3항에 따른 휴게시설을 인체에 해로운 분진 등을 발산하는 장소나 유해물질을 취급하는 장소와 격리된 곳에 설치하여야 한다. 다만, 갱내 등 작업장소의 여건상 격리된 장소에 휴게시설을 갖출 수 없는 경우에는 그러하지 아니한다.
⑤ 분진발생 작업 (「기상법 시행령」 제8조제2항제8호에 따른 황사 경보 발령지역 또는 「대기환경보전법 시행령」 제2조제3항제1호 및 제2호에 따른 미세먼지 (PM-10, PM-2.5) 경보 발령지역에서의 옥외 작업) 시에는 산업안전보건기준에 관한 규칙 605조에 따라 호흡기 질환 예방 및 관리를 위한 종합적인 계획을 수립하고 시행한다.

⑥ 단, 분진이 발생하는 작업장에서의 작업 시간이 월 24시간 미만일 때, 사업주가 작업자에게 적절한 호흡용 보호구를 지급하여 착용하도록 한 경우에는 ⑤항을 적용하지 아니한다.

제61조 [건강증진센터 등 설치 · 운영]

① 회사는 근로자들의 건강증진을 위하여 건강증진센터(또는 의무실)를 설치 · 운영하고 의사(또는 한의사) 또는 간호사를 배치하여 부상자응급처치 및 질병치료 등 근로자의 건강을 유지 · 증진하기 위한 조치를 수행한다.

② 회사는 건강증진센터(또는 의무실) 설치 · 운영에 필요한 시설, 예산, 인력, 장비 등을 지원한다.

제6장 사고 조사 및 대책 수립

제62조 [사고 발생 시 처리절차]

① 회사는 사고 발생 시 적극적으로 사고확대방지와 재해자 응급구호를 위한 적절한 조치를 하여야 하고, 피해를 최소화하기 위해 노력하여야 한다.

② 사고 발생 최초 목격자나 최초 발견자는 해당 관리감독자, 임원 등에게 보고하고, 안전보건업무 담당부서에 연락하여야 한다.

③ 사고 발생 현장은 사고조사가 마무리 될 때까지 원형대로 보존되어야 한다. 중대재해의 경우는 관계 행정기관의 조사가 마무리 될 때까지 변형하거나 훼손하여서는 아니 된다.

④ 산업안전보건법 및 중대재해처벌법 등 관련법령에서 정하는 바에 따라 행정기관에 신고하여야 하는 사고에 해당하는 경우는 절차에 따라 관련 행정기관에 신고하여야 한다.

⑤ 사고조사 시 근로자대표의 요청이 있는 경우 근로자대표를 입회시켜야 한다.

⑥ 사고 발생 시 긴급조치, 처리절차 등에 관하여 별도로 정할 수 있다.

⑦ 사고대책본부나 사고조사위원회를 별도로 구성 · 운영할 수 있다.

⑧ 사고조사가 마무리된 경우 재해자가 산재보상보험법에 따라 조속하게 보상을 받을 수 있도록 적극 지원한다.

제63조 [사고원인 조사 및 대책수립]

① 사고 발생 원인 조사는 안전보건담당 임원(또는 부서장)의 주관 하에 신속하고 중립적인 자세로 사고 발생 사유에 대한 근본적인 원인을 발굴하고 대책을 수립하여 동종사고 재발방지 및 사고예방을 할 수 있도록 하여야 한다. 이 경우 중대재해인 경

우에는 산업안전보건위원회의 심의 · 의결을 거쳐야 한다.

② 안전보건담당 부서장은 사고 발생 원인과 재발방지대책을 최고경영자(안전보건총괄책임자)에게 보고한 후 관련 부서에 개선대책, 추진일정 등을 포함한 개선요구서를 통보하여야 한다.

③ 개선요구서를 받은 관련 부서장은 모든 일에 우선하여 개선하는 등의 조치를 하여야 한다.

④ 안전보건담당 부서장은 개선일정에 따라 개선여부를 사후점검 일정에 맞추어 개선여부를 확인하고 최고경영자(안전보건총괄책임자)에게 보고한다.

⑤ 사내 게시판, 홍보물 등을 통하여 사고 사례, 동종재해예방대책, 개선내용 등을 공지한다.

제64조 [재해 발생현황분석 및 종합대책수립]

① 안전보건 담당부서는 정기적으로 재해 발생현황을 총괄 분석하고 이에 대해 안전보건위원회에서 대책을 수립하여 회사의 최고 경영자에게 보고하여 시행한다. 이 경우 근로자대표의 요구가 있을 시 이에 협조한다.

② 안전보건 담당부서는 매년 1월 중에 전년도의 재해를 총괄 분석하고 재해다발원인을 분석하고 이에 대한 대책을 수립 · 시행하여야 한다.

③ 분기별 또는 연간 재해분석 결과는 각 부서에 통보하고 모든 임직원이 볼 수 있도록 게시판에 공고한다.

제7장 위험성평가

제65조 [위험성평가 계획수립]

① 회사는 유해위험요인에 대한 위험성평가를 효율적으로 수행하기 위하여 위험성 평가의 목적, 평가방법, 담당자 역할, 책임자 역할, 평가 대상(또는 범위)별 역할, 주지방법, 유의사항 등에 관한 연간계획을 수립 · 시행하여야 한다.

② 회사는 위험성평가 수행에 관한 규정을 별도로 정하여야 한다.

제66조 [위험성평가 교육]

회사는 위험성평가 담당자 또는 관계자 등에게 위험성평가에 필요한 지식과 경험을 제공할 수 있도록 외부교육기관의 강좌를 수강하게 하거나 회사 자체적으로 위험성평가 방법 등에 관한 교육을 하여야 한다.

제67조 [위험성평가 실시 및 실행]

① 사업주는 건설물, 기계·기구·설비, 원재료, 가스, 증기, 분진, 근로자의 작업행동 또는 그 밖의 업무로 인한 유해·위험요인을 찾아내어 부상 및 질병으로 이어질 수 있는 위험성의 크기가 허용 가능한 범위인지를 평가하여야 하고, 그 결과에 따라 이 법과 이 법에 따른 명령에 따른 조치를 하여야 하며, 근로자에 대한 위험 또는 건강장해를 방지하기 위하여 필요한 경우에는 추가적인 조치를 하여야 한다.

② 사업주는 제1항에 따른 평가 시 고용노동부장관이 정하여 고시하는 바에 따라 해당 작업장의 근로자를 참여시켜야 한다.

③ 사업주는 제1항에 따른 평가의 결과와 조치사항을 고용노동부 령으로 정하는 바에 따라 기록하여 보존하여야 한다.

④ 제1항에 따른 평가의 방법, 절차 및 시기, 그 밖에 필요한 사항은 고용노동부장관이 정하여 고시한다.

⑤ 위험성평가 시 산업안전보건 전문가 또는 전문기관의 컨설팅을 받을 수 있다.

⑥ 위험성평가 실행 결과 남아 있는 유해·위험요인에 대해서는 게시, 주지 등의 방법으로 근로자에게 알려야 한다.

⑦ 위험성평가 실시내용 및 결과에 대해 기록을 유지한다.

제68조 [위험성평가 주기]

① 위험성평가 주기는 최초평가, 수시평가, 정기평가로 구분한다. 이 경우 최초평가 및 정기평가는 전체 작업장을 대상으로 한다.

② 수시평가는 다음 각 호의 계획 착수 전에 실시한다. 다만, 제5호의 경우 재해 발생 작업을 대상으로 작업을 재개하기 전에 평가한다.
    1. 사업장 건설물의 설치·이전·변경 또는 해체
    2. 기계·기구, 설비, 원재료 등의 신규 도입 또는 변경
    3. 건설물, 기계·기구, 설비 등의 정비 또는 보수
    4. 작업방법 또는 작업절차의 신규 도입 또는 변경
    5. 산업재해 발생 및 그 밖에 사업주가 필요하다고 판단한 경우

③ 정기평가는 최초평가 후 매년 정기적으로 다음을 고려하여 실시한다.
    1. 기계·기구, 설비 등의 기간 경과에 의한 성능 저하
    2.근로자의 교체 등에 수반하는 안전·보건과 관련되는 지식 또는 경험의 변화
    3. 안전·보건과 관련되는 새로운 지식의 습득
    4. 현재 수립되어 있는 위험성 감소대책의 유효성 등

제69조 [위험성평가 문서화]

① 회사는 위험성평가 수행내용 및 결과에 대하여 문서화하여 유지하여야 한다. 이 경우 기록에 포함될 사항은 다음과 같다.

    1. 위험성평가를 위해 사전조사 한 안전보건정보

    2. 평가대상 공정의 명칭 또는 구체적인 작업내용

    3. 유해 · 위험요인의 파악

    4. 위험성 추정 및 결정

    5. 위험성 감소대책 및 실행

    6. 위험성 감소대책의 실행계획 및 일정 등

    7. 그 밖에 사업장에서 필요하다고 정한 사항

② 위험성평가에 관한 문서는 최소 3년 이상 보존토록 하고, 최초평가 기록은 영구보존한다.

제 8 장 보 칙

제70조 [무재해운동]

① 무재해운동은 각 부서장의 책임하에 시행함을 원칙으로 한다.

제71조 [안전보건제안제도]

① 회사는 전임직원이 안전보건관리에 관한 방안을 연구하고 개선조치에 관한 제안서를 제출할 수 있는 안전보건제안제도를 운영하여야 한다.

② 회사는 임직원이 수시로 필요한 안전보건제안을 할 수 있도록 계몽, 독려, 유도하면서 적극 협력하여야 한다.

③ 회사는 제안된 사항에 대하여는 안전보건위원회에서 심의하여 시정 등 필요한 조치를 하여야 한다.

제72조 [포상]

① 회사는 안전보건관리 실적이 우수한 부서 또는 근로자에 대하여 회사 규정에 따라 포상을 실시할 수 있으며, 포상대상자 선정 시 다음 각 호의 사항이 포함되도록 한다.

    1. 안전보건과 관련한 제안이 채택된 자

    2. 무재해운동 등 안전목표 달성이 우수한 부서 및 개인

    3. 안전보건활동에 공적이 현격한 자

② 포상 대상자, 포상기준 및 포상절차 등은 회사의 관계 규정에 의한다

제73조 [징계]

① 회사는 다음 사항에 해당하는 자에 대하여 인사위원회(징계위원회)에 회부하여 징계 조치할 수 있다.

　　1. 산업안전보건법 또는 중대재해처벌법 등 관련법령, 법령에서 정한 명령이나 이 규정에서 정한 사항을 정당한 사유 없이 위반한 자

　　2. 정당한 사유 없이 안전보건관리상의 지시 및 명령을 위반하거나 불응한 자

　　3. 각종 사고 및 재해의 은폐, 허위보고, 태만으로 안전사고 사후처리를 지연시킨 자

　　4. 고의 또는 중대한 과실로 사고를 초래한 자

② 징계의 종류와 징계의 기준, 인사위원회(징계위원회)의 구성과 절차에 대해서는 별도로 정한다.

③ 제 1 항의 사항으로 징계하는 경우 인사위원회에 산업안전보건위원회의 근로자 위원을 참여하도록 한다.

제74조 [문서보존연한]

① 회사는 다음 각 호의 서류를 5 년(제 3 호, 8 호의 경우 2 년, 제 6 호 5 년, 제 6 호의 발암성 확인물질 30 년)간 보존하여야 한다.

　　1. 산업재해 발생기록

　　2. 관리책임자 · 안전관리자 · 보건관리자 및 산업보건의의 선임에 관한 서류

　　3. 산업안전보건위원회 회의록

　　4. 안전보건상의 조치 사항으로서 고용노동부령으로 정하는 사항을 적은 서류

　　5. 화학물질의 유해성 · 위험성 조사에 관한 서류

　　6. 작업환경측정에 관한 서류

　　7. 건강진단에 관한 서류

　　8. 자율검사프로그램에 따라 실시한 검사 결과에 대한 서류

　　9. 기타 안전보건에 관련된 일반적인 서류

② 일반석면조사를 한 건축물이나 설비의 소유주 등은 그 결과에 관한 서류를 그 건축물이나 설비에 대한 해체 · 제거작업이 종료될 때까지 보존하여야 하고, 석면조사를 한 건축물이나 설비의 소유주등과 석면조사기관은 그 결과에 관한 서류를 3 년간 보존하여야 한다.

③ 제 1 항부터 제 2 항까지의 경우 전산입력자료가 있을 경우 그 서류를 대신하여 전산입력자료를 보존할 수 있다.

제75조 [변경절차]
① 회사는 안전보건관리규정을 변경하고자 하는 때에는 산업안전보건법과 중대재해처벌법 등 관련 법령에 위배되지 않는 범위 내에서 사업장의 규모나 특성에 적합하도록 변경할 수 있으며, 관련법령의 최신 제/개정 사항을 확인하여 안전보건관리규정에 반영하여야 한다.
② 또한, 안전보건관리규정을 작성하고 변경할 때에는 반드시 산업안전보건법 제24조에 따른 산업안전보건위원회의심의 및 의결을 거쳐야 하며 회사의 홈페이지, 사무실 게시판 등에 게시하거나 갖춰두고 근로자들에게 알려야 한다. 다만, 산업안전보건위원회가 설치되어있지 아니한 사업장의 경우에는 근로자 대표의 동의를 받아야 한다.

제76조 [준수]
① 회사의 모든 임·직원 및 사내 도급업체 근로자는 본 규정을 준수하여야 한다.
② 본 규정에서 정한 것 이외에 안전보건관리상 필요로 하는 사항에 대해서는 노사협의회 및 산업안전보건위원회에서 정한다.
③ 기타 관계 법령에 의해 별도의 전문성을 요하는 안전보건관리(방사선, 전기, 고압가스, 위험물, 건축물 등)는 법정 선임자 및 그 소속부서에 제반 사항을 위임하여 관리할 수 있다.

제77조 [그 밖의 사항]
① 사업장의 규모 · 업종 등에 적합하게 작성하며, 필요한 사항을 추가하거나 그 사업장에 관련되지 않은 사항은 제외할 수 있다.

- 부 칙 -

제1조 【시행일】

이 규정은 20XX년 0월 01일부터 시행한다.

〈별첨〉 산업안전보건 교육과정별 교육 시간

교육과정	교육대상		교육시간
정기교육	사무직 종사 근로자		매 분기 3시간 이상
	사무직 종사 근로자 외 근로자	판매업무에 직접 종사하는 근로자	매 분기 3시간 이상
		판매업무에 직접 종사하는 근로자 외의 근로자	매 분기 6시간 이상
	관리감독자의 지위에 있는 사람		연간 16시간 이상
채용 시 교육	일용근로자		1시간 이상
	일용근로자를 제외한 근로자		8시간 이상
작업내용 변경 시 교육	일용근로자		1시간 이상
	일용근로자를 제외한 근로자		2시간 이상
특별교육	별표8의 2 제1호 라목 각 호의 어느 하나에 해당하는 작업에 종사하는 일용근로자		2시간 이상
	별표8의 2 제1호 라목 각 호의 어느 하나에 해당하는 작업에 종사하는 일용근로자를 제외한 근로자		16시간 이상 (최초 작업 종사 전 4시간 이상 실시)

교육대상	교육시간	
	신규교육	보수교육
안전보건관리책임자	6시간 이상	6시간 이상
안전관리자	34시간 이상	24시간 이상
보건관리자	34시간 이상	24시간 이상
관리감독자	년 16시간 이상	

6) 중대재해처벌법/산업안전보건법 준법 점검표

중대재해처벌법 준법점검결과표

사업장 (부서)		점검일		점검자	

* 완료일은 윗줄 예정일과 아랫줄 조치일로 작성

법 조항	법요건	준법수준					개선여부			비고
		적합		부적합			문제점/개선대책	완료일	담당자	
		5	4	3	2	1				
4	재해예방에 필요한 인력 및 예산 등 안전보건관리체계의 구축 및 이행									
4	재해발생시 재발방지 대책 수립 및 이행									
4	중앙정부, 지차체의 개선, 시정 명령의 이행									
4	안전관계 법령의 의무이행에 필요한 관리상 조치									
5	도급·용역·위탁시 안전보건 확보의무									

시행령

법 조항	법요건	준법수준					개선여부			비고
4	안전보건 목표와 경영방침 설정									
4	안전보건업무 총괄 전담조직 편성 안전관리자, 보건관리자, 안전보건담당자, 산업보건의									
4	위험성평가 실시 절차									
4	위험성평가 실시 및 개선조치 이행, 반기 점검									
4	예산편성 및 집행 안전 인력, 시설, 장비 위험성평가결과 개선									
4	안전보건총괄책임자 권한과 예산									

법조항	법요건	준법수준					개선여부			비고
		적합		부적합			문제점/개선대책	완료일	담당자	
		5	4	3	2	1				
4	안전보건총괄책임자 성과평가 절차 수립, 반기 점검									
4	안전관리자, 보건관리자, 안전보건담당자, 산업보건의 배치, 겸직시 업무 수행시간 보장									
4	종사자의 의견 듣는 절차 마련, 개선방안 마련, 반기 이행여부 점검 및 조치 산업안전보건위원회 안전보건협의체 노사협의체									
4	중대산업재해, 작업중지시 대응매뉴얼 마련, 반기 점검									
4	도급·용역·위탁시 수급업체 안전관리 절차 마련, 반기 점검 안전수준평가, 안전관리비, 공사기간									
5	안전·보건 관계 법령 이행 반기 점검, 조치 인력, 예산 관계 법령 리스트 및 업데이트									
5	법정교육 실시 반기 점검, 조치 교육, 예산									

산업안전보건법 준법점검결과표

사업장 (부서)		점검일		점검자	

* 완료일은 윗줄 예정일과 아랫줄 조치일로 작성

법 조항	법요건	준법수준					개선여부			비고
		적합		부적합			문제점/개선대책	완료일	담당자	
		5	4	3	2	1				
14	안전보건계획 이사회 보고 및 승인									
15	안전보건관리책임자 선임									
15	안전보건관리책임자 직무 수행 적정성									
16	관리감독자 선임									
16	관리감독자 직무 수행 적정성									
17	안전관리자 선임									
17	안전관리자 직무 수행 적정성									
18	보건관리자 선임									
18	보건관리자 직무 수행 적정성									
19	안전보건담당자 선임									
19	안전보건담당자 직무 수행 적정성									
22	산업보건의 선임									
22	산업보건의 직무 수행 적정성									
24	산업안전보건위원회 구성									
24	산업안전보건위원회 운영 안전보건진단 결과 안전보건개선계획 시행 도급인 안전 물질안전보건자료 작업환경측정결과 사후관리 위험성평가결과 개선조치									
26	안전보건관리규정 개정내용 적정성									
27	안전보건관리규정 준수 적정성									
29	노동자 안전교육									

법 조항	법요건	준법수준					개선여부			비고
		적합		부적합			문제점/개선대책	완료일	담당자	
		5	4	3	2	1				
30	관리감독자 안전교육									
32	안전보건관리책임자 직무교육									
32	안전관리자 직무교육									
32	보건관리자 직무교육									
32	안전보건담당자 직무교육									
34	법령요지의 게시									
36	위험성평가 실시									
37	안전보건표지 설치, 부착									
38	기계기구 설비의 위험									
38	폭발성, 발화성, 인화성물질의 위험									
38	전기, 열, 에너지의 위험									
39	가스, 증기, 분진, 흄, 미스트, 산소결 핍, 병원체에 의한 건강장해									
39	방사선, 유해광선, 고온, 저온, 초음 파, 소음, 진동, 이상기압에 의한 건 강장해									
39	계측감시, 컴퓨터단말기조작, 정밀공 작에 의한 건강장해									
39	근골격계질환 부담작업에 의한 건강 장해									
39	환기, 채광, 조명, 보온, 방습, 청결에 의한 건강장해									
40	노동자의 안전보건 조치 준수									
41	고객 폭언에 의한 건강장해 예방									
51	사업주의 작업중지									
52	노동자의 작업중지									
57	산재 발생 보고									
58	유해작업의 도급금지									
59	도급의 승인									
60	하도급 금지									
61	적격 수급업체 선정									
62	안전보건총괄책임자 지정									
63	도급인의 안전조치 및 보건조치									

법 조항	법요건	준법수준					개선여부			비고
		적합		부적합			문제점/개선대책	완료일	담당자	
		5	4	3	2	1				
64	도급에 따른 산재예방조치 안전보건협의체 운영 작업장 순회점검 안전교육 지원 교육실시 확인 위생시설 지원 위험성평가 실시 확인									
65	도급인의 안전보건정보 제공									
80	위험기계기구 방호조치									
87	안전인증 대상기계 사용									
91	자율안전확인 대상기계 사용									
95	안전검사 대상기계 사용									
107	유해인자 허용기준 준수									
114	물질안전보건자료의 게시									
114	물질안전보건자료의 교육									
115	물질안전보건자료 대상물질 용기의 경고표시									
125	작업환경측정									
129	일반건강진단									
130	특수건강진단									
132	유소견자, 요관찰자 사후관리									
138	질병자의 근로 금지, 제한									
140	자격에 의한 취업 제한 고압가스 안전관리자 전기안전관리자 보일러안전관리자 지게차 운전면허 방사선 취급면허 등									

(자료 출처: 한국노총 중대재해처벌법 길라잡이)

7) 사업장 안전보건 활동 연간 계획 (예시)

1월	2월	3월	4월	5월	6월
• 도급 안전보건 협의체 회의 개최 • 안전보건기본 계획 이사회 승인	• 노사협의회 개최 • 도급 안전보건 협의체 회의 개최	• 산업안전보건 위원회 개최 • 노사협의회 개최 • 도급 안전보건 협의체 회의 개최	• 노사협의회 개최 • 도급 안전보건 협의체 회의 개최	• 도급 안전보건 협의체 회의 개최	• 산업안전보건 위원회 개최 • 노사협의회 개최 • 도급 안전보건 협의체 회의 개최
• 법령 요지 게시 • 안전보건교육 • 정기 위험성평가 • 안전기원제 • 안전보건 신년사 • 매월4일 안전 점검의 날	• 도급합동 안전 보건점검 • 안전보건교육 • 도급업체 안전 정보 제공 • 해빙기 점검 • 매월4일 안전 점검의 날	• 안전보건교육 • 직무교육 • 비상훈련 • 작업환경측정 • 매월4일 안전 점검의 날 • 근골격계 부담작업 유해요인조사	• 도급합동 안전 보건점검 • 안전보건교육 • MSDS 안전교육 • 매월4일 안전 점검의 날 • 특수건강검진 • 건강검진 사후 관리	• 안전보건교육 • 법정 안전검사 • 아차사고 발표 대회 • 밀폐공간 안전 교육 • 매월4일 안전 점검의 날 • 직무스트레스 평가	• 법령 요지 게시 • 도급합동 안전 보건점검 • 안전보건교육 • 장마철 점검 • 매월4일 안전 점검의 날
• 적격 수급업체 평가	• 안전보건관리 체계관련 기준, 규정, 절차, 매뉴얼 수정 • 안전보건관리 규정 정비	• 계측기 검교정		• 자율 안전보건 진단	• 안전보건활동 성과평가 • 안전·보건 관계 법령 준법평가 위험성평가 점검 • 직책자 성과평가 • 종사자 의견 점검 • 비상매뉴얼 점검 • 예산집행 점검

7월	8월	9월	10월	11월	12월
• 도급 안전보건 협의체 회의 개최	• 노사협의회 개최 • 도급 안전보건 협의체 회의 개최	• 산업안전보건 위원회 개최 • 도급 안전보건 협의체 회의 개최	• 노사협의회 개최 • 도급 안전보건 협의체 회의 개최	• 도급 안전보건 협의체 회의 개최	• 산업안전보건 위원회 개최 • 노사협의회 개최 • 도급 안전보건 협의체 회의 개최 • 안전보건방침 검토 • 안전보건 목표 및 추진계획 수립 • 예산편성
• 안전보건교육 • 수시 위험성평가 • 심폐소생/응급 조치 교육 • 매월4일 안전 점검의 날	• 도급합동 안전 보건점검 • 안전보건교육 • 매월4일 안전 점검의 날 • 건강검진 사후 관리	• 안전보건교육 • 직무교육 • 비상훈련 • 작업환경측정 • 매월4일 안전 점검의 날	• 도급합동 안전 보건점검 • 안전보건교육 • 매월4일 안전 점검의 날	• 안전보건교육 • 법정 안전검사 • 제안제도 발표 대회 • 동절기 점검 • 매월4일 안전 점검의 날	• 도급합동 안전 보건점검 • 안전보건교육 • 무재해운동 시상 • 매월4일 안전 점검의 날 • 건강검진 사후 관리
• 수급업체 안전 보건수준 모니터링	• 안전보건관리 체계관련 기준, 규정, 절차, 매뉴얼 수정	• 계측기 검교정		• 안전보건관리 체계 내부감사	• 안전보건활동 성과평가 • 안전·보건 관계 법령 준법평가 • 경영자검토 • 위험성평가 점검 • 직책자 성과평가 • 종사자 의견 점검 • 비상매뉴얼 점검 • 예산집행 점검

(자료 출처: 한국노총 중대재해처벌법 길라잡이)

8) 중대산업재해 예방 위한 현장 활동 (예시)

중대산업재해를 예방하기 위해서는 안전보건관리체계의 구축부터 안전보건관련 예산의 확보, 안전보건활동, 위험성 평가, 유해위험요인의 개선, 안전보건교육 등 산업안전보건법과 중대재해 처벌법에서 요구하는 것 이상의 예방활동이 필요하다.

이에 각 단위 사업장에서는 사업장별 업종과 실정에 맞는 중대산업재해 예방 활동을 추진해야 함에 따라 아래 안전보건 활동을 예로 삼아 사업장 실정에 맞게 적용해야 할 것이다.

① 안전작업허가서

- 사내에서 안전작업허가제도의 운영하는 목적은 시운전 또는 운전 중 점검, 정비 · 보수 등 유해 위험도가 상대적으로 높은 작업에 대해서 작업실시 전에 유해위험성을 파악하여 제거 또는 차단하는 체제를 구축 · 운영함으로써 근로자들이 안전하게 작업을 실시할 수 있도록 하기 위함이다.
- 일반적으로 안전작업허가제도를 운영하는 사업장은 밀폐공간 작업을 포함하여 중대산업재해나 중대산업사고 발생 우려가 높은 작업에 대해서 안전작업허가서를 작성 · 승인하는 등의 세분화된 과정(Detailed process)을 거침으로써 작업 전에 유해위험성이 제거 또는 차단되도록 한다.
- 안전작업허가제도를 우수하게 운영하는 사업장은 안전작업허가제도의 대상이 되는 작업에 대해서는 수시 위험성평가를 연계하여 실시함으로써 체계적으로 유해위험요인을 파악하여 제거하기도 한다.

(1) 안전작업허가 대상 작업

(가) 화기작업
용접, 용단, 연마, 드릴 등 화염 또는 스파크를 발생시키는 작업 또는 가연성물질의 점화원이 될 수 있는 모든 기기를 사용하는 작업을 말한다.
(나) 일반위험작업

노출된 화염을 사용하거나 전기, 충격에너지로부터 스파크가 발생하는 장비나 공구를 사용하는 작업 이외의 작업으로서 유해위험물 취급작업, 위험설비 해체작업 등 유해위험이 내재된 작업을 말한다.

(다) 보충적인 작업

화기작업 또는 일반위험작업을 하는 과정에서 보충적으로 병행하여 수행되는 작업보충적인 작업허가는 화기작업허가 또는 일반위험작업 허가와 함께 이루어져야 한다.

(2) 안전작업허가 절차

(가) 발급

허가서 발급자는 작업허가서 중 작업허가시간, 수행작업 개요, 작업상 취해야 할 안전조치사항 및 작업자에 대한 안전요구사항 등을 기재해야 한다.

안전작업허가서는 신청자의 서면이나 전자문서 등으로 작업을 할 지역의 운전부서 담당자가 현장확인을 통하여 발급한다. 발급자는 보충작업이 수반되는 경우 확인자의 사전확인 여부를 검토한 후 허가서를 발급하여야 한다. 당해 작업의 안전과 관련하여 인근의 다른 공정지역 책임자에게 당해 작업수행을 알릴 필요가 있을 경우에는 관련 운전부서 책임자의 협조를 받아야 한다. 작업이 근무 교대시간 이후까지 연장될 경우에는 발급자 또는 업무를 위임받은 자가 작업현장을 재확인한 후 허가서에 명시된 사항과 일치하는지를 파악하고 안전하다는 판단에 따라 안전작업 허가서의 작업 시간을 연장하고 다시 확인 서명하여야 한다.

(나) 확인 · 점검

보충작업을 병행하여 수행하는 경우에는 각 보충작업별 전문지식을 갖춘 자가 내용, 절차, 안전보건을 사전에 확인, 점검 후 허가서에 서명한다.

다만, 발급자가 해당 작업에 대한 전문지식을 갖춘 경우에는 본인이 확인, 점검업무를 수행하고 서명은 생략할 수 있다.

(다) 승인(허가)

허가서 승인자는 작업담당자 또는 운전부서 담당자 등이 현장을 방문하여 안전보건에 대한 조치를 하였는지를 반드시 확인한 후 작업허가를 승인하여야 한다. 허가서의 승인은 작업하고자 하는 공정지역의 운전부서 책임자 또는 다른 상위 조직에 발급된 허가서의 서면확인을 통하여 승인한다.

다만, 조직 등 인력이 적은 소규모사업장, 위험도가 낮은 일반위험작업 허가 및 정상근무시간 이외에 수행되어 책임자의 승인을 얻기가 어려운 경우 등 사업장 내부 규정에 따라 승인 권한을 발급자에게 위임할 수 있다.

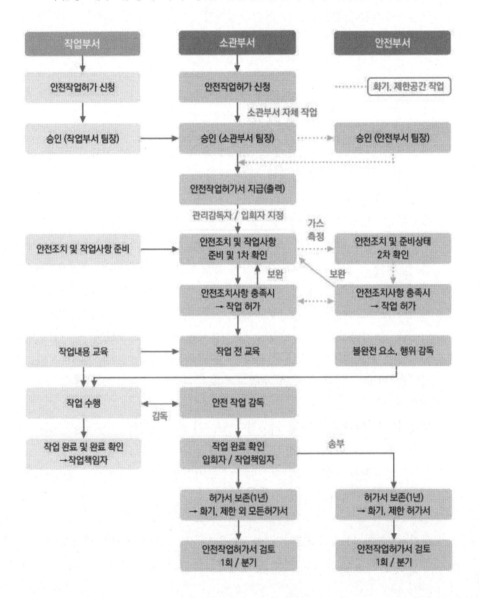

(라) 현장게시

허가된 작업허가서는 사본이나 인쇄본 1부를 해당 작업현장에 게시하여 모든 직원들이 작업내용을 파악할 수 있도록 해야 한다.

(마) 입회

작업의 위험정도, 규모 및 복잡성에 따라 작업 중에 현장에서 안전감독이 필요할 경우 운전부서에서 입회하여 제반 안전요구사항에 대한 조치를 확인한다.

(3) 허가서의 보존

해당 작업현장에 게시하였던 허가서를 회수하여 보존한다. 다만, 현장에서 측정한 가스농도 등 모든 작성내용을 입력한 전자문서의 경우에는 전자문서로 보존할 수 있다. 안전작업허가서는 발행연도 후 1년 동안 보관한다.

② TBM(Tool Box Meeting) 활동

인간은 지시를 "(1) 어기는 버릇 (2) 생략하는 버릇 (3) 잊어버리는 버릇 (4) 절차를 무시하는 버릇" 등 인간은 약점이 있어 일정시간 내 계속해서 반복하는 것이 망각을 없애는 데 효과적이다.

안전의 반복은 개인 지적확인이며 개인지적이 잊어버림(망각)을 없애고 사고를 예방할 수 있으며 TBM은 문자 그대로 현장의 도구함 근처에서 실시하는 안전보건을 주제로 개최하는 회의로 작업장의 소단위 그룹을 중심으로 단시간에 작업의 범위, 방법, 안전관리포인트 등을 상의한다.

현장에서 작업 시작 전, 현장감독자를 중심으로 약 5~10분 정도 소단위(5~7명)로 진행하는 단시간 회의로, 정비·유지·보수 등의 비정상 작업 시에도 작업 착수 전에 실시하면 효과적이다.

건설현장, 정비수리현장, 조선업체, 제철제강업제, 석유화학업체 등 유해위험도가 높은 업종(사업장)에서는 작업자의 복장, 개인보호구 착용, 건강상태, 음주여부 등의 확인(점검)과 작업표준(SOP), 작업 시 주의사항, 작업지시, 안전작업허가서 내용, 간단한 안전교육 등을 TBM 절차 일부에 포함하기도 한다.

(1) TBM 시 유의사항

재해예방에 관한 문제를 모두가 협의하고 각자가 실천해 나가기 위해서는 TBM의 진행방식, 운영방안 등 유의사항을 주지시켜 두는 것이 중요하다.

TBM의 효과적인 운영은 안전보건뿐만 아니라 업무 자체의 질을 향상시킬 수 있으므로, 조직 차원에서 '제도화'를 명확히 하는 한편, 그 운영방법에 대해서는 '규정(매뉴얼)화'를 할 필요하다. 특히, 경영자 측의 '이해와 지원', 그리고 실천하는 측의 'TBM 운영요령의 학습'은 TBM의 운영 활성화에 필수불가결하다.

이 활동을 통해 현장 조직단위에서 재해예방 문제를 협의ㆍ실천해 나가는 능력을 향상시킴으로써, 안전보건 운영의 효율성을 도모할 수 있다.

(2) TBM 실시방법

Step 1: 먼저 생각
* 오늘 작업 시작 전에 생각하라! 작업장소 주변은 어떤 상태인가? 내가 해야 할 작업은 어떠한 위험요인이 있는가? 내가 어떻게 작업을 해야 안전한가?
* 안전작업을 위해 내가 해야 할 일을 큰 소리로 외쳐라! "안전모 착용 좋아!"와 같이 뒷부분에 "좋아"를 꼭 붙여야 하는 것은 아니지만 쉽고 편하게 큰 소리로 외쳐라. "안전모 착용하자!"

Step 2: 작업상황에 맞게 실시
* 수직부재 용접 시 전도방지 지그를 설치하자! 크레인 해체 시 전도방지 조치를 확인하자! 취부(가용접) 용접 시 작업표준을 준수하자!
* 탱크 내 용접 시 조명상태 확인 후 출입하자! 산소농도 측정 후 출입하자! 환기팬 가동 후 작업하자! 이면부 작업 여부를 확인 후 작업하자! 기타

유해 가스 누설 여부를 확인 후 작업하자!

(3) TBM활동 추진사례

　가. 지적확인 사례
　　- 공구통을 가지고 사다리로 6m를 올라가야 하는 상황
　　- 생각하자!! 공구통을 가지고 사다리를 올라가다 추락할 수 있다. 공구통은 "줄"을 이용하여 올리는 게 안전하다.
　　- 큰 소리로 외치자!! 줄을 이용해 공구통을 옮기자!! 사다리 승하강 시 항상 3점지지(손과 발) 상태를 유지하자!!

　나. TBM 활동사례 공유의 장
　　- 협력사와 함께 'TBM 활동사례 공유' 행사를 개최하여 현장 안전의식을 강화

　다. 3-OK 운동
　　- 작업 전, 작업자 자신, 옆 동료, 전체 동료의 보호구 착용 및 건강상태를 확인함과 동시에 "나 OK, 너 OK, 우리 OK"라는 구호를 외침으로써, 안전사고 예방과 동료애가 넘치는 활기찬 사업장 분위기를 조성

　라. 3운동 "~말자"(현장 주요위험요인을 예방하기 위해 금지해야 할 주요행동)
　　- 하지 말자(현장 내 보호구를 벗지 말자, 안전시설물 훼손하지 말자)
　　- 가지 말자(안전시설 미조치 구역, 보호구 미착용 상태로 현장에 가지 말자)
　　- 먹지 말자(유해가스 및 먼지 등을 먹지 말자)

③ 아차사고 · 안전보건제안 활동
많은 사업장에서 근로자의 안전보건 참여 확대 및 의식 개선을 위하여 아차사고 발굴과 안전보건제안을 함께 시행하는 경우가 많으며 매년 우수사례 발표대회를 통해 발굴된 우수사례를 전 사업장에 알려 아차사고 · 안전보건 제안 활성화 및 수상자 포상을 통해 격려 및 농기부여 하고 있다. '아차사고 발굴활동'이란, 업무 수행 중에 재해가 날 뻔했던 사고가 발생하였지만, 재해로는 연결되지 않은 사건인 '아차사고'

를 재해예방에 활용하는 활동이다.

대형사고는 그 이전에 반드시 경미한 사고들이 반복되는 과정 속에서 발생한다는 것을 실증적으로 밝힌 하인리히 법칙이며, 이 법칙에서 큰 재해와 작은 재해 그리고 사소한 사고의 발생 비율이 1:29:300이다.

'안전제안 활동'이란, 임직원으로부터 작업상의 위험(사업장의 기계 · 설비, 작업 방법 등)을 감소시키기 위한 의견, 아이디어를 제안받는 활동으로, 많은 기업에서 실시하고 있다. 기업의 포상제도의 운영과 맞물려 작업장 개선에 상당한 성과를 올리고 있으며, 안전에 대해 독자적으로 실시하기도 하지만, 품질 · 생산 · 예산절감 · 안전 등을 종합하며 실시하고 있는 경우도 많다.

안전제안 활동의 성공 여부는 사업장에 무수하게 존재하는 '위험(유해위험요인)을 알아차릴 수 있는지', '위험을 알아차리면 개선제안을 하는지'에 달려 있다. 위험을 감지하는 것'은 그 사람의 열의, 위험의 감수성, 체험, 재해사례의 지식, 안전보건 교육의 정도 등에 따라, '위험을 감지한 후 개선제안을 하는 것'은 동기부여에 따라 각각 크게 좌우된다. 제안된 것에 대해서는 채택된 것, 채택되지 않은 것으로 구분하고 각각을 분류하여 정리해 둘 필요가 있다. 분류기준(항목)으로서 인적, 기계적, 작업 방법 · 환경적, 관리적 대책의 4M 방식 등을 활용하면, 향후에 종합적인 대책에 효과적으로 반영할 수 있다.

(1) 아차사고 발굴활동 진행단계
제1단계) 아차사고 정보의 파악
    (브레인스토밍 기법 활용, 가급적 많은 정보를 파악)
제2단계) 문제점의 분석(수집된 정보에 대해 다각적으로 분석)
제3단계) 대책의 방침의 결정(기존의 대책을 개선하거나 새로운 대책을 수립)
제4단계) 실시계획의 수립(결정된 대책의 실시 절차 등 수립)
제5단계) 계획의 실시(대책을 실시)
제6단계) 실시결과 확인 및 평가 (대책이 계획대로 행하여졌는지 여부를 확인하고
    대책이 적절하였는지 여부를 평가)

사업장의 일상적 안전보건활동으로 정착시킴으로써, 해당 작업장의 문제를 처리하는 데 그치지 않고, 아차사고를 보고하는 것이 중요하다는 의미도 부여할 수 있다.

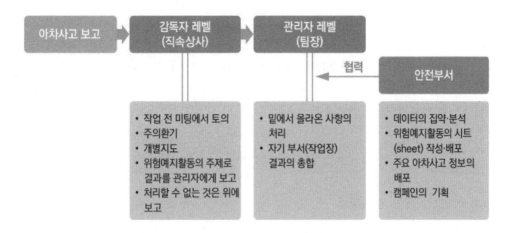

▷ 아차사고 처리 절차(예시)

(2) 안전보건 제안 시 유의사항
　　가. 제안을 적극적으로 할 수 있는 분위기 조성
　　나. 메모 정도의 간단한 제안방식도 채택
　　다. 쓰는 것이 서투른 근로자도 용이하게 기입할 수 있는 제안양식 제공
　　라. 채택한 것은 가급적 빨리 실시하고 채택되지 않은 것에 대해 이유 설명필요
　　마. 사업장(또는 기업) 차원의 포상기준, 심사요령·기준을 마련하여 채택된 제안에 대해서는 포상이 필요하며 특허 등의 대상이 된 경우의 처리요령도 마련되어야 함
　　바. 관리감독자는 직원의 발상과 착안사항이 발전되도록 적극적으로 지원·격려 활동을 적극적으로 운영하고 제안이 채용과 실현으로 연결되면, 작업장의 안전보건수준 등이 향상될 뿐만 아니라, 제안을 생각하는 단계에서 직원과 작업장의 안전수준이 높아지는 효과가 있음

(3) 아차사고 발굴활동 추진사례

　가. 아차사고 사례 공유방

　　- 사내 전산망 등에 아차사고 사례 공유방을 개설하여 근로자들이 작업 중 경험한 아차사고 사례를 공유토록 하여 동종 유사사고를 방지

　나. 아차사고 발굴카드 제도

　　- 작업자가 업무수행 중 불안전행동이나 설비상태 등으로 인하여 발생할 수 있었던 아차사고 경험을 작업장 비치된 카드에 작성하여 제출하고, 안전관리 부서는 내용을 평가 · 포상하고 교육자료로 재구성

　다. 아차사고 사례 발표대회

　　- 작업 중 발생한 아차사고 사례를 주제로 발표대회를 개최하여 우수 팀에게 포상하고, 발표내용은 사례집으로 제작 · 공유함으로써 안전사고를 예방

(4) 안전보건제안 추진사례

　가. 안전보건 제안함

　　- 사업장 안전에 대한 의견을 개진하는 창구로 휴게실, 화장실 등에 안전제안함을 설치 · 운영하여, 현실적인 안전환경 및 기타의견을 수렴하는 등 안전에 대한 근로자들의 참여 기회를 확대

　나. 잘못된 관행 찾기 운동

　　- 습관적, 무의식적으로 끊임없이 반복 발생하는 안전수칙 위반사항을 전 직원 대상으로 제안받은 후, 채택된 제안에 대해 개선방안 도출 회의 및 관련 캠페인을 전개하여 잘못된 안전수칙 위반을 근절

④ STOP(Safety/Training/Observation/Program)

미국 듀폰(Dupont)사에서 시작한 인간의 행동중심안전관리 기법(STOP)으로 작업자의 행동을 관찰하고 안전한 행동은 칭찬과 격려를 통해 안전한 행동이 이어지도록 하고 불안전한 행동은 작업자 스스로 시정하도록 행동변화를 이끌어 사고를 예방한다.

STOP는 "ⓐ 단계적 훈련을 통해 근로자의 안전의식을 높이고 ⓑ 관리감독자 및 근로자를 숙달된 관찰자로 만들고 ⓒ 근로자의 안전에 관한 행동변화를 유도할 수 있도록 교육하고 ⓓ 안전관찰 및 의사소통으로 안전한 작업장을 만들고 ⓔ 불안전한

행동을 즉시 시정하면서 안전행동은 계속 칭찬하여 사고를 예방하고 ⓕ 모든 임직원이 참여"하는 행동중심 안전관리이다.

(1) STOP의 필수 개념

단계적 훈련을 통해 임직원의 안전의식을 높여주고 관리감독자 및 근로자를 숙달된 관찰자로 만들어야 한다. 안전에 관한 근로자의 행동변화를 유도할 수 있는 교육이다. 안전관찰 및 의사소통을 통해, 보다 안전한 작업장을 만들 수 있다. 불안전한 행동을 즉시 시정하고 안전한 행동은 지속적으로 칭찬함으로써 사고를 효과적으로 예방한다. STOP은 모든 직원을 위한 프로그램이다.

가. 모든 임직 원에게 동등하게 적용되는 안전프로그램
나. 안전과 품질, 생산, 비용은 동일한 위치
다. 안전은 본인 각자의 책임
라. 근로자의 이해를 통한 동기부여가 중요
마. 안전에서 침묵은 승낙(묵인)
바. 안전은 매일 파악해야 하는 중요한 사안
사. 안전은 라인 전체의 책임

불안전한 행동의 재발을 막는 가장 효과적인 방법은 근본 원인을 제거하는 것이고 근본 원인을 파악하기 위해서는 근로자들이 하는 말을 주의 깊게 들어보는 것(경청)이 가장 좋은 방법이다. 불안전한 행동을 하는 이유는 다음과 같다.

가. 규정이나 기준이 명확하지 않을 때
나. 행동의 결과를 직접 실감하지 못할 때
다. 지금까지 아무도 지적하거나 일깨워 주지 않아서
라. 여러 번 반복적인 행동으로 습관화되어서
마. 지금까지 별문제가 없어서, 괜찮아
바. 몸의 컨디션, 심리 상태가 나쁘거나 걱정이 있을 때
사. 빨리 일을 마치고 쉬고 싶을 때

아. 안전하게 작업할 수 있는 여건이 조성되지 않을 때

자. 잠깐이면 되는데

(2) STOP의 잘못된 사례

가. 안전점검 결과 부적합사항을 처벌에 이용

나. 문제점에 대한 시정 및 행동 개선 관리가 부족

다. 경영층 사이의 대화 또는 토의가 부족

라. 경영층 및 관리자의 참여 및 관심이 부족

마. 안전에 대한 할당량 또는 개인별 건수를 지정

바. 결과에 대한 피드백이 없음

(3) STOP 성공요인

STOP을 정착하려면 안전관찰을 계속해야 한다. 시간이 날 때마다 근로자들과 안전에 대해 대화를 해야 한다. 이러한 일상적인 안전활동에서는 체크리스트를 작성할 필요는 없다. 근로자들과 만나는 시간을 업무의 일부로 받아들이고 주기적으로 하여야 한다.

가. 근로자의 행동을 중심으로 관찰

나. 관찰과 의사소통(칭찬, 격려)이 매우 중요

다. 질문을 통해 작업자 스스로 이해하고 인식 바뀌도록 행동 변화를 유도

라. 일방적인 질책이나 지적은 안 됨

마. 징계시스템과 연계시키면 안 되며, 고의나 반복적 또는 중대한 위반은 사규(징계규정)에 따름

(4) STOP 추진사례

가. STOP 2

- STOP 2는 작업 시작 전에 2분 동안 멈춘 상태에서 해당 작업(행동)에 있어 무슨 위험이 어떻게 발생할 수 있으며, 안전한 작업을 위해서는 어떤 안전 조치와 행동을 하여야 하는지 다시 한번 안전을 생각하고 확인하는 활동

나. 일일 안전담당자

- 매일 안전담당자를 지정하여, 아침 작업 시작 전 안전에 대한 의견을 사내

방송을 통해 피력한 후, 사업장 안전순찰을 실시하면서 사업장 위험요소 및 체험 소감을 적을 보고서를 안전부서에 제출토록 하여 자율안전분위기를 조성

9) 비상상황 발생 시 대응 흐름도

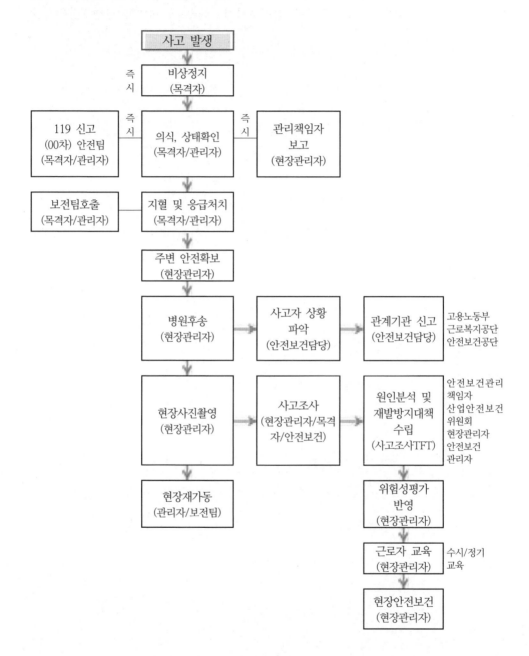

10) 안전보건 관계 법령 종류

법령명	관련 조문
산업안전보건법	노무를 제공하는 사람의 안전 맞 보건의 유지 · 증진을 목적으로 하는 법으로 산업안전보건법, 법 시행령 맞 시행규칙과 산업안전보건기준에 관한 규칙, 유해 · 위험작업의 취업제한에 관한 규칙을 모두 포함
광산안전법	법률 제정 목적에 광산근로자에 대한 위해를 포함하며, 광업권자 또는 조광권자의 의무(법 제5조), 안전교육의 실시(법 제7조), 안전규정의 제정 맞 준수(법 제11조) 등에서 광산근로자에 대한 위해 방지를 위한 내용 규율
원자력안전법	발주자의 안전조치 의무로 방사선작업종사자가 과도한 방사선에 노출되지 아니하도록 안전한 작업환경을 제공하여야 한다는 의무 부과(법 제59조의2), 방사선장해방지조치(법 제91조) 등
항공안전법	산업안전보건법의 일부 의무 적용이 제외된 안전보건관계법령(산업안전보건법 시행령 별표1)
선박안전법	산업안전보건법의 일부 의무 적용이 제외된 안전보건관계법령(산업안전보건법 시행령 별표1)
연구실 안전환경 조성에 관한 법률	법률 제정 목적에 연구활동 종사자의 건강과 생명 보호를 포함하며,며, 종사자의 안전을 위하여 연구실책임자의 지정(법 제9조), 안전점검(법 제14조) 및 정밀 안전진단의 실시(법 제15조), 교육 · 훈련(제20조) 및 건강검진(제21조) 등의 사항을 규정
폐기물관리법	폐기물관리법의 보호 조항(법 제14조의5)에 따라 시행규칙 제16조의3으로 정해진 보호장구의 지급, 운전자 포함 3명 1조의 작업 등의 안전기준 등
생활물류서비스산업발전법	생활물류서비스 종사자의 보호 조항(법 제36조)는 "생활물류서비스종사자의 안전을 확보할 수 있도록" 노력해야 한다고 명시
선원법	선원에게 보호장구와 방호장지 등을 제공하여야 하는 등 선원의 안전보건 확보를 위한 선박소유자의 의무(법 제82조), 의사의 승무(법 제84조) 등 규정을 포함
생활주변 방사선 안전관리법	원료물질 또는 공정부산물의 취급 · 관리 시 관련 종사자의 건강을 위해 시설 맞 종사자의 피폭량 등에 대한 조사 등 준수사항(법 제14조), 결함 가공제품에 대한 조치(법 제16조) 등을 규정

11) 중대재해처벌법 의무이행 체크리스트 (요약)

중대재해 처벌 등에 관한 법률	중대산업재해 현황 파악	1	회사 내에서 최근 5년간 다음 중 1에 해당하는 중대산업재해가 발생한 적이 있는가?
법 제4조	사업주와 경영 책임자등의 안전보건확보 의무	2	중대산업재해예방을 위하여, 회사의 사업장 또는 위탁 준 사업장에서 종사자의 안전보건상 유해 또는 위험을 방지하기 위하여 다음 조치를 취하고 있는가?(또는, 취할 예정인가?)
시행령 제4조1호	안전보건 목표 및 경영방침	3	사업 또는 사업장의 안전·보건에 관한 목표와 경영방침이 설정되어 있는가?
시행령 제4조2호	안전보건전담 조직 및 인력	4	(상시근로자 수가 500명 이상인 사업 또는 사업장의 경우) 안전·보건에 관한 업무를 총괄·관리하는 전담조직을 갖추고 있는가?
	전문인력 배치	5	사업장 내에 안전·보건에 관한 업무를 관리하는 부서를 갖추고 있는가?
시행령 제4조5호	안전보건관계 자 역할수행	6	안전보건관리책임자, 관리감독자 및 안전보건총괄책임자(이하 "안전보건관리책임자 등")가 지정되어 있는가?
시행령 제4조6호	전문인력배치	7	「산업안전보건법」상 정해진 수 이상의 안전관리자, 보건관리자, 안전보건관리담당자 및 산업보건의를 배치하고 있는가?(다만, 다른 법령에서 해당 인력의 배치에 대해 달리 정하고 있는 경우에는 그에 따르고, 배치해야 할 인력이 다른 업무를 겸직하는 경우에는 고용노동부장관이 정하여 고시하는 기준에 따라 안전·보건에 관한 업무 수행시간을 보장해야 한다.)
시행령 제4조3호	유해위험확인 개선 절차 및 이행(위험성평 가)	8	사업 또는 사업장의 특성에 따른 유해·위험요인을 확인하여 개선하는 업무절차를 마련하고, 해당 업무절차에 따라 유해·위험요인의 확인 및 개선이 이루어지는지를 반기 1회 이상 점검하거나 산업안전보건법에 따른 위험성평가를 실시하고 있는가?
시행령 제4조4호	예산편성	9	다음 각 목의 사항을 이행하는 데 필요한 예산을 편성하고 있는가? 　(가. 재해 예방을 위해 필요한 안전·보건에 관

			한 인력, 시설 및 장비의 구비 나. 제3호에서 정한 유해·위험요인의 개선 다. 그 밖에 안전보건관리체계 구축 등을 위해 필요한 사항으로서 고용노동부장관이 정하여 고시하는 사항)
시행령 제4조7호	종사자 의견청취	10	사업 또는 사업장의 안전·보건에 관한 사항에 대해 종사자의 의견을 듣는 절차를 마련하거나 산업안전보건위원회 등 협의체에서 사업 또는 사업장의 안전·보건에 관하여 논의하거나 심의·의결한 경우에는 해당 종사자의 의견을 듣고 있는가?
시행령 제4조8호	중대산업재해 발생매뉴얼	11	사업 또는 사업장에 중대산업재해가 발생하거나 발생할 급박한 위험이 있을 경우를 대비하여 다음 각목의 조치에 관한 매뉴얼을 마련하고 있는가? (가. 작업중지, 근로자 대피, 위험요인 제거 등 대응조치 나. 중대산업재해를 입은 사람에 대한 구호조치 다. 추가 피해방지를 위한 조치)
시행령 제4조9호	협력업체관리	12	제3자에게 업무의 도급, 용역, 위탁 등을 하는 경우에는 종사자의 안전·보건을 확보하기 위해 다음 각 목의 기준과 절차를 마련하고 있는가? (가. 도급, 용역, 위탁 등을 받는 자의 산업재해 예방을 위한 조치 능력과 기술에 관한 평가 기준·절차 나. 도급, 용역, 위탁 등을 받는 자의 안전·보건을 위한 관리비용에 관한 기준 다. 건설업 및 조선업의 경우 도급, 용역, 위탁 등을 받는 자의 안전·보건을 위한 공사기간 또는 건조기간에 관한 기준)
	안전보건활동	13	전년도 안전보건활동에 대하여 구체적으로 효과성 분석 또는 평가를 하였는가?(점검, 교육, 근로자의견 반영 등 구분)
법 제4조2호	재해재발방지 대책	14	재해 발생 시 재발방지 대책의 수립 및 그 이행에 관한 조치를 다음과 같이 취하고 있는가?
법	법령상	15	중앙행정기관·지방자치단체가 관계 법령에 따라

제4조3호	이행조치		개선, 시정 등을 명한 사항의 이행에 관한 조치를 취하고 있는가?
법 제4조4호			안전·보건 관계 법령에 따른 의무이행에 필요한 관리상의 조치를 다음과 같이 취하고 있는가?
시행령 제5조1, 2호	의무이행점검 및 보고	16	안전·보건 관계 법령에 따른 의무를 이행했는지를 반기 1회 이상 점검(해당 안전·보건 관계 법령에 따라 중앙행정기관의 장이 지정한 기관 등에 위탁하여 점검하는 경우를 포함한다. 이하 이 호에서 같다) 하거나, 직접 점검하지 않은 경우에는 점검이 끝난 후 지체 없이 점검 결과를 보고받고 있는가?
시행령 제5조3, 4호	안전보건교육	17	안전·보건 관계 법령에 따라 의무적으로 실시해야 하는 유해·위험한 작업에 관한 안전·보건에 관한 교육을 실시하고 있는가?
		18	협력업체 안전보건교육을 수행하고 있는가?

12) TBM 활동 관련 양식

TBM(Tool Box Meeting) 실행 체크리스트(안)

< 유의사항 >

◆ TBM은 작업 전 TBM 리더와 작업자 간 실행하는 안전보건 회의입니다.
◆ 이 체크리스트는 TBM 리더에게 효과적인 TBM 실행 팁을 제공하기 위해 제작
  된 것으로 사내 TBM 절차가 있는 경우 이와 함께 보완적으로 사용합니다.
◆ 작업별 위험요인은 위험성평가결과 또는 별도의 자료를 활용하시기 바랍니다.
  * 산업안전보건공단 누리집(www.kosha.or.kr) 자료마당 > 통합자료실(검색: 작업 전
    안전점검),미국 OSHA 홈페이지(www.osha.net/toolbox-talks-free-downloads)

확인사항	해당 사항에 체크(V) 하세요			'아니오'인 경우 필요한 조치 내용
	YES	NO	해당 없음	
① TBM 사전준비				
① 해당 작업의 위험성평가를 실시하였다. (해당 작업의 위험성평가 결과가 있다.)				
② 해당 작업에서 발생한 사고보고서(아차사고 포함)의 내용을 확인하였다.				
③ 작업 물량과 범위, 작업내용과 필요한 보호구를 잘 알고 있다.				
④ 위험성평가 결과, 사고보고서, 안전작업 지침의 내용을 여러 번 읽어 숙지하였다.				
② TBM 실행과정				
① 작업자가 음주, 발열, 약물 복용 등으로 작업에 적합한지 여부를 확인하였다.				
② 작업내용 / 위험요인 / 안전 작업절차 / 대책에 대해 긍정적인 분위기로 대화하였다.				
③ 작업자와 중점 위험요인과 대책을 도출하고 이를 숙지하도록 하였다.				
④ 위험요인, 불안전한 상태 발견시 멈추고, 확인하고, 생각한 후 작업하도록 하였다.				
⑤ 작업 후 정리 정돈을 상태를 확인하였다.				
③ TBM 후속조치				
① 작업자가 제기한 불만사항, 질문, 제안 사항을 검토하였다.				
② TBM 결과를 충실하게 기록하고 보관한다.				
③ 관련 조치결과는 작업자에게 피드백 한다.				

Tool Box Meeting 회의록(양식)

TBM 일시	20 년 월 일 : ~ : 작업날짜와 동일함 (□예, □아니오)			
작 업 명				
작업내용				
TBM 장소		위험성평가 실시여부	예 □ 아니오 □	

잠재위험요인	대책 (※ 제거 → 대체 → 통제 순서 고려)
①	①
②	②
②	③

중점위험 요인	선정	※ 잠재위험요인 ① ~ ③ 중 중요위험 1개를 선정하여 기재함
	대책	

TBM 리더 확인	• 소속 : • 직책: • 성명 (서명)

■ 작업 전 안전조치 확인 ※ 위 잠재위험요인(중점위험 포함) 안전조치 여부 재확인

잠재위험요소(중점위험 포함)	조치 여부	'아니오'인 경우 조치 내용
①	예□, 아니오□	
②	예□, 아니오□	
③	예□, 아니오□	

■ 작업 전 일일 안전점검 시행 결과

※ 위험요인 중 조치가 되지 않은 사항, 작업자의 TBM내용 숙지 여부 중점체크

■ 작업 후 종료 미팅(중점대책의 실효성)

■ 참석자 확인 ※ TBM에 참여하지 않은 작업자를 확인하여 미팅 참석 유도

이 름	서 명	이 름	서 명	이 름	서 명

(자료출처: 작업 전 안전점검회의 가이드, 고용노동부, '23년 2월)

13) 중대재해처벌법 위반 사건 사례

2023년 4월 진행된 중대재해처벌법 위반 관련 1건의 선고, 1건의 기소 관련 판결례는 다음과 같이 정리된다.

Case 1) 요양병원 공사현장 내 하청업체 근로자 사망(발생일:'22년 5월 14일)
    – 중대재해처벌법 위반 관련 첫 판결
    (판결: 원청 대표이사 징역 1년 6개월, 집행유예 3년)

(1) 판결 주요 내용

① 중대재해 개요

요양병원 증축공사를 도급받아 수행한 A사(도급금액 약 81억 원)는 해당 공사 중 철골 및 데크플레이트 공사를 위해 근로자 5명을 사용하는 B사에 도급을 하였다.(도급금액 약 6억 원) B사 근로자인 재해자는 약 94.2kg 무게의 중량물인 고정앵글을 건물 1층에서부터 6층까지 내부 개구부를 통해 인양하는 업무를 수행하였으나 안전난간이나 안전대 없이 작업을 수행하던 중 5층 높이에서 바닥으로 추락하여 사망하였다.

② 공소사실의 요지

A사(공사금액 50억 초과 → 중대재해처벌법 적용대상) 대표이사가 중처법 시행령 제4조 제3호(유해·위험요인 확인·개선 절차), 동 시행령 제4조 제5호(안전보건관리책임자 등 업무수행 평가기준), 동 시행령 제4조 제8호(중대산업재해 발생을 대비한 매뉴얼)사항을 전혀 마련하지 않아 재해자가 사망하였다고 검찰은 판단하여 A사 대표이사를 중대재해처벌법 위반죄(산업재해치사)로 기소하였다.
중대재해처벌법 적용대상이 되는 A사 외 B사는 상시근로자 5명, 도급금액 6억 원의 공사를 수행함에 따라 중대재해처벌법 적용 유예대상이었으며, A사 대표이사는 산업안전보건법상 안전보건관리책임자는 아님에 따라 산업안전보건법 위반 및 업무상 과실치사 혐의는 적용되지 않은 반면 A사의 경영책임자로서 중대재해처벌법 위반 혐의는 적용되었다.

③ 법원의 판단

　가. 본 판결은 A사 대표이사가 "해당 사업을 대표하고 사업을 총괄하는 권한과 책임이 있는 사람으로 이 사건 공사현장 종사자의 안전·보건상의 유해·위험을 방지하기 위해 그 사업 또는 사업장 특성 및 규모 등을 고려하여 재해 예방에 필요한 인력 및 예산 등 안전보건관리체계의 구축 이행에 관한 조치 의무가 있는 경영책임자"라고 판단하였다.

　나. 본 건 판결은 A사 경영책임자의 중대재해처벌법상 안전보건 확보 의무 위반의 결과로 현장에서 산업안전보건법 상 구체적 안전보건 조치의무를 이행하지 아니하여 재해자가 사망에 이르게 되었다고 판단하였다.

〈판단 요지〉

규정	중대재해처벌법상 안전보건 확보의무 위반	구체적 안전보건 조치의무 위반	사망의 결과
시행령 제3호	• 유해·위험요인 확인 개선 업무에 대한 절차 미수립	• 안전보건관리책임자 등이 사고작업의 위험성을 적절히 평가하지 않아 1) 작업계획을 수립하지 못하였고, 2) 안전대의 지급 및 부착설비가 설치되지 못함	• 경영책임자가 안전보건관리체계 구축 및 이행에 관한 조치를 취하지 아니하여 종사자가 사망하는 중대재해에 이르게 됨
시행령 제5호	• 안전보건관리책임자 등이 해당 업무를 충실히 수행하는지 평가하는 기준 미수립		
시행령 제8호	• 사업 또는 사업장에 중대산업재해가 발생하거나 발생할 급박한 위험이 있을 경우를 대비하여 작업중지, 근로자 대피, 위험요인 제거 등 대응 조치에 관한 매뉴얼 미수립	• 사고작업에 있어 언제든지 추락에 의한 중대산업재해가 발생할 수 있는 급박한 위험이 있음에도 안전보건관리책임자 등으로 하여금 작업중지 또는 위험을 제거토록 하지 못함	

다. 최근 산업재해에 대해 사업주 및 도급인에게 무거운 책임을 물어야 한
다는 점에 관한 상당한 수준의 사회적 합의가 이루어졌고, 그에 따라
중대재해처벌법이 제정되었다는 점을 판결 시 언급하면서도
  a. 피해자의 사망이 피해자를 비롯한 건설근로자 사이에서 만연해 있던
  안전난간 임의 철거 등과 같은 관행적 요소가 일부 원인이 된 점
  b. 피해자와 원만히 합의하고 피해자 유족이 처벌불원 의사를 표시한 점
  c. A사 경영책임자가 재발방지 다짐 및 안전보건관리체계 구축을 위한
  구체적 계획을 밝힌 점
  d. 동종 범죄경력이 없는 점 등을 고려하여 A사 경영책임자에게 징역 1
  년 6개월(집행유예 3년)의 형을, A사에 대해 벌금 3,000만 원의 형을
  선고하였다.

(2) 선고 시사점
법원은 A사가 실질적으로 지배·운영·관리하는 사업 또는 사업장에서 제3자에게
도급 등을 행한 경우 그 제3자의 종사자에 대한 안전 · 보건상 유해·위험방지
를 위해 A사 대표이사에게 안전보건관리체계의 구축 및 그 이행에 관한 조치
를 취해야 할 의무가 있다고 판단하였다. 결국 중처법 시행령 미이행이 사고
발생과 직접적으로 인과관계가 있다고 판단함에 따라 이와 같은 중처법 위반
죄에 대한 판단 시 유사하게 적용될 것으로 사료됨으로 각 사업장에서는 모든
의무 이행사항이 누락되거나 미비한 부분이 없는지 면밀히 점검, 검토하는 것
이 중요하다.

Case 2) 경기 양주 채석장 붕괴사고 (발생일 : '22년 1월 29일)
  - 사고 관련한 기업 내 경영책임자를 '그룹 회장'으로 판단

(1) 기소 관련 사항

① 중대재해처벌법상 경영책임자의 의미
중대재해처벌법상 "경영책임자"는 '사업을 대표하고 사업을 총괄하는 권한
과 책임이 있는 사람 또는 이에 준하여 안전보건에 관한 업무를 담당하는

사람'으로 정의하고 있으며(중대재해처벌법 제2조 제9호 가목), 여기서 말하는 경영책임자 특정은 법 제정 당시부터 논란이 되었던 사항이나 독립 법인에서 '사업을 대표하고 사업을 총괄하는 권한과 책임이 있는 사람'을 회사 경영을 총괄하면서 최종적 의사결정권을 가지는 회사의 대표자(주식회사의 경우 대표이사)를 의미한다는 것은 명확하다. 다만, '이에 준하여 안전보건에 관한 업무를 담당하는 사람'으로 안전보건에 관한 최고책임자인 CSO를 둘 경우 CSO가 경영책임자로 인정되어 대표이사가 면책 가능할지 여부는 지속 논란되어 왔으며, 현재까지 고노부와 검찰은 법 규정에도 불구하고 CSO를 경영책임자로 인정한 사례 없이 모두 법인 대표이사를 경영책임자로 보아 송치 및 기소해 왔다.

② 본 건 기소의 주된 내용

금번 사건에서 검찰은 경영책임자에 대한 일반적인 이해 및 기존 기소 선례와 달리, '사업을 대표하고 사업을 총괄하는 권한과 책임이 있는 사람'으로 법인의 대표이사가 아닌 해당 법인이 속해 있는 기업집단의 대표자인 그룹 회장을 경영책임자로 특정하였다. 검찰은 그룹 회장이 (i)사고 현장의 야적장 설치와 그 채석작업 방식을 최종 결정한 점, (ii)사고 현장의 위험성을 사전에 인식한 점, (iii)생산 목표달성을 위해 채석작업을 강행하는 과정에서 대표이사를 비롯한 임직원들에게 안전보건 업무 등에 관한 구체적 지시를 내린 점, (iv)회사가 수행한 골재채취 사업은 해당 그룹의 핵심사업으로 주요사항에 대한 최종결정권을 행사한 점 등을 주요 근거로, 회장이 사업 내 안전보건 업무 등에 관해 실질적이고 최종적으로 경영권을 행사하였다고 판단하였다. 단위 기업을 넘어 기업집단에서 모회사 또는 그룹(이하 "모회사") 차원에서 자회사 또는 계열사(이하 "자회사") 사업을 실질적으로 지배·운영·관리하면서 해당 사업 운영에 직접적으로 관여하고 경영권을 행사할 때, 자회사에서 발생한 중대재해에 대하여 모회사의 대표이사나 회장이 경영책임자로서 중대재해처벌법상의 책임을 부담할 수 있다는 판단이다.

(2) 본 건 기소의 시사점

검찰은 본 건 기소를 통해 그룹 회장이 자회사 내 안전보건 확보 업무 등에 직접적으로 관여하며 실질적이고 최종적인 의사결정을 행한 경우, 중대재해처벌법상 경영책임자로 보겠다는 입장을 밝힌 것인 한편, 고용노동부는 근로기준법상 '사업경영담당자(사업주가 아니면서도 사업 경영 일반에 관하여 책임을 지는 자로서, 사업 경영의 전부 또는 일부에 대하여 포괄적 위임을 받아 대외적으로 사업을 대표하거나 대리하는 자)'는 중대재해처벌법 제2조 제9호 가목의 "사업을 대표하고 사업을 총괄하는 권한과 책임이 있는 사람"에 해당할 수 있다는 입장이라는 점도 참고해야 할 것이다. (고용노동부 중대재해처벌법 해설 26쪽).

본 건 기소를 통해 확인된 검찰 및 고용노동부 내 경영책임자 해석사항을 고려할 때, 기업집단에서는 자회사의 중대재해 발생 시 모회사 경영책임자가 중대재해처벌법상 책임을 부담하게 될 위험이 없는지를 모/자회사 간 관계, 안전보건관리체계 등에 관하여 사전에 점검하고, 위험요인을 개선하는 조치를 검토해야 할 것이며 구체적으로 (i)모회사에서 평소 어느 수준으로 자회사의 경영사항을 전달받고 관여하는지, (ii)자회사의 경영사항에 관여하는 방식이 어떻게 되는지, (iii)모회사가 자회사의 상시적이고 필수적인 사업에 어느 수준으로 의사결정을 하는지, (iv)자회사 경영책임자가 모회사의 직책을 겸임하면서 실질적으로 모회사 경영책임자로부터 지휘·명령을 받는 관계에 있는지, (v)자회사 위임전결 규정에 의거하여 독립적으로 경영사항 등 의사결정이 이루어지고 있는지, (vi)모회사에서 자회사의 안전·보건 조치에 어느 수준으로 관여하는지, (vii)모회사와 자회사 간에 안전보건 전담인력을 겸임하는 사정이 있는지 등에 대한 사전 점검이 필요할 것이다. 이를 통해 모회사의 자회사에 대한 실질적 지배·운영·관리 여부 및 모회사 경영책임자의 자회사에 대한 실질적·최종적인 의사결정 권한 행사 여부를 면밀히 판단하고, 이를 토대로 안전보건관리체계를 재정비함으로써, 경영책임자 리스크가 불필요하게 모회사로 확대되거나 예상치 못한 경영책임자 Risk가 발생되는 것을 예방해야 할 것이다.

(자료출처: '법무법인 유한 세종' 및 '법무법인 태평양' 소식자료)

참고문헌

(1) Baek, Jong Bae. "A Measure for the Improvement Status of Process Safety Culture in the Chemical Process Industries." Journal of the Korean Institute of Gas 10 no.2 (2006): 47-54.

(2) Bird, Frank. Management Guide to Loss Control. Atlanta: Institute Press, 1974.

(3) Borman, Walter C., and S. M. Motowidlo. "Expanding the criterion domain to include elements of contextual performance." (1993): 71.

(4) Bower, Marvin. The Will to Manage: Corporate Success Through Programmed Management. New York: McGraw-Hill, 1966.

(5) Brown, R. L., and Harold Holmes. "The use of a factor-analytic procedure for assessing the validity of an employee safety climate model." Accident Analysis & Prevention 18 no.6 (1986): 455-470.

(6) Campbell, John P., Michael Blake Gasser, and Frederick L. Oswald. "The substantive nature of job performance variability." Individual differences and behavior in organizations 258 (1996): 299.

(7) Christian, Michael S., Jill C. Bradley, J. Craig Wallace, and Michael J. Burke. "Workplace safety: a meta-analysis of the roles of person and situation factors." Journal of applied psychology 94 no.5 (2009): 1103.

(8) Clarke, Sharon. "The relationship between safety climate and safety performance: a meta-analytic review." Journal of occupational health psychology 11 no.4 (2006): 315.

(9) Cooper, M. Dominic. "Towards a model of safety culture." Safety science 36, no.2 (2000): 111-136.

(10) Cox, Sue, and Tom Cox. "The structure of employee attitudes to safety: A European example." Work and stress 5 no.2 (1991): 93-106.

(11) Cox, Sue, and Rhona Flin. "Safety culture: philosopher's stone or man of straw?." Work & stress 12 no.3 (1998): 189-201.

(12) Coyle, I. R., Sleeman, S. D. and Adams, N. (1995), "Safety climate." Journal of Safety Research 26 no.4 (1995): 247-254.

(13) Cullen, W. D. The Public Inquiry into the Piper Alpha Disaster, H.M. Stationery

Office: London, (1990): Vol. 1-2

(14) Dahl, Øyvind. "Safety compliance in a highly regulated environment: A case study of workers' knowledge of rules and procedures within the petroleum industry." Safety science 60 (2013): 185-195.

(15) Dahl, Øyvind, and Espen Olsen. "Safety compliance on offshore platforms: A multi-sample survey on the role of perceived leadership involvement and work climate." Safety science 54 (2013): 17-26.

(16) Dahl, Øyvind, Jørn Fenstad, and Trond Kongsvik. "Antecedents of safety-compliant behaviour on offshore service vessels: a multi-factorial approach." Maritime Policy & Management 41 no.1 (2014): 20-41.

(17) Davies, Fiona, Rachael Spencer and Karen Dooley. Summary Guide to Safety Climate Tools. n.p.: HSE Books, 1999.

(18) Dedobbeleer, Nicole and François Béland. "A safety climate measure for construction sites." Journal of Safety Research 22 no.2 (1994): 97-103.

(19) Fennell, Desmond. Investigation into King's Cross Underground Fire. n.p.: Department of Transport, 1988.

(20) Fleming, Mark. Safety Culture Maturity Model. n.p.: Health and Safety Executive, 2000.

(21) Flin, Mearns, O'Connor and Bryden. "Measuring safety climate: identifying the common features." Safety Science 34 (2000): 177-192.

(22) G. Grote and C. Kunzler, "Diagnosis of Safety Culture in Safety Management Audits." Safety Science 34 (2000): 131-150.

(23) Geller, E. Scott. "Ten principles for achieving a total safety culture." Professional Safety 39 no.9 (1994): 18.

(24) Glendon Ian, Sharon Clarke and Eugene Mckenna. Human safety and risk management. n.p.: CRC Press; 2nd edition, 2006.

(25) Glennon, D. P. "Safety climate in organisations." In Proceedings of the 19th Annual Conference of the Ergonomics Society of Australia and New Zealand, vol. 1731. 1982.

(26) Griffin, Mark A. and Andrew Neal. "Perceptions of safety at work: a framework for

linking safety climate to safety performance, knowledge, and motivation." Journal of occupational health psychology 5 no.3 (2000): 347.

(27) Guldenmund, Frank W. "The nature of safety culture: a review of theory and research." Safety science 34, no.1-3 (2000): 215-257.

(28) Health and Safety Executive, Safety Climate Measurement User Guide and Toolkit, 1997.

(29) HSE, HSL/2002/25 - Safety Culture: A review of the literature, 2002

(30) Heinrich, Herbert William. Industrial accident prevention : a scientific approach. New York: Mcgraw-Hill, 1931.

(31) Hofmann, David A., and Adam Stetzer. "A cross-level investigation of factors influencing unsafe behaviors and accidents." Personnel psychology 49 no.2 (1996): 307-339.

(32) Hong, In Gie and Jong Bae Baek. "A Qualitative Study on Safety Rule Violation Motives at Manufacturing Plants." Journal of the Korea Society of Safety 31 no.2 (2016): 133-142.

(33) Hopkins, Andrew. "Risk-management and rule-compliance: Decision-making in hazardous industries." Safety science 49 no.2 (2011): 110-120.

(34) Huang, Yueng-Hsiang, Michael Ho, Gordon S. Smith, and Peter Y. Chen. "Safety climate and self-reported injury: Assessing the mediating role of employee safety control." Accident Analysis & Prevention 38 no.3 (2006): 425-433.

(35) Human Factors in Reliability Group(HFRG). Improving Compliance with Safety Procedures: Reducing Industrial Violations. n.p.: Health and Safety Executive, 1995.

(36) International Atomic Energy Agency(IAEA). Safety Series No.75-INSAG-4. Vienna: IAEA, 1991.

(37) Joseph Fragola, "The Human Element in Operating Safety", OECD Workshop on Human Performance in Chemical Process Safety (1997): 24-27

(38) Lee S. and Dalal R. S. "Climate as situational strength: safety climate strength as a cross-level moderator of the relationship between conscientiousness and safety behaviour." European Journal of Work and Organizational Psychology 25 no.1 (2016):

120-132.

(39) Lee, T and Harrison, K. "Assessing Safety Culture in Nuclear Power Stations." Safety Science 34 (2000): 61-97.

(40) Lee, T. R. "Perceptions, attitudes and behaviour: the vital elements of a safety culture." Health and Safety 10 (1996): 1-15.

(41) Lenné, Michael G., Paul M. Salmon, Charles C. Liu, and Margaret Trotter. "A systems approach to accident causation in mining: an application of the HFACS method." Accident analysis & prevention 48 (2012): 111-117.

(42) Macrae, Carl. "Human factors at sea: common patterns of error in groundings and collisions." Maritime Policy & Management 36 no.1 (2009): 21-38.

(43) Mason, S. "Procedural violations-causes, costs and cures." Human factors in safety-critical systems 1 (1997): 287-318.

(44) Moon, Ki-Seop. "A Study on the constructs of safety climate and safety performance." Ph.D. thesis, Kyung Hee University, 2014.

(45) Neal, Andrew, and Mark A. Griffin. "Safety climate and safety at work." (2004).

(46) Neal, Andrew, and Mark A. Griffin. "A study of the lagged relationships among safety climate, safety motivation, safety behavior, and accidents at the individual and group levels." Journal of applied psychology 91 no.4 (2006): 946.

(47) Niskanen, Toivo. "Safety climate in the road administration." Safety science 17 no.4 (1994): 237-255.

(48) OECD. "Report of the OECD Workshop on Human Performance in Chemical Process Safety: Operating Safety in the Context of the Chemical Accident Prevention, Preparedness and Response." Series on Chemical Accidents 4 (1999)

(49) OSHA. US-DOL, "Process Safety Management", last modified Oct 12, 2022, accessed 2000, https://www.osha.gov/process-safety-management.

(50) Ostrom, Lee, Cheryl Wilhelmsen, and Bruce Kaplan. "Assessing safety culture." Nuclear safety 34 no.2 (1993): 163-172.

(51) Perrow, Charles. Normal Accidents. n.p.: Princeton University press, 1999.

(52) Petersen, Dan. Human Error Reduction and Safety Management. n.p.: Wiley, 1996.

(53) Pidgeon, Nick F. "Safety culture and risk management in organizations." Journal of cross-cultural psychology 22 no.1 (1991): 129-140.

(54) Reason, James. Human Error. New York: Cambridge University Press, 1990.

(55) Reason, James. Managing the risks of organiational accident. England: Ashgate, 1997.

(56) Roughton, James, and James Mercurio. Developing an effective safety culture: A leadership approach. Elsevier, 2002.

(57) Schein. Organizational Culture and Leadership. n.p.: Jossey-Bass; 2nd edition, 1992.

(58) The CENTER FOR CHEMICAL PROCESS SAFETY. Guidelines for Preventing Human Error in Process Safety. n.p.: Wiley, 2004.

(59) The Keil Centre. Evaluating the Effectiveness of the Health and Safety Executive's Health and Safety Climate Survey Tool. n.p.: Health and Safety Executive, 2002.

(60) Weick, K.E., K.M. Sutcliffe and D. Obstfeld, "Organizing for high reliability." Reserch in Organizational Behavior 21 (1999): 81-123.

(61) Wright, Michael S, Philip Brabazon, Alison Tipping and Medha Talwalkar. Development of a business excellence model of safety culture. n.p.: Health and Safety Executive, 1999.

(62) Zohar, Dov. "Safety climate in industrial organizations: theoretical and applied implications." Journal of Applied Psychology 65 no.1 (1980): 96-102.

(63) Zohar, Dov. "The influence of leadership and climate on occupational health and safety." Health and safety in organizations: A multilevel perspective (2003): 201-230.

(64) Zohar, Dov. "Thirty years of safety climate research: Reflections and future directions." Accident analysis & prevention 42 no.5 (2010): 1517-1522.

(65) 한국노동조합총연맹. "중대재해처벌법 길라잡이", 2022년 4월

(66) 법무법인 태평양. "Legal update", 2023년 4월 7일

(67) 고용노동부. "중대재해처벙법령 FAQ - 중대산업재해 부문", 2022년 1월

(68) 고용노동부. "중대재해처벌법 따라하기", 2022년 3월

(69) 한국경영자총협회. "중대재해처벌법 대응을 위한 안전경영 가이드북", 2021년 12월

* 기타 참고문헌은 본문 내 별도 표기